Thorsten Droste

Das Poitou

Westfrankreich zwischen Poitiers, La Rochelle
und Angoulême –
die Atlantikküste von der Loiremündung
bis zur Gironde

DuMont Buchverlag Köln

Umschlagvorderseite: Lichères, ehemalige Prioratskirche St-Denis
Umschlagrückseite: Im Marais Poitevin
Umschlaginnenklappe: Melle, Nordportal der ehemaligen Benediktinerkirche St-Hilaire,
    der »Reiter von Melle«

Für Christiane

CIP-Kurztitelaufnahme der Deutschen Bibliothek

Droste, Thorsten:
Das Poitou : Westfrankreich zwischen Poitiers,
La Rochelle u. Angoulême – d. Atlantikküste
von d. Loiremündung bis zur Gironde / Thorsten
Droste. – Köln : DuMont, 1984.
    (DuMont-Kunst-Reiseführer in der Reihe
    DuMont-Dokumente)
    ISBN 3-7701-1380-2

© 1984 DuMont Buchverlag, Köln
Alle Rechte vorbehalten
Satz und Druck: Rasch, Bramsche
Buchbinderische Verarbeitung: Boss-Druck, Kleve

Printed in Germany   ISBN 3-7701-1380-2

Kunst-Reiseführer in der Reihe DuMont Dokumente

> In der vorderen Umschlagklappe: Karte des Poitou

> In der hinteren Klappe: Karte der wichtigsten romanischen Kirchen in der Saintonge; Karte der Weinbauzonen des Cognac-Gebietes

Die Fee Melusine. Miniatur aus einer Handschrift des 15. Jh.

Inhalt

INHALT

Praktische Reiseinformationen

Vorwort

»Toutes les fois que je rencontre jeunes gens qui voyagent à pied en mince équipage, allègres d'ailleurs et les yeux rayonnants comme si leur prunelle reflétait les féeries de l'avenir, je ne puis m'empêcher d'espérer pour eux la réalisation de leurs chimères.«

(»Jedesmal, wenn ich jungen, heiteren Wandersleuten mit ihrem leichten Gepäck begegne, deren Augen leuchten, als spiegelten sich in ihnen künftige Wunder wider, kann ich nicht umhin, ihnen die Verwirklichung ihrer Träume zu wünschen.«)

Victor Hugo 1840 in einem Brief an seine Frau.

Das Manuskript zu diesem Buch entstand in seinen weitesten Teilen 1983, im Jahr der zwanzigsten Wiederkehr des deutsch-französischen Freundschaftsvertrages, eines Ereignisses, das inzwischen weit mehr ist als eine von Politikern ausgehandelte Willensbekundung. Diese Freundschaft ist mittlerweile tief im Bewußtsein unserer Völker verwurzelt und hat nicht zuletzt in der emsigen Reiseleidenschaft auf beiden Seiten ihren sichtbaren Niederschlag gefunden. So versteht sich auch dieser Reiseführer nicht nur als ein nützliches Reisebrevier, sondern als ein kleiner Beitrag zu dem über Jahre gewachsenen Gefühl der menschlichen Verbundenheit mit unseren Nachbarn. Wie anders kann man Freundschaft schließen und vertiefen, wenn nicht über den Weg des gegenseitigen Kennenlernens und Verstehens?! Ferien in Frankreich werden erst dann zu einem tiefen Erlebnis, wenn man den legitimen Wunsch nach Erholung mit der Bereitschaft verbindet, seine Sinne für alle Anregungen, die das Land bietet, offenzuhalten. Diese beschränken sich nicht auf das Kunsterlebnis allein, den Besuch der Kirchen, Museen und Schlösser, sie liegen ebenso in der Begegnung mit den Menschen, deren Herzlichkeit sich dem Reisenden spürbar mitteilt, im Genuß der Küche oder landschaftlicher Besonderheiten.

Bestimmte Landschaften Frankreichs sind für uns inzwischen zu festen Begriffen geworden. Mit den Namen des Elsaß, Burgunds oder der Provence verbinden sich spontane Vorstellungen, Erinnerungen, vielleicht auch Wünsche und Träume. Aber bei aller Beliebtheit, die Frankreich als Reiseland erlangt hat, ist ein Phänomen zu beobachten, das wohl aus geographischen Gründen zu erklären ist. Je weiter man sich Richtung Westen bewegt, desto unbekannter wird uns das Land. Burgund ist dem Reisenden aus dem deutschsprachigen Raum so nah, daß es vielen geradezu schon vertraut ist. Von der Auvergne dagegen haben die meisten nur eine eher vage Vorstellung, und die Namen westfranzösischer Landschaften gar sind uns oft nicht einmal geläufig – die Bretagne einmal ausgenommen. So wird auch der Titel des vorliegenden Bandes den einen oder anderen stutzig machen. Das Poitou – wo liegt das überhaupt?

Es ist vereinfacht gesagt die Landschaft, die sich im Westen Frankreichs von der Loire im Norden nach Süden bis zur Gironde erstreckt, dem großen Mündungstrichter aus dem Zusammenfluß der Garonne und der Dordogne. In diesen selben geographischen Bereich fallen auch die Landschaften Vendée, Saintonge und Angoumois. Zusammen machen sie etwa ein Zehntel der Gesamtfläche Frankreichs aus.

Das Poitou kann man nicht als eine der klassischen Reiselandschaften bezeichnen. Es fehlen ihm die auffallenden, dramatischen Landschaftsakzente. Die Reize liegen eher im Verborgenen und offenbaren sich nur dem, der mit Muße reist, der es aber auch schätzt, abseits bekannter Touristenwege selbst zum Entdecker zu werden. Das Marais Poitevin etwa, von den Franzosen schwärmerisch »Venise verte« (grünes Venedig) genannt, ist eine Zauberwelt, bestehend aus Tausenden kleiner Flußläufe und Kanäle, die im Verlauf einer Bootsfahrt Raum und Zeiten vergessen läßt – eine Landschaft zum Träumen.

Trotz der bewegten und immer wieder leidvollen Geschichte des Landes, das im Hundertjährigen Krieg, zur Zeit der Religionskriege oder während der Revolution den Verlust unschätzbarer Kulturgüter erleben mußte, ist ein lückenloses Bild von der Steinzeit bis in unsere Tage geblieben. Staunend gewahrt man, daß es in keiner anderen Region Europas ein so dichtes Netz romanischer Kirchen gibt wie im Poitou. Allein im engeren Umkreis der Stadt Saintes stehen heute noch an die zweihundert romanische Kirchen, deren oftmals verschwenderische Ausstattung mit Skulpturen den Vergleich mit Vézelay, Autun oder St-Gilles nicht zu scheuen braucht.

Eine mit derart inhaltsreichen Erlebnissen ausgefüllte Reise kann aber gerade im Poitou auf ideale Weise mit einem erholsamen Urlaub verknüpft werden. Die Küste des Atlantiks bietet die herrlichsten Strände, die sich zu einer Gesamtlänge von mehr als 250 km addieren. Zudem ist das Wetter auffallend stabil. Kaum einer weiß, daß das Poitou als einzige Landschaft Frankreichs annähernd dieselbe Zahl an Sonnenstunden im Jahr aufweist wie die sonnenreichste Region des Landes, die Provence.

Das Poitou erweckt nicht nur Wünsche und Träume, es erfüllt sie auch.

Land und Geschichte

Poitiers, Markt vor Notre-Dame-la-Grande, Zeichnung aus dem Jahre 1837 von D. Puissilieux

Notizen zur Geologie

Gegen Ende des Primärs, in der Zeit vor etwa 600 Millionen Jahren, erfolgte die Auffaltung des Zentralmassivs und des sog. Armorikanischen Massivs in der Bretagne. Der Armorikanische Höhenzug stellt mit seinem Granitsockel die Verbindung zwischen dem Zentralmassiv im Südosten des Poitou und den Auffaltungen auf der Britischen Insel dar. Er zieht sich durch die Bretagne und die Vendée, um sich am Unterlauf der Vienne, im Bereich um die Stadt Châtellerault, zu einer Ebene abzusenken, die bis an den Fuß des Zentralmassivs im oberen Viennetal, südöstlich von Poitiers, reicht. Dieser Grabenbruch, man nennt ihn »die Pforte von Poitiers«, ist das Bindeglied zwischen den weiten Ebenen des Pariser Beckens im Norden und des sog. Aquitanischen Beckens im Süden. Er war, ebenso wie diese, im Erdzeitalter des Sekundärs vom Meer überflutet. Dabei bedeckten in vielen Jahrmillionen marine Kalkablagerungen die tiefer liegenden Granit- und Gneisschichten. Sie wurden bei den Nachfaltungen des Zentralmassivs im Tertiär, d.h. vor etwa 65 Millionen Jahren, an dessen Rändern mit angehoben und vielfach gebrochen. So entstanden entlang den Gebirgsausläufern Karstgebiete mit den für diese Landschaftsform charakteristischen Bildungen von Auswaschungen und Höhlen (Täler der Gartempe und des Anglin sowie der Oberlauf der Vienne im Osten des Poitou). Dort, wo die marinen Ablagerungen nicht durch Erosion gestört wurden, bildeten sich ausgedehnte Hochebenen, in die zahlreiche Flüsse ihre oftmals mäanderartig geschlungenen Täler gefurcht haben (Charente, Clain, Sèvre-Nantaise sowie Sèvre-Niortaise).

Die Ebene am Unterlauf der Charente füllte sich im Tertiär und Quartär mit Schuttmassen (sog. Molasse) auf, die der Fluß von den Anhöhen des Zentralmassivs zu Tal beförderte, so daß die älteren marinen Ablagerungen überdeckt wurden.

Die geographische Gliederung

Die Definition der Landschaftsbezeichnung Poitou bereitet Schwierigkeiten, denn diese Region besitzt keine klaren geographischen Grenzen wie etwa die Bretagne oder die Provence. Im Norden geht das Land seicht in das breite Loiretal über und damit im weiteren Sinne zur Ile de France, im Nordosten verfließen die Grenzen zum Berry, der Landschaft im Herzen Frankreichs mit ihren endlosen Ebenen, im Süden verschmilzt die Senke der Charente mit dem Aquitanischen Becken. Lediglich die Atlantikküste im Westen und die Ausläufer des Zentralmassivs mit der Landschaft Limousin im Südosten sind natürliche Grenzen. Die Tatsache, daß die Grafen des Poitou im Mittelalter auch mit dem Herzogtum Aquitanien belehnt wurden, das den Südwesten Frankreichs einnimmt, hat dazu geführt, daß das Poitou zuweilen global Aquitanien zugeordnet wurde. Gegen die Zusammenfassung des Poitou mit den südlicheren Landschaften Périgord, Quercy, Bordelais und Gascogne spricht jedoch einmal die geologische Formation, denn nur das untere Poitou im Bereich der Charente gehört eindeutig zum Aquitanischen Becken, zum anderen die Ausprägung landschaftlich begrenzter, unterschiedlicher Kulturkreise. So hat das Poitou in der Romanik mit seinen Hallenkirchen gegenüber dem Périgord, wo sich der Typ der Kuppelkirche entfaltete, eine eigene, bodenständige Bauschule hervorgebracht. Ferner wurden in Aquitanien und im Poitou verschiedene Sprachen gesprochen: in Aquitanien Okzitanisch (»langue d'oc«), im Poitou Nordfranzösisch (»langue d'ouil«).

Die Revolution hat das Poitou in fünf Departements unterteilt: das Departement Vienne, dessen Präfektur Poitiers zugleich die alte Hauptstadt des Poitou ist, ferner die Departements Deux-Sèvres, Vendée, Charente und Charente-Maritime. Diese Gliederung liegt auch den hier beschriebenen Kunstreisen zugrunde.

Das Erscheinungsbild der verschiedenen Landschaften hingegen hat eigene Namen für die einzelnen Gebiete geprägt – sie werden nachfolgend kurz vorgestellt.

La Plaine nennt man die große Ebene vom Fuße des Armorikanischen Massivs bis zum Zentralmassiv. Es ist ein nur leicht gewelltes Gebiet, in dem je nach Bodenbeschaffenheit verschiedene Kulturen gepflegt werden. Auf den armen Kreideböden im Bereich zwischen Thouars und Châtellerault im Norden finden in erster Linie Schafe ihr Futter. Im fruchtbareren Nordteil, der in das Tal der Loire übergeht, wird Wein angebaut. Dort, wo der ehemalige Meeresgrund Sand hinterlassen hat, steht die Spargelzucht im Vordergrund, gehaltvollere Böden dienen dem Anbau von Getreide und Futtermais.

Die Täler der Vienne und der Gartempe von Châtellerault bis Montmorillon haben den Namen *Brandes.* Die verkarsteten Anhöhen werden zur Zucht von Schafen und Ziegen genutzt (bedeutende Märkte in Chauvigny und Châtellerault). In den fruchtbaren Tälern dagegen gedeiht die Rinderzucht. In erster Linie werden die beiden für Frankreich wichtigsten Rinderrassen gehalten: das aus dem Zentralmassiv stammende Limousin-Rind (vorwiegend für die Milchproduktion) und das aus Burgund kommende Charollais, ein hervorragendes Fleischvieh.

Die *Terre de Groie* zwischen Poitiers und Niort, der Hauptstadt des Departement Deux-Sèvres, wird von endlosen Sonnenblumen- und Getreidefeldern beherrscht; letztere machen das Poitou neben dem Berry und der Ile de France zur dritten großen Kornkammer Frankreichs. Ferner werden Futterpflanzen angebaut: Mais und Klee.

Im Bereich um Parthenay, der *Gâtine,* findet sich das größte Rinderzuchtgebiet Frankreichs. Berühmt ist der jeden Mittwoch in Parthenay abgehaltene Viehmarkt. Die Milcherzeuger, die alle unter dem Dachverband der »Association Centrale des Laiteries Coopératives Charentes-Poitou« zusammenarbeiten, produzieren jährlich mehr als 10 Millionen Hektoliter Milch (Angabe von 1975). In ganz Frankreich schätzt man die Poitou-Butter.

Von hier an nach Westen erheben sich die Hügel der *Vendée,* in deren Landschaftsbild ausgedehnte Wälder und die »Bocage«, Haine aus niedrig wachsenden Sträuchern, vorherrschen, unterbrochen von prärieähnlichen Hochebenen. *Bocage* nennt sich denn auch der Südwestteil der Vendée. Die Ebene, die sich im Norden der Vendée bis zur Loire erstreckt, trägt den Namen *Mauges.* Zentrum dieses Gebietes, in dem die Landwirtschaft mehr und mehr von Industrie verdrängt wird, ist die Stadt Cholet. Nach Westen, zum Atlantik hin, schließen sich an die Hügelketten der Vendée die Sümpfe des *Marais Breton* an, das von zahllosen Bächen und Kanälen durchzogen ist.

Ein anderes Sumpfgebiet, das *Marais Poitevin,* die wohl bizarrste Landschaft des Poitou, zeichnet sich gegenüber dem Marais Breton durch Fruchtbarkeit aus. Das Marais, wie es meistens nur kurz genannt wird, trägt deshalb auch den klangvollen Beinamen »Venise Verte«, das Grüne Venedig. Es erstreckt sich von Niort bis an die Atlantikküste.

Südlich an das Marais grenzt die Landschaft *Aunis,* das Hinterland von La Rochelle, das wie das Marais Breton weitgehend unfruchtbar ist.

Das Charentegebiet zerfällt in eine westliche und eine östliche Hälfte: die *Saintonge,* die im Westen an den Atlantik reicht, und das *Angoumois,* das im Osten an das Limousin bzw. im Süden an das Périgord grenzt. Hier dreht sich alles um den Weinbau, der zur Erzeugung von Weinbrand, dem berühmten Cognac, gepflegt wird.

Für den erholungsuchenden Touristen ist die Atlantikküste am anziehendsten, die im Norden, unterhalb der Loiremündung, noch felsig ist (Ausläufer des Armorikanischen Massivs). Von der *Corniche Vendéenne* nach Süden breiten sich dann endlose Sandstrände aus, die zu den schönsten in Europa zählen. Sie reichen bis zur Girondemündung, von wo sie sich dann nach Süden in die Landes de Gascogne bis an den Fuß der Pyrenäen fortsetzen. Vor der Küste der Vendée liegen zwei Inseln, die *Ile de Noirmoutier* und die *Ile d'Yeu.* Erstere ist mit dem Festland durch eine Autobahnbrücke verbunden, letztere kann nur per

Schiff erreicht werden. Auf der Ile de Noirmoutier wird seit alters Meersalz gewonnen. Drei weitere Atlantikinseln, die berühmten »Drei Schwestern«, liegen in den Buchten *Pertuis Breton* (nördlich La Rochelle) und *Pertuis d'Antioche* (südlich La Rochelle): die *Ile de Ré,* die *Ile d'Aix* und die größte Atlantikinsel Frankreichs, die *Ile d'Oléron,* die wie die Ile de Noirmoutier durch eine Brücke mit dem Kontinent verbunden ist.

Die bedeutendsten Häfen der Atlantikküste sind Les Sables d'Olonne, La Rochelle und Rochefort, alle einstmals wichtige Anlaufstationen im internationalen Handel, die heute jedoch mehr oder weniger nur der lokalen Küstenschiffahrt dienen – schon längst haben ihnen Bordeaux, Brest und Le Havre den Rang abgelaufen. Drei Zweige beherrschen das Wirtschaftsleben der Küstenregion: der Fischfang, der dem Atlantik eine reiche Beute vielfältiger Meerestierarten abgewinnt (Seezunge, Tintenfisch, Stint, Thunfisch, Muscheln, Krabben, Hummer u. a. m.), ferner die Austernzucht, die hauptsächlich im Bereich der seichten Mündungstrichter der Charente und der Seudre sowie auf den Inseln Ré und Oléron betrieben wird, und schließlich die Salzgewinnung; die Salinen konzentrieren sich an der Vendéeküste und auf der Ile de Noirmoutier. Als ein weiterer Wirtschaftszweig hat sich seit dem mittleren 19. Jahrhundert der Tourismus zu einer immer gewichtigeren Einnahmequelle entwickelt.

Was dem Reisenden im Poitou so angenehm ins Auge fällt, ist den Einwohnern jedoch eher ein Anlaß zur Sorge: die spärliche Streuung von Industrie, deren negative Auswirkungen – besonders in der wirtschaftlichen Krise der beginnenden achtziger Jahre – erhöhte Arbeitslosigkeit und zunehmende Landflucht sind; positiv macht sie sich allerdings in der landschaftlichen Unberührtheit bemerkbar. Die industrielle Unterentwicklung hängt in erster Linie mit der Armut des Poitou an Bodenschätzen zusammen. Das Land ist überwiegend agrarisch strukturiert. Nur im nahen Einzugsbereich der großen Städte trifft man auf Industrie. Das bedeutendste Agglomerat liegt zwischen Poitiers und Châtellerault, wo in erster Linie Reifen, Maschinen und elektrische Geräte fabriziert werden. Niort ist das Zentrum einer holz-, leder- und textilverarbeitenden Industrie; ferner sind Angoulême, ein altes Zentrum der Papierherstellung (derzeit etwa zwanzig Betriebe), und La Rochelle zu nennen, wo sich verschiedene Fabriken angesiedelt haben: Fahrzeugbau, chemische Industrie, Fertigung feinmechanischer Präzisionsinstrumente u. a.

Die Bedeutung der neuen Autobahn A 10, die die wichtige Schnellverbindung zwischen Bordeaux und Paris hergestellt hat, ließ sich bei Drucklegung dieses Buches noch nicht exakt bestimmen. Es zeichnet sich aber ab, daß entlang der Piste, die von Nordosten nach Südwesten quer durch das ganze Poitou verläuft, sich immer mehr Betriebe ansiedeln werden. So wird die damit verbundene Verschandelung der Landschaft jedenfalls durch das wirtschaftliche Kalkül wieder wettgemacht.

Das Poitou in der Geschichte

Das Poitou in prähistorischer Zeit

Eine Besiedlung des Poitou durch den Homo sapiens, der seit ca. 40 000 v. Chr. im südwestlichen Frankreich lebte, ist erst aus der letzten Epoche des Jungpaläolithikums, dem Magdalénien (ca. 18 000–10 000 v. Chr.), stichhaltig belegt. Zahlreiche Funde bearbeiteter Knochen und Steine sowie prähistorischer Kleinkunstwerke konnten unter den Abris (Felsdächern) in den Tälern des Anglin, der Vienne und des Clain geborgen werden. Bezeichnenderweise konzentrieren sich diese Funde auf Gegenden, in denen der Boden aus Kalkstein besteht. Der wasserlösliche Kalk war in Jahrmillionen ausgewaschen worden, wodurch zahlreiche Abris entstanden, unter denen die Sippen der jungpaläolithischen Jäger einen natürlichen Schutz vor den Unbilden der Witterung fanden. Dennoch war die Besiedlung deutlich spärlicher als weiter im Süden, im Périgord. Höhlenkunst wie in den Tälern der Vézère und der Dordogne gibt es im Poitou nicht.

Mit dem Ende der letzten Eiszeit geht auch das Paläolithikum zur Neige, und es hebt um 10 000 v. Chr. die Übergangsepoche zum Neolithikum an: das Mesolithikum. Aus dieser Zeit kennt man nur wenige Funde, was sich nicht nur mit einer noch dünneren Besiedlung – die paläolithischen Jäger waren ihrem wichtigsten Beutetier, dem Ren, mit dem nach Norden zurückweichenden Eis gefolgt –, sondern auch mit der zunehmenden Verwendung vergänglicher Stoffe erklärt. In der Zeit des Neolithikums (ca. 4250–2800 v. Chr.), das sich vom Paläolithikum durch eine differenziertere Bearbeitung der Stein- und Knochenwerkzeuge unterscheidet – so kommt etwa das Schleifen und Durchbohren der harten Materialien auf –, konzentrieren sich die Funde im südlichen Poitou, im Angoumois und in der Saintonge. Als monumentale Zeugen dieser Zeit finden sich überall im Poitou verstreut die gewaltigen Hünengräber, Dolmen genannt.

Nach der Wende vom 4. zum 3. vorchristlichen Jahrtausend erlischt die Steinzeit, und es heben die Metallzeitalter an, in deren erster Epoche, der Bronzezeit, das Errichten von Dolmen noch eine Zeitlang fortgesetzt wird. Um 1200 v. Chr. dringt eine erste (keltische?) Völkerwanderungswelle nach Westfrankreich vor, der ca. 600 Jahre später die eigentliche große keltische Landnahme von Osten her folgt. Der Stamm der Pictonen (auch Pictaver genannt) läßt sich im Tal des Clain nieder. Nach ihm erhielten später das Land Poitou und seine Hauptstadt Poitiers ihre Namen.

Die Zeit der Römerherrschaft

Seit 58 v. Chr. unternahm Cäsar seine Eroberungsfeldzüge, die innerhalb eines Jahrzehnts zur völligen Unterwerfung des ganzen gallischen Raumes führten. Dennoch erfolgte eine tiefgreifende Romanisierung erst ein halbes Jahrhundert später unter Kaiser Augustus. An zahlreichen keltischen Siedlungsplätzen entstanden befestigte Provinzstädte. Die bedeutendsten unter ihnen waren Limonum (Poitiers) und Mediolanum (Saintes). Limonum avancierte schon damals zur Hauptstadt der Provinz Aquitania, einer Stellung, die sie seit der Reichsreform Kaiser Diokletians Ende des dritten nachchristlichen Jahrhunderts mit Burdigala (Bordeaux) teilen mußte.

Die völlige Verschmelzung bodenständiger keltischer Traditionen mit der römischen Kultur bescherte dem Land eine lange Epoche des Friedens und wirtschaftlicher Stabilität. Seit dem 3. Jh. drang in Westfrankreich das Christentum vor, dessen erste Anhänger oftmals für ihren neuen Glauben das Leben lassen mußten. Berüchtigt sind die Christenpogrome aus der Regierungszeit des Soldatenkaisers Decius (249–51) und im späten 3. Jh. Nach der Anerkennung der christlichen Religion durch Kaiser Konstantin den Großen (313) als Folge seines Sieges über Maxentius an der Milvischen Brücke in Rom, der ihm der Überlieferung gemäß durch das Vorantragen des Kreuzes als Heereszeichen beschieden war (in hoc signo vinces!), konnte sich das Christentum frei entfalten. Seine Erhebung zur offiziellen Staatsreligion durch Kaiser Theodosius den Großen (394) machte es schließlich zu einer staatstragenden Säule, und über den Zusammenbruch des Imperiums hinweg hat es die Brücke zu einem neuen Zeitalter geschlagen.

Welt im Umbruch

Die Verlagerung des politischen Schwerpunktes nach Osten – Verlegung der Hauptstadt von Rom nach Konstantinopel – bedeutete für das heutige Westfrankreich zunächst eine Schonfrist vor den Einfällen der Germanen. Die Westgoten, die als erste in Bewegung gerieten, wurden anfangs (333) in der Provinz Dacien, dem heutigen Rumänien, als »foederati« (Bundesgenossen) angesiedelt, später, als sie von Osten her durch die Hunnen unter Druck gerieten, zwischen Balkan und Donau. 395 aber brachen die Westgoten unter ihrem König Alarich I. erneut auf. Nach einer vorübergehenden Seßhaftigkeit in Epirus zogen sie weiter nach Rom, das sie eroberten (410), und kamen schließlich, nachdem der Plan eines Übersetzens nach Nordafrika gescheitert war, in Westfrankreich zum Stillstand. Nur kurz zuvor waren bereits die Vandalen durch das Land gekommen (406). Die Westgoten wurden zwar wieder unter dem Signum »foederati« angesiedelt, aber in der politischen Realität war das von ihnen begründete Reich bereits vom römischen Imperium unabhängig. Die Hauptstadt ihres Herrschaftsgebietes, das fast die ganze südliche Hälfte

Frankreichs bis an die Loire umfaßte, wurde Toulouse, daneben spielte Poitiers eine wichtige Rolle.

Als die Hunnen bis nach Frankreich vorgedrungen waren, verbündeten sich Westgoten und Franken, Römer und romanisierte Kelten unter der militärischen Führung des Aëtius. Der Schlacht auf den Katalaunischen Feldern (451) kommt weltgeschichtliche Bedeutung zu, denn mit dem Sieg über Attila und der Abwehr der asiatischen Bedrohung fand das Entstehen einer abendländischen Völkergemeinschaft ein erstes historisch greifbares Ereignis.

König Eurich (466–84) dehnte das Westgotenreich bis an die Rhône und nach Spanien aus. Als 475 der Foederaten-Vertrag auslief, wurde die Souveränität des Westgotenkönigs seitens der römischen Reichsregierung anerkannt. Schon im Jahr darauf brach das weströmische Imperium endgültig zusammen, der letzte Kaiser, Romulus Augustulus, wurde durch den Germanenfürst Odoaker abgesetzt.

Das historische Bündnis zwischen Westgoten und Franken zerbrach unter Eurichs Nachfolger. Das expansive Streben der Franken führte zum Interessenkonflikt in Westfrankreich. Im Jahre 507 mußten die Westgoten unter Alarich II. die vernichtende Niederlage von Vouillé nahe Poitiers hinnehmen, die zum Zusammenbruch ihrer Herrschaft auf gallischem Boden und zum Vordringen der Franken im Poitou und in Aquitanien führte. Das Schwergewicht des Westgotenreiches verlagerte sich nach Spanien. Die Franken, die seitdem Herrscher über Westfrankreich waren, machten das Poitou zur Grafschaft, der im 7. Jh. auch noch die Hoheitsrechte über das Herzogtum Aquitanien zufielen.

Das Mittelalter

Die Stabilisierung unter den neuen Machthabern fand ihren sichtbaren Niederschlag in den zahlreichen Klostergründungen seit dem 7. Jh. In der Folgezeit war das Poitou jedoch zwei großen Bedrohungen ausgesetzt. Mit dem Vordringen der Araber über die Pyrenäen war die Existenz des Frankenreiches in seinem Südwesten in Frage gestellt. Karl Martell konnte diese Gefahr 732 in der Schlacht von Tours und Poitiers abwenden. Im 9. Jh. brach mit den Normannen neues Unheil herein. Seit 820 zogen sie wiederholt mit ihren schnellen Booten die Flüsse aufwärts und zerstörten zahlreiche Städte und Klöster. Die Gefahr war erst gebannt, nachdem die Normannen in der später nach ihnen benannten Normandie seßhaft geworden waren.

Die Normanneneinfälle markieren den Beginn der Fortifikationsarchitektur im Poitou. An ihrem Anfang stehen die quadratischen, ungeschlachten Donjons, aus denen sich später die vielgestaltige Burg- und Schloßarchitektur Frankreichs entwickeln sollte.

Verwirrung stiftete im 9. Jh. die vorübergehende Errichtung eines souveränen Königreichs Aquitanien unter Pippin (einem der vier Söhne Ludwigs des Frommen), das ihm von seinen Brüdern im Verlauf der wiederholten Reichsteilungen unter den Enkeln Karls des

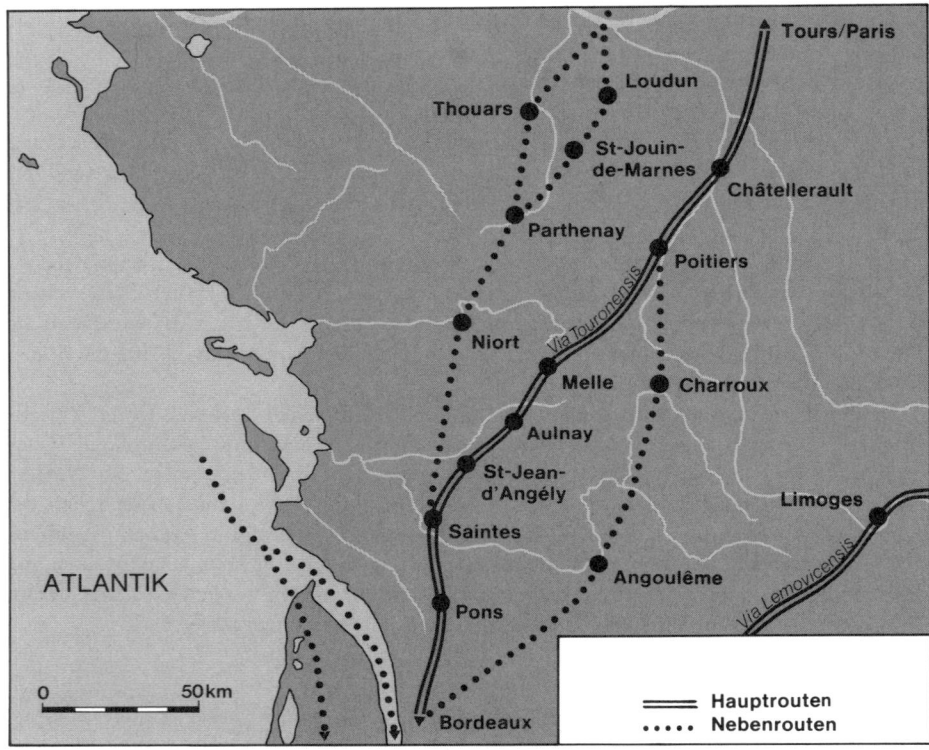

Die mittelalterlichen Pilgerrouten nach Santiago de Compostela durch das Poitou

Großen zugesprochen worden war. Nach dem Tode Pippins jedoch fiel Aquitanien wieder an den Herrscher des westfränkischen Reiches, Karl den Kahlen.

Seitdem entfaltete sich vor dem Hintergrund innerer und äußerer Ruhe eine blühende Kultur. Entscheidenden Anteil daran hatte die Jakobus-Wallfahrt, die nach der Entdeckung des Apostelgrabes im äußersten Nordwesten Spaniens (812) anhob. Alsbald formierten sich vier Hauptrouten durch Frankreich, deren westlichste, die »Via Touronensis«, von Paris über Orléans herkommend quer durch das Poitou führte. Entlang dieses Weges entstanden zahlreiche Kirchen, Klöster und Hospize. Die wichtigsten Stationen auf dem Wege nach Süden waren Poitiers, Melle, St-Jean-d'Angély und Saintes.

Diese Phase des wirtschaftlichen und kulturellen Aufschwungs erhielt an der Wende vom 11. zum 12. Jh. durch den Kreuzzugsgedanken einerseits und in der Gestalt Wilhelms IX. (1071–1127), Graf des Poitou und Herzog von Aquitanien, andererseits weitere kraftvolle Impulse. Brachliegendes Land wurde urbar gemacht und das Marais Poitevin trockengelegt, das dadurch wirtschaftlich nutzbar wurde. Ein wahres Baufieber erfaßte das Land. »Ad maiorem Dei gloriam« entstand ein dichtes Netz romanischer Kirchen, deren Qualität und große Zahl das Poitou zur reichsten Kunstlandschaft der Romanik in Europa gemacht haben.

Daneben entwickelte sich die Troubadourlyrik, als deren frühester Vertreter Wilhelm IX. gilt, zu einer Kunstgattung ersten Ranges. Auf ihrem Weg vom Poitou über die Provence fand sie als Minnesang Eingang in den deutschen Sprachraum. Ferner etablierten sich in Poitiers, Ligugé und an anderen Orten bedeutende Miniatur-Werkstätten.

Der Sohn Wilhelms IX., Wilhelm X., starb ohne männlichen Nachkommen. Ein Gesetz, das in dieser Form für das damalige Europa ungewöhnlich war, ließ im Poitou bzw. in Aquitanien die Nachfolge von weiblichen Erben zu. So kam Eleonore von Aquitanien zur Herrschaft. Als die erst Fünfzehnjährige 1137 mit dem französischen Thronanwärter Ludwig vermählt wurde, verbanden sich ihre Erblande mit der Krondomäne. Durch Kinderlosigkeit und unüberbrückbare charakterliche Unterschiede kam es jedoch zum Bruch zwischen Ludwig VII. und Eleonore. 1152 wurde die Ehe auf dem Konzil zu Beaugency annulliert. Der juristische Vorwand dafür fand sich in dem angeblich blutschänderischen Charakter der Beziehung zwischen den Ehegatten, wofür Eleonore urkundliche Belege hatte beibringen können. Nur wenige Monate nach der Scheidung ging Eleonore erneut den Bund der Ehe ein, diesmal mit Heinrich, dem Herzog der Normandie. Auf einen Schlag verwandelte sich die politische Landschaft in Frankreich. Durch die Zusammenlegung des Landbesitzes der Eleonore, die über die Herzogtümer Gascogne und Aquitanien sowie die Grafschaften Toulouse und Poitou gebot, mit dem Heinrichs – den Herzogtümern Bretagne und Normandie, den Grafschaften Maine und Anjou – entstand ein gewaltiger Machtkomplex in Westfrankreich. Als Heinrich zwei Jahre später, 1154, durch Erbfolge als Heinrich II. Plantagenet auf den englischen Thron kam, erstreckte sich seines und Eleonores Reich von Schottland bis zu den Pyrenäen. Fortan war Eleonores ganzer Ehrgeiz darauf gerichtet, dieses Angevinische Großreich, wie es in der Geschichtsschreibung genannt wird, ihren Söhnen Heinrich, Gottfried, Richard Löwenherz und Johann zu sichern. Doch starben die drei erstgenannten noch vor ihrer Mutter, so daß zuletzt nur Johann übrigblieb, dem Philipp II. August nach dem Tode Eleonores (1204) einen Großteil seiner Besitzungen in der Schlacht von Bouvines (1214) wieder entreißen konnte, was jenem den Namen Johann Ohneland einbrachte. Das Poitou hatte der französische König bereits im Todesjahr Eleonores annektiert. Damit büßte das Poitou seine Unabhängigkeit ein und geriet unter die immer stärker werdende Zentralgewalt der Könige. Diese Degradierung zur Provinz führte alsbald zu einem sichtbaren Erlahmen der schöpferischen Kräfte, die das Land zuvor so reich beschenkt hatten. Der Fülle des 12. Jh. steht nur eine bescheidene Denkmälerzahl im 13. Jh. gegenüber. Dieses Jahrhundert ist ganz von der Kathedralgotik der Ile de France geprägt.

Der Hundertjährige Krieg

Als das Capetingische Geschlecht 1328 mit Karl IV. ausstarb, erhoben mit Philipp aus dem Hause Valois und Eduard III. von England, die durch verwandtschaftliche Beziehung mit den Capetingern gleichermaßen erbberechtigt waren, zwei potentielle Nachfolger Anspruch auf den französischen Thron. Dieser Konflikt führte 1337 zum Ausbruch des Hundertjährigen Krieges, in dessen Verlauf Frankreichs politische Existenz in Frage gestellt wurde. Einen vorläufigen Höhepunkt fanden die Feindseligkeiten in der Schlacht von Maupertuis südlich von Poitiers (1356). Nach erbittertem Kampf mußte sich der Sohn und Nachfolger Philipps VI., Johann der Gute, dem Sohn Eduards III., dem legendären Schwarzen Prinzen, ergeben. Er wurde gefangengenommen und mußte 1360 den demütigenden Frieden von Brétigny unterzeichnen, in dem Frankreich das Poitou nebst allen anderen Landschaften südlich des Loirebogens an die Engländer abtrat. Doch schon wenige Jahre später gelang es dem großen Heerführer Bertrand du Guesclin, die Engländer aus Poitiers zu vertreiben. Seine Feldzüge schnürten den Feind immer weiter ein und schienen schon zu einem endgültigen Sieg Frankreichs zu führen, als mit dem Tode du Guesclins 1380 zugleich der französische Siegeswillen erstarb. Karl V. ließ ihn, den er als die »Blüte des Rittertums« würdigte, in St-Dénis, der königlichen Grablege, zur letzten Ruhe betten. Nun wandte sich das Kriegsglück wieder den Engländern zu. Als sie sich 1415 gar mit den Burgundern verbündeten, schien das Schicksal Frankreichs besiegelt. Nicht nur die feindliche Übermacht, sondern auch die Bauernaufstände in Nordfrankreich, die der Adel nur mühsam niederringen konnte, sowie revolutionäre Bestrebungen in Paris ließen Frankreich für Jahre in Anarchie versinken. Nach der Eroberung von Paris durch die Engländer verlegte der Dauphin den Sitz des Parlamentes für eineinhalb Jahrzehnte nach Poitiers (1423–38). In diese Zeit fällt die Gründung der Universität von Poitiers. 1429 trat die große Wende ein. In

Französische Ritter stürmen das von Engländern besetzte St-Jean-d'Angély (1351). Illustration aus einer Handschrift des 14. Jh. (Besançon, Bibliothèque Municipale, ms. 677, fol. 95)

Die Franzosen ziehen nach ihrem Sieg über die Engländer bei Castillon-la-Bataille (1453) in Bordeaux ein. Illustration aus einer Handschrift des 15. Jh. (Paris, Bibliothèque Nationale)

diesem Jahr stand das Bauernmädchen Johanna aus dem lothringischen Domrémy vor den Schranken des Parlamentes in Poitiers, das über die Authentizität ihrer göttlichen Mission zu befinden hatte. Nach ihrer offiziellen Anerkennung zog Jeanne d'Arc von Poitiers nach Norden und befreite das belagerte Orléans. Anschließend geleitete sie den Dauphin nach Reims, wo er als Karl VII. zum König von Frankreich gekrönt wurde. Der Siegeszug der Jungfrau hatte ein starkes französisches Nationalgefühl entfacht, das im Kampf gegen die Engländer der entscheidende Antrieb war. Daran konnte auch die Gefangennahme Johannas 1431 und ihre Hinrichtung durch den Feind nichts ändern. Kurz darauf fielen die Burgunder von England ab und versöhnten sich im Frieden von Arras (1435) wieder mit Frankreich. Damit war der Siegeszug für Frankreich vorbereitet. Nach der letzten Schlacht bei Castillon-la-Bataille an der Dordogne ging der Hundertjährige Krieg 1453 mit der endgültigen Vertreibung der Engländer aus Frankreich zu Ende. Das Urteil gegen Johanna von Orléans, die die Engländer unter dem Vorwand der Ketzerei in Rouen verbrannt hatten, wurde 1456 revidiert, 1920 wurde die Nationalheldin heiliggesprochen.

Die Verheerungen, die dieser Krieg angerichtet hatte, sind unvorstellbaren Ausmaßes gewesen. Als Folge der Kriegsverwüstungen und wiederholter Pestepidemien war die Bevölkerung Frankreichs um fast die Hälfte dezimiert worden. Die Zahl der Landbevölkerung erreichte erst im 19. Jh. wieder den Stand, den sie beim Ausbruch des Hundertjährigen Krieges gehabt hatte.

Hugenotten und Katholiken – die Religionskriege

Dem Wiederaufbau Frankreichs unter Karl VII. und seinen Nachfolgern folgte im 16. Jh. eine neue verhängnisvolle Epoche: die Zeit der Religionskriege. 1527 weilte der Reformator Calvin in Angoulême, dessen neue Lehre bald viele Anhänger fand. Im Poitou gab es binnen kurzem mehr Hugenotten als im übrigen Frankreich. Sie entwickelten eine rege wirtschaftliche Aktivität, begründeten etwa in Angoulême die Papierindustrie, die noch heute der wichtigste Wirtschaftszweig dieser Stadt ist. La Rochelle, von wo aus ein lebhafter Überseehandel betrieben wurde, wurde eine protestantische Hochburg. Nach 1560 brachen die Gegensätze zwischen den Konfessionen offen aus. Bewaffnete Übergriffe auf Hugenotten erwiderten diese mit der Zerstörung zahlreicher katholischer Kirchen und Klöster. Es kam zum offenen Bürgerkrieg, dessen Hauptschauplatz das Poitou wurde. In Katharina von Medici, der Frau Heinrichs II., hatten die Hugenotten eine erbitterte Feindin. Die katholischen Truppen brachten der hugenottischen Partei unter ihrem Führer, Admiral Coligny, 1569 bei Moncontour nördlich von Poitiers eine schwere Niederlage bei. Seinen makabren Höhepunkt fand der religiöse Fanatismus in der berüchtigten Bartholomäusnacht

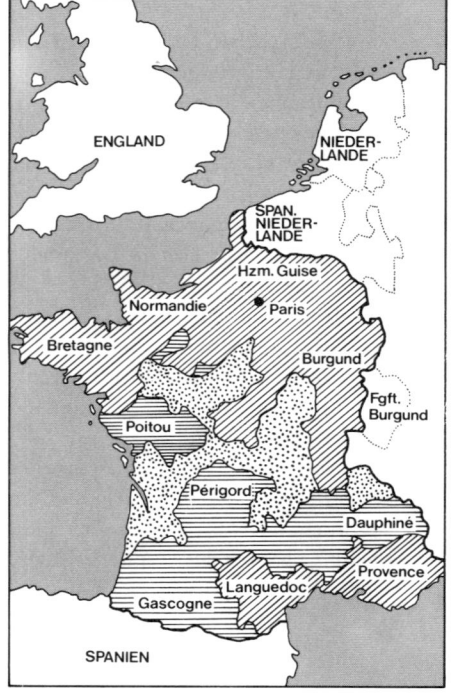

Provinzen der kath. Liga

Provinzen der Hugenotten

Neutrale Provinzen

Frankreich zur Zeit der Hugenottenkriege 1562–98

Katharina von Medici, zeitgenössisches Portrait eines unbekannten Meisters

Der Hugenottenführer Admiral Gaspard de Coligny, zeitgenössisches Portrait

Die Schlacht zwischen Katholiken und Hugenotten bei Cognac und Châteauneuf-sur-Charente am 13. März 1569, zeitgenössischer Stich

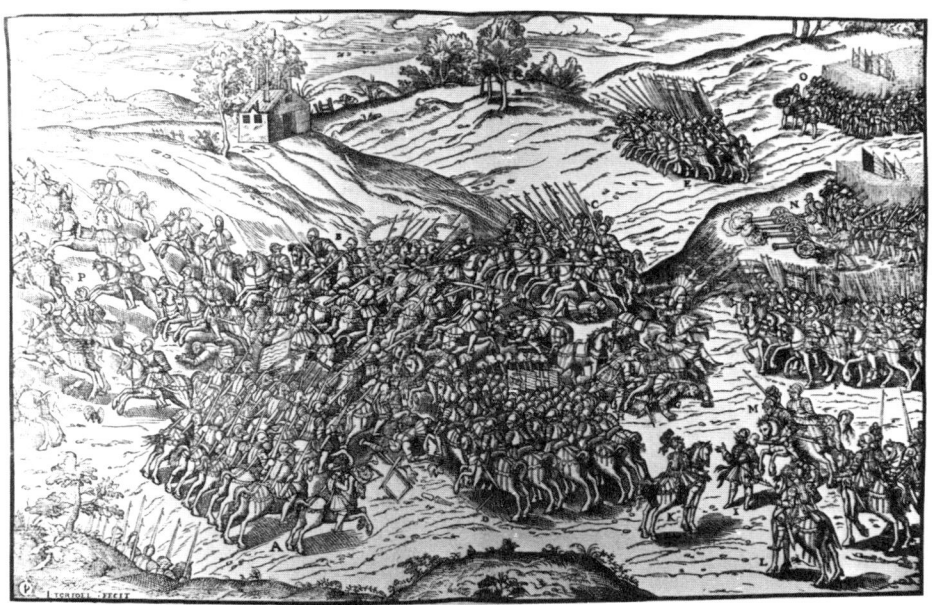

Karikatur über die Versuche Ludwigs XIV., die Hugenotten zum Katholizismus zurückzuführen (von G. Engelmann, 1686)

(23./24. August 1572), in der Coligny und mindestens 15000 seiner Anhänger ermordet wurden. Im Jahr darauf belagerte einer der drei Söhne Katharinas, Heinrich, damals noch Herzog von Anjou und ein Jahr später, nach dem Tode seines Bruders Karls IX., König von Frankreich, La Rochelle, das den Hugenotten als Zuflucht garantiert worden war.

Die erstarkten katholischen Kreise, deren Führer der Herzog von Guise war, verbündeten sich nun mit Philipp II. von Spanien, dem Erzfeind Frankreichs. Heinrich III. witterte Verrat und entledigte sich der Bedrohung, indem er die zu mächtig gewordenen Häupter der Liga 1588 im Schloß von Blois ermorden ließ. Doch schon im Jahr darauf, nur wenige Monate nach dem Tod seiner Mutter, Katharina von Medici, wurde er selbst bei dem Versuch, das von ligistischen Truppen besetzte Paris einzunehmen, von einem Dominikaner ermordet. Mit ihm erlosch das Haus Valois, und der Weg war frei für Heinrich von Bourbon, einen Hugenotten, der zum Katholizismus konvertierte, um sich die Macht zu sichern. Nach hartem Ringen konnte er sich schließlich als König von Frankreich behaupten und setzte den Religionskriegen durch das Edikt von Nantes 1598 ein Ende. Den Hugenotten wurde die freie Ausübung ihrer Religion und mit La Rochelle eine befestigte Stadt garantiert.

Die Gegensätze konnten dadurch jedoch nur vorübergehend beigelegt werden. Der Kanzler Ludwigs XIII., Kardinal Richelieu, setzte sich den Kampf gegen den Protestantismus zu einem der Hauptziele seiner Politik. 1627 verordnete der Kardinal die Belagerung La Rochelles, das sich im Gegenzug mit den Engländern verbündete. Die Bundesgenossen eilten unverzüglich zu Hilfe und setzten sich für zwei Jahre auf der Insel Ré fest. 1628 fiel La Rochelle nach erbittertem Kampf, die Stadtmauern wurden geschleift. 1665 gründete Colbert, der Finanzminister Ludwigs XIV., die Feste Rochefort an der Charentemündung als Bollwerk gegen die Engländer, denen damit endgültig die Lust auf einen Zugriff im Poitou genommen werden sollte. Zwei Jahrzehnte später legte der Festungsbaumeister Vauban auf der Insel Ré und an der Gironde weitere Forts an, deren martialische Architektur nicht nur den Einheimischen, sondern auch den Engländern die Präsenz der absolutistischen Königsgewalt im Poitou nachdrücklich vor Augen führte. Den Schlußpunkt im Ringen der Konfessionen setzte Ludwig XIV. 1685 mit der Aufhebung des Ediktes von Nantes. Die Hugenotten flohen zu Hunderttausenden ins Ausland. Frankreich war wieder katholisch geworden.

Das Poitou im 18. Jahrhundert

Die Häfen der poitevinischen Küste entwickelten sich im 18. Jh. zu wichtigen Handelspartnern Kanadas. 1717 schlossen sie sich unter Führung La Rochelles und Nantes' zu einem Handelsbund zusammen. Das Marais Poitevin wurde weiter kanalisiert und erhielt seine heutige Gestalt. Der sich mit diesen Aktivitäten einstellende Wohlstand fand seinen sichtbaren Niederschlag in dem Ausbau zahlreicher Städte. Der Graf de Blossac, der das Amt des königlichen Intendanten im Poitou bekleidete, ließ in etlichen Orten – Poitiers, Châtellerault, St-Maixent-l'Ecole, Saintes – Teile der mittelalterlichen Stadtkerne abreißen und große Straßenachsen als Prachtboulevards anlegen.

Letztlich jedoch stand die Provinz, die bereits mit dem Abwandern der Hugenotten eine wesentliche treibende Kraft verloren hatte, ganz im Schatten der Metropole, in der sich das absolutistische Königtum zum unangefochtenen Zentrum des Landes aufgeschwungen hatte.

Die Vendée-Kriege

1789 war in Paris die Revolution ausgebrochen. Von Anbeginn brachte die Bevölkerung der Vendée dem Umsturz keine Sympathien entgegen. Da der Adel in diesem Landstrich die Bevölkerung nicht mit derselben ausbeuterischen Arroganz schikaniert hatte wie überall sonst und die Kirche ebenfalls sehr volksverbunden war, blieb hier die royalistische und

Henri de Larochejacquelin (links) und François-Athanase de Charette, zwei Führer der Vendée-Aufständischen, zeitgenössische Portraits

klerikale Haltung wach. Die Hinrichtung Ludwigs XVI. im Januar 1793 rief unverhohlene Verbitterung hervor. Als dann im März desselben Jahres eine großangelegte Rekrutenerhebung in der Vendée durchgeführt werden sollte, kam es zum offenen Widerstand gegen die Republik. Sofort schloß sich der Adel dem Aufstand an und übernahm in der Gestalt des heldenhaften Larochejacquelin die militärische Führung. Die im Kampfe unerfahrenen Vendéer hatten den überlegenen Revolutionstruppen die genaue Kenntnis des Landes voraus. Dieser Vorteil brachte ihnen in den ersten Monaten des Kampfes die Siege bei Fontenay-le-Comte (25. Mai 1793), Chantonnay und Touffou (5. und 19. September desselben Jahres). Doch schon im Oktober unterlagen die Aufständischen in einer erneuten Schlacht bei Cholet. Dem Lebensmittelembargo, das der Konvent gegen die Vendée verhängt hatte, versuchten sie durch ein Übersetzen auf das Nordufer der Loire zu entgehen. In ihrer Hoffnung, bei der Bevölkerung des Anjou und der Bretagne Hilfe zu finden, sahen sie sich jedoch rasch getäuscht. Von Konventstruppen gestellt, verloren sie am 12. Dezember bei Le Mans mehr als 15 000 Mann, und ein anderer Heerhaufen wurde zwei Wochen später bei Savenay aufgerieben. Nur noch ein Bruchteil der einstigen Streitmacht konnte sich unter Larochejacquelin wieder in die Heimat retten. Die wiederholten Niederlagen führten zu Meinungsverschiedenheiten unter den Anführern. Der gemäßigte Flügel gewann schließlich die Oberhand und nahm Verhandlungen mit dem Konvent auf, der den Vendéern im Dezember 1794 den Frieden anbot. Im Februar des darauffolgenden Jahres erfolgte die Anerkennung der Republik durch die Vendée, die diese sich nach geschicktem Verhandeln mit weitreichenden Privilegien honorieren ließ: Amnestie für alle am Aufstand Beteiligten, Befreiung vom Kriegsdienst und religiöse Freiheit. Als jedoch im Juni 1795 ein französisches Emigrantenheer von der englischen Flotte an Land gesetzt wurde, erklärte der Generalleutnant François-Athanase de Charette der Republik erneut den Krieg. Das Emigrantenheer wurde vernichtend geschlagen, Charette im Frühjahr 1796 gefangengenommen und hingerichtet. Die endgültige Unterwerfung der unruhigen Vendée zog sich dann noch bis in das Jahr 1800 hin. Mehr als 150000 Menschen hatten in den Kriegen das Leben verloren. Doch auch weiterhin blieb die Vendée ein Unruheherd. Napoleon ließ deshalb 1804 mit La-Roche-sur-Yon eine Garnisonsstadt errichten. 1832 versuchte die engagierte Herzogin von Berry noch einmal, die Vendée gegen das Regime des Bürgerkönigs Louis-Philippe aufzuwiegeln. Die Unternehmung scheiterte. Die Herzogin geriet in Gefangenschaft und wurde in der Vauban-Festung Blaye an der Gironde eingekerkert.

Der Weg des Poitou vom 19. Jahrhundert bis in unsere Tage

Die Geschichte des 19. Jh. erscheint nach den bewegten Zeiten der zurückliegenden Jahrhunderte vergleichsweise friedfertig. Sie ist von innerer Stabilität und wirtschaftlichem Aufschwung gekennzeichnet. Mit der Eröffnung des Grand Hotel in Les Sables-d'Olonne 1840 und des Casinos in Royan sieben Jahre später wird das Zeitalter des Tourismus im Poitou eingeläutet. Nach der Jahrhundertmitte wird im Landesinnern die Viehzucht systematisch ausgebaut und an der Küste die Austernzucht kultiviert. Der Beginn des Eisenbahnverkehrs ermöglichte alsbald den schnelleren Transport der wirtschaftlichen Erzeugnisse, was namentlich für den Handel mit frischen Austern von ausschlaggebender Bedeutung war. Zudem wurde durch den Bau wichtiger Brücken die verkehrstechnische Erschließung des Landes vorangetrieben.

In unserem Jahrhundert geriet das Poitou unvermeidbar mit in den Strudel der beiden Weltkriege. 1940–44 erlitten mehrere Städte schwere Bombardements (Rochefort, Poitiers, Saintes, Angoulême, Royan); zahlreiche Kämpfer des Widerstandes mußten ihr mutiges Auftreten gegen das Naziregime mit dem Leben bezahlen. Es ist ein merkwürdiger Zufall der Geschichte, daß unter beide Weltkriege von französischer Seite zwei Männer den Schlußpunkt setzten, die aus demselben Dorf im Poitou stammten: Georges Clemenceau (1841–1929), der als Ministerpräsident seit 1917 mit äußerster Härte den Endkampf gegen Deutschland geführt hatte, und der Marschall Jean de Lattre de Tassigny (1889–1952), der als Vertreter Frankreichs 1945 die deutsche Kapitulationsurkunde unterzeichnete. Beide Strategen stammten aus dem Dorf Mouilleron-en-Pareds im Herzen der Vendée, deren militärische Tradition sie damit eindrucksvoll fortsetzten.

Die wirtschaftliche Vernachlässigung des Poitou durch Paris in der Vierten und Fünften Republik führte in breiten Schichten zu Verbitterung und ließ viele vormals bürgerliche Wähler in das Lager der Sozialisten oder Kommunisten wechseln. Dies brachte die Regierung unter Druck, die seit den beginnenden siebziger Jahren verstärkt Investitionsprogramme in das Poitou lenkte, um der Provinz den Anschluß an die nationale und internationale Wirtschaft zu ermöglichen. Eine der wichtigsten Aufgaben in der trotz der Bemühungen des 19. Jh. unzureichend erschlossenen Region war der rasche Ausbau der Verkehrswege. Die große Brücke, die die Loiremündung heute bei St-Nazaire überspannt, hat die Straßenverbindung zwischen der Bretagne und der Vendée hergestellt. Ihr kommt besondere Bedeutung zu, denn bei einer Neueinteilung Frankreichs 1974 in wirtschaftliche Schwerpunktregionen wurden die rechtsseitigen Loirelandschaften mit der Vendée zu den »Pays de Loire« zusammengefaßt. Die übrigen Landschaften des Poitou firmieren seitdem unter dem Namen »Poitou-Charentes«. Andere große Brückenprojekte wurden verwirklicht, nicht zuletzt, um den Fremdenverkehr anzukurbeln. In vorderster Linie sind jene beiden Brücken zu nennen, die erst seit wenigen Jahren die Inseln Noirmoutier und Oléron mit dem Festland verbinden und tatsächlich zu einem sprunghaften Anstieg des Inseltourismus geführt haben. Als vorerst letztes großes Projekt wurde 1981 die Autobahn A 10 fertiggestellt, die die wichtigen Städte Châtellerault, Poitiers, Niort, St-Jean-d'Angély und Saintes an die Schnellverbindung Paris–Bordeaux angeschlossen hat.

Poitiers hat seine alte Rolle als Hauptstadt des Poitou wieder würdig übernommen. Dazu verhalfen die verstärkte Ansiedlung von Industrie, die glänzende Sanierung des historischen Stadtzentrums und der Ausbau der Universität, an der u. a. alljährlich ein internationaler Kunsthistorikerkongreß zu Fragen mittelalterlicher Kunst stattfindet. 1976 richtete sich das Augenmerk einer breiten Öffentlichkeit anläßlich des »Jahres der Romanik« auf die Schätze des Poitou, die in weiten Kreisen und besonders in Deutschland immer noch verhältnismäßig unbekannt sind. Die Vielfalt und Schönheit dieser an romanischen Denkmälern reichsten Landschaft Frankreichs ins Bewußtsein zu rufen ist Ziel dieses Buches.

Grundzüge der romanischen Baukunst im Poitou

Das Poitou zählt zur Familie der Kunstlandschaften Südfrankreichs, deren romanische Kirchen in einem Punkt generell übereinstimmen: Sie alle weichen vom basilikalen Muster ab, das in den nördlichen Landschaften (Burgund, Normandie, Ile de France) den Grundakkord bildet, über dem sich die nach Landschaften unterschiedlichen Spielarten ausgeprägt haben. Der Grundgedanke besteht immer darin, das Mittelschiff nicht über die Seitenschiffe zu erheben und dadurch einen einheitlicheren Raum zu gewinnen, als es bei der Basilika der Fall ist. Zu diesem Thema haben die Kunstlandschaften Südfrankreichs unterschiedliche Variationen entwickelt: In der Provence ist der vorherrschende Typus die einschiffige Saalkirche (z. B. Montmajour); in der Auvergne, die das Bindeglied zwischen Norden und Süden darstellt, ist die Basilika zur Emporenhalle umgedeutet worden (z. B. Clermont-Ferrand, St-Nectaire u. a.); in Aquitanien etabliert sich die von byzantinischen Vorbildern abzuleitende Kuppelkirche (z. B. Périgueux, Cahors u. a.). Im Poitou wird die dreischiffige Hallenkirche zum bestimmenden Bautypus. Die poitevinische Halle besteht aus dem Nebeneinander von drei annähernd gleich hohen Schiffen. Egal, ob sich das Mittelschiff mal mehr (Poitiers, Notre-Dame-la-Grande) oder weniger (St-Savin-sur-Gartempe) über die Seitenschiffe erhebt – es entsteht in keinem Fall ein durchfensterter Obergaden wie bei der Basilika. Alle drei Schiffe sind unter einem gemeinsamen Satteldach zusammengefaßt. Meist sind sie mit einer Längstonne eingewölbt, nur vereinzelt kamen Kreuzgratgewölbe zur Anwendung. Wenn die Tonnenwölbung nicht als Bildträger durchlaufender Malereien diente wie z. B. in St-Savin, wurde sie durch Gurtbögen in einzelne Joche gegliedert, die aus den meist halbrunden Vorlagen der Säulen emporwachsen. Infolge der fehlenden Obergadenfenster sind die Kirchen des Poitou in ein geheimnisvolles Halbdunkel getaucht; das Mittelschiff erhält lediglich eine indirekte Beleuchtung durch die Fenster der Seitenschiffe. Diese Indifferenz der Lichtverhältnisse, die von natürlichen, von außen eindringenden Quellen scheinbar unabhängig wirkt, verleiht den Kirchen des Poitou ihre weihevolle Atmosphäre.

Dem Langhaus schließt sich in der Regel ein einschiffiges Querhaus mit einer ausgeschiedenen Vierung an. Die Apsis ist entweder als schlichtes Halbrund angelegt oder – wo es sich um Wallfahrtskirchen handelt – zum Chor mit Umgang und Kapellenkranz erweitert. Letztgenanntes Muster findet sich vor allem entlang der Pilgerroute nach Santiago de Compostela bzw. an deren Nebenwegen.

Die Fassaden spiegeln nur andeutungsweise den Aufriß des Innenraumes wider. Sie sind durch senkrechte Streifen oder Dienste vertikal unterteilt, meist in drei Abschnitte, was noch in Übereinstimmung mit dem Kirchenraum steht. Vom Innenaufriß dagegen entfernt sich die oftmals vorgenommene Gliederung in zwei oder drei Geschosse. Diese Form der Flächenteilung verunklärt die realen architektonischen Verhältnisse. Diese Entfernung der Fassade vom Innenraum wird dort noch weitergeführt, wo in Abweichung der Dreischiffigkeit die Außenfront in fünf oder gar sieben senkrechte Zonen unterteilt wird (z. B. Surgères). Die Loslösung der Fassade von der hinter ihr liegenden Kirche läßt sie in Verbindung mit dem oft überreichen plastischen Dekor wie eine Kulissenwand erscheinen.

Das Tympanon, das in den meisten anderen Landschaften Frankreichs der hauptsächliche Bildträger ist, tritt an den poitevinischen Fassaden völlig in den Hintergrund. Hier übernehmen die Archivolten die tragende Rolle. Mehrfach gestuft, sind sie manches Mal von Hunderten kleiner Figuren bevölkert. Den Gipfel dieser Form der Portalgestaltung markiert das Südtor von Aulnay mit seinen mehr als zweihundert Skulpturen. Darüber hinaus wird die ganze Fassadenwand wie eine monumentale Bildtafel dekoriert, deren plastischer Schmuck manchmal bis hinauf in den bekrönenden Giebel reicht (z. B. St-Jouin-de-Marnes, Angoulême u. a.).

Die Verselbständigung der Fassade wird in der südwestlichen Region des Poitou, in der Saintonge, noch gesteigert. Hier wird an vielen Kirchen auf den spitzen Giebel verzichtet und die Fassade durch ein horizontales Gebälk abgeschlossen. So erscheint sie als ein Rechteckfeld, das wie ein gemusterter Bildteppich vor die Kirche gehängt wirkt. Bei einigen dieser Kirchen fehlt die figürliche Skulptur, und statt dessen ist die Fassade in mehrere übereinander liegende Reihen kleiner Arkaden gegliedert (z. B. Echebrune, Châtres u. a.), was an eine Gruppe toskanischer Kirchen erinnert (etwa Pisa, Lucca u. a.). So wie die Kuppelkirche des Périgord von Byzanz bzw. von San Marco in Venedig her beeinflußt wurde, ist eine Verbindung zwischen der Saintonge und Oberitalien denkbar. Das gilt gleichfalls für die Außengestaltung des Chores, an dem häufig eine aufgeblendete Zwerggalerie erscheint (z. B. Talmont), eine Form, die in der Lombardei ihren Ursprung hat und im Norden bis in das Rheinland wirkte. Ein anderes Motiv, der polygonal gebrochene Chor (z. B. Geay, Rioux) statt des gewohnten Halbrundes, stellt einen Brückenschlag zur Provence dar (etwa Montmajour, Cavaillon u. a.). Der Innenraum der Saintonge-Kirche ist gegenüber dem des nördlichen Poitou vereinfacht. Anstelle der dreischiffigen Halle wurde in dieser Gegend vorwiegend der einschiffige Saal gebaut.

Nach der Mitte des 12. Jh. bildet sich unter dem Einfluß der im Norden aufblühenden Kathedralgotik eine neue Bauform heraus, die eine Art Fortsetzung der Romanik in Verschmelzung mit gotischen Motiven darstellt. Man nennt sie den »Angevinischen Stil«, daneben ist auch die in letzter Zeit seltener gebräuchliche Bezeichnung »Plantagenet-Stil« zu lesen. Im wesentlichen bleibt das romanische Schema der Halle oder des Saales erhalten; das Gewölbe jedoch wird aus einer Folge von nach oben ausgebusten Kuppeln mit Kreuzrippen gebildet. Das wichtigste Beispiel dieser Gruppe findet sich außerhalb des Poitou; es ist die Kathedrale von Angers.

Das Poitou im Spiegel seiner Heiligen und Sagen

Kaum eine andere Landschaft Frankreichs hat so zahlreiche Eroberungen und kriegerische Auseinandersetzungen erlebt wie das Poitou. Dem Durchzug der Vandalen folgte die Landnahme erst der Westgoten, später der Franken. Plündernd zogen Sarazenen und Normannen durch das Land, und vom Meer her drohten bis in das hohe Mittelalter immer wieder die räuberischen Überfälle von Piraten. Diese ständigen Gefahren haben den Heiligenkult in besonderem Maße begünstigt. An den Gräbern der verehrten Patrone flehte die bedrängte Bevölkerung um Schutz und Beistand. Andererseits wurde auch die Phantasie durch die wechselvolle Geschichte beflügelt, und so entstand eine Vielfalt von Legenden, Sagen und Märchen, die zum Teil Verbreitung in ganz Europa fanden. Das Wesen des Poitou und vor allem seiner oft rätselhaft erscheinenden romanischen Portalskulpturen ist besser zu verstehen, wenn man den Blick auf diese Hintergründe lenkt. Wir stellen zunächst die wichtigsten Heiligen vor.

Hilarius

Der Nationalheilige des Poitou wurde um 315 als Sohn heidnischer Eltern in Poitiers geboren. Nach seiner Bekehrung zum Christentum erklomm er rasch die kirchliche Karriereleiter und wurde 350 Bischof seiner Vaterstadt. Er trat mit Nachdruck gegen den Arianismus an, der zwar bereits 323 auf dem Konzil zu Nicäa als Häresie verurteilt worden war, dem aber dennoch die germanischen Christen weiterhin anhingen. Diese Glaubenslehre verwarf die Wesenseinheit von Vater, Sohn und Heiligem Geist und wollte Christus lediglich als »gottähnlich« verstanden wissen. Der arianisch gesonnene Kaiser Constantius, ein Sohn Konstantins des Großen, schickte Hilarius 356 nach Phrygien in die Verbannung, von wo er erst vier Jahre später in die Heimat zurückkehrte. Im Exil hatte er die breitangelegte Streitschrift »De Trinitate« – insgesamt zwölf Bücher – verfaßt, was ihm erst spät die Ehre des Titels eines Kirchenlehrers einbrachte. Papst Pius IX. hat Hilarius 1851 zum »Doctor ecclesiae« promoviert. Er starb 366 und wurde in Poitiers beigesetzt. Über seinem Grab wurde eine Kirche errichtet, die bis heute ein Anziehungspunkt der Gläubigen geblieben ist.

Martin

Martin von Tours, als Schutzpatron Frankreichs der prominenteste Heilige der Franken, wurde um 316 in Pannonien (dem heutigen Ungarn) geboren. Sein Vater bestimmte ihn zum Militärdienst, den er jedoch als Zwanzigjähriger quittierte, um sich ganz dem religiösen Leben zuzuwenden. Vor den Arianern floh er auf eine kleine Insel bei Genua, wo er eine Zeitlang als Eremit lebte. Danach zog er nach Poitiers und wurde Schüler des Hilarius. Um 360 gründete er südlich Poitiers mit Ligugé die erste Klostergemeinschaft auf gallischem Boden. 371 verließ er Poitiers, denn er war in Tours durch Volksabstimmung zum dortigen Bischof gewählt worden. Nach seinem Tode im Jahre 400 entbrannte ein erbitterter Streit zwischen Tours und Ligugé um die sterblichen Überreste des Heiligen, den Tours für sich entscheiden konnte.

Auf den Gedächtnistag Martins, den 11. November, sind eine Anzahl heidnischer Bräuche übertragen worden. Die »Martinsgans« und der »Martinstrunk« sowie der traditionelle Lichterumzug sind Überbleibsel eines alten Herbst- und Erntedankfestes. Die berühmte Legende, in der Martin seinen Mantel mit dem Schwert zertrennt, um ihn mit dem Bettler zu teilen, ist eines der beliebtesten Themen der romanischen Bildhauerkunst im Poitou geworden. Der Teil des Mantels, den er für sich behalten hatte, wurde später als Reliquie in Aachen verehrt und von den fränkischen Kaisern bei jedem ihrer Feldzüge mitgetragen. Nach dem Namen dieses Stofffragmentes, das man die »cappa« nannte, wurde der Raum seiner Aufbewahrung in Aachen »Kapelle« tituliert, eine später allgemein gebräuchlich gewordene Bezeichnung für jede Form eines kleinen Sanktuariums.

Radegunde

Die Tochter des Thüringerkönigs Berthar, Radegunde, wurde 538 die Frau des Merowingerkönigs Chlothar I. Erschreckt von den Brutalitäten am Hofe und der Rücksichtslosigkeit ihres Gatten floh sie 553 nach Poitiers, wo sie das Kloster Ste-Croix gründete, in das sie selbst als Nonne eintrat. Eine enge Freundschaft verband sie mit Venantius Fortunatus, dem bedeutenden Dichter christlicher Epen (»Vexilla regis prodeunt«), der nach einem langen Wanderleben in Poitiers Fuß gefaßt hatte, wo er dann Bischof wurde. Radegunde war eine große Wohltäterin der Armen und Kranken. Nach ihrem Tode 587 wurde sie in ihrer Wahlheimat Poitiers beigesetzt und als heilig verehrt. Zahlreiche Kirchen des Poitou sind ihr geweiht.

Eutropius

Der Ortspatron und erste Bischof der Stadt Saintes, Eutropius, soll sich der Legende zufolge in der illustren Gesellschaft namhafter Heiliger befunden haben, die gemeinsam mit den hl. Marien vom Heiligen Land aus in einer Barke auf dem Meer ausgesetzt wurden. Das Boot landete in der Camargue, von wo jeder in eine andere Richtung zog, um das südliche Gallien dem Christentum zuzuführen: Lazarus ging nach Marseille, Saturninus nach Toulouse, Trophimus nach Arles, Martial nach Limoges und Eutropius eben nach Saintes. Eine andere, wahrscheinlichere Version sieht in ihm einen Märtyrer des 4. Jh. Aber was für eine Rolle

Die hl. Radegunde beim Exorzismus, Illustration aus einer mittelalterlichen Handschrift über das Leben der hl. Radegunde (Poitiers, Bibliothèque Municipale)

spielen im Mittelalter schon historische Erwägungen! Entscheidend ist nur der Glaube und die suggestive Kraft, die von den Reliquien ausgeht. Wohl kaum ein Jakobspilger, der seine weite Reise von Paris auf der »Via Touronensis« machte, hat es versäumt, am Grabe des Eutropius in Saintes zu beten. Ludwig XI. hegte eine besondere Zuneigung zum hl. Eutropius, dessen Grabkirche er einen mächtigen Glockenturm stiftete.

Philibert

Die Bedeutung St-Philiberts reicht wie die des hl. Martin weit über die Grenzen des Poitou hinaus. Er gilt nicht nur als der Gründer der nach ihm benannten Abtei auf der Insel Noirmoutier, sondern auch als Stifter des bedeutenden Jumièges in der Normandie. 835 flohen die Mönche von Noirmoutier mit den Reliquien ihres Patrons vor der anrückenden Normannengefahr. Vierzig Jahre lang mußten sie in ganz Frankreich umherirren, bis ihnen Kaiser Karl der Kahle im burgundischen Tournus, am Grabe des hl. Valerian, eine neue Bleibe sicherte, wo schon bald eine der erstaunlichsten Kirchen des christlichen Abendlandes entstand. In der Krypta von St-Philibert auf der Insel Noirmoutier wird noch heute der leere Sarkophag des Heiligen aufbewahrt.

Weitere wichtige Heilige, alle Märtyrer der frühchristlichen Zeit, die an den Stätten ihrer letzten Ruhe verehrt werden, sind Jovinus (St-Jouin-de-Marnes), Savinus (St-Savin-sur-Gartempe) und Cyprianus (ebenda); die zahllosen Heiligen von rein lokaler Bedeutung werden hier nicht erwähnt.

35

Die Sagenwelt des Poitou

Die unerschöpfliche Phantasie, die uns an den romanischen Kirchenportalen begegnet, hat sich auch in der Volksdichtung niedergeschlagen. Das Poitou zählt zu den an Sagen, Fabeln und Märchen reichsten Gegenden Europas. Am bekanntesten ist die Sage von der *Fee Melusine*. Sie wurde in praktisch alle Sprachen der Erde übersetzt und ist dadurch ein Stück Weltliteratur geworden. Hier sei sie in Erinnerung gerufen:

Melusine war die Tochter des Königs Elinas von Schottland und der Fee Pressine. Diese hatte Elinas nur unter dem Vorbehalt geheiratet, daß er die Kinder, die sie ihm gebären werde, in den ersten Lebensmonaten nicht zu Gesicht bekommen dürfe. Nacheinander bringt Pressine drei Mädchen zur Welt. Doch eines Tages hält sich Elinas nicht an sein Versprechen und betritt das Kinderzimmer, in dem die Mutter gerade die Kinder unter rituellen Beschwörungsformeln badet. Pressine, zutiefst getroffen, verläßt ihren Mann und verbirgt sich mit ihren Töchtern auf einer einsamen Insel. Als die drei herangewachsen sind, schmieden sie gegen Elinas, wegen dessen treulosen Wortbruchs sie vaterlos hatten aufwachsen müssen, ein Komplott. Sie ziehen nach Schottland, wo sie ihren Vater mit magischen Zauberkräften in einem unzugänglichen Schloß einkerkern. Doch nach ihrer Rückkehr auf die Insel gerät die Mutter, die Elinas offenbar immer noch liebt, in Zorn gegen ihre Töchter und belegt sie mit einem verhängnisvollen Fluch. Danach sollen sich Melusines Unterleib und ihre Beine fortan jeden Samstagabend in einen Fischschwanz verwandeln. Sollte sie je ein künftiger Ehemann in diesem Zustand erblicken, hätte sie ihr Leben unter den Sterblichen verwirkt und müßte im Reich der Geister ein ruheloses Dasein fristen. Melusine flieht von der Mutter und verbirgt sich im Wald von Coulombiers, wo sie nächtens in der Quelle der Cé zu baden pflegt. Hier entdeckt sie eines Tages Raymondin, ein Neffe des Grafen von Poitiers. Er verliebt sich in das schöne Mädchen und führt es als seine Frau auf sein Schloß Lusignan, nachdem er – wie schon sein Schwiegervater - zuvor ein Versprechen ablegen muß, nämlich Melusine niemals an einem Samstagabend sehen zu wollen. Zunächst geht alles gut. Melusine entwickelt eine für das ganze Poitou segensreiche Tätigkeit. Des Nachts, wenn ihr Mann schläft, fliegt sie zu einem nahen Steinbruch und sammelt Brocken auf. Sodann überfliegt sie das Land, und überall, wo ein Gesteinsbrocken von ihr zur Erde fällt, entstehen mächtige Burgen oder Städte. Auf diese Art sollen u. a. Pouzauges, Vouvant, Tiffauges, Pons, Parthenay und die Tour St-Nicolas in La Rochelle entstanden sein, die alle den Besitz Raymondins bildeten und ihn immer reicher und mächtiger werden ließen. Weder dieser unerwartete Reichtum noch die auffälligen Mißbildungen seiner Kinder – eines hat ein rotes und ein grünes Auge, ein anderes übergroße Ohren, ein drittes eine dichtbehaarte Nase, wieder ein anderes statt einer Hand eine Löwenpranke – machen Raymondin nachdenklich. Erst als sein älterer Bruder ihn warnt, daß hier Hexerei im Spiel sein müsse, wird er skeptisch. Damit nimmt das Verhängnis seinen unabwendbaren Verlauf wie schon zuvor bei Melusines Vater. Raymondin schleicht an einem Samstagabend seiner Frau nach und beobachtet, wie sie sich im Badezimmer des Schlosses einschließt. Daraufhin bohrt er ein Loch in die Tür, um den Dingen auf den Grund zu gehen. Er erstarrt vor Entsetzen, als er sieht, wie sich sein eben noch blühend schönes Weib vom Bauchnabel an in einen häßlichen schuppigen Fisch verwandelt, der in den Zuber steigt. Durch seinen gellenden Aufschrei wird Melusine gewahr, daß sie entdeckt und fortan zu einem Geisterdasein verurteilt ist. Sie verwandelt sich in einen geflügelten Drachen und fliegt davon. Von hier an gibt es zwei Versionen: Die eine sieht in Melusine die böse Fee, die aus Rache an den Menschen nur Unheil stiftet, die andere schreibt ihr positive Eigenschaften zu. Danach soll sie zunächst allabendlich nach Lusignan zurückgekehrt sein, um ihr letztgeborenes Kind zu stillen. Später sei sie immer dann über dem Poitiers-Turm des Schlosses schwebend aufgetaucht, wenn der Tod eines Mitgliedes der Familie bevorstand. Dieses Motiv haben die Brüder von Limburg in dem prächtigen Stundenbuch des Herzogs von Berry festgehalten (vgl. Farbt. 3). Die fischschwänzige Melusine ist an zahlreichen Portalen romanischer Kirchen des Poitou dargestellt worden (siehe Abb. 31 und 73).

Kaum minder bekannt ist das Märchen von *König Blaubart,* der nacheinander seine sechs Frauen tötete. Auch hier spielt das Brechen von Gelübden eine Rolle, denn die Frauen werden immer erst dann ermordet, wenn sie wider ihr Versprechen einen verbotenen Raum im Schloß betreten, das sogenannte Mordkabinett. Die siebte Frau kann schließlich diesem Schicksal in letzter Minute entrinnen. Sie wird von ihren drei Brüdern gerettet, die nun ihrerseits Blaubart ermorden. Diese Sage, die auf dem Schloß Tiffauges im nördlichen Poitou spielt, scheint einen historischen Hintergrund zu haben. Es heißt, sie ginge auf die Gestalt des Ritters Gilles de Retz zurück, der 1440 in Nantes wegen Gattenmordes hingerichtet wurde. Wie nah Sage und Wirklichkeit in der Geschichte des Poitou beieinanderliegen, vermag gerade die Geschichte des blutrünstigen Königs Blaubart zu vermitteln. Der Fluch des Schlosses Tiffauges sollte verhängnisvoll weiterwirken. 1794 wurden in Tiffauges, dem Schauplatz des Märchens, zweitausend Aufständische der Vendée bestialisch abgeschlachtet.

Neben diesen beiden bekanntesten gibt es eine Unzahl weiterer Sagen und Märchen, in denen immer wieder, wie auch in christlichen Mythen, das Ringen des Guten mit dem Bösen im Mittelpunkt steht. Dabei spielen vor allem Tiere, namentlich solche des Waldes, an denen das Poitou einstmals so reich war (Bär, Fuchs, Wolf, Eule etc.), oftmals eine wichtige Rolle. Auch dieses Bestiarium ist mit den Darstellungen christlicher Themen an romanischen Kapitellen und Portalen verschmolzen.

Reise-Routen

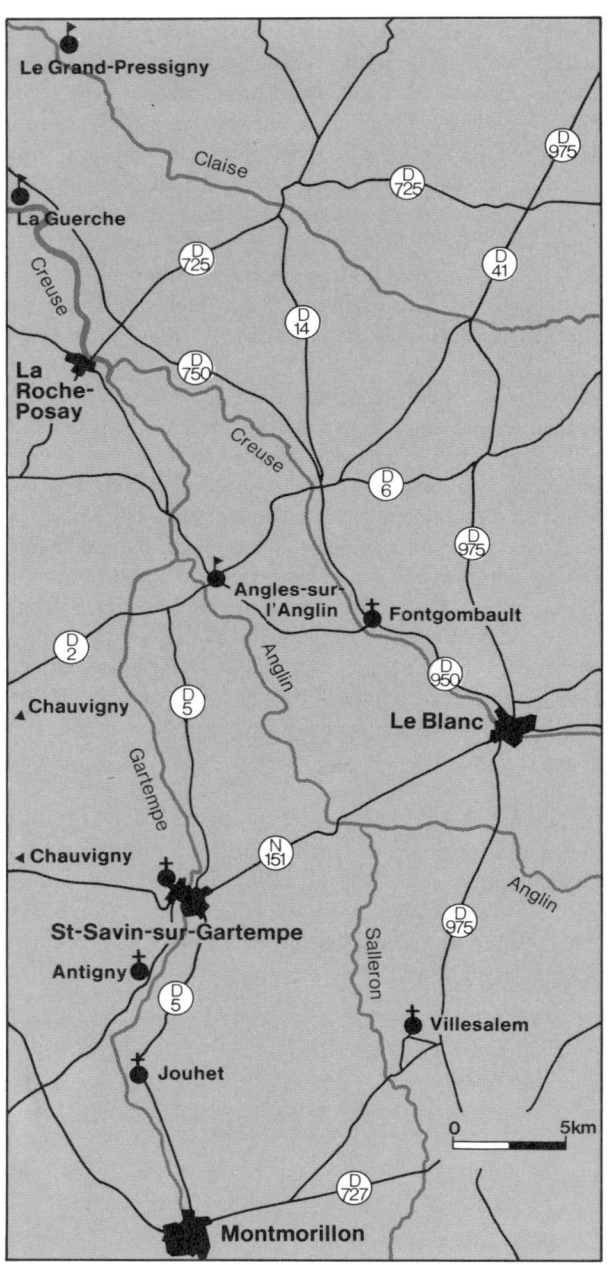

*Die Täler der Creuse, des
Anglin und der Gartempe
von Le Blanc bzw. von
Montmorillon bis
La Roche-Posay*

Auf der Schwelle zum Poitou – im Tal der Gartempe

Wer von Osten her kommend der Nationalstraße 151 über Bourges und Châteauroux in westlicher Richtung folgt, erreicht im Tal der Gartempe das Poitou. Die Gartempe entspringt südlich der Stadt Guéret, tief im Herzen des Limousin (Departement Creuse). Ihr 170 km langer Lauf führt durch die Departements Haute-Vienne und Vienne und mündet bei La Roche-Posay in die Creuse.

St-Savin-sur-Gartempe

Die Reise in das Poitou beginnt gleich mit einem Höhepunkt, denn die ehemalige Abteikirche von St-Savin-sur-Gartempe birgt den umfangreichsten Zyklus romanischer Fresken in Frankreich (Farbt. 24, 25).

Da bereits im 16. Jh., in der Zeit der Religionskriege, die alten Klostergebäude und mit ihnen das Archiv der Abtei ein Opfer der Flammen wurden – einzig die Kirche überstand die Verheerungen –, gingen wichtige Quellen zur Gründung und Geschichte des Klosters verloren. Die greifbaren Fakten sind spärlich und lückenhaft. Den erhaltenen Nachrichten zufolge gründete Karl der Große die Abtei am Grab des hl. Savinus, der hier um die Mitte des 5. Jh. den Märtyrertod erlitten hatte. Im 9. Jh. entstand eine erste Abteikirche, die gut zweihundert Jahre später einem Neubau weichen mußte. Die wiederholten Brandschatzungen des Klosters 1562 und 1568 durch Hugenotten hatten das monastische Leben ersterben lassen; die Benediktiner verließen St-Savin. Einen Wiederaufschwung brachte die Neubesiedlung durch die Kongregation der Mauriner 1640, die bis zur Revolution in St-Savin blieben. Sie führten im 17. Jh. auf den Trümmern der im Krieg zerstörten Abtei die heute noch bestehenden Konventgebäude auf. Nach der Revolution war die Abteikirche dem Verfall preisgegeben. 1836 entdeckte Prosper Mérimée, der unermüdliche Kunstbewahrer, auf einer seiner zahlreichen Erkundungsreisen die Kirche und ihren Bilderzyklus. Mérimée, Sohn eines Malers, erkannte sofort den unschätzbaren Wert der Malereien von St-Savin und stellte sie unter Denkmalschutz. Umgehend wurde eine Restaurierung der Kirche eingeleitet, die den erhaltenen Bestand schützen sollte. Bei einer erneuten Restaurierung, die

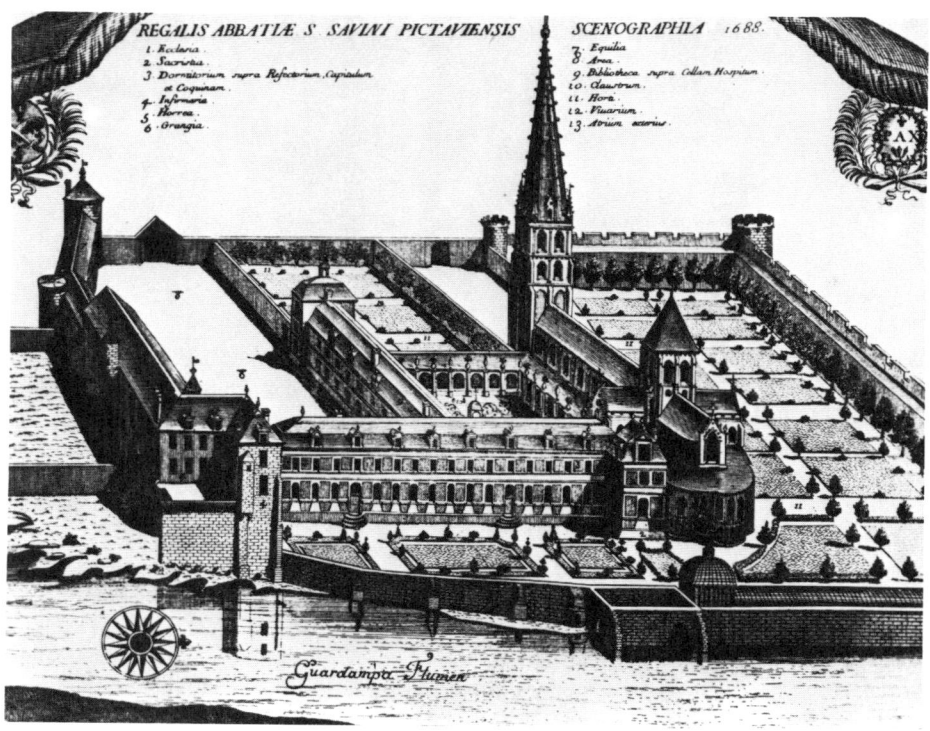

St-Savin-sur-Gartempe, Ansicht des Klosters aus dem 17. Jh. (aus dem »Monasticon Gallicanum«)

1968–74 unter der Leitung von Jean Taralon durchgeführt wurde, konnten die Malereien mit Hilfe modernster Techniken gesichert werden.

Die Kirche von St-Savin ist ein Prototyp der poitevinischen Romanik. Das Langhaus mit seinen drei annähernd gleich hohen Schiffen repräsentiert die klassische Hallenkirche, wie sie für diese Landschaft charakteristisch ist. Während die Seitenschiffe mit Kreuzgratgewölben eingezogen sind, ist das Mittelschiff mit einer halbrunden Tonne eingewölbt. Die ersten drei Joche sind durch Gurtbögen, die auf halbrunden Diensten an den Säulen lagern, gegeneinander abgegrenzt, die sechs folgenden zeigen dagegen keine architektonische Gliederung; die Tonne führt vom vierten Joch ungeteilt bis zur Vierung. Diese Bauplanänderung steht vermutlich mit den Malereien in Zusammenhang, deren Ausführung wohl schon während des Bauvorganges geplant worden sein dürfte. Die Fortlassung der Gurtbögen schuf den Malern eine glatte, durchgehende Fläche. An das Langhaus schließt sich das einschiffige Querhaus an, dessen nördlicher und südlicher Arm sich in je eine halbrunde Apsis öffnen. Der Chor mit Umgang und fünf radial ausstrahlenden Kapellen weist St-Savin als Pilgerkirche aus.

Wenn auch die Baudaten nicht restlos geklärt sind, gilt es als sicher, daß die Kirche noch dem späten 11. Jh. zuzurechnen ist. Einzig Teile des hoch aufstrebenden Glockenturms sind jüngeren Datums. Nur seine untere Partie fällt in die Erbauungszeit des 11. Jh. Die reich gegliederte Glockenstube entstammt der späten Romanik des mittleren 12. Jh., und der spitze Helm ist erst im 14. Jh. hinzugekommen. Nach schweren Sturmschäden wurde er im 19. Jh. erneuert und erhöht. Ebenfalls jüngeren Datums sind die Strebepfeiler am Außenbau, die in gotischer Zeit als Sicherung gegen den Gewölbedruck den Mauern angelehnt wurden.

Man betritt das Kircheninnere durch eine kleine Vorhalle im Glockenturm. Sogleich schlagen die Bilder den Besucher in ihren Bann. Die Untersuchungen, die im Zuge der jüngsten Restaurierung angestellt wurden, haben wichtige neue Erkenntnisse über die Bilder ermitteln können. So wurde festgestellt, daß die Maltechnik in einer Kombination aus Temperamalerei und Fresko besteht. Die Farbe wurde zwar auf einen alten Putz aufgetragen – diesen hatte man jedoch zuvor angefeuchtet, also »frisch« gemacht. Diesem Umstand verdanken die Bildwerke ihren ungewöhnlich guten Erhaltungszustand, denn als reine »al secco«-Malereien auf trockenem Putz hätten sie kaum diese Lebensdauer erreichen können. Gleichzeitig konnte die umstrittene Frage der Datierung geklärt werden. Danach sind die Bilder in den ersten Jahren des 12. Jh. entstanden, wohl in unmittelbarem Anschluß an die Fertigstellung der Kirche.

Die besten Lichtverhältnisse herrschen in den Nachmittagsstunden, sonniges Wetter vorausgesetzt. Dann leuchten die warmen Farben, in denen Ocker und vielfältige Rottöne die Hauptakzente setzen, am intensivsten. Da der kleine Narthex, der ebenfalls ausgemalt ist, nur durch die geöffnete Tür sein spärliches Licht erhält, hat der Künstler in diesem Teil hellere Töne gewählt als in dem lichtdurchfluteten Kirchenraum. Die Bilder des Narthex schildern die Apokalypse, die traditionell im Mittelalter ihren Platz im Westen einer Kirche hat. Über dem Durchgang zur Kirche thront Christus als Weltenrichter, umgeben von Engeln, die die Leidenswerkzeuge des Herrn tragen. Weiter sind erhalten: der Kampf des

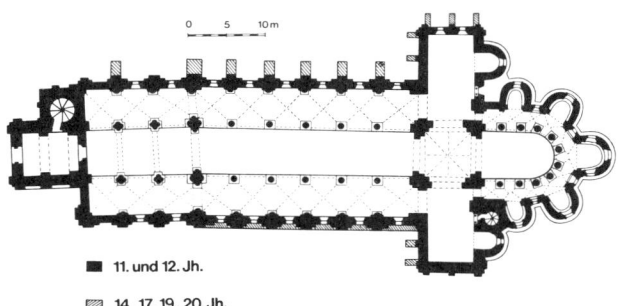

St-Savin-sur-Gartempe, Grundriß der ehemaligen Abteikirche (Zodiaque)

■ 11. und 12. Jh.

▨ 14., 17., 19., 20. Jh.

Engels gegen das Untier, die Darstellung des Himmlischen Jerusalems mit den Kirchengrün-
dern daneben und die eindringliche Schilderung der Heuschreckenplage.

Vom Narthex führen fünf Stufen hinunter in das etwas tiefer liegende Kirchenschiff mit
seinem reichen malerischen Dekor. Ursprünglich waren auch die Wände der Seitenschiffe
bemalt. Diese Fresken fielen jedoch den wiederholten Kriegszerstörungen zum Opfer, so
daß nur die Bilder im Gewölbe des Mittelschiffes erhalten blieben. Eine breite durchgezo-
gene Linie im Scheitel der Tonne trennt das Gewölbe in eine linke (nördliche) und eine rechte
(südliche) Hälfte. Auf jeder der beiden Seiten entwickeln sich die Malereien in zwei
übereinanderliegenden Reihen, insgesamt sind es also vier Streifen, die mit den Bildern des
Narthex und der Empore eine Gesamtfläche von 413 qm bedecken. Während der Narthex
und die Empore Themen des Neuen Testaments behandeln, zeigen die Bilder des Kirchen-
schiffs einen geschlossenen alttestamentarischen Zyklus, der auf die beiden ersten Bücher
Moses beschränkt ist: Genesis und Exodus.

Im Folgenden werden die Bilder entsprechend ihrer chronologischen Reihenfolge
beschrieben. Die in Klammern gesetzten Zahlen beziehen sich auf die nebenstehende
Schemazeichnung. Die Felder im ersten Joch links sind zerstört, wir beginnen also die
Betrachtung im zweiten Joch. Im oberen Fries erkennt man die Erschaffung der Gestirne (1),
darunter Gottvater bei der Erschaffung Evas und ihre erste Begegnung mit der Schlange (2).
Der Zyklus setzt sich im vierten Joch im oberen Streifen fort – die Bilder des dritten Joches
sind wiederum zerstört. In Richtung auf den Chor zugehend sieht man nebeneinander: Eva
bei der Arbeit am Spinnrocken (3), Kain und Abel bei der Opferung, wobei Abel, dessen
Opfer Gott gnädig annimmt, mit einem Nimbus dargestellt ist (4; Farbt. 25), der
Brudermord (5), Enoch, der mit erhobenen Armen Gott anruft, und Gottes Ankündigung
der Sintflut an Noah (6), die Arche Noah auf den Wogen (7; Farbt. 24), Gott segnet Noah
und dessen Familie beim Verlassen der Arche (8), Noah opfert zwei Vögel und ein Lamm
(9), Noah pflanzt einen Weinstock (10). Ursprünglich setzte sich nun die Bilderfolge im
vierten Joch im unteren Streifen fort. Jedoch sind wiederum die ersten Felder zerstört. Wir
fahren deshalb im sechsten Joch fort: der Durchzug durch das Rote Meer (11), der Engel
Gottes und die Feuersäule bewahren die Nachzügler des Volkes Israel vor dem Zugriff der
Ägypter (12), Moses empfängt die Gesetzestafeln (13).

Die Szenen der rechten Seite sind in umgekehrter Reihenfolge zu betrachten, d. h., man
beginnt beim Querhaus zu lesen und begibt sich in Richtung auf den Ausgang. Die obere
Bildfolge zeigt nacheinander: Noah tanzt und betrinkt sich (14), die Trunkenheit Noahs
(15), Noah verflucht seinen Enkel Kanaan, weil dessen Vater, Ham, Noahs Sohn, heimlich
den trunkenen Vater nackt gesehen und seinen beiden Brüdern davon berichtet hatte (16),
der Turmbau zu Babel (17), Gott erscheint Abraham (18), die Trennung Abrahams von Lot
(19). Nun geht es im unteren Streifen wieder zurück in Richtung auf den Chor: die
Beisetzung Abrahams (20), Jakob schickt Joseph fort zu seinen Brüdern (21), Joseph wird
von seinen Brüdern verkauft (22), von Potiphars Frau verleumdet, wird Joseph in den
Kerker geworfen (23), Joseph deutet den Traum des Pharao (24), der Pharao schenkt Joseph
seinen Ring (25), Josephs Erhöhung (26). Das letzte Bild des Zyklus ist untergegangen.

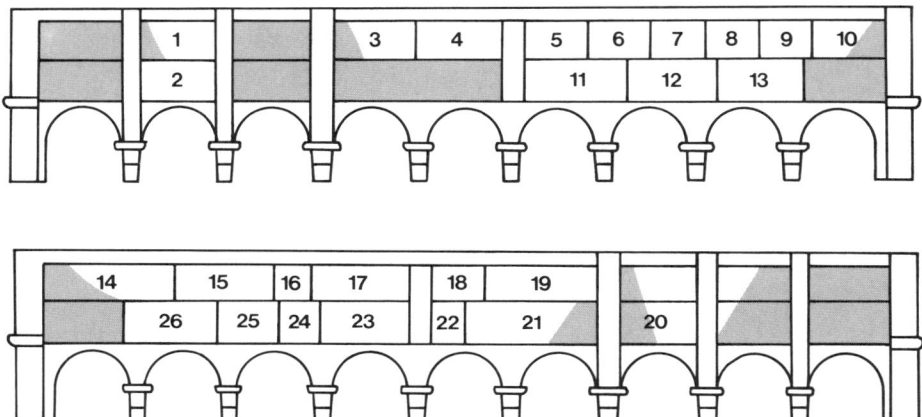

St-Savin-sur-Gartempe, Schema der Fresken in der Mittelschifftonne (1–13 = linke bzw. nördliche Hälfte, 14–26 = rechte bzw. südliche Hälfte; die zerstörten Partien sind grau gekennzeichnet): 1–5 Szenen aus der Genesis. Erschaffung der Gestirne und der Eva, die Opfer Kains und Abels, der Brudermord 6–10 Begebenheiten aus dem Leben Noahs 11–13 Szenen aus dem Buch Exodus. Der Zug des Volkes Israel durch das Rote Meer, Moses empfängt die Gesetzestafeln 14–16 Weitere Begebenheiten aus dem Leben Noahs 17 Der Turmbau zu Babel 18–20 Szenen aus dem Leben Abrahams 21–26 Szenen aus dem Leben Josephs

Auch die Krypta unter dem Chor ist mit Malerei ausgeschmückt. Neben den Darstellungen Christi und verschiedener Heiliger sind hier Begebenheiten aus dem Leben der hl. Savinus und Cyprianus wiedergegeben. Diese Bilder fallen gegen die hohe Qualität der Fresken im Kirchenschiff deutlich ab. Das hat dazu geführt, daß sie früher zeitlich anders eingeordnet wurden. Man darf aber eher annehmen, daß dem Dekor der fast nachtdunklen Krypta einfach weniger Aufmerksamkeit beigemessen wurde und die Ausmalung dieses Raumes – gleichzeitig mit jener der Kirche – unbedeutenderen Künstlern überlassen wurde.

Beim Verlassen der Kirche gewahrt man über dem Ausgang das Bild einer thronenden Muttergottes mit Stifterfiguren, das nach Meinung der jüngeren Forschung erst im späten 12. Jh. dort angebracht worden sein soll. Die Empore über der Eingangshalle ist über eine Treppe vom Narthex aus zu erreichen. Von hier bietet sich der eindrucksvollste Blick in das Kirchenschiff. Auch das Gewölbe und die Wände der Empore zeigen einen gut erhaltenen Bilderkreis, der wiederum, wie im Narthex darunter, thematisch dem Neuen Testament angehört. Die Ikonographie ist mit dem Schema auf der nächsten Seite zu entschlüsseln.

Über den bedeutenden Fresken vergißt man nur allzuleicht die übrige Ausstattung von St-Savin, die aber unbedingt der Beachtung wert ist. Das beginnt mit den Kapitellen. In den drei ersten Langhausjochen sind sie ausschließlich aus schlichten Voluten gebildet, dann aber, im Zuge der erwähnten Bauplanänderung, die den Verzicht auf die Gurtbögen im Gewölbe mit

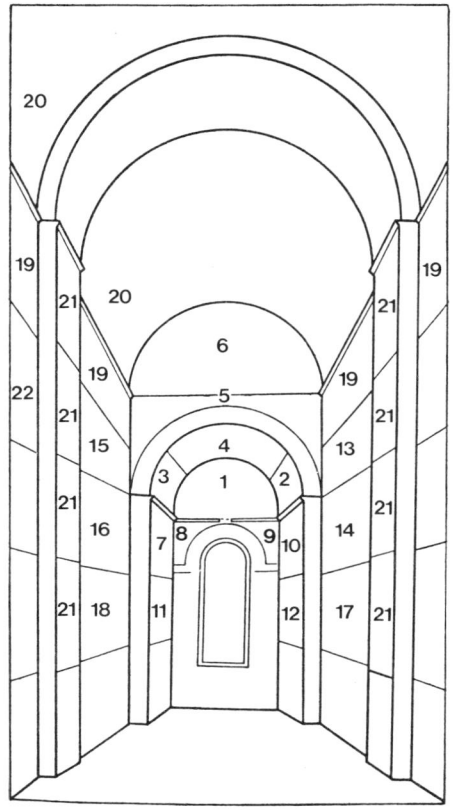

St-Savin-sur-Gartempe, Schema der Fresken in der Empore über dem Narthex (nach Paul Deschamps, La peinture murale en France, Paris 1951):
1–3 Kreuzabnahme, Selbstmord des Judas und Pilatus 4 Engel, ein Medaillon mit der Hand Gottes tragend 5 Engel mit dem Agnus Dei 6 Christus zwischen zwei Heiligen (Savinius und Cyprianus?) 7–12 Die Auferstehung (heilige Frauen, Maria Magdalena mit dem Salbgefäß, der Engel auf der Grabplatte sitzend, die Erscheinungen Christi in Emmaus und vor Magdalena) 13, 14 Grablegung Christi 15 Der Judaskuß 16 Die Geißelung 17 Die Taufe des hl. Dionysius (St-Denis) durch Paulus (ungewiß) 18 Martyrium des hl. Dionysius 19 Die Apostel 20 Heilige, möglicherweise die Patrone der Kirche 21 Acht heilige Bischöfe von Poitiers (in dessen Diözese St-Savin liegt) 22 Heilige oder Propheten

sich brachte, wurden die Kapitelle phantasievoll mit verschlungenen Blatt- und Rankenornamenten, zum Teil auch figürlich ausgestaltet. Ferner sei auf die Altäre hingewiesen, die – ein seltener Fall – fast ausnahmslos noch romanische Originale sind.

St-Savin vermittelt wie kaum eine andere Kirche Frankreichs das authentische Bild eines romanischen Sakralbaus. Nicht allein die Fresken, die den Ruhm dieser Kirche begründen, machen den Besuch so wertvoll, sondern das ungewöhnliche Zusammenwirken von Architektur, Malerei und Skulptur. Hier ist einer der bestgeeigneten Orte, romanische Kunst weitgehend unverfälscht zu erleben.

Von St-Savin im Tal der Gartempe flußaufwärts

Wer nach dem Besuch der alten Abtei in St-Savin-sur-Gartempe nicht gleich auf dem direkten Wege über Chauvigny und Poitiers Richtung Westen weiterzieht, findet entlang der Gartempe und in ihren Seitentälern weitere lohnende Sehenswürdigkeiten. Im Folgenden werden zwei Abstecher von St-Savin aus beschrieben, die man in einer Rundfahrt bequem an einem Tag bereisen kann.

Antigny

Auf dem Wege flußaufwärts wählt man der landschaftlich schöneren Ausblicke wegen die am linken Ufer der Gartempe nach Süden führende D 11. Nach nur 3 km kommt man durch das Dorf Antigny, dessen kleine romanische Kirche zum Verweilen einlädt. Die vor der Fassade verstreuten merowingischen Sarkophage deuten darauf hin, daß Antigny im 6./ 7. Jh. eine wichtige Nekropole gewesen sein muß. Im Innern der Kirche überrascht eine Kapelle mit gut erhaltenen Fresken der Renaissancezeit. Besondere Drastik wurde in die seltene Darstellung mit der Legende von den drei Toten und den drei Lebenden gelegt. Unweit der Kirche liegt der Friedhof mit einer Totenlaterne des 12. Jh. (lanterne des morts). Solche Totenlaternen der Romanik, oftmals mehrere Meter hoch, in denen ein ewiges Licht brannte, das den Seelen der Verstorbenen am Tage des Jüngsten Gerichtes den Weg leuchten sollte, sind eine für das Poitou typische Bauform, die in anderen Landschaften Frankreichs unbekannt ist. Die eindrucksvollsten Beispiele finden sich in Angles-sur-l'Anglin, Château-Larcher, Cellefrouin und Fenioux (Abb. 76). Das am südlichen Ortsausgang in einem Park gelegene Renaissance-Manoir Bois-Morand ist bewohnt und deshalb nicht zur Besichtigung zugänglich.

Jouhet

Wenige Kilometer weiter liegt am jenseitigen Ufer der Gartempe die Ortschaft Jouhet, die ebenfalls eine bescheidene romanische Kirche besitzt. Die größere Attraktion ist aber die äußerlich unscheinbare *Grabkapelle* der Familie de Moussy. Sie ist reich mit Fresken des frühen 16. Jh. ausgemalt. Im Zentrum – über dem Altar – thront Christus, begleitet von Engeln und den vier Evangelistensymbolen. An der Nordwand (links) erkennt man die Erschaffung Adams und Evas, daneben den Sündenfall und darunter die Legende von den drei Toten und den drei Lebenden. An der gegenüberliegenden Südwand sind die Geburt Christi, die Verkündigung an die Hirten und die Anbetung der hl. Drei Könige dargestellt. Darüber erscheinen die Auferstehung der Toten und das Jüngste Gericht. Den Eingang flankieren Portraits der Stifter, Jean de Moussys und seiner Frau, die zur Zeit der Erbauung dieser Grabkapelle 1502 die Herren auf Bois-Morand waren. Derselbe Maler, der hier im Auftrag der Familie de Moussy gearbeitet hat, schuf auch die Fresken von Antigny; dafür sprechen Übereinstimmungen in Ikonographie und Stil.

Montmorillon

Die D 5 führt von Jouhet nach 8 km zu dem geschäftigen kleinen Industriestädtchen Montmorillon (Möbelfabrikation). Nahe dem Pont Vieux liegt die romanische *Kirche Notre-Dame*, die durch zahlreiche spätere Umbauten nur wenig von der ursprünglichen Substanz ahnen läßt. Auch diese Kirche ist wieder, wie schon die anderen bislang beschriebenen im Tal der Gartempe, durch ihren Freskendekor bekannt. Er findet sich in der Krypta, die der hl. Katharina geweiht ist. Entsprechend beziehen sich die meisten Bilder auf Begebenheiten aus dem Leben der prominenten Heiligen. Die Wiedergabe der Mystischen Vermählung Katharinas mit Christus gilt als die älteste bekannte Darstellung dieses Themas in der Kunstgeschichte. Von besonderer Farbenpracht ist die Darstellung der thronenden Muttergottes (Farbt. 1). Ferner sind Szenen aus der Apokalypse zu identifizieren. Die Fresken sind rund hundert Jahre jünger als jene von St-Savin. Ihre Datierung wird heute mit dem späten 12. bzw. frühen 13. Jh. angegeben. Der Fülle von Wandmalereien des Mittelalters und der Renaissance zwischen St-Savin und Montmorillon verdankt dieser Bereich der Gartempe den klangvollen Namen »Tal der Fresken«. Aus derselben Zeit wie die Fresken in Notre-Dame stammt das sogenannte Oktogon von Montmorillon. Es handelt sich dabei um einen stattlichen Karner.

Zwischen Creuse und Gartempe

Abtei Fontgombault

Im weiteren Umfeld von St-Savin lohnt besonders der Besuch der Abtei Fontgombault. Von Montmorillon führt der Weg dorthin über Villesalem – kleine romanische Kirche mit vielgestaltigen Ornamentformen an Fassade und Kapitellen des Innern – und Le Blanc ins Tal der Creuse und damit an die Ostflanke des Poitou. Nach Osten breitet sich eine ausgedehnte Moorlandschaft aus: die Brenne. Wir folgen am rechten Ufer der Creuse der D 950 nach Norden, die kurz hinter dem Dorf Fontgombault zu der in völliger Abgeschiedenheit liegenden Abtei gleichen Namens führt.

Das Kloster wurde 1091 von Pierre de l'Etoile an der Stelle einer alten Eremitage gegründet. Sogleich wurde mit dem Bau einer großen Abteikirche begonnen, die ein halbes Jahrhundert später (1141) geweiht werden konnte. Ausgedehnter Landbesitz sicherte den

Mönchen ein beträchtliches Einkommen. Diese Glanzzeit von Fontgombault dauerte jedoch nur bis in die Tage des Hundertjährigen Krieges, unter dessen Wirren die Abtei schwere Einbußen hinnehmen mußte. Als das Kloster 1569 von Hugenotten gebrandschatzt wurde, bedeutete dies den endgültigen Niedergang. Zwar erlebte Fontgombault im 17. Jh. noch einmal einen vorübergehenden Aufschwung, als aber im 18. Jh. nurmehr fünf Mönche im Kloster lebten, bedeutete die Auflösung in der Revolution kaum mehr als einen symbolischen Akt. Nach der Wiederbelebung des Klosters im 19. Jh. folgten rasch aufeinander Trappisten und Zisterzienser, die Fontgombault jedoch schon bald wieder aufgaben. Eine tiefgreifende Renovation des klösterlichen Lebens erfolgte erst nach dem Zweiten Weltkrieg. 1945 nahmen die Benediktiner Fontgombault wieder in Besitz und restaurierten die schon zum Teil im 19. Jh. wiederhergestellten Abteigebäude.

Aus den weitläufigen Obstgärten des Klosters wächst die mächtige Choransicht mit ihrer kristallisch klaren Ordnung von Kapellen, Umgang, Chorhaupt und dem Vierungsturm auf. Auf der Grenze zwischen dem Berry und dem Poitou gelegen, entzieht sich Fontgombault dem poitevinischen Einfluß. Man errichtete keine Hallenkirche, sondern folgte dem basilikalen Schema mit einem sich über die Seitenschiffe erhebenden Mittelschiff. Die wiederholten Zerstörungen haben dem Bauwerk seine alte Ausstattung restlos genommen. Heute in nüchternes Grauweiß getaucht, ist die Kirche immer noch eindrucksvoll, aber doch nur ein architektonisches Gerippe, dem das kraftvolle Leben von St-Savin fehlt.

Man sollte bei dem Besuch von Fontgombault einen der Gottesdienste abwarten. Er vermittelt ein Erlebnis ganz eigener Art, denn wichtigster Bestandteil der Liturgie ist der Gregorianische Gesang, der von den Mönchen von Fontgombault intensiv gepflegt wird.

Einen nachhaltigen Eindruck von der schönen Lage des Klosters gewinnt man von der anderen Seite des Flusses. Um dorthin zu gelangen, muß man in dem nahen Dorf Fontgombault die einzige Brücke weit und breit passieren und der Straße bis zur nächsten Kreuzung folgen, dort biegt man im spitzen Winkel nach rechts ab. Nach wenigen hundert Metern läßt man den Wagen stehen und wandert über die Felder zum Steilufer der Creuse, von wo aus sich der Blick über das ausgedehnte Klosterensemble und auf eine alte Wassermühle öffnet.

Angles-sur-l'Anglin

Die D 3 führt von Fontgombault über einen Höhenrücken in das Tal des Anglin. Kurz vor dessen Mündung in die Gartempe liegt der malerische Ort Angles-sur-l'Anglin. Die Herkunft der beiden Namen, des Ortes und des Flusses (mit derselben Wurzel wie England – frz. Angleterre), weist auf den Germanenstamm der Angeln. Als diese im 5. Jh. n. Chr. die Britische Insel in Besitz nahmen, blieb ein versprengter Teil ihres Volksstammes auf dem Festland. Karl der Große siedelte diese »Rest-Angeln« an den Ufern dieses Flusses an, der künftig nach ihnen benannt wurde.

Der Ort wird von der Ruine einer mittelalterlichen *Burg* beherrscht, die 40 m über dem Fluß auf einem Kalkfelsen aufragt. Sie war in mehreren Bauabschnitten seit dem 12. bis in das 15. Jh. durch die Bischöfe von Poitiers errichtet worden. Der bekannteste Schloßherr,

Kardinal Jean de La Balue (1421–91), war zunächst Bischof von Evreux und Angers, später Finanzminister Ludwigs XI. Als ruchbar wurde, daß er Staatsgeheimnisse an die gegen den König verbündeten Herzöge von Berry und Burgund ausgeplaudert hatte, wurde er für elf Jahre in einen engen Eisenkäfig eingekerkert, den er selbst Jahre zuvor zur Pein Inhaftierter entworfen hatte. Nach seiner Freilassung zog er nach Rom, wo er vom Papst mit Ehren überhäuft wurde und den Titel eines Kardinals erhielt.

Die zum Teil hochbetagten Häuser des Ortes schmiegen sich treppenartig an den Fels, an dessen Fuß, gleich unterhalb der Burg, eine alte Wassermühle von den gemächlich dahinfließenden Wassern des Anglin umspült wird (Abb. 1). An dieser Stelle führt eine Brücke hinüber in den Ortsteil Ste-Croix, dessen *Abteikirche* aus dem 13. Jh. diesem Faubourg seinen Namen gegeben hat (Farbt. 5). Sie besitzt ein stattliches Portal und auf dem angrenzenden Friedhof eine vorzüglich erhaltene Totenlaterne des 12. Jh.

La Roche-Posay

Von Angles-sur-l'Anglin weiter nach Norden fahrend, gelangt man schon nach kurzem wieder in das Tal der Gartempe und nach wenigen Kilometern zur Ortschaft La Roche-Posay, die am Zusammenfluß von Creuse und Gartempe liegt. In La Roche-Posay stoßen drei Landschaften aufeinander: die Touraine, das Berry und das Poitou. Die Stadt war deshalb seit jeher ein wichtiger Verkehrsknotenpunkt, der im Mittelalter durch eine beispielhafte Befestigungsanlage gesichert wurde. In ihrem Zentrum befindet sich der älteste Teil, der Donjon (11. Jh.), errichtet durch den Baron de Preuilly-sur-Claise. Von der alten Stadtmauer stehen noch ansehnliche Teile, u. a. ein Stadttor aus dem 15. Jh. Aber nicht nur seiner geographischen Lage verdankt La Roche-Posay seine Bedeutung, sondern auch den Thermalquellen, die schon den Römern bekannt waren. Sie gerieten im Mittelalter in Vergessenheit und wurden erst im 16. Jh. wiederentdeckt. Seitdem ist La Roche-Posay ein beliebter Kurort, der vor allem von Patienten mit Haut- und rheumatischen Krankheiten frequentiert wird.

1 ANGLES-SUR-L'ANGLIN ▷

2

3

2–5 Chauvigny Kapitelle
in der romanischen
Kirche St-Pierre

4

5

7 POITIERS Blick auf die Kathedrale (rechts) und die Kirche Ste-Radegonde (links)
◁ 6 CIVAUX Merowingischer Friedhof
8 POITIERS Glockenturm der Kirche St-Porchaire

9 POITIERS Baptisterium St-Jean

10 POITIERS Kathedrale St-Pierre, Westfassade

11 POITIERS Kathedrale St-Pierre, Innenansicht

12 POITIERS Romanische Kirche St-Hilaire-le-Grand, Innenansicht

13 POITIERS Baptisterium St-Jean

14 Parthenay-le-Vieux Tympanon der Kirche St-Pierre

15 Château St-Loup-Lamairé bei Airvault

16 ST-JOUIN-DE-MARNES Westfassade der ehemaligen Abteikirche St-Jouin

17 Auf dem MONT-DES-ALOUETTES in der Vendée

18 THOUARS Schloßkapelle

19 THOUARS Detail des Schlosses

20 POUZAGES Romanische Kirche St-Jacques

21 LA ROCHE-SUR-YON Napoleondenkmal auf dem Marktplatz

22 Kreuzgang der Abtei LA GRAINETIÈRE

23 NOIRMOUTIER-EN-ILE Innenhof der mittelalterlichen Burg

24 NOIRMOUTIER-EN-ILE Krypta der Kirche St-Philibert

25 BREM-SUR-MER Giebel über dem Portal der romanischen Pfarrkirche St-Nicolas

26 Dolmen von LA FRÉBOUCHÈRE bei Le Bernard

27   Ile d'Yeu   Die Côte Sauvage

28   Ile d'Yeu   Blick auf die Kapelle Notre-Dame-de-Bonne-Nouvelle an der Côte Sauvage

29   Les Sables-d'Olonne   Der Hafen ▷

30 Luçon Kathedralkreuzgang

Im Tal der Vienne

Chauvigny

Nach St-Savin-sur-Gartempe ist Chauvigny die zweite wichtige Etappe auf dem Weg nach Poitiers. Wer von Osten her kommend in die Stadt fährt, erlebt den grandiosen Blick auf die Kulisse von fünf Burgruinen und die romanische Kirche St-Pierre auf der Anhöhe über der Stadt. Von der betriebsamen Unterstadt, in der die kleine romanische Kirche Notre-Dame wie ein hoffnungsloser Versuch wirkt, einen Kontrapunkt gegen die dominierende Oberstadt zu setzen, gelangt man auf einer schmalen Straße auf die Anhöhe mit dem einzigartigen Ensemble.

An der Südspitze des steilen Kalkfelsens erhebt sich die zerklüftete Ruine der Burg der Bischöfe von Poitiers, *Château Baronnial* genannt. Der Name ist nur scheinbar irreführend, denn die Bischöfe von Poitiers waren im Mittelalter zugleich Barone. Die Grundsteinlegung wird auf das 11. Jh. datiert. Aus dieser Frühzeit stammt der Donjon, der im hohen Mittelalter des 14. Jh. von Erweiterungsbauten, dem sog. *Château Neuf,* umfangen wurde. Das Terrain auf dem steil abfallenden Hochplateau, das wegen seiner leicht zu verteidigenden Lage als Baugrund begehrt war, teilten sich mehrere mächtige Adelsfamilien, die dem Beispiel ihres Lehnsherrn, des Bischofs von Poitiers, schon bald nacheiferten. So entstand im 13. Jh. gleich neben der bischöflichen Burg das *Château d'Harcourt,* dessen Bauherr der Vizegraf von Châtellerault war. 1447 kaufte der Bischof von Poitiers dem Nachbarn seinen Besitz ab. Wenige Schritte weiter finden sich die Reste des *Château de Mauléon,* dessen ältester Teil, der Donjon, wie schon bei der Bischofsburg, ins 11. Jh. zurückreicht, während die späteren Umbauungen dem Hochmittelalter zuzurechnen sind. Die Abfolge der Burgruinen wird nun durch die Kirche St-Pierre unterbrochen. An ihrer Nordseite setzt sich die Galerie feudaler Architekturfragmente fort. Es folgt zunächst das *Château de Gouzon,* das zur Hauptsache wieder aus einem mächtigen Donjon besteht. Den Reigen beschließt endlich nach Norden die sog. *Tour de Flins.* Der ganze Komplex war ursprünglich von einer nur in Resten erhaltenen Stadtmauer umgeben, so daß sich Chauvigny mit Recht rühmen konnte, eine der solidesten Befestigungsanlagen im Königreich zu besitzen. Das geballte Nebeneinander zahlreicher Ruinen aus der Feudalzeit, in dem die trutzigen Türme die herausragende Rolle spielen, macht Chauvigny zu einem Gegenstück toskanischer Städte mit deren Geschlechtertürmen.

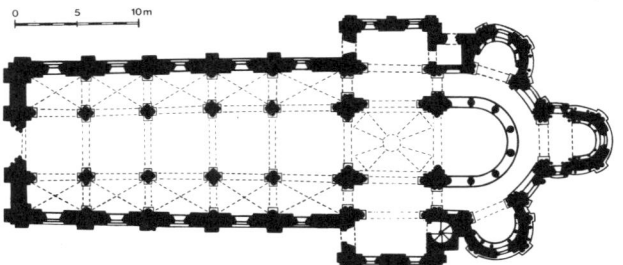

*Chauvigny, Grundriß der
Kirche St-Pierre (Zodiaque)*

Die romanische *Kirche St-Pierre* wurde nur wenig später als St-Savin im ausgehenden
11. Jh. begonnen und im 12. Jh. fertiggestellt. Ihre klar gegliederte Chorpartie schiebt sich
beherrschend zwischen die Türme der benachbarten Burgruinen, deren bewegte Kulisse sie
mit ihrem Vierungsturm würdig bereichert. Der Innenraum, der sich wieder als eine dem
Poitou verpflichtete dreischiffige Halle präsentiert, wurde im vorigen Jahrhundert restauriert und zum Teil im Stil der Romanik neu ausgemalt. Der Ruhm von St-Pierre geht von den
Kapitellen im Chor aus (Abb. 2–5). Die Säulen, die den Umgang vom Chorhaupt trennen,
sind überreich mit Skulpturen bekrönt, die man, da sie nicht besonders hoch angebracht
sind, bis in kleinste Details studieren kann. Ihre Ikonographie ist nicht streng einheitlich,
wenn auch die meisten Darstellungen Szenen aus dem Leben Jesu zeigen. Typisch ist eher die
Ausbreitung eines für mittelalterliche Bilderzyklen oftmals charakteristischen enzyklopädi-
schen Wissens, in dem die ganz allgemeine Gegenüberstellung von Gut und Böse den Ton
angibt. Etliche Kapitelle tragen Inschriften, die Auskunft über den Bildinhalt geben. Am
Kapitell mit der Anbetung der Könige findet sich das seltene Beispiel einer Künstlersignatur:

*Chauvigny, Querschnitt durch die romanische
Kirche St-Pierre (nach Dehio und Bezold)*

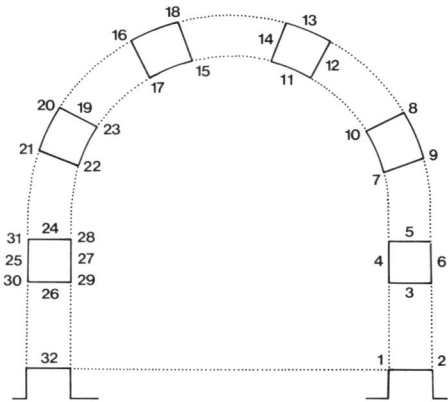

Chauvigny, St-Pierre, Anordnung der Kapitelle im Chor (die Inschriften in Kapitälchen): 1, 2 Vögel, die nackte Menschen verschlingen 3 Die babylonische Hure aus der Apokalypse, BABILONIA MAGNA MERETRIX 4 Verkündigung der Geburt Christi an die Hirten, GABRIEL ANGELUS. DIXIT GLORIA IN EXCELSIS DEO. PASTORES. PASTOR BONUS 5 Das verdammte Babylon, BABILONIA DESERTA 6 Die Seelen-Wägung 7, 8 Zwei Menschenköpfe mit herausgestreckten Zungen 9, 10 Drachen mit Menschenköpfen, die nackte Männer verschlingen 11 Anbetung der hl. Drei Könige, SANCTA MARIA. GOFRIDUS ME FECIT 12 Die Verkündigung Mariens, S. MARIA 13 Eine der drei Versuchungen Christi 14 Die Darbringung Christi im Tempel, SIMEON – IHS XPS – SANCTA MARIA 15, 16 Löwen, aus deren Schwanzenden menschliche Hände wachsen 17, 18 Zwei Masken 19 Phantastische Menschengestalt mit zwei Körpern, die in einem gemeinsamen Kopf zusammenwachsen 20–23 Verschiedene Monstren 24–27 Drachen mit menschlichen Köpfen 28–31 Menschenverschlingende Masken 32 Satan, flankiert von zwei Dämonen

»Gofridus me fecit«, erstaunliches Kennzeichen eines keimenden Selbstbewußtseins in einer Zeit, da der Bildhauer nichts weiter war als ein Handwerker.

Links vom Eingang zur Kirche führen ein paar Stufen hinauf zum *Musée-Panorama*. Dort ist neben etlichen archäologischen Fundstücken eine Sammlung folkloristischer und ethnographischer Objekte ausgestellt. Seinen Namen trägt dieses kleine Museum zu Recht, denn von dort oben hat man einen weitreichenden Blick über Chauvigny und das Tal der Vienne.

Das Tal der Vienne von Chauvigny bis Lussac-les-Châteaux

St-Pierre-les-Eglises

Chauvigny ist ein geeigneter Ausgangspunkt für Ausflüge im Tal der Vienne. Die erste hier beschriebene Route führt nach Süden.

Nur 2 km außerhalb von Chauvigny stößt man abseits der Straße nach Lussac-les-Châteaux (D 749) auf die vorromanische Kapelle St-Pierre-les-Eglises. Am Fuße eines seichten Hügels gelegen, kommt der kleine Bau im Hochsommer am besten zur Geltung, wenn er ringsum vom flammenden Gelb ausgedehnter Sonnenblumenfelder gerahmt wird. Auf dem Friedhof, der die Kapelle umschließt, steht eine Gruppe merowingischer Sarkophage. An den Wänden des schlichten einschiffigen Raumes finden sich Reste von Malerei. Gut erhalten ist die Kreuzigung Christi. Diese Bilder nehmen einen hohen Rang ein; die

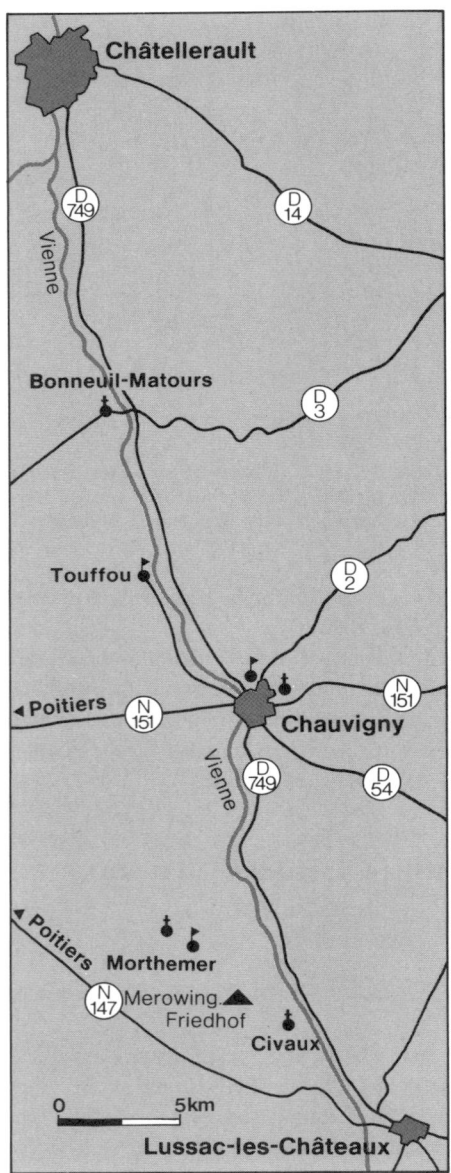

Das Tal der Vienne von Lussac-les-Châteaux bis Châtellerault

Forschung sieht in ihnen die ältesten Zeugen der Wandmalerei im Poitou: Sie werden ins 10. Jh., d. h. noch rund hundert Jahre vor die Fresken von St-Savin datiert.

Morthemer

Weiter führt die D 749 in dem von Anhöhen begleiteten Viennetal flußaufwärts. In dem Flecken Cubord zweigt ein Sträßchen nach Westen ab, das uns nach Morthemer leitet. Der Ort liegt im Tal der Dive, einem kleinen Seitenarm der Vienne. Im Wasser ausgedehnter Fischteiche spiegelt sich das Duett eines Schlosses und einer romanischen Kirche, beide nah beieinander auf einer Anhöhe gelegen. Das Schloß schmückt sich mit dem Titel »Älteste Baronie des Poitou«. Die »Tour de Cogniac« entstammt dem 12. Jh., alles weitere der Renaissance. Nahe der wichtigen Nordsüdverbindung im Tal der Vienne gelegen, spielte Morthemer im Hundertjährigen Krieg eine bedeutende Rolle. Es ist überliefert, daß hier Jean Chandos, ein führender Feldherr des Schwarzen Prinzen, 1370 starb.

Die benachbarte romanische *Kirche* dürfte etwa gleichzeitig mit der älteren Partie des Schlosses entstanden sein. Um das Niveau an dem abfallenden Hang auszugleichen, wurde die Kirche mit einer Krypta unterfangen, in der etliche Sarkophage des späten Mittelalters stehen (14./15. Jh.). In ihnen wurde wohl mancher Recke des Hundertjährigen Krieges zur letzten Ruhe gebettet.

Civaux

5 km südöstlich von Morthemer gelangt man nach Civaux mit der bedeutendsten merowingischen Nekropole Frankreichs. Der Ort selber ist ein kleines Dorf. In seiner Mitte steht die *Kirche,* deren ältester Teil nach dem Mauerwerk am Chor in merowingische Zeit datiert werden kann. Im 12. Jh. wurde der Bau vergrößert. Die Kirche steht an einem Platz, der seit alters verehrt worden sein muß. Auf dem nördlichen Vorplatz kamen bei Grabungen Reste eines vorchristlichen Heiligtums zutage, daneben wurden ferner die Fundamente eines Taufbeckens aus dem 3. Jh. n. Chr. und eines Baptisteriums des 4. Jh. freigelegt. Ringsum verstreute Sarkophage deuten darauf hin, daß der Ort nicht nur als Taufheiligtum, sondern auch als Grablege beliebt war. Daß hierin sogar die eigentliche Bedeutung von Civaux liegt, verdeutlicht eindrucksvoll der nur wenige hundert Meter nördlich der Kirche befindliche *merowingische Friedhof* (Abb. 6).

Ein Teil dieses großen Friedhofes wurde im 17. Jh. mit senkrecht aufgestellten Sarkophagdeckeln eingefriedet. So entstand ein verfälschender Eindruck, denn die Einfassung verschleiert die wahren Ausmaße der Nekropole, die zuvor etwa 20000 Grabstätten gezählt hatte. Heute sind es nur noch rund 500 Sarkophage, die in mehreren Reihen nebeneinander angeordnet sind. Die meisten stehen offen, einige wenige sind noch mit der dazugehörigen Platte abgedeckt. Inmitten dieser ungewöhnlichen Szenerie steht eine zerstörte Kapelle des 15. Jh., deren Ruine sich in das melancholisch stimmende Ambiente der Friedhofsatmosphäre nahtlos einfügt.

Auf dem weiteren Wege nach Lussac-les-Châteaux wird erkennbar, daß die Bedeutung von Civaux als Grablegestätte noch weit über die frühchristliche Zeit in das Dunkel der Vor-

und Frühgeschichte hinabreicht. Am Rande der D 114 liegt kurz vor deren Einmündung in die N 147 ein gut erhaltener Dolmen aus der Zeit der Megalithkultur.

Lussac-les-Châteaux

Dieser kleine Industrieort am Schnittpunkt wichtiger Straßen bietet selber keine nennenswerten Sehenswürdigkeiten. In seinem näheren Umkreis wurden jedoch zahlreiche prähistorische Funde gemacht, von denen die meisten in das Musée Pilori nach Niort gelangten. In Lussac stellt sich dem Reisenden die Wahl zwischen der direkten Weiterfahrt nach Poitiers (N 147) und der Fortsetzung der Ausflüge im Tal der Vienne oberhalb von Chauvigny.

Das Tal der Vienne von Chauvigny bis Châtellerault

Château Touffou

Fahrtechnisch bequemer ist die rechts der Vienne verlaufende D 749, landschaftlich bieten sich die schöneren Aussichten von der kleinen Landstraße am jenseitigen Ufer. Über die Ortschaft Bonnes mit ihren beiden kleinen romanischen Kirchen erreicht man das Château Touffou. An dem Schloßkomplex, der sich beherrschend über dem Ufer der Vienne erhebt, wurde über Jahrhunderte gebaut. Aus dem 12. Jh. stammt der älteste Teil, der doppelte Donjon im Zentrum, der im 14. Jh. von einer quadratischen Burganlage eingefaßt wurde. Der große Renaissanceflügel wurde nach 1650 aufgezogen. An seiner Außenwand zeigen siebzehn Wappen die Genealogie der Familie Chasteigner, der Erbauer von Touffou, das sie für lange Zeit an die Familie Mauléon abgetreten hatten, ehe sie das Schloß im frühen 18. Jh. wieder in Besitz nahmen.

Bonneuil-Matours

Die Brücke in Bonnes führt nun wieder hinüber auf das andere Ufer. Die nächste Etappe auf dem Wege nach Norden ist Bonneuil-Matours, wo sich das Manoir de Cremault und eine kleine romanische Kirche im Wasser der Vienne spiegeln. Während das im Verlauf der Religionskriege zerstörte Langhaus der Kirche im 19. Jh. grundlegend restauriert wurde, hat der Chor die Jahrhunderte unbeschadet überstanden. Seine Gesimse, Kapitelle und Kämpferplatten sind mit vielgestaltigen ornamentalen Reliefs dekoriert.

Châtellerault

Châtellerault wurde im 10. Jh. auf dem rechten Ufer der Vienne von Airaud, Vizegraf des Poitou, gegründet und nach ihm »Castellum Airaldi« benannt, woraus sich die Wortverschleifung Châtellerault entwickelte. Nach der Errichtung einer ersten Brücke im hohen Mittelalter wurde die Stadt zu einem wichtigen Verkehrsknotenpunkt und dehnte sich nun auch auf das linke Ufer der Vienne aus. Ihren Wohlstand bezog sie aus der Lederverarbei-

René Descartes, Portrait von Frans Hals (Paris, Louvre)

tung und der Herstellung von Eisengerät. Im 19. Jh. kam der Waffenbau als dritter wichtiger Industriezweig dazu.

Das Zentrum der Stadt beherrscht der Boulevard de Blossac, der im 18. Jh. nach dem Abriß der alten Stadtmauer angelegt worden war. In der Rue de Bourbon Nr. 126 steht das Haus, in dem der Philosoph und Mathematiker Descartes (1596–1650) seine Jugendjahre verbrachte. In Erinnerung daran wurde hier ein kleines *Descartes-Museum* eingerichtet. Der Autor des »Discours de la Méthode« und Vater der analytischen Geometrie hatte nahe Châtellerault in dem Ort Descartes – damals noch: La Haye-Descartes – das Licht der Welt erblickt. Flußabwärts erreicht man das *Stadtmuseum* mit historischen Ausstellungsstücken aus den Manufakturen von Châtellerault. Es ist im Flügel eines Schlosses aus dem 15. Jh. untergebracht, in dem 1548 die für die weitere französische Geschichte so bedeutungsschwere Ehe zwischen Jeanne d'Albret und Anton von Bourbon geschlossen wurde. Ihr fünf Jahre später geborener Sohn Heinrich sollte Ende des Jahrhunderts als Heinrich IV. das Haus Bourbon nach dem Aussterben der Valois-Dynastie zur Königswürde bringen. An den populären König erinnert in Châtellerault der prächtige *Pont Henri IV.*, der jedoch – Ironie der Geschichte – nicht von ihm selbst, sondern noch vor seiner Regierungszeit im Auftrage seiner ärgsten Feindin, der Katharina von Medici, erbaut wurde. Der Architekt stammte aus der bekannten Baumeisterfamilie du Cerceau. Den Brückenkopf am linken Ufer flankieren zwei Rundtürme; in einem ist ein kleines *archäologisches Museum* untergebracht. An Châtellerault führt die Autobahn A 10 (Paris – Bordeaux) vorbei, auf der man zügig ins Herz des Poitou gelangt, zur Hauptstadt Poitiers.

Im Herzen des Poitou

Die Hauptstadt Poitiers

Poitiers, ehemalige Hauptstadt der Grafschaft Poitou und heutige Präfektur des Departement Vienne, liegt auf einem Hochplateau, dessen Abhänge im Norden der Stadt zum Zusammenfluß des Clain und der Boivre abfallen.

Wer mit dem Auto unterwegs ist, sollte es wegen der Enge und Parkplatznot innerhalb der Stadt in der weitläufigen unterirdischen Garage neben der Kirche Notre-Dame-la-Grande abstellen. Damit befindet man sich auch gleich im Zentrum, von wo aus die hier beschriebenen Sehenswürdigkeiten gut zu Fuß zu erreichen sind. Poitiers bietet eine Fülle von Denkmälern, so daß man mindestens einen Tag veranschlagen sollte, um die wichtigsten kennenzulernen.

Blick in die Geschichte

Bereits vor der römischen Landnahme hatte Poitiers den Rang einer Metropole. Die Siedlung, die die Römer später unter dem Namen Limonum zu einer befestigten Stadt ausbauten, war Hauptort des Keltenstammes der Pictonen. Auch als Provinzstadt des Imperiums scheint der Ort keine geringe Rolle gespielt zu haben. Nennenswerte Monumente der Römerzeit sind zwar nicht erhalten geblieben, aber eine Ansicht des heute zerstörten Amphitheaters von 1699 läßt Rückschlüsse auf die offenbar stattliche Einwohnerzahl zu. Mit dem Eindringen des Christentums nimmt die Zahl schriftlicher Quellen zu. Poitiers wird unter seinem ersten Bischof Hilarius (350–66) ein führendes geistiges Zentrum. Martin von Tours weilte lange Zeit als dessen Schüler in der Stadt. Mit der Schaffung des westgotischen Königreiches wurde Poitiers auch wieder politisches Zentrum. Von hier zog der Westgotenkönig Alarich II. 507 in die verhängnisvolle Schlacht von Vouillé gegen den Merowingerkönig Chlodwig. Alarich fand dabei den Tod. Vergeblich hatte er versucht, mit den Franken einen Ausgleich zu finden, indem er zuvor den in Toulouse gefangenen Syagrius, den letzten römischen Statthalter, an Chlodwig ausgeliefert hatte. Der Invasion von Norden folgte zweihundert Jahre später jene von Süden, als die Araber die Pyrenäen überschritten hatten und bis vor die Tore von Poitiers vorstießen. In der vielzitierten Schlacht von Tours und Poitiers trat ihnen 732 der Großvater Karls des Großen, Karl Martell, siegreich entgegen und konnte so ihr weiteres Vordringen verhindern.

*Poitiers, die Ruinen des römischen Amphitheaters
in einer Ansicht von 1699*

Poitiers, das Palais der Herzöge von Aquitanien im 17. Jh.

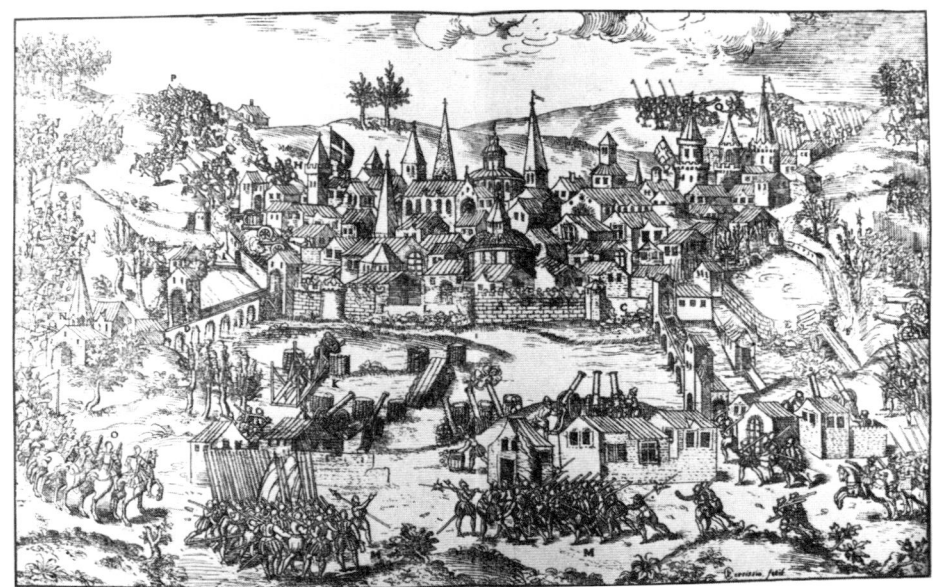

Die Belagerung von Poitiers durch Hugenotten im Jahre 1569, zeitgenössischer Stich

Das hohe Mittelalter bescherte der Stadt eine glänzende, aber oft auch bewegte Geschichte. Nachdem die Grafen des Poitou mit dem Herzogtum Aquitanien belehnt wurden, stieg Poitiers zur Hauptstadt des ganzen südwestfranzösischen Raumes auf. Die Grafen des Poitou errichteten sich in der Stadt ein standesgemäßes Schloß, das heute nur noch in Resten steht. Dennoch können wir uns eine genaue Vorstellung von der stattlichen Residenz machen, da ein Bild davon eines der Kalenderblätter des berühmten Stundenbuchs des Herzogs von Berry ziert (Farbt. 2), und außerdem ist ein Stich des 17. Jh. mit der Ansicht des Schlosses erhalten. Nachdem sich Eleonore von Aquitanien von ihrem Gemahl Ludwig VII. getrennt hatte und kurz darauf die Ehe mit Heinrich II. von England einging, kam Poitiers unter englische Hoheit. Poitiers blieb Eleonores wichtigste Residenz, an der sie eine aufwendige Hofhaltung pflegte. Erst 1204 konnte Philipp II. August den Söhnen Eleonores die Stadt wieder entreißen. Als aber im 14. Jh. der Hundertjährige Krieg ausbrach, kam Poitiers schon bald wieder an die englische Krone, der es du Guesclin 1369 erneut entwinden konnte. Während große Teile Frankreichs auch weiterhin von Engländern besetzt blieben – für einige Jahre ging sogar die Hauptstadt Paris in die Hände der Feinde –, blieb Poitiers von nun an französisch. Karl VII. verlegte in der Zeit der englischen Besetzung von Paris (1423–36) das Parlament nach Poitiers und machte es damit vorübergehend zur Hauptstadt des Reiches. In diesen Jahren wurde die Universität gegründet, die schon nach einem halben Jahrhundert ihres Bestehens mehr als viertausend Studenten zählte. So setzte sich im

Hochmittelalter die von Hilarius begründete Tradition Poitiers' als geistigem Zentrum des Poitou weiter fort.

Ihren Niedergang erfuhr die Stadt im Zuge der Religionskriege. Admiral Coligny, der militärische Führer der Hugenotten, schlug in ihren Mauern 1569 sein Quartier auf, bevor er in die Schlacht von Moncontour zog. Der Kampf zwischen Katholiken und Protestanten brachte der Stadt verheerende Wunden bei, von denen sie sich praktisch nicht mehr erholte. Poitiers sank für bald vierhundert Jahre in provinzielle Bedeutungslosigkeit ab.

Erst nach dem Zweiten Weltkrieg begann ein achtbarer Aufschwung, der in erster Linie durch die verstärkte Ansiedlung von Industriebetrieben verursacht wurde. Die Errichtung einer Reifenfabrik 1972 ist eines der größten Investitionsprojekte Frankreichs im vergangenen Jahrzehnt gewesen. Entsprechend ist die Stadt in den letzten Jahren rasch gewachsen. Dennoch vermag eine Einwohnerschaft von derzeit rund 100 000 Menschen im Vergleich mit anderen Städten wenig zu beeindrucken. Für das dünn besiedelte Poitou ist sie allerdings stattlich genug, wenn man bedenkt, daß die Bewohner von Poitiers ein Drittel der Gesamtbevölkerung im Departement Vienne stellen. Auch die Universität konnte mittlerweile an ihre große Tradition wieder anknüpfen. Etwa 15 000 Studenten sind derzeit immatrikuliert – 1930 waren es etwas mehr als tausend, nur ein Viertel der Besucherzahl im 15. Jh. Der alljährlich im Sommer stattfindende internationale Kunsthistorikerkongreß zieht Kapazitäten aus aller Welt an. In der Stadt selbst wurden tiefgreifende Sanierungen und Häuserrestaurierungen durchgeführt, so daß Poitiers heute als eine der herausragenden und reichsten Kunststädte Frankreichs im alten Glanz neu erstrahlt.

Rundgang durch die Stadt

Die Blütezeit des Mittelalters hat Poitiers eine Fülle erstrangiger Bauten beschert. Da die nachfolgenden Jahrhunderte nur geringe Spuren hinterlassen haben, vermittelt Poitiers das gewachsene Bild einer mittelalterlichen Stadt (Abb. 7). Hier werden die Denkmäler nicht in chronologischer Reihenfolge vorgestellt, sondern so, wie man sie am besten im Verlauf eines ausgedehnten Rundganges kennenlernen kann.

Notre-Dame-la-Grande

Das vielgepriesene Juwel der Stadt, Notre-Dame-la-Grande (Farbt. 18), mag auf manchen, der das erste Mal nach Poitiers kommt, zunächst etwas enttäuschend wirken, läßt doch der Name auf ansehnliche Größe schließen. Tatsächlich aber ist die Marienkirche eher klein, sie wächst kaum über die Dächer der umliegenden Häuser hinaus. Der Name erklärt sich aus der Tatsache, daß es früher mehrere Marienkirchen in Poitiers gab, unter denen eben Notre-Dame-la-Grande die größte war. Heute ist sie die einzig erhaltene von ihnen. Ihre Bekanntheit verdankt sie ihrer Fassade, deren Faszination die anfängliche Enttäuschung schnell vergessen läßt. In ihr erkennt man das Paradebeispiel einer poitevinischen Fassade. Nicht allein die Portale sind reich geschmückt, die gesamte Westwand ist von Skulpturen regelrecht überwuchert. Der Horror vacui der romanischen Künstler hat nicht einen Flecken des Mauerwerks bloßgelassen. Das Ganze gliedert sich in drei Geschosse. Zuunterst

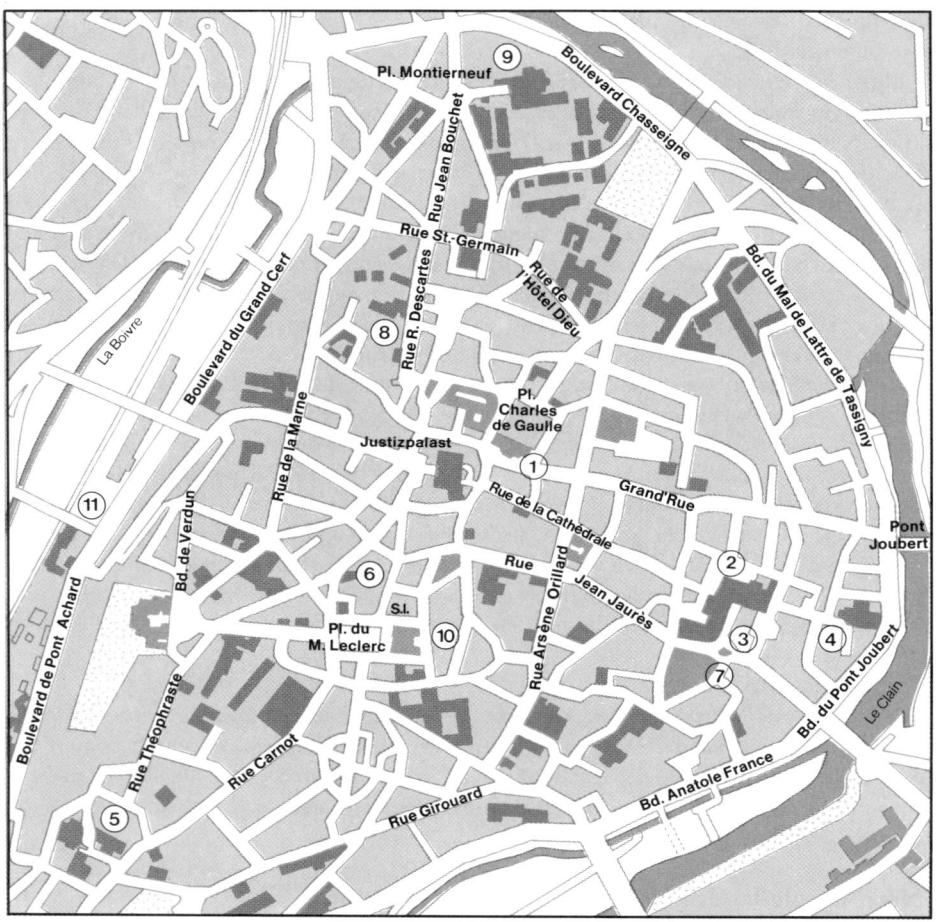

Poitiers, Plan der Innenstadt:
1 Notre-Dame-la-Grande 2 Kathedrale St-Pierre 3 Baptisterium St-Jean 4 Ste-Radegonde 5 St-Hilaire-le-Grand 6 St-Porchaire 7 Musée Ste-Croix 8 Hôtel Fumée 9 St-Jean-de-Montierneuf 10 Hôtel de Ville (S. I. = Syndicat d'Initiative) 11 Bahnhof

reihen sich drei Portale, von denen nur das mittlere einen Eingang besitzt, die beiden seitlichen sind Scheinportale. Das mittlere Geschoß wird von einem rundbogigen Fenster beherrscht, die Wand links und rechts davon ist in zwei übereinanderstehende Arkadenreihen unterteilt. Zuoberst erhebt sich das Giebelfeld mit einer ovalen Öffnung unterhalb der Spitze, in der Christus mit zwei Engeln erscheint. Ihren tektonischen Zusammenhalt erfährt diese monumentale Bildwand durch die flankierenden Türmchen, deren geschuppte Spitz-

Poitiers, Notre-Dame-la-Grande, Mittelportal der Westfassade (nach B. Melin)

kegeldächer dazu geführt haben, daß Notre-Dame-la-Grande auch »Die Byzantinische« genannt wurde – eine unsinnige Bezeichnung. Dem Bildprogramm scheint kein streng theologisches Konzept zugrunde zu liegen. In einer unerhörten Lust am Fabulieren spannt sich der Bogen von alttestamentarischen über neutestamentarische Begebenheiten bis hin zu mythologischen Reminiszenzen, Fabelwesen und vielgestaltiger Ornamentik. Die genaue Entschlüsselung ist dem beigefügten Schema zu entnehmen. Die Datierung der Skulpturen ist nicht eindeutig festzulegen. Sie gehören aber unverkennbar der »barocken« Spätphase der romanischen Plastik an, stammen also ungefähr aus dem mittleren 12. Jh.

Ebenfalls ungesichert ist die Baugeschichte der Kirche selbst, für die es keine Quellen gibt. Man vermutet den Baubeginn in der zweiten Hälfte des 11. Jh., die Fertigstellung müßte mit

Poitiers, Schema der Fassade von Notre-Dame-la-Grande:
1 Adam und Eva   2 König Nabuchodonosor von Babylonien   3–6 Die Propheten Moses, Jeremia, Jesaja und Daniel   7 Der Engel der Verkündigung und Maria   8 Die Wurzel Jesse   9 König David (?)   10 Die Heimsuchung   11 Die Geburt Christi   12 Waschung des Christuskindes   13 Ein apokalyptisches Untier (?)   14 Der hl. Joseph   15 Personifikationen der Gerechtigkeit und des Friedens   16–27 Die zwölf Apostel   28, 29 Zwei Bischöfe   30–32 Christus in der Mandorla mit zwei Engeln

den Portalskulpturen spätestens um die Mitte des 12. Jh. anzusetzen sein. Der Bauplan zeigt eine dreischiffige Halle, deren Mittelschiff sich jedoch schon fast basilikal über die begleitenden Seitenschiffe erhebt. Dennoch sind alle drei Schiffe unter einem Dach zusammengefaßt, so daß die kleine Anleihe am basilikalen Schema im Raumeindruck restlos verschwindet. Auf ein Querhaus wurde verzichtet, der Chor mit seinem Umgang und drei Kapellen schließt direkt an das Langhaus. Das Innere der Kirche ist auffallend dunkel. Das hat zwei Gründe: Zum einen verstellt die Orgelempore das große Fenster in der Westwand, zum anderen wurden im vorigen Jahrhundert bei dem Bemühen, die alte Ausmalung zu rekonstruieren, zu dunkle Farben verwendet. Teile der Originalbemalung sind in der Krypta erhalten. Sie zeigen die Muttergottes und Christus in der Glorie.

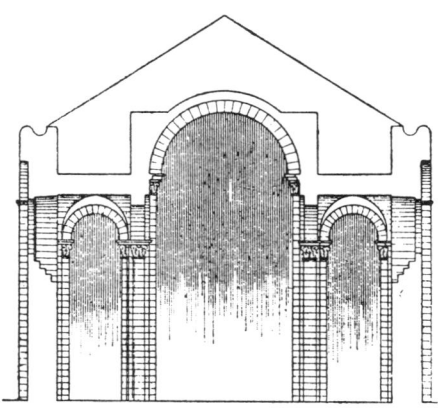

Poitiers, Querschnitt durch Notre-Dame-la-Grande

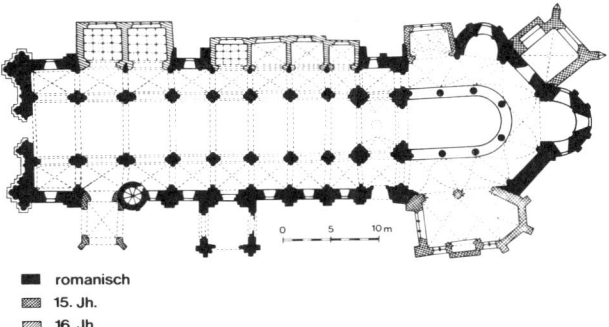

*Poitiers, Grundriß von Notre-
Dame-la-Grande (Zodiaque)*

▣ romanisch
▦ 15. Jh.
▨ 16. Jh.

Kathedrale St-Pierre

Nahe Notre-Dame-la-Grande beginnt die Rue de la Cathédrale, die geradlinig auf die
Bischofskirche (Abb. 7, 10, 11) zuführt. Die Baudaten der Kathedrale sind besser belegt als
die von Notre-Dame-la-Grande. 1166 erfolgte die Grundsteinlegung, 1271 war das
Bauwerk im wesentlichen fertiggestellt. Lediglich die oberen Partien der Fassade sowie der
Türme fanden erst im 15. Jh. ihre Vollendung. Glanzpunkt der Fassade ist das prächtige
Rosenfenster. Darunter öffnen sich die Spitzbögen der drei Portale, die einen Großteil ihres
plastischen Dekors zur Zeit der Religionskriege und während der Revolution verloren
haben. In den Tympana sind von links nach rechts Tod und Krönung Mariens, das Jüngste
Gericht und die Berufung des Apostels Thomas zu erkennen. Der Innenraum überwältigt
durch seine gewaltigen Ausmaße. Er ist 27 m hoch und fast 100 m lang. Hier wird deutlich,
wie stark die bodenständige poitevinische Tradition der Hallenkirche auch über die
romanische Zeit hinaus prägend blieb, denn St-Pierre zeigt eine Verschmelzung gotischer
Bauweise (z. B. Kreuzrippengewölbe) mit dem alten Schema dreier gleich hoher Schiffe.

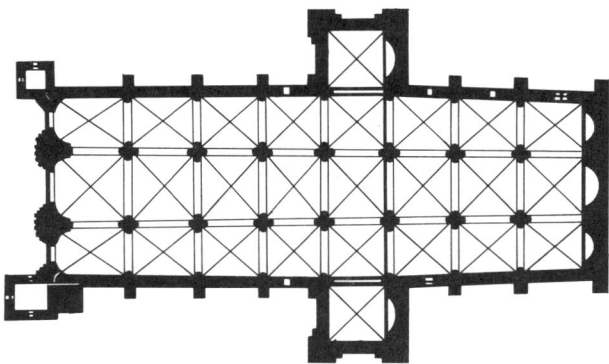

*Poitiers, Grundriß der Kathe-
drale St-Pierre (nach Dehio)*

79

Poitiers, die Fassade der Kathedrale St-Pierre (aus: Mémoires de la Société des Antiquaires de l'Ouest, 1848)

Einige der farbigen Fenster stammen aus der Erbauungszeit; besonders hervorzuheben ist jenes mit der Darstellung der Kreuzigung (im Chor). Mit ihrem holzgeschnitzten Chorgestühl besitzt die Kathedrale das älteste seiner Art in Frankreich. Es ist noch dasselbe, das bei der Weihe der Kirche im 13. Jh. aufgestellt worden war. Die Schnitzereien zeigen u. a. die Jungfrau mit dem Kind, Engel und – für diese Frühzeit eine ungewöhnliche Szene – einen Baumeister bei der Arbeit.

Ste-Radegonde

Neben der Kathedrale besitzt Poitiers mit Ste-Radegonde (Abb. 7) eine weitere gotische Kirche. Man erreicht sie von der Kathedrale aus durch die Rue Arthur de la Mauvière. Die Gründung geht auf die hl. Radegunde zurück, die Gattin Chlothars I. Der nicht mehr bestehende merowingische Vorgängerbau diente anfangs als Grabkapelle für die Mönche des benachbarten Klosters Ste-Croix. Als die Stifterin 587 starb, wurde sie in der Kapelle beigesetzt, die schon bald eine beliebte Pilgerstätte wurde. Das machte im 11. Jh. einen Neubau notwendig, dem um die Wende vom 13. auf das 14. Jh. im Zuge einer Gotisierung ein Kreuzrippengewölbe eingezogen wurde. Der Turm, der sich über dem Eingang erhebt,

31 FOUSSAIS Details vom Portal der ehemaligen Prioratskirche ▷

32, 33 FOUSSAIS Details vom Portal der ehemaligen Prioratskirche; oben: segnender Christus, flankiert von Engeln und Evangelistensymbolen; unten: Magdalena trocknet mit ihren Haaren Christi Füße

34 VOUVANT Eingang zur Krypta der romanischen Kirche

36 MARANS   Ruine der ehemaligen Abteikirche
◁ 35   Im MARAIS POITEVIN
37   MAILLEZAIS   Fassade der romanischen Pfarrkirche St-Nicolas

38 MAILLEZAIS Detail aus dem Portalgewände der   39 NIORT Donjon und Sèvre-Niortaise
romanischen Pfarrkirche St-Nicolas
40 NIORT Blick von den Zinnen des Donjon auf das Neue Rathaus und auf die Kirche Notre-Dame

41 MELLE Fassade der ehemaligen Benediktinerkirche St-Hilaire

42 NIEUL-SUR-L'AUTISE Romanischer Kreuzgang der Abtei

43   MELLE   Archivolten über dem Portal der romanischen Kirche St-Pierre
                              45   LA ROCHELLE   Alter Hafen mit der Porte de la Grosse Horloge ▷
44   MELLE   Romanische Pfarrkirche St-Savinien

46 LA ROCHELLE Rathaus

47, 48   La Rochelle   Innenhof des Rathauses

49   La Rochelle   Der Alte Hafen

50 ILE DE RÉ   Innenhof des Hôtel de Clerjotte in St-Martin-de-Ré
51 MOËZE Hosianna-Kreuz und spätgotischer   52 BROUAGE Festungswall der ehemaligen Hafen-
   Glockenturm der Dorfkirche   stadt

53   ILE DE RÉ   Ruine der ehemaligen Zisterzienser-Abteikirche des Châteliers

54   FOURAS   Der Strand mit dem Château de Fouras im Hintergrund

55–57 ILE D'OLÉRON Romanische Pfarrkirche St-Denis; unten: Fassade, oben: Details der Fassade

58 Austernhafen auf der ILE D'OLÉRON

59 Camargue-Stimmung auf der ILE D'OLÉRON

60 ILE D'OLÉRON Das Fort Chapus bei Sonnenaufgang ▷

ist romanischen Ursprungs, das Portal wurde im 15. Jh. im Flamboyantstil kunstvoll verziert. Der Kirchenraum ist ein einschiffiger Saal, an dessen Ende Stufen in die Krypta mit dem Grab der hl. Radegunde hinabführen. Der Schrein ist allerdings nur noch ein Kenotaph, da Hugenotten 1562 das Grab geschändet hatten. Daneben steht eine Statue der Radegunde, deren Gesichtszüge denen der Anna von Österreich gleichen sollen. Die Mutter Ludwigs XIV. hatte das Standbild 1658 zum Dank für die Genesung ihres Sohnes von schwerer Krankheit gestiftet.

Bevor man den Rundgang durch die Stadt fortsetzt, sollte man über den Pont Neuf einen Abstecher hinüber zum rechten Ufer des Clain machen. Von hier bietet sich der umfassendste Blick auf die Stadtsilhouette, aus der die Chorpartien und Türme von St-Pierre und Ste-Radegonde als bestimmende Akzente herausragen. Kaum vorzustellen, wie das Panorama im Mittelalter gewirkt haben muß, als Poitiers mehr als siebzig Kirchen besaß!

Baptisterium St-Jean

Auf der linken Flußseite mündet der Pont Neuf in die Rue Jean Jaurès, die in gerader Linie auf das älteste christliche Bauwerk Frankreichs zuführt, das Baptisterium St-Jean (Abb. 9, 13). Es wurde um die Mitte des 4. Jh. erbaut, zu Lebzeiten des hl. Hilarius. Im 7. Jh. wurde der niedrige Bau erhöht, im 11. Jh. durch den Anbau einer Vorhalle vergrößert. Im vorigen Jahrhundert drohte vorübergehend der Abriß des unschätzbaren Gebäudes, als es bei der

Poitiers, das Baptisterium St-Jean, Ansicht von 1899 (nach D. Lachatre)

Anlage der Rue Jean Jaurès dem Straßenbau weichen sollte. Gottlob war die Einsicht in den Wert der überkommenen Kulturgüter zu diesem Zeitpunkt schon so weit gereift, daß man Abstand von diesem skandalösen Vorhaben nahm. Die Straße wurde dennoch gebaut und in zwei Fahrspuren rechts und links um das Baptisterium herumgeführt. So steht dieser einsame Zeuge der heroischen Frühzeit des Christentums heute inmitten des Verkehrslärms des 20. Jh.

Da das Gelände in den vergangenen Jahrhunderten wiederholte Aufschüttungen erlebte, muß man einige Stufen hinabsteigen, um in die Kirche zu gelangen. Im Mittelpunkt ist das Taufbecken in den Boden eingelassen – noch bis in das 7. Jh. wurde der Täufling ganz untergetaucht, erst dann kam die symbolische Benetzung des Kopfes auf. Die Wände wurden im 12. und 13. Jh. ausgemalt, wovon noch einige Fragmente erhalten sind: vier Reiter, Christus mit den Aposteln und etliche namentlich nicht identifizierbare Heilige. Die

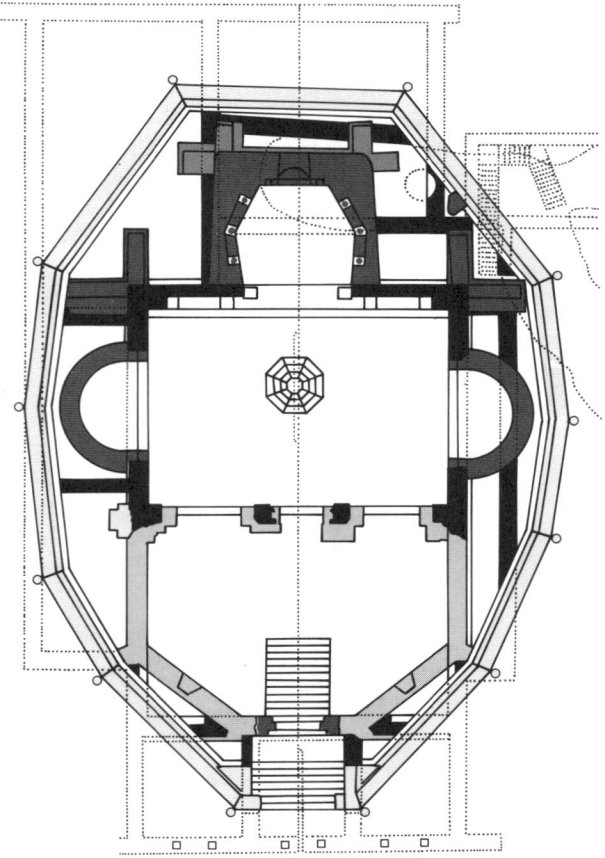

Poitiers, Grundriß des Baptisteriums St-Jean (nach D. Lachatre)

Kirche dient heute als Museum merowingischer Kunst mit einer Sammlung von Architekturfragmenten und Sarkophagen.

Musée Ste-Croix

Gleich neben dem Baptisterium wurde das Museum der Stadt auf den Trümmern der in der Revolution zerstörten Abtei Ste-Croix errichtet. Es ist in zwei Sammlungen unterteilt: das Kunsthistorische und das Archäologische Museum.

Das Kunsthistorische Museum verfügt über eine ansehnliche Sammlung von Limoges-Emails. In den Sälen mit der Tafelmalerei findet man Gemälde italienischer, französischer und niederländischer Schulen des 15. bis 19. Jh. Unter den Plastiken sticht eine Arbeit von Maillol, »Die drei Grazien«, ins Auge.

Der Bogen der archäologischen Sektion spannt sich von prähistorischen Funden über antike Bildwerke (Venus von Poitiers, Marmor, gefunden 1902) und Bronzestatuetten bis hin zu Architekturfragmenten des Mittelalters und der Renaissance. In zwei weiteren Sälen ist Volkskunst aus dem Poitou ausgestellt.

St-Hilaire-le-Grand

Durch die Rue de la Celle gelangt man, vorbei am ehemaligen Jesuitenkonvent und dem Hôtel de Beauce, einem eleganten Stadtpalais der Renaissance, auf die breite Achse der Rue Carnot, die sich weiter südlich in der Rue de la Tranchée fortsetzt. Etwas außerhalb des Zentrums, aber noch gut zu Fuß zu erreichen, liegt eine weitere romanische Kirche von hohem Rang: St-Hilaire-le-Grand (Abb. 12).

Neben dem Grab der hl. Radegunde besitzt Poitiers damit eine weitere Kultstätte, an der die Reliquien eines bedeutenden Heiligen verehrt werden. Das Gebet am Grabe des Apostels

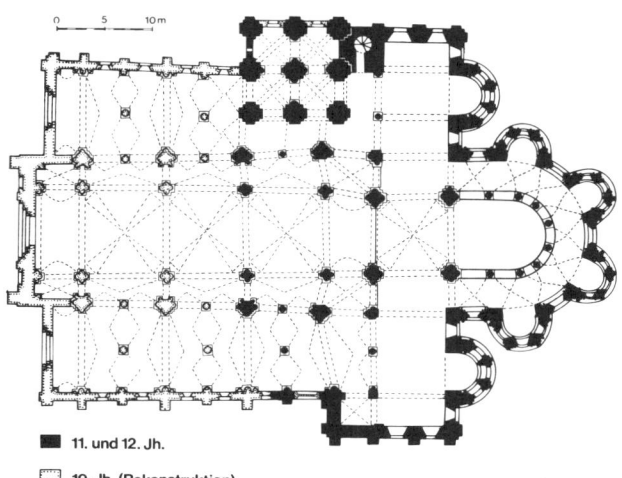

Poitiers, Grundriß der Kirche St-Hilaire-le-Grand (Zodiaque)

■ 11. und 12. Jh.

▨ 19. Jh. (Rekonstruktion)

des Poitou war schon den Jakobspilgern des Mittelalters eine wichtige Pflichtübung, und auch heute noch gibt es eine lebendige Wallfahrt zum Grabe des hl. Hilarius. Ihren Beinamen Le Grand führt die Kirche, um sie gegenüber anderen Hilarius-Kirchen im Poitou hervorzuheben. Seit dem mittleren 10. Jh. betreute ein in dem angrenzenden Kloster untergebrachtes Chorherrenstift die Wallfahrt. Der Abt der Kongregation war laut Statut ein Laie, nämlich der Landesfürst, Graf des Poitou und Herzog von Aquitanien. Ihm unterstand in der Verwaltung ein Schatzmeister. Dieses Amt oblag in den Jahren 1022–28 keinem geringeren als dem Bischof von Chartres, Fulbert, der in seiner Domstadt die 1195 abgebrannte große romanische Kathedrale hatte errichten lassen. In ihm sieht die Forschung den Initiator des romanischen Baus von St-Hilaire-le-Grand, der über den Fundamenten eines merowingischen Vorgängerbaus hochgezogen wurde. Diese Fulbert-Kirche muß mit einem offenen hölzernen Dachstuhl gedeckt gewesen sein, denn aus dem frühen 12. Jh. berichtet eine Chronik davon, daß das Zimmerwerk aus Sicherheitsgründen – z. B. Vermeidung von Brandgefahr – durch steinerne Gewölbe ersetzt wurde.

Der Einsturz des Glockenturms 1590 zerstörte einen Teil des Langhauses. Seitdem blieb der stolze Bau als notdürftig geflickte Ruine stehen. Die in den Jahren 1869–75 durchgeführte Renovierung stellte den ursprünglichen Zustand weitgehend wieder her, allerdings wurde das Langhaus um zwei Joche verkürzt, weshalb es heute auffallend gestaucht wirkt. So klar sich auf der einen Seite die Baugeschichte liest, so irritierend ist auf der anderen Seite der sichtbare Bestand. Die Architektur weicht grundlegend vom traditionellen poitevinischen Muster ab, was mit der Gestalt des in der Ile de France beheimateten Bauherrn erklärt werden könnte. Die Seitenschiffe sind beidseitig verdoppelt, man zählt insgesamt sieben Schiffe. Im Fulbert-Plan waren zunächst fünf vorgesehen. Als die Kirche im 12. Jh. eingewölbt wurde, mußten aus baustatischen Gründen die äußeren Seitenschiffe noch einmal durch eine Säulenstellung unterteilt werden. Nur so war eine solide Unterfangung des Gewölbedrucks gewährleistet.

Verschiedene Nachbarlandschaften des Poitou haben bei dem Bauplan Pate gestanden. So läßt sich der Stützenwechsel von Pfeiler und Säule aus der Normandie herleiten, die Einwölbung des Mittelschiffs mit Kuppeln stellt eine Anleihe aus dem Périgord dar, jedoch mit der Abweichung, daß die Kuppelkalotten anstatt über Pendentifs über Trompen aufgehen und zudem nicht rund, sondern achteckig gebrochen sind. Das Bodenniveau des Querhauses und des Chores ist höher gelegen als das Langhaus, um einer geräumigen Krypta mit dem Schrein des hl. Hilarius großzügigen Raum zu schaffen. Auch der Chor ist ungewöhnlich. Statt der sonst üblichen ungeraden Zahl von drei, fünf oder sieben strahlen hier vier Kapellen vom Umgang aus.

An den Säulenschäften befinden sich Reste einer Bemalung aus dem 12. Jh. Zu beachten sind auch die Kapitelle, die – ins 11. Jh. datiert – zu den ältesten Zeugnissen der Bildhauerkunst im Poitou zählen. Am nordwestlichen Pfeiler des Querhauses ist der Tod des hl. Hilarius dargestellt.

Wer nun vom vielen Kunstgenuß ermüdet ist, findet in dem nahe gelegenen Parc de Blossac angenehme Entspannung. Der Name des Parks erinnert an den Grafen de Blossac, der im 18. Jh. als Präfekt des Poitou den von wenig Erfolg gekrönten Versuch einer Wiederbelebung von Poitiers unternommen hatte.

Weitere Sehenswürdigkeiten

Ins Stadtzentrum zurückgekehrt, erreicht man beim protzigen neoklassizistischen Rathaus die Fußgängerzone, aus deren Häuserzeilen der quadratische Glockenturm von *St-Porchaire* hervorsticht (Abb. 8). Er ist das einzige Überbleibsel einer romanischen Kirche. Neben dem Eingang finden sich gut erhaltene Kapitelle mit der Darstellung Daniels in der Löwengrube sowie Blatt- und Tierornamente.

Nur wenige hundert Meter weiter stößt man an der Place Lepetit auf den *Justizpalast*. Hier stand einstmals das Schloß der Grafen des Poitou. Erhalten blieb das Glanzstück dieses Bauwerks, um das sich heute das Justizgebäude wie ein Mantel legt: der »Große Saal« (Eingang sowohl von der Place Lepetit als auch von der Rue des Cordeliers) mit seinem kunstvoll gearbeiteten offenen Dachstuhl, dem gewaltigen dreiteiligen Kamin und einem überdimensionalen Flamboyantfenster. Trotz der gotischen Veränderungen (Kamin, Fenster) entspricht der Raum noch weitgehend dem Zustand, wie er zu Lebzeiten Eleonores von Aquitanien geschaffen worden war.

Von der Place Lepetit führt der Weg durch die Rue Descartes zum *Hôtel Fumée*, einem eleganten aristokratischen Stadtpalais des frühen 16. Jh. Kurz dahinter folgt ein weiteres nobles Wohnhaus dieser Zeit, das *Hôtel Berthelot* (rückversetzt im Hof des Hauses Nr. 24,

Poitiers, »Grande Salle« im Justizpalast, dem ehemaligen Palais der Herzöge von Aquitanien (nach Viollet le Duc)

101

Rue de la Chaîne). Auf dem weiteren Wege gewahrt man rechter Hand den Turm der Ruine von *St-Germain*.

An der Place Montierneuf angelangt, wendet man sich nach rechts, wo am Ende einer Allee die romanische Kirche *St-Jean-de-Montierneuf* sichtbar wird. Das Kloster Montierneuf wurde 1075 als Filiation der Cluniazenser gegründet. Die Kirche aus dieser Zeit erlitt durch eine Feuersbrunst im 13. Jh. schwere Schäden, der anschließend renovierte Bau wurde 1562 durch Hugenotten erneut niedergebrannt. Im 17. Jh. wiederhergestellt, diente sie nach der Revolution als Pferdestall eines Kavallerieregiments. In dieser Zeit stürzte der romanische Glockenturm ein. Im 19. Jh. waren deshalb wieder Restaurierungsarbeiten erforderlich, denen in den vergangenen Jahren erneute Renovierungsmaßnahmen folgten. So ist es das Schicksal von St-Jean-de-Montierneuf gewesen, häufiger Schauplatz für die Maurermeister als für die Andächtigen zu sein.

Wer sich bei dem Besuch des Baptisteriums St-Jean in den Bann der frühchristlichen Zeit hat schlagen lassen, findet vor den Toren von Poitiers Gelegenheit, seine Eindrücke aus dieser Epoche zu vertiefen. Von der Rue du Faubourg du Pont Neuf zweigt (stadtauswärts links) die Rue de la Pierre Levée ab, von der wieder eine kleine Straße nach ca. 300 m links abbiegt. Hier steht das *Hypogäum Martyrium*, eine Totenkapelle des 7. Jh. Die frühe Datierung ist durch eine Inschrift gesichert, die den Namen eines der hier Beigesetzten nennt, »Mellebaud«. Darunter steht das Wort »Maranatha«, eine aus dem Syrischen stammende Formel, die übersetzt etwa bedeutet: Gott wird kommen. Dahinter sucht eine apotropäische Beschwörung Grabschänder von ihrem frevelhaften Tun abzuhalten. Das breitgespannte Spektrum der Denkmäler von Poitiers findet schließlich seinen Abschluß in dem nahe dem Hypogäum gelegenen neolithischen *Dolmen Pierre Levée*.

Ausflüge in den Süden von Poitiers

Die Fülle sehenswerter Stätten in der Umgebung von Poitiers macht eine systematische Ordnung oder die Beschreibung fester Routen nahezu unmöglich. Die Denkmäler werden hier deshalb ganz grob einem südlichen und einem nördlichen Halbkreis um Poitiers zugeordnet und in loser Reihenfolge von Poitiers aus in die Peripherie fortschreitend behandelt. Der Reisende kann sich danach seine eigenen Ausflugsrouten zusammenstellen.

St-Bénoit

Im Süden von Poitiers liegt eine Trias alter benediktinischer Klöster. Nahe einem Vorort stehen am Zusammenfluß von Clain und Miosson die Ruinen der Abtei von St-Bénoit, die im 7. Jh. von dem hl. Achard gegründet wurde. Der etwas klobige, einschiffige Kirchenbau stammt weitgehend aus dem 11., zu Teilen aus dem 12. Jh. Vom romanischen Kreuzgang an der Südflanke der Kirche ist einzig der Kapitelsaal erhalten geblieben, in dem heute das Syndicat d'Initiative untergebracht ist.

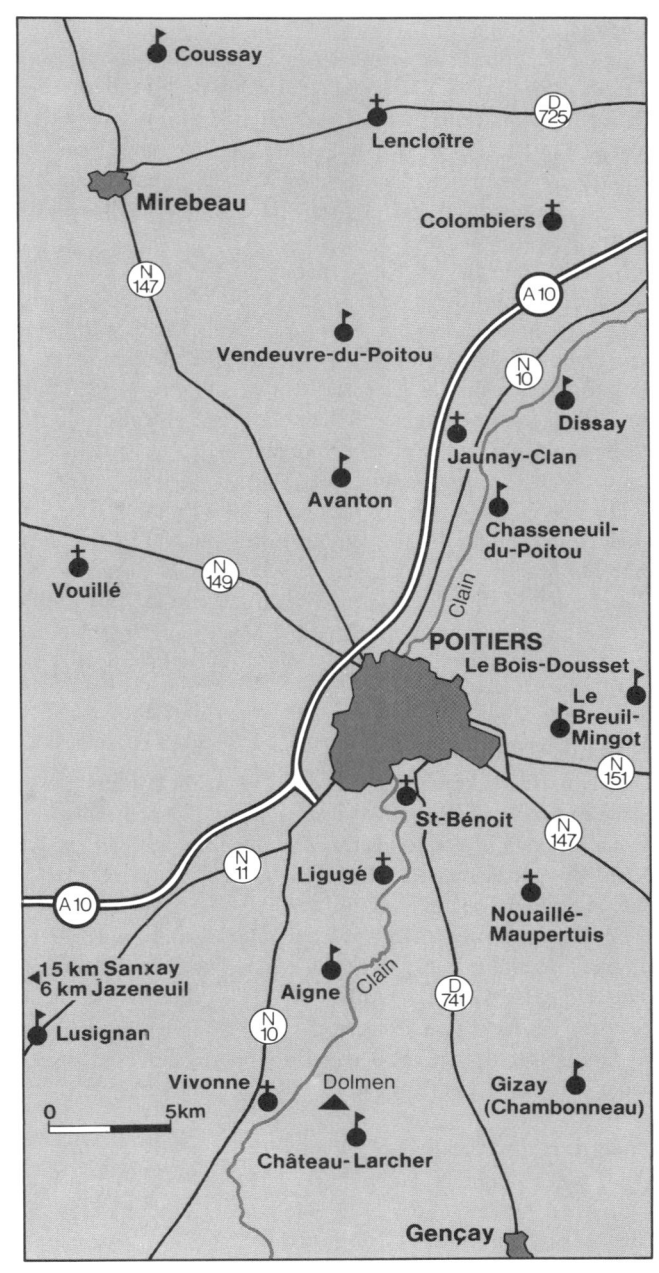

Die Umgebung von Poitiers

103

Ligugé

3 km den Clain aufwärts erinnern die Überreste von Ligugé an die Gründung des hl. Martin. Sie gilt als das älteste Kloster auf gallischem Boden. Die Araber brannten die Gebäude im 8. Jh. nieder, woraufhin Ligugé fast dreihundert Jahre unbewohnt blieb. Zu Beginn des 11. Jh. wurde das Kloster wieder aufgebaut und der Abtei Maillezais unterstellt. Noch einmal erlosch das klösterliche Leben für weitere dreihundert Jahre von 1520 bis in das mittlere 19. Jh. 1853 wurde das traditionsreiche Kloster von den Benediktinern von Solesmes wieder in Besitz genommen.

Seit 1953 werden im Klosterbezirk und in der Kirche selbst Grabungen mit zum Teil sensationellen Entdeckungen durchgeführt. Verschiedene Gebäudeteile aus vorromanischer Zeit wurden freigelegt, in ihrer ursprünglichen Bestimmung identifiziert und aus dem jeweiligen Fundzusammenhang datiert. So wurde erkennbar, daß Ligugé an der Stelle einer gallorömischen Villa angelegt worden war. Ferner wurden Fundamente eines Sanktuariums aus dem 4. Jh., einer kleinen Kirche des 6. und einer Basilika des 7. Jh. ergraben. Vorläufiger Höhepunkt der mit Unterbrechungen bis heute fortgeführten Grabungen war 1966 die Entdeckung der Grundmauern der Martins-Basilika (um 360).

Die bestehende Kirche ist weitgehend das Ergebnis einer Renovierung des frühen 16. Jh. an der Substanz des 14. Jh., durchgeführt von dem Prior Geoffroy d'Estissac, dem späteren Abt von Maillezais und Gönner Rabelais'. Links neben der Klosterkirche steht eine kleine Kapelle des 14. Jh., die dem hl. Martin geweiht ist. Die Konventsgebäude kann man nicht besichtigen, da sie bewohnt sind. Die Mönche bestreiten einen guten Teil ihres Unterhalts aus der Herstellung von Emails, die in einer ständigen Verkaufsausstellung feilgeboten werden.

Nouaillé-Maupertuis

Die dritte Benediktinerabtei vor den Toren von Poitiers fällt durch ihre wehrhafte Festung auf. Ein Graben und eine Wehrmauer mit Türmen schützen den Klosterkomplex. Diese Sicherung war in der bewegten Zeit des Hundertjährigen Krieges notwendig geworden. Nahe Maupertuis hatte 1356 eine der entscheidenden Schlachten dieser Epoche stattgefunden, in der sich Johann der Gute den Truppen des Schwarzen Prinzen ergeben mußte.

Die Kirche ist umgeben von Resten der ehemaligen Klostergebäude, die zum Teil im 17. Jh. neu aufgeführt wurden. Die Kirche selbst ist als dreischiffige Halle der poitevinischen Bauschule des 12. Jh. verpflichtet. Unter ihrem Chor wurden 1945 drei verschüttete Krypten entdeckt und freigelegt. Eine von ihnen diente als Grabkammer. Hier soll der Klosterpatron, St-Junien, beigesetzt worden sein; sein angeblicher Sarkophag (9. Jh.) ist heute im Chor hinter dem barocken Hauptaltar aufgestellt.

Lusignan und das Tal der Vonne

Das Tal der Vonne im Südwesten von Poitiers ist über mehrere Straßen zu erreichen. Am schnellsten geht es auf der N 11 oder auf der Autobahn Richtung Bordeaux. Beschaulicher fährt es sich im Tal des Clain flußaufwärts (D 4), unterhalb des Château d'Aigne, einem

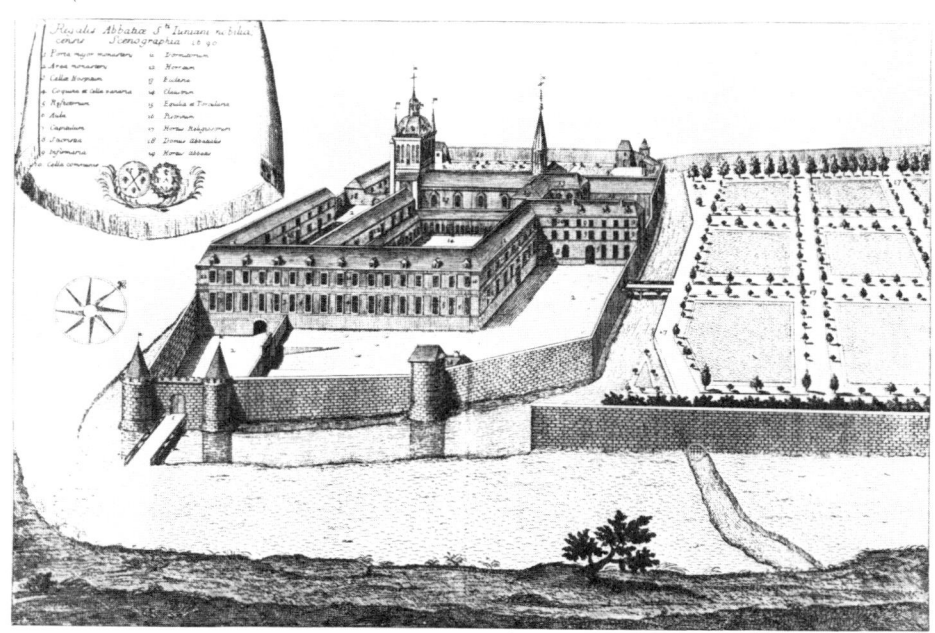

Nouaillé-Maupertuis, Ansicht des ehemaligen Klosters aus dem 17. Jh.

Renaissanceschlößchen in Privatbesitz, vorbei nach Vivonne mit seiner derb-ländlichen Kirche des 12. Jh. Von hier führt die D 742 auf einer Hochebene über dem Vonnetal nach Lusignan.

Wer in Lusignan die vom Geheimnis der Melusine umwitterte Burgkulisse der Sage erwartet, erlebt eine herbe Enttäuschung. Von dem einstigen Schloß steht nur noch ein verschwindend kleiner Bruchteil, in dem heute – gänzlich unsagenhaft – das Gemeindeamt von Lusignan untergebracht ist. Einen Eindruck vom Aussehen der mittelalterlichen Burg vermittelt nur noch eine der Miniaturen im Stundenbuch des Herzogs von Berry mit der Illustration des Monats März (Farbt. 3). Dennoch lohnt der Spaziergang durch den um die Ruine angelegten Park wegen seiner malerischen Ausblicke in das Tal der Vonne.

Im Zentrum des Städtchens bilden die alte Markthalle und die romanische Pfarrkirche die markantesten Blickpunkte. Die Kirche wurde nach Beschädigungen im Hundertjährigen Krieg erneuert und erhielt dabei ihr vielfach gestuftes spätgotisches Portal. Rundum stehen etliche, zum Teil geschickt renovierte Wohnhäuser des 15. bis 18. Jh.

Jazeneuil

Das Juwel der Romanik im Tal der Vonne ist die vorzüglich erhaltene ehemalige *Klosterkirche St-Jean-Baptiste* in Jazeneuil. Sie steht unmittelbar am Ufer der Vonne, in deren Wasser sich der Chor spiegelt. Die Dedikation an den Täufer scheint hier, so nah am Wasser, besonders sinnfällig. Das kleine Priorat hing von der einflußreichen Abtei La Chaise-Dieu im Zentralmassiv ab. Auf das Alter der Kirche verweist die Inschrift »1164« an einem der Kapitelle im Chor, vermutlich das Datum der Weihe.

Sanxay

10 km westlich von Jazeneuil wurden nahe dem Dorf Sanxay die Ruinen einer einstmals bedeutenden gallorömischen Siedlung freigelegt. In dieser landschaftlichen Abgeschiedenheit überrascht die Größe eines im 2. Jh. n. Chr. teilweise an den Hang erbauten *Amphitheaters*, das Platz für gut zehntausend Zuschauer bot. Der Durchmesser in der Längsachse des Ovals beträgt 90 m (zum Vergleich: Nîmes 131 m). Das Amphitheater liegt in einer Schleife der Vonne, an deren anderem Ufer die Reste zweier weiterer ungewöhnlich großer Denkmäler der Antike stehen. Das eine war ein Heiligtum. Im Zentrum einer einst von Säulen umstellten 70 m langen Terrasse ruhen die Fundamente des Tempels, der über dem seltenen Grundriß eines Oktogons errichtet worden war. Man hat errechnet, daß die Terrasse um den Tempel etwa acht- bis zehntausend Menschen fassen konnte – was auffallend mit der Kapazität des Amphitheaters übereinstimmt. Es wird deshalb ein kultischer Zusammenhang zwischen beiden vermutet. Schon die Griechen pflegten die Zusammenlegung von Heiligtum und Theater für kultische Spiele innerhalb eines heiligen Hains. In Gallien sind zahlreiche andere Beispiele dieser Art bekannt (z. B. Vienne, Orange u. a.). Neben dem Tempel befanden sich die Thermen, deren Wände zum Teil noch bis zu einer Höhe von 4 m stehen. Verschiedene Räume lassen sich in ihrer ursprünglichen Funktion bestimmen. Alle drei Arten von Bädern sind vorhanden: das Caldarium (Warmwasserbad), das Tepidarium (für lauwarmes Wasser) und das Frigidarium (Kaltwasserbad). Im Caldarium sind Reste der Hypokausten zu sehen, Warmluftkanäle aus Ziegeln, durch die der Boden des Caldariums erhitzt wurde. Die archäologische Untersuchung hat ergeben, daß die Thermen in zwei Bauperioden entstanden sind. Die ältere fällt mit der Errichtung des Amphitheaters zusammen, eine Erweiterung erfolgte im späten 3. oder frühen 4. Jh., also etwa zur Zeit Diokletians. Im fertigen Zustand erstreckten sich die Thermenanlagen über eine Länge von 110 m und eine Breite von 60 m, das entspricht ungefähr einem Drittel der größten Thermen der antiken Welt, jener des Caracalla in Rom.

Château-Larcher

Ein anderer Abstecher führt vom Tal des Clain in Richtung Osten, dem Lauf der Clouère entlang, nach Château-Larcher, das auf einer Hügelkuppe über dem Flüßchen liegt. Die Burg des 12. Jh. wurde schon früh zerstört. Nachdem ihr Besitzer, Hugo I. von Lusignan, gegen seinen König, Ludwig IX., den Heiligen, rebelliert hatte, annektierte dieser des untreuen Vasallen Besitz und ließ die Burg von Château-Larcher schleifen. Zwei Türme sind die einzigen Überreste der Anlage. Von der nahen Stadtmauer steht noch ein von Rundtürmen flankiertes Tor, gleich daneben rundet eine romanische *Kirche* mit einem kleinen Archivoltenportal die mittelalterliche Kulisse ab. Der Friedhof birgt ein besonders schönes Beispiel einer zylindrischen *Totenlaterne* von 5 m Höhe, die im späten 12. oder frühen 13. Jh. aufgestellt wurde.

Im Norden des Städtchens umschließt ein kleiner Birkenhain einen gut erhaltenen *Dolmen*. Man findet ihn, indem man zunächst etwa 1 km der schmalen D 31 Richtung Aslonnes folgt, um dann nach links in einen Feldweg einzubiegen, der nach wenigen hundert Metern zum Ziel führt.

Gençay

Gençay liegt gleichfalls an der Clouère. In der Burgruine am Ortseingang wurde König Johann am Abend seiner Niederlage von Maupertuis gefangengesetzt. Im Ortsteil St-Maurice bildet die gleichnamige romanische *Kirche* den Mittelpunkt. Ihr Chor zeigt eine originelle, an die Form eines Kleeblattes erinnernde Gestalt. Sie kommt dadurch zustande, daß zwei Kapellen schräg in den Winkel zwischen Chorapside und die beiden Querhausarme gerückt wurden. Das mit Drachen und Blattornamenten verzierte Archivoltenportal liegt an der südlichen Längsseite. Der Chor birgt Fresken des 14. Jh.: Christus in der Majestas, Propheten und Apostel. Weitere Wandmalereien im rechten Querschiffarm sind rund zweihundert Jahre jünger und zeigen die hl. Barbara und Petrus.

1 km außerhalb von Gençay taucht an der Straße nach Magné (D 13) das *Renaissanceschloß La Roche* auf, in dessen vorbildlich renovierten Räumen ein Museum des Malteserordens eingerichtet wurde.

Auf der Rückfahrt in Richtung Poitiers lockt das nahe der Ortschaft Gizay gelegene *Château Chambonneau* zu einem Abstecher. Es wurde um die Mitte des 15. Jh. auf den Fundamenten eines Vorgängerbaus aus dem 13. Jh. errichtet – ein typischer kleiner Landsitz des Adels, der auch heute noch als Gutshof bewirtschaftet wird. Der mit Wehrtürmen umstellte und zusätzlich durch einen Graben geschützte Bau präsentiert eine anmutige Mischung aus bäuerlicher und aristokratischer Bauweise.

Ausflüge in den Norden von Poitiers

Château de Vayres

Während im Süden von Poitiers Klöster und Kirchen die Mehrzahl der Denkmäler ausmachen, sind im Norden der Stadt in erster Linie Schlösser die reizvollen Anziehungspunkte eines Ausfluges. Der Reigen beginnt mit den beiden eleganten Renaissanceschlößchen von *Le Breuil-Mingot* und *Le Bois-Dousset* im Osten der Stadt, die man jedoch nicht besichtigen kann. Dagegen steht dem Besucher das Château de Vayres bei Chasseneuil-du-Poitou offen. Das in einem gepflegten Park gelegene Schloß kann sich einer traditionsreichen Geschichte rühmen, denn schon in römischer Zeit stand an dieser Stelle eine aristokratische Villa, die einem gewissen Varius gehörte. Die mittelalterliche Burg wurde im 17. Jh. umgebaut und erneuert. Den Taubenturm mit seiner kaum vorstellbaren Zahl von 2620

Fluglöchern stiftete die Mutter Ludwigs XIV., Anna von Österreich, nach einem Besuch auf Vayres, bei dem sie von ihrem Sohn und Kardinal Mazarin begleitet wurde.

Château Dissay

Weiter im Tal des Clain flußabwärts gelangt man nach Dissay, dessen Schloß im ausgehenden 15. Jh. von Pierre d'Amboise, einem Bischof von Poitiers, als Sommerfrische angelegt wurde. Der Wassergraben, der das ausgedehnte Geviert umzieht, stellt die Architektur noch in die Tradition mittelalterlicher Wehrburgen. Im 18. Jh. wurde eine Erweiterung des Schloßkomplexes vorgenommen, im 19. Jh. eine etwas puristisch ausgefallene Restaurierung durchgeführt. Den Eingang, den man über eine Brücke erreicht, sichern zwei mächtige Rundtürme; nach dem wehrhaften Äußeren überrascht der Innenhof, in dem sich der Charme der Renaissance entfaltet. In der Schloßkapelle sind die Fenster und die Ausmalung des 16. Jh. erhalten. Leider duckt sich die eindrucksvolle Anlage unscheinbar in die Niederung. Ihre ganze prachtvolle Ausdehnung erfaßt man erst, wenn man den Hügel im Osten erklimmt.

Avanton und Vendeuvre-du-Poitou

Die auf der anderen Seite des Clain gelegenen kleinen Schlösser von Avanton und Roches bei Vendeuvre-du-Poitou können wieder nur von außen bewundert werden. Es handelt sich um adlige Landsitze, Avanton der Renaissancezeit, Roches dem späten Mittelalter entstammend. In Vendeuvre-du-Poitou findet man hinter der zum Teil romanischen, zum Teil gotischen Kirche ein kleines *archäologisches Museum*. Darin sind Fundstücke ausgestellt, die bei der Ausgrabung eines keltischen Heiligtums – Vindobriga – 1,5 km westlich des Ortes ans Tageslicht kamen.

Man kann den Ausflug in den Norden von Poitiers noch über *Mirebeau*, ein malerisches Städtchen mit gut erhaltener Festungsmauer, bis nach *Coussay* ausdehnen. Prior des einstigen Priorats war im 17. Jh. der Bischof von Luçon, Kardinal Richelieu, der zwischen 1608 und 1621 mehrfach im Château Coussay logierte. Das kleine Renaissanceschloß ist jedoch nicht von innen zu besichtigen.

Durch die Vendée an den Atlantik

Die Reise von Poitiers nach Westen führt zunächst durch die weite Ebene der Plaine, später durch das Hügelland der Vendée. Auf dieser Strecke liegen zahlreiche sehenswerte Orte, die man unmöglich alle besuchen kann. Es wird deshalb im weiteren keine feste Route beschrieben, vielmehr werden die Stätten in lockerer Reihenfolge von Osten nach Westen vorgestellt.

Die östliche Vendée

Parthenay
Die Hauptstadt der Gâtine, eine der legendären Gründungen der Melusine, trägt spürbar die Züge einer alten Pilgerstation. Eine wichtige Nebenstrecke der Via Touronensis führte von

Die östliche Vendée von Parthenay bis la Roche-sur-Yon und von Cholet bis Fontenay-le-Comte

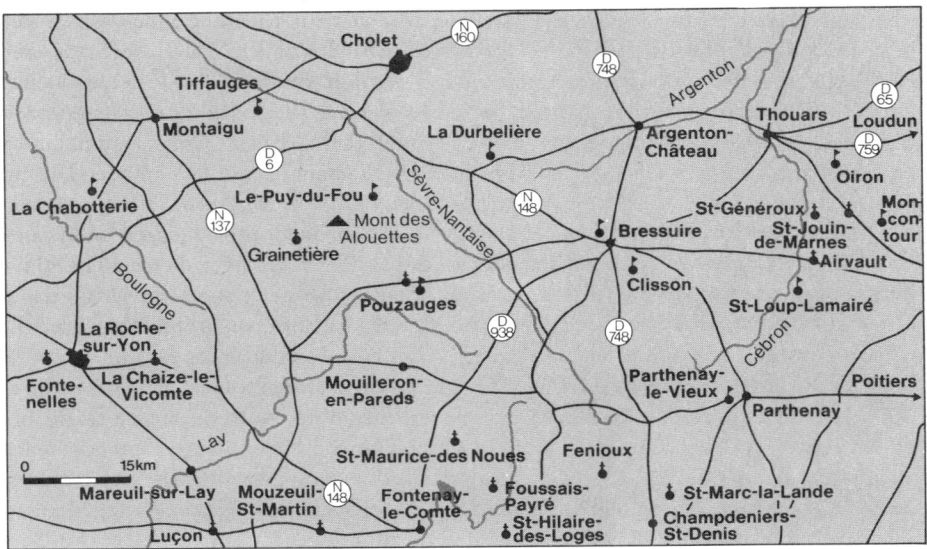

Parthenay, Ansicht der Stadt aus dem 19. Jh. (nach E. Sadoux)

Thouars her kommend nach Parthenay und von dort weiter in Richtung Süden, wo sie sich bei St-Jean-d'Angély wieder mit der Hauptstrecke verband. Vor den Mauern der Stadt stand ein Hospital, in dem unterwegs erkrankte Pilger gepflegt wurden. Die Gesunden hielten über den *Pont* und durch die anschließende *Porte St-Jacques* (Farbt. 15) Einzug in die Stadt. Brücke und Stadttor entstammen unverfälscht dem 13. Jh. Die Brücke überspannt mit ihren vier gedrungenen Bögen den Lauf des Thouet, der bei Saumur in die Loire mündet. Die mit Pecherkern und Zinnen bekrönte Porte St-Jacques wird von den Ausbuchtungen zweier Rundtürme flankiert. Dahinter beginnt die Rue de la Vaux-St-Jacques mit ihren zahlreichen alten Fachwerkhäusern, von denen die meisten einst als Pilgerherbergen dienten. Die Straße führt bergan und mündet auf die Place Picard. Wendet man sich nun nach rechts, gelangt man durch die *Porte de l'Horloge*, die im Mittelalter den Aufstieg von der Stadt zur Zitadelle sicherte, zur *Kirche Ste-Croix*, einem kleinen romanischen Hallenbau des 12. Jh. Die Rue de la Citadelle, an der Ste-Croix liegt, führt nordwärts, vorbei an den Ruinen der *Kirche Notre-Dame de la Couldre*, zu den Resten der mittelalterlichen Burg. Notre-Dame hat einzig ihre Fassade über die Zerstörung in der Revolutionszeit retten können. Unter dem erhaltenen Skulpturenschmuck des 12. Jh. erkennt man zwei Verkündigungsszenen: die Verkündigung der Geburt Johannes des Täufers an seinen Vater Zacharias und die Verkündigung Mariens. Von der Burg blieben nur vereinzelte Mauerfragmente stehen.

Wir gehen nun zurück über die Place Picard in die Fußgängerzone der Rue Aiguillon, an deren Ende sich die *Kirche St-Laurent* mit ihren weithin sichtbaren Türmen aus dem Gewirr der Gassen erhebt. Die Reliefs des Petrus und Paulus rechts vom Eingang sind vorromanisch und werden ins 11. Jh. datiert. Die Kirche ist im Kern romanisch, wurde aber im Hochmittelalter gotisiert.

Parthenay gehört gewiß zu den liebenswertesten Städten des Poitou. Das Zusammenwirken historischer Denkmäler, zahlreicher alter Häuser und verwinkelter Gassen schafft ein heiteres Flair, das über die bloße Besichtigung der kunstgeschichtlichen Besonderheiten hinaus zum Verweilen einlädt.

Wer Parthenay in sein Reiseprogramm einbezieht, sollte auch die südlich außerhalb der Stadt liegende *Kirche St-Pierre* in *Parthenay-le-Vieux* besuchen. Die originale Fassade ist in Entsprechung der dreischiffigen Hallenkonstruktion in drei gleich hohe Arkaden gegliedert. In den seitlichen Tympana erscheinen Samson im Kampf mit dem Löwen (rechts) und ein Reiter mit einer Taube in der erhobenen linken Hand (links; Abb. 14). Die Deutung dieser Reiterstatue ist umstritten. Die Kopfbedeckung, eine Mitra, spricht gegen Konstantin den Großen und läßt auf einen Bischof schließen. Es könnte sich um den hl. Martin handeln. Der

Parthenay, Fassade der Kirche Notre-Dame-de-la-Couldre im 19. Jh. (nach E. Sadoux)

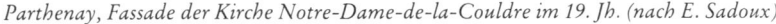

Parthenay-le-Vieux, St-Pierre (nach E. Sadoux)

am Boden liegende Mann jedoch wird offenbar von dem Pferd des Reiters niedergetrampelt, was der barmherzigen Legende von der Mantelteilung widerspricht. Denkbar wäre deshalb die in der Forschung vorgetragene Version, wonach es sich um Josselin, Erzbischof von Bordeaux (gest. 1096), handeln könnte, der aus dem Priorat von Parthenay-le-Vieux hervorgegangen war. Er soll auf einer Synode zu St-Maixent-l'Ecole nachdrücklich gegen einen vermeintlichen Häretiker namens Berengar eingetreten sein. Die Darstellung zeigt demnach den besiegten Berengar und – sozusagen als neuen Konstantin – den triumphierenden Bischof mit der Taube, dem Symbol göttlicher Inspiration, wie sie häufig als Attribut der abendländischen Kirchenväter zu sehen ist.

Die vielleicht originellste Darstellung der Melusine im Kreis der poitevinischen Bildhauerkunst zeigt die äußere Archivolte des Mittelportals. Insgesamt 37mal erscheint die Fee in einem kleinen Badezuber sitzend.

Airvault

Ein Abstecher nach Norden führt zu dem Städtchen Airvault, das schon in der Antike unter dem Namen »Aurea Vallis« (Goldenes Tal) bekannt war. Den Kern von Airvault bildet ein altes *Augustiner-Chorherrenstift*, dessen Kirche noch vollständig erhalten ist, während von

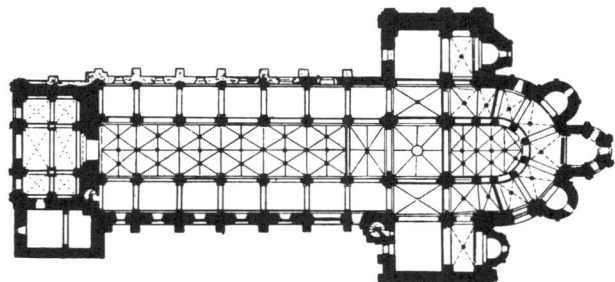

*Airvault, Grundriß der roma-
nischen Kirche St-Pierre*

den Klosterbauten nur Bruchstücke blieben. Die aus weichem Kalkstein errichtete Fassade ist stark verwittert. Man erkennt Reste einer Reiterstatue, vermutlich Konstantin der Große, ferner Fragmente eines Weltgerichts. Die apokalyptischen Könige sind teils Neuschaffungen des 19. Jh. Das Innere erreicht man durch einen offenen Narthex, eine für das Poitou ungewöhnliche Anlage. Der Kirche des 12. Jh. wurden im 13. Jh. Angevinische Kreuzrippengewölbe eingezogen. Das wichtigste Ausstattungsstück ist der im nördlichen Querschiffarm untergebrachte Sarkophag des Abtes Pierre de Ste-Fontaine (gest. 1110), der nach Art spätantiker Sarkophage in kleine Arkaden gegliedert ist, unter denen Heilige (Apostel?) stehen. Der gotische Glockenturm wurde im Zuge der Neueinwölbung der Kirche im 13. Jh. errichtet. Er setzt heute den bestimmenden Akzent im Stadtbild, während diese Rolle früher die oberhalb der Kirche gelegene, heute zerstörte Burg innehatte.

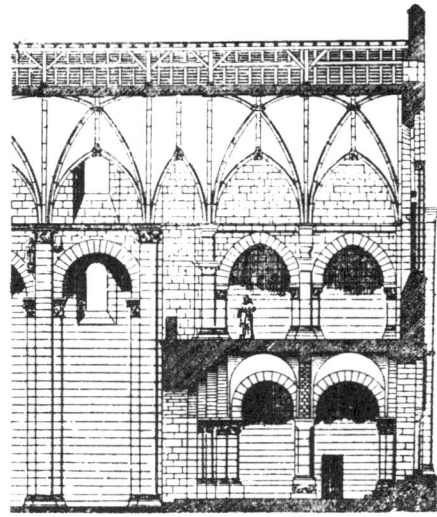

*Airvault, Längsschnitt durch den Narthex und das
erste Joch des basilikalen Langhauses der ehemaligen Abteikirche St-Pierre*

113

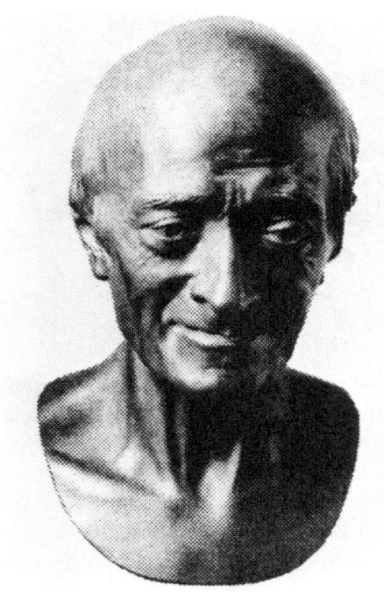

François Marie Arouet, gen. Voltaire, Büste von
Jean-Antoine Houdon (Paris, Louvre)

Die spärlich erhaltenen Konventsgebäude, die von der Kirche durch eine Straße getrennt sind, bergen heute das *Musée des Arts et Traditions Poitevines.* In den liebevoll eingerichteten Räumen sind alte Gerätschaften, Trachten, Möbel und andere Gegenstände des täglichen Lebens früherer Zeiten ausgestellt.

Auf der Place du Minage vor der Kirche bietet die *alte Markthalle* dem bunten Treiben des wöchentlichen Marktes einen gediegenen Rahmen, daneben sorgt die *Poststation* mit ihrem verschachtelten Fachwerk (17. Jh.) für eine Abrundung des malerischen Altstadtkerns.

Die nähere Umgebung von Airvault wartet mit einigen Kostbarkeiten auf, so daß der müßige Tourist gerne für zwei Tage Quartier in dem Städtchen bezieht, um von dort seine Streifzüge zu unternehmen.

Nur 1 km westlich der Stadt überspannt mit dem *Pont de Vernay* eine der größten mittelalterlichen Brücken des Poitou den Thouet. Sie wurde im 12. Jh. von den Mönchen von Airvault über den Fluß geschlagen.

4 km südlich liegt von einem breiten Wassergraben und einem ausgedehnten Park umgeben das *Château St-Loup-Lamairé* (Abb. 15). Neben einer kleinen mittelalterlichen Burg errichtete gegen Ende des 16. Jh. die Familie Gouffier ein prachtvolles Renaissanceschloß, das in der Reduzierung der Seitenflügel und der starken Betonung des Mitteltraktes bereits auf die Schloßarchitektur der Barockzeit hinweist. Cheverny an der Loire ist ein später Verwandter von St-Loup-Lamairé. Im 17. Jh. ging das Schloß in den Besitz der Eltern

Voltaires über, weshalb der Ort in der Revolution vorübergehend den Namen des Philosophen annahm. Das Schloß ist auch heute noch bewohnt und kann nur von außen bewundert werden.

St-Jouin-de-Marnes

Weitab der großen Touristenwege (10 km nordöstlich von Airvault) gelegen und deshalb wenig bekannt, stellt die ehemalige Abteikirche St-Jouin (Abb. 16) eines der wichtigsten romanischen Bauwerke des Poitou dar. Schon in antiker Zeit befand sich hier eine Siedlung, deren Name, Ensio, in den Quellen überliefert ist. Gegen Ende des 4. Jh. gründete der hl. Jovinus ein Kloster, das – nur wenige Jahre nach der Gründung von Ligugé – als das zweitälteste in Frankreich gilt. Im 9. Jh. wurde es zu einem bedeutenden Zentrum monastischen Lebens im nördlichen Poitou, denn die Lage abseits der Flußtäler verschonte die Abtei vor den Zerstörungen durch die Normannen. Gleichzeitig wurde sie zum Zufluchtsort zahlreicher Mönche, deren Klöster ein Opfer eben dieser Gefahr geworden waren. Da die Flüchtlinge zum Teil wertvolle Reliquien mitbrachten, häuften sich diese bald in großer Zahl in St-Jouin, das daraufhin ein beliebtes Pilgerziel wurde. Der Strom der Gläubigen schwoll im 11. Jh. derart an, daß die kleine karolingische Kirche nicht mehr genügend Raum bot und ein Neubau notwendig wurde. Den Grundstein legte 1095 der Abt Raoul. Nach einem zügigen Voranschreiten des Projekts konnte der Hauptaltar 1130 geweiht werden. Im 13. Jh. wurde die romanische Tonne durch ein Angevinisches Gewölbe ersetzt. Im 17. Jh. mußten dem Chor von außen klobige Strebepfeiler und -bögen angefügt werden, nachdem sich das leicht abschüssige Terrain im Osten abgesenkt hatte und ein Einsturz zu befürchten war. Allmählich aber geriet die Abtei in Vergessenheit. Nachdem sie bereits seit 1770 unbewohnt war, stellte ihre formelle Schließung in der Revolution lediglich eine offizielle Bestätigung des status quo dar. Als Prosper Mérimée St-Jouin besuchte,

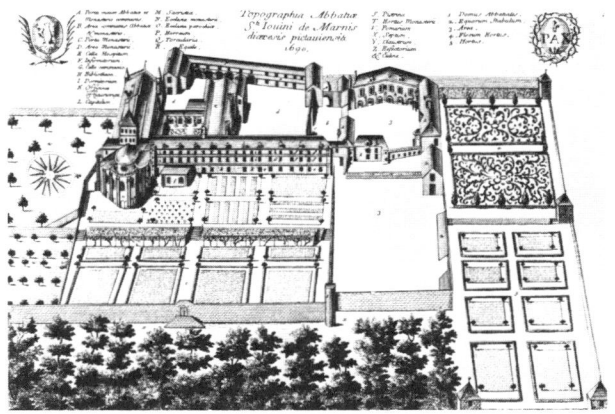

St-Jouin-de-Marnes, Ansicht des Klosters aus dem 17. Jh. (aus dem »Monasticon Gallicanum«)

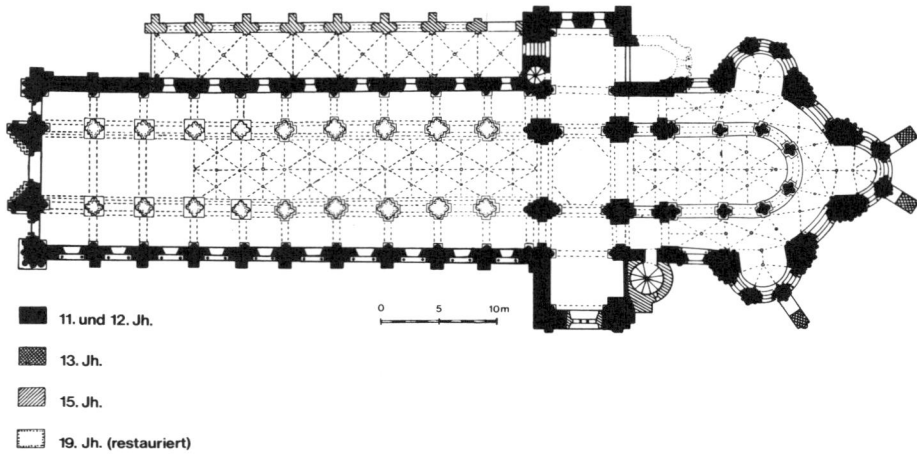

11. und 12. Jh.

13. Jh.

15. Jh.

19. Jh. (restauriert)

0   5   10m

St-Jouin-de-Marnes, Grundriß der ehemaligen Abteikirche (Zodiaque)

befand sich das Kloster in einem kläglichen Zustand, und nur seinen Bemühungen verdankt dieses Juwel romanischer Kunst seine Erhaltung. Die langwierigen Restaurierungsarbeiten an der Kirche, die immer wieder durch längere Unterbrechungen zum Erliegen kamen, wurden erst vor drei Jahrzehnten abgeschlossen. Am Kreuzgang wird derzeit noch gearbeitet.

Man muß St-Jouin nacheinander von zwei verschiedenen Punkten aus betrachten. Der erste Weg sollte an den seichten Abhang im Osten führen. Majestätisch hebt sich die Chorpartie von den gedrungenen Häusern des Ortes ab. Kapellenkranz, Umgang und Chorhaupt schichten sich zu einer wuchtigen Pyramide, die in dem krönenden Quadrat des Vierungsturmes gipfelt. Der andere Blickpunkt liegt im Westen. Hier nimmt die monumentale Schauwand der Fassade gefangen, in der das dem Poitou eigene Bestreben, die Kirchenfront bis zum letzten auszuschmücken, Triumphe feiert (Abb. 16). In der Mittelachse öffnet sich das von vielgestaltigen Archivolten überspannte Hauptportal. Die Türöffnungen links und rechts wurden erst später anstelle von Scheinportalen in die Wand gebrochen. Zu beiden Seiten des Mittelfensters und über den begleitenden Seitenfenstern sind Reliefs mit Heiligenstatuen angebracht. Drei Gestalten – Jovinus, Johannes und Paulus – sind Neuschöpfungen des 19. Jh., alles andere ist Originalbestand des 12. Jh. Ungewöhnlich ist die Verkündigung Mariens. Maria, die gerade mit dem Spinnen beschäftigt ist, läßt erschreckt den Spinnrocken fallen. Diese seltene Ikonographie stammt aus dem syrischen Bilderkreis. Über den gekuppelten Diensten, die die Fassade in drei Abschnitte unterteilen, erscheinen Samson mit dem Löwen und Kaiser Konstantin, der im eiligen Galopp einhersprengt. Diese Symbole für den Sieg Christi gehören zu den beliebtesten Themen

116

poitevinischer Portalplastik. Darüber nimmt ein Fries kleiner Figuren die ganze Breite der Fassade ein, über ihnen thront Christus, flankiert von zwei Engeln mit Posaunen, zu seinen Füßen die kostbar gewandete Muttergottes. Die Kennzeichnung dieser Szenerie als Weltgericht, wie es gelegentlich zu lesen ist, trifft nicht den Kern. Es fehlen zahlreiche Details, die die Darstellung des Jüngsten Gerichts an anderen Portalen der Romanik immer begleiten: die Seelenwägung, die 24 Könige der Apokalypse, Engel mit den Leidenswerkzeugen, Dämonen und Teufel etc. Bei genauem Hinsehen entdeckt man, daß die Engel zu Seiten Christi ihre Posaunen nicht am Mund halten, sondern im Begriff sind, sie sinken zu lassen. Es ist der Moment der Erscheinung Christi am Jüngsten Tage dargestellt, die Parusie, und nicht das Gericht selber. Die Figuren in dem Reliefstreifen sind die Auferstandenen, die meisten von ihnen durch Wanderstab und Mantel als Pilger gekennzeichnet. Sie alle ziehen der Muttergottes entgegen, die die Mittlerrolle zwischen den Irdischen und dem Weltenrichter einnimmt.

Die Kirche ist über dem Grundriß eines lateinischen Kreuzes errichtet. Das Langhaus hält sich an das im Poitou übliche Muster der dreischiffigen Halle. Die ersten Joche, die durch kräftige Gurtbögen gegeneinander abgegrenzt sind, werden noch von der alten Tonne überspannt, im weiteren Verlauf nach Osten treten die später eingezogenen Angevinischen Kuppelkonstruktionen mit Kreuzrippen auf. An das einschiffige Querhaus schließt sich der Chor an, der in Abweichung vom Langhaus einen dreigeschossigen Aufriß mit Arkadenzone, Triforium und Obergadenfenstern zeigt. In dieser Gliederung ist der burgundische, speziell cluniazensische Einfluß durchgeschlagen. Eine merkwürdige Eigenart dieser Kirche ist das nach Osten abfallende Bodenniveau. Das abschüssige Gelände, auf dem sie steht, wurde nicht eingeebnet, sondern die Niveauunterschiede fanden in der Anlage von Stufen, die dreimal – einmal gleich am Eingang und zweimal im Langhaus – in den Boden getreppt wurden, ihren Ausgleich. Unebenheiten eines Geländes zu belassen ist ein Vorgehen, das häufig in der mittelalterlichen Baupraxis zu beobachten ist. Die Architektur macht dadurch den lebhaften Eindruck des Gewachsenseins, des Organischen. Das eindrucksvollste Beispiel dafür ist die Piazza del Campo in Siena.

Moncontour

Die weite Ebene zwischen St-Jouin-de-Marnes und dem 4 km entfernten Moncontour war 1569 Schauplatz der großen Schlacht zwischen Katholiken und Protestanten. Die Hugenotten unter Admiral Coligny waren den Katholiken, die unter dem Herzog von Anjou, dem nachmaligen Heinrich III. fochten, unterlegen und verloren mehr als zwanzigtausend Mann.

Die Burg von Moncontour war im 12. Jh. errichtet worden. Bei der Einnahme durch die Engländer 1370 und der zwei Jahre später erfolgten Rückeroberung durch du Guesclin wurde sie bereits nachhaltig beschädigt, jedoch nach Ende des Hundertjährigen Krieges wieder hergerichtet. Im Verlauf der Schlacht 1569 wurde sie dann endgültig zerstört und blieb fortan als Ruine liegen. Heute zeugt noch der weithin sichtbare Donjon von der einst stolzen Festung.

Die Schlacht von Moncontour am 3. Oktober 1569, zeitgenössischer Stich

St-Généroux

Die kleine Kirche von St-Généroux ist eines der seltenen Beispiele karolingischer Architektur. Der Außenbau ist durch eine Restaurierung des 19. Jh. grausam entstellt. Der Innenraum hat dagegen das originale Aussehen besser bewahrt. Allerdings hat auch hier eine frühe Veränderung des 13. Jh. den ursprünglichen Plan verschleiert, wonach es sich zunächst um einen einschiffigen Saal handelte. Erst in gotischer Zeit wurden die Arkaden aufgestellt, die den Saal zur dreischiffigen Halle umdeuteten. Der Raum geht nach oben in den offenen Dachstuhl über. Das Querhaus ist durch drei hohe Arkaden gegen das Langhaus abgegrenzt. Die Durchdringung von Lang- und Querhaus im Kreuzungspunkt einer ausgeschiedenen Vierung war der karolingischen Architektur noch unbekannt. Sie kommt erst im frühen 11. Jh. auf (ältestes Beispiel: St. Michael in Hildesheim).

In St-Généroux wurden die Reliquien des gleichnamigen Heiligen verehrt, der als Mönch von St-Jouin die Kirche gegründet hatte. Zahlreiche Pilger, die der Weg über St-Jouin führte, machten den kleinen Abstecher hierher, um am Grabe des Kirchenpatrons zu beten.

Zur Zeit des Umbaus der Kirche im 13. Jh. schlugen die Mönche von St-Jouin eine gotische Brücke über den nah vorbeifließenden Thouet, deren Reiz heute leider im Schatten einer modernen Brücke fast verschwindet.

Château d'Oiron

Die prächtige Anlage des Château d'Oiron (9 km nördlich von St-Généroux bzw. St-Jouin) steht als eines der am weitesten im Norden des Poitou gelegenen Schlösser bereits im Bannkreis der Loire (Farbt. 10). Dies ist nicht nur mit der geographischen Lage, sondern auch mit der Gestalt des ersten Bauherrn zu erklären. Artus de Gouffier, der 1518 den Grundstein legte, war als Kammerherr Franz' I. eine der führenden Persönlichkeiten am Hofe und kannte aus eigener Anschauung nicht nur die königlichen Residenzen im Loiretal, er gewann überdies auch Eindrücke von der Architektur der italienischen Renaissance, als er seinen König bei dessen Feldzug nach Norditalien begleitete (Schlacht von Pavia, 1525).

An dem Schloß wurde über Generationen gebaut. Beim Tode Artus' stand erst der untere Teil des linken Flügels, den sein Sohn Claude fortführte und fertigstellte. In der Folgezeit wurde der rechte Flügel erbaut. Danach ruhte das Projekt für längere Zeit. Erst im beginnenden 17. Jh. verband Louis de Gouffier die beiden bis dahin isoliert stehenden Flügel durch den großen Verbindungstrakt. So entstand der fast quadratische Ehrenhof. Nach der Mitte des 17. Jh. ging das Schloß in den Besitz der Familie de la Feuillade über, die nach 1667 einige bauliche Veränderungen und Erweiterungen vornahm. Ludwig XIV. machte Oiron seiner Mätresse, der Marquise de Montespan, zum Geschenk. Sie stammte aus dem Poitou (geb. 1641 in Tonnay-Charente), in das sie zurückkehrte, nachdem sich der König von ihr abgewandt hatte. Zwischen 1700 und 1707 hielt sie sich wiederholt in Oiron auf. 1941 schließlich wurde das Schloß vom Staat angekauft, der eine inzwischen dringend notwendig gewordene Restaurierung bedauerlicherweise immer noch hinausschiebt.

Die große Parkanlage, die dem Schloß vorgelagert ist, wird an ihrem Eingang durch ein kunstvolles Eisengitter begrenzt. Im Rahmen der Führung (die Teilnahme ist obligatorisch) wird zuerst der ältere Teil, der Flügel Artus' de Gouffier, vorgestellt. Die offene Galerie im Parterre ist mit Kreuzrippengewölben überdeckt. Diese letzte spätgotische Reminiszenz verschwindet jedoch im weiteren Verlauf hinter der Formensprache der Renaissance. Besondere Beachtung verdient der große Saal im Stockwerk darüber, der noch die originale Bemalung bewahrt hat. Die Wände sind mit Bildern mythologischen Inhalts dekoriert, der Plafond des 55 m langen Saales besteht aus 1670 bemalten Kassetten. Der Besuch von Oiron wird gerade deshalb so wertvoll, weil weite Teile der alten Ausstattung zu bewundern sind, die in vielen anderen Schlössern Frankreichs ein Opfer des Wütens der Revolution wurden. Auch die folgenden Räume zeigen zum Teil eine prachtvolle Ausstattung: die Schloßkapelle, die sog. Chambre du Roi, das »Kabinett der Musen« u. a.

Die benachbarte Kollegiatskirche wurde gleichzeitig mit dem älteren Teil des Schlosses als Grablege für die Mitglieder der Familie Gouffier errichtet. Hier wurden Artus de Gouffier und zahlreiche seiner Nachkommen zur letzten Ruhe gebettet. Die Grabdenkmäler schuf der toskanische Bildhauer Giovanni di Giusto Betti (1485–1549), der, nachdem er sein Atelier in Tours aufgeschlagen hatte, den französisierten Namen Jean Juste annahm. Seinem Wirken verdankt das Aufblühen der Renaissance in Frankreich wesentliche Impulse. Berühmt wurde er durch das monumentale Grabmal für Ludwig XIII. und dessen Frau Anne de Bretagne in der königlichen Grablege von St-Denis.

Thouars

Das Städtchen, das auf einem Felsen in einer engen Schleife des Thouet liegt, blickt auf eine bewegte Geschichte zurück. Auch wenn archäologische Grabungen den Nachweis brachten, daß sich an dieser Stelle bereits eine gallorömische Siedlung befand, taucht Thouars in den Quellen erstmals in karolingischer Zeit auf. Die Zerstörung durch Pippin den Kurzen 762 war die erste von zahlreichen Eroberungen, die Thouars noch erleben sollte. Im 12. Jh. nahm Heinrich II. Plantagenet gewaltsam Besitz von der Festung. Die Vizegrafen von Thouars standen in der Folgezeit treu zum englischen König, was nach dem Sieg Philipps II. August über Johann Ohneland mit einer erneuten Zerstörung Thouars', diesmal von französischer Seite, bestraft wurde. Im Frieden von Brétigny (1360) fiel es wiederum den Engländern in die Hände, denen es du Guesclin 1372 nach langer Belagerung wieder entreißen konnte. Karl VII. unterstellte die Stadt den Grafen von Amboise, 1462 überließ Ludwig XI. sie den rechtmäßigen Erben, der Familie de la Trémoïlle, die im 16. Jh. in den Herzogsstand erhoben wurde. In ihrem Besitz blieb Thouars bis zur Revolution. Den wirtschaftlichen Niedergang erlebte die Stadt, als nach Aufhebung des Edikts von Nantes (1685) über die Hälfte ihrer Bevölkerung auswanderte – Thouars war wie das nahe Saumur eine Hochburg des Calvinismus gewesen.

Am besten erfaßt man das Stadtpanorama vom Tal her, vom Pont Neuf. Gleich zuvorderst stehen die Reste eine gotischen Brücke, auf der Anhöhe darüber breitet sich die Front des Schlosses der Herzöge von Trémoïlle aus, deren Nordecke die Schloßkapelle markiert (Farbt. 7, Abb. 18, 19). Das *Schloß* ist ein Neubau des 17. Jh. Der ältere Vorgänger war zuvor abgerissen worden. Heute ist in dem eleganten Bau des »Grand siècle« ein Gymnasium untergebracht. Die Besichtigung ist deshalb nur während der Schulferien gestattet, und auch dann steht dem Besucher lediglich der Innenhof offen. Die *Schloßkapelle* dagegen ist meistens geöffnet. In diesem preziösen Bau des frühen 16. Jh. fanden die Herzöge von Trémoïlle die letzte Ruhestätte.

Das Zentrum der Stadt markiert die Place St-Médard mit der gleichnamigen romanischen *Kirche*. Die reich dekorierte Fassade wurde 1870 grundlegend erneuert, so daß die Trennung von Originalbestand und Ergänzungen schwerfällt. Über dem Mittelportal, dessen Archivolten Nachbildungen des 19. Jh. sind, thront Christus, umgeben von adorierenden Engeln. Hier klingt der Parusie-Gedanke von St-Jouin-de-Marnes wieder an. Über dem linken Portal stehen sechs fast lebensgroße Statuen von Aposteln, Propheten und Sibyllen. Diese Galerie mutet wie ein Vorläufer der späteren großen Königsgalerien der gotischen Kathedralen an. Die Fensterrose stammt aus dem 15. Jh., in dieser Zeit wurden auch der einschiffige Innenraum umgebaut und das Gewölbe erneuert.

Die Place St-Médard ist von alten Fachwerkhäusern umstanden, wie sie auch sonst mehrfach im Stadtbild auffallen. Das *Rathaus* ist unweit im ehemaligen Kloster St-Laon eingerichtet, dessen mehrfach veränderte Kirche zu Teilen aus dem 12. Jh. stammt. Der Besuch von Thouars läßt sich mit einem Blick in das kleine *Museum* abrunden (Rue Barré), in dem neben Dokumenten zur lokalen Geschichte und zu den Vendée-Kriegen eine qualitätvolle Keramiksammlung untergebracht ist.

Argenton-Château

Eine halbe Autostunde westlich von Thouars liegt am Zusammenfluß von Argenton und Ouère das Städtchen Argenton-Château, dessen Burg in der Revolution fast völlig zerstört wurde. Sie war im Mittelalter u. a. Wohnsitz des Philippe de Commines, eines wichtigen Chronisten des Poitou. Das gotische Portal der schlichten *Kirche St-Gilles* mit seinen fünf plastisch ausgestalteten Archivolten ohne Tympanon liefert den Nachweis, daß man auch in der Gotik den in der Romanik ausgeprägten Formprinzipien im Poitou treu blieb.

Bressuire

Das Schicksal von Bressuire, einer Sous-Préfecture des Departement Deux-Sèvres, ist jenem von Thouars vergleichbar. Nachdem sich Engländer und Franzosen mehrfach in der Herrschaft über die Stadt einander abgelöst hatten, bedeutete der Fortgang der Hugenotten nach Aufhebung des Edikts von Nantes den völligen Zusammenbruch. Als dann noch 1794 der republikanische General Grignon, der »Schlächter von Bressuire«, ein verheerendes Massaker unter den Einwohnern, die auf seiten der Vendée-Aufständischen standen, anrichtete, starb Bressuire nahezu aus.

Erst der großangelegte Ausbau der Viehzucht nach 1945 hat die Stadt mit neuem Leben erfüllt. Mittlerweile ist die Umgebung von Bressuire zu einem der wichtigsten Fleischlieferanten Frankreichs geworden. Der Schlachthof, in dem über 30 000 Tonnen Fleisch pro Jahr verarbeitet werden, ist der größte des Landes. 1976 wurde Frankreichs einzige Hochschule für Fragen der Viehzucht und der Fleischgewinnung bzw. -verarbeitung in Bressuire gegründet.

Das Zentrum des historischen Stadtkerns beherrscht der 56 m hohe Glockenturm der *Pfarrkirche Notre-Dame*, die nach ihrer Errichtung im späten 12. Jh. mehrfach umgebaut wurde. Farbige Fenster der Spätgotik erhellen den weiträumigen Chor.

Auf einer Hügelkuppe westlich vor der Stadt zeugen Reste von einer der einst größten Festungsanlagen des Königreiches. Das *Schloß*, dessen Bau mit der Errichtung eines

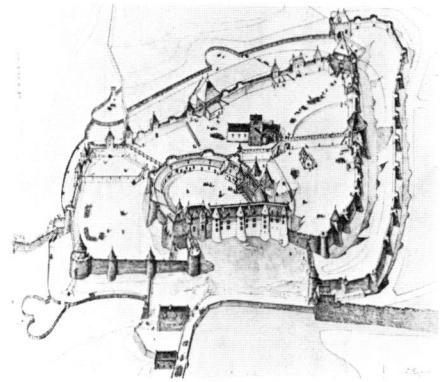

Die Burganlage von Bressuire, Rekonstruktion des Zustandes im 15. Jh.

Donjons im 11. Jh. begonnen wurde, erhielt im 13. Jh. eine 700 m lange Ummauerung mit 50 Wehrtürmen. Die stolze Anlage wurde in der Revolution zertrümmert und vermag heute nur noch einen schwachen Eindruck ihrer einstigen Größe zu vermitteln. Im 19. Jh. wurde inmitten der Ruine ein neogotisches Schlößchen errichtet, das in Verbindung mit dem dichten Baumbewuchs eine romantische Kulisse abgibt.

Ebenfalls Ruine ist das *Schloß Clisson* 8 km südlich Bressuire. Es gehörte einem der Führer des Vendée-Aufstandes, Louis-Marie de Salgues, Marquis de Lescure (1766–93), der im Kampf gegen die Republik den Tod fand. Sein Schloß wurde Ende 1793 niedergebrannt.

Château La Durbelière

Wer sich von Thouars oder Argenton-Château nicht wieder nach Süden gewendet, sondern die Fahrt in westlicher Richtung auf Mauléon fortgesetzt hat, stößt seitab der kleinen Ortschaft St-Aubin-de-Baubigné auf die Ruinen des Château La Durbelière. In stiller Abgeschiedenheit schlummern die Mauern, die seit dem Brand 1793 nur noch den schwachen Abglanz einer vormals prächtigen Renaissanceanlage widerspiegeln.

Der Abstecher nach *Cholet*, einem aufstrebenden, gesichtslosen Industriestädtchen, lohnt eigentlich nur für denjenigen, der sich in besonderem Maße für die Geschehnisse der Vendée-Kriege interessiert. Zu dieser Epoche bietet das *Musée Historique de Vendée*, die einzige nennenswerte Sehenswürdigkeit von Cholet, eine reiche Ausbeute: Uniformen, Waffen, Orden, Portraits, Landkarten usw.

20 km westlich von Cholet erinnern im Tal der Sèvre-Nantaise die Ruinen des *Château Tiffauges* an die blutrünstige Sage von König Blaubart, die sich auf diesem Schloß zugetragen haben soll.

Wer von hier aus geradlinig weiter zum Atlantik fährt, hat in *St-Philibert-de-Grandlieu* die letzte wichtige Etappe vor der Küste erreicht. Die karolingische Kirche wurde 1870 mit einem neogotischen Mantel umhüllt, so daß man nur noch im Innern einen Eindruck von der herben Architektur des 9. Jh. gewinnt.

Die Fahrt weiter südlich durch das zentrale Hügelland der Vendée ist landschaftlich reizvoller und bietet attraktivere Ziele als die nördliche Route über Cholet und St-Philibert-de-Grandlieu.

Die Landschaft Bocage im Herzen der Vendée

Pouzauges

In der »Suisse Vendéenne«, wie das Hügelland der Vendée auch genannt wird, liegt das Städtchen Pouzauges. Es bezieht seinen Wohlstand wie Bressuire und zahlreiche andere Orte der Vendée aus der Viehzucht. Die Häuser des Ortes steigen terrassenförmig den Hang hinauf; das Zentrum bildet ein weiträumiger Platz mit der romanischen *Kirche St-Jacques* im

Mittelpunkt (Abb. 20). Auf der Anhöhe über der Stadt steht ein *Donjon* des 13. Jh., der einzige Überrest einer Burganlage, von deren zehn Türmen nur noch Grundmauern zu erkennen sind. Im Keller des Donjon haben Republikaner 1794 fünfzig Gefangene ermordet, während die Stadt geplündert wurde. Der Aufstieg zu der Ruine lohnt in erster Linie wegen des schönen Ausblicks, der sich von hier oben über das hügelige Land der Vendée bietet.

Einen anderen herrlichen Ausblick erlebt man von der Anhöhe, auf der das Dorf *St-Michel-Mont-Mercure* liegt, 7 km nördlich von Pouzauges. Von dort ist es nur ein Katzensprung zum *Château-du-Puy-du-Fou.* Das Renaissanceschloß wurde 1793 von den Flammen der Vendée-Kriege verzehrt. Seit Jahren jedoch sind Restaurierungsarbeiten im Gange. In den Sommermonaten findet hier wochenends nach Anbruch der Dunkelheit eine »Son-et-lumière«-Vorführung statt, die dem Besucher die Begebenheiten und Hintergründe der Vendée-Kriege nahebringt. Ein Nationaldenkmal der Vendée erinnert knapp 10 km westlich des Château-du-Puy-du-Fou an die Helden dieser Epoche: der Mont des Alouettes.

Mont des Alouettes

Auf der Spitze des Mont des Alouettes (231 ü. NN), dem »Berg der Lerchen«, stehen noch zwei der vormals sieben Mühlen, die hier 1793 nicht aus landwirtschaftlichen, sondern aus militärischen Gründen gebaut wurden (Farbt. 19, Abb. 17). Mit unterschiedlicher Stellung der Flügel wurden den Angehörigen der aufständischen Truppen Anordnungen und Befehle auf viele Kilometer im Umkreis sichtbar signalisiert. So bedeutete die Stellung mit zwei senkrechten und zwei waagerechten Flügeln die Aufforderung zur unverzüglichen Sammlung der Truppen. Die Position in Form eines Andreaskreuzes verhieß Ruhe. Die Drehung, bei der der nach unten zeigende Flügel nach rechts wies, übermittelte den Rückzug feindlicher Verbände und gab somit Entwarnung; der nach links unten weisende Flügel schließlich verkündete den Aufmarsch des Feindes. Nachdem die Führer der Konvents-Streitmacht hinter diesen Code gekommen waren, ließen sie die Mühlen zerstören, nur wenige blieben verschont oder wurden nachträglich wieder aufgebaut. Im 19. Jh. wurde der

Der Code der Mühlen zur Zeit der Vendée-Kriege:
1 = Ruhe, keine Gefahr   2 = Entwarnung, der Feind ist auf dem Rückmarsch   3 = Gefahr, der Feind rückt an   4 = Aufforderung zum unverzüglichen Sammeln

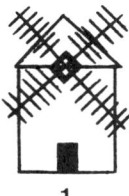

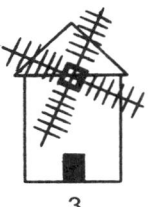
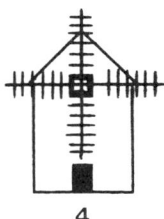

1   **2**   **3**   **4**

Mont des Alouettes durch die Errichtung eines steinernen Kruzifixes und einer neogotischen Kapelle (Neuverglasung von 1968) zu einer Stätte des Gedenkens an die Gefallenen. Diese malerische Denkmälergruppe ist heute einer der Hauptanziehungspunkte in der Vendée. Die Flügel der Mühlen aber verharren nicht in der Stellung, die Ruhe verheißt, sondern senden nach wie vor ihren stummen Aufruf zum Kampf über die endlosen Weiten der sanft geschwungenen Hügel und Täler.

Abtei Grainetière

Am Rande des Forêt-du-Parc-Soubis liegen in aller Weltabgeschiedenheit die Überreste der einst stolzen Abtei Notre-Dame-de-la-Grainetière (Abb. 22). Die einsame Lage könnte auf ein Zisterzienserkloster schließen lassen, aber es handelt sich um eine benediktinische Gründung, die um 1130 erfolgte. Seit spätestens 1140 wurde an dem Kloster gebaut, dem durch Schenkung ausgedehnte Ländereien mit Wäldern, Weinbergen und Fischteichen zufielen. Die Blütezeit des Klosters lag im 14. Jh., als u. a. Bertrand de Got, der Erzbischof von Bordeaux und spätere Papst Clemens V., Grainetière einen Besuch abstattete. Danach geriet die Abtei trotz ihrer abgeschiedenen Lage in den Strudel des Hundertjährigen Krieges, später in die Wirren der Religionskriege, deren wiederholten Beschädigungen immer wieder Phasen der Erneuerung folgten. In die letzten Jahrzehnte ihres Bestehens fällt der Aufenthalt des Abbé Antoine Prévost (1697–1763), der in Grainetière einige Kapitel seines bis heute

Ruine der Abteikirche La Grainetière (nach einer Lithographie von Monbail, 19. Jh.)

vielgelesenen Romans »Manon Lescaut« verfaßte. 1794 starb der letzte Mönch im Kampf gegen die Republik. Danach wurden die Klostergemäuer vom Staat beschlagnahmt und an einen privaten Bauunternehmer verkauft, der sie als billigen Steinbruch benutzte. Dennoch überstanden einige Partien den Abbruch. 1963 konstituierte sich die »Société Civile Immobilière de la Grainetière«, die in den darauffolgenden Jahren mit liebevoller Anstrengung die erhaltenen Reste vor dem endgültigen Verfall bewahrte. 1978 schließlich bezogen auch wieder einige Mönche das alte Kloster, das somit erneut zu einer Zelle monastischen Lebens im Herzen der Vendée wurde.

Von der Abteikirche steht nur noch die südliche Langhauswand, ferner ein Teil des Chores. Der ursprüngliche Plan ist aus dem erhaltenen Bestand zu rekonstruieren. Danach handelte es sich um ein einschiffiges Langhaus mit einem gleichfalls einschiffigen Querhaus. Die Chorapside wurde rechts und links von je zwei Kapellen begleitet, die sich zu den Armen des Querhauses öffneten. Von den Konventsgebäuden stehen der Westflügel des Kreuzganges, der gotische Kapitelsaal, das Refektorium und Teile der Befestigung, die während des Hundertjährigen Krieges zum Schutze der Abtei angelegt worden war.

Mouilleron-en-Pareds

In Mouilleron wird das Gedenken an jene beiden Männer gepflegt, die den Schlußstrich unter beide Weltkriege zogen. 1841 wurde Georges Clemenceau in Mouilleron geboren, der

Georges Clemenceau, Portrait von Edouard Manet (Paris, Louvre)

Marschall de Lattre de Tassigny

1918 als Präsident der Republik und »Père de victoire« in Versailles die Friedensurkunde mit Deutschland unterzeichnete. Der Marschall Jean de Lattre de Tassigny, dessen Vorfahren mehrfach Bürgermeister des kleinen Ortes gewesen waren, wurde 1889 gleichfalls in Mouilleron geboren, auf dessen Friedhof auch seine Grabstätte ist. Er hatte 1945 als Vertreter Frankreichs die deutsche Kapitulationsurkunde unterzeichnet. Den beiden prominenten Söhnen des Ortes ist das kleine *Musée des Deux-Victoires* gewidmet, das sich gleich neben der Kirche befindet. Eine der Mühlen, die südlich außerhalb des Städtchens wie Zinnsoldaten auf einem Hügelgrat hintereinander aufgereiht stehen, ist als Gedenkstätte für Marschall de Lattre – der Titel wurde ihm übrigens posthum verliehen – hergerichtet. Hier soll er öfters Stunden der Muße verbracht haben.

Château La Chabotterie

Beim weiteren Vordringen nach Westen bietet das als Museum eingerichtete Château La Chabotterie noch einmal eine Sammlung von Dokumenten zum Thema der Vendée-Kriege. Das kleine Renaissanceschloß, zu dem eine Allee führt – abseits vom Wege ein Denkmal für den Heerführer Charette –, liegt inmitten eines halbverwilderten Parks. Neben der Dokumentation der Vendée-Kriege besitzt das Museum eine umfangreiche Sammlung zur französischen Militärgeschichte im 18. und 19. Jh. (Uniformen, Waffen, Orden etc.) sowie zahlreiche Antiquitäten. In der Küche steht noch der lange Holztisch, auf dem der im Kampfe schwer verwundete Charette sein Leben aushauchte.

La Roche-sur-Yon

Die Präfektur des Departements Vendée ist eine Geburt aus der Retorte. 1804 gab Napoleon den Befehl, in der Vendée eine Garnisonsstadt aufzubauen, deren Besatzung für Ordnung in der unruhigen Region sorgen sollte. Über einem phantasielosen geometrischen Plan, in dessen Zentrum ein großer Platz liegt, wurde die Stadt errichtet. Die Nüchternheit des Stadtbildes ist nicht gerade eine Einladung an den Reisenden, der außer dem Napoleondenkmal im Mittelpunkt des zentralen Platzes (Abb. 21) keine markanten Punkte entdecken kann. Etwas verloren schwebt der reitende Imperator über den Buden und Ständen des Wochenmarktes, dessen bunt bewegte Kulisse jedenfalls einmal in der Woche dem öden Platz Farbe verleiht. Ganz dem Industriezeitalter ist denn auch die Wirtschaft von La Roche-sur-Yon verbunden. In den Fabriken der Vororte werden Waschmaschinen, Kunststoffprodukte und Reifen erzeugt. Die rasche Ausweitung der Betriebe hat in den zurückliegenden zwanzig Jahren zu einer Verdreifachung der Einwohnerschaft von La Roche (auf 48 000) geführt.

Dem Pferdeliebhaber bietet sich dagegen ein Leckerbissen. Das große Gestüt, der Haras (zwischen Rue du Général Gallieni und Boulevard des Etats-Unis), besitzt eine der bedeutendsten Vollblutzuchten des Landes.

Spuren des Mittelalters finden sich östlich und westlich außerhalb der Stadt. In *La Chaize-le-Vicomte* (10 km östlich von La Roche-sur-Yon) steht die Kirche eines kleinen Priorats aus dem 11. Jh., deren Chor bei einer Absenkung des Geländes im 15. Jh. einstürzte. Der vorromanische Innenraum ist nicht eingewölbt, sondern mit einem offenen Dachstuhl überdeckt.

3 km westlich von La Roche-sur-Yon liegen rechts der N 160 die Ruinen des *Klosters Fontenelles*. Die im 13. Jh. gegründete Benediktinerabtei wurde schon in den sechziger Jahren des 16. Jh. von Hugenotten eingeäschert und später nicht wieder aufgebaut.

Nach einer guten halben Stunde Autofahrt von La Roche-sur-Yon erreicht man schließlich die Atlantikküste.

Entdeckungsfahrten entlang der Küste der Vendée

Rund 200 km lang erstreckt sich die Küste der Vendée von der Loiremündung bis an die Bucht des Pertuis Breton (Übersichtskarte auf S. 154). Eine große Anzahl attraktiver Badeorte säumt diesen Küstenstreifen, angefangen von dem berühmten Les Sables-d'Olonne bis hin zu kleinen Fischerdörfern.

Der nordwestliche Zipfel der Vendée, »Pays de Retz«, ist sowohl im Landschaftsbild als auch kulturell – z. B. in der Sprache – der benachbarten Bretagne verbunden. Zahlreiche Ortsnamen wie auch die Landschaftsbezeichnung selbst sind bretonischen Ursprungs. Deshalb wurde diese Region bei der Neueinteilung Frankreichs während der Revolution dem Departement Loire-Atlantique und nicht der Vendée zugeschlagen. Da dieser entlegene Landstrich schon immer dünn besiedelt war, ist das kulturelle Erbe vergleichsweise arm. Außer der frühromanischen Kirche von *Les Moutiers* mit ihrer Totenlaterne und einem Altarbild des 17. Jh. gibt es keine nennenswerten Denkmäler.

Das Landschaftsbild ist von den Ausläufern des Armorikanischen Höhenzugs geprägt, die bei Bourgneuf-en-Retz in die weite, sumpfige Ebene des Marais Breton überleiten. Hier verläuft die Grenze zwischen der bretonischen und der poitevinischen Vendée.

Die Vendée-Inseln

Die Ile de Noirmoutier

Man erreicht die Insel entweder über die moderne Autobrücke oder über den alten Damm, den »Gois«, der nur bei Ebbe befahrbar ist. Der Hauptort des Eilands, *Noirmoutier-en-l'Ile*, war im frühen Mittelalter ein wichtiger Pilgerort; hier wurden die Reliquien des Nationalheiligen der Vendée, des hl. Philibert, verehrt. Vor den Normannen flüchteten die Mönche des Philibert-Klosters. Nach jahrzehntelanger Irrfahrt durch ganz Frankreich fanden sie schließlich im burgundischen Tournus eine neue Heimstatt. Über dem Kenotaph Philiberts wurde im 11. Jh. anstelle der kleinen merowingischen Kirche ein Neubau errichtet. Diese Kirche wurde in gotischer Zeit umgebaut und erweitert, so daß heute nur noch die Krypta mit ihren kraftvollen Pfeilern das Aussehen des 11. Jh. bewahrt hat (Abb. 24). Die Geldmittel für den Bau der Kirche sowie für deren spätere Veränderungen stellte die Familie

1 Montmorillon Fresko in der romanischen Kirche Notre-Dame

2 CHÂTEAU DE POITIERS   Monatsbild (Juli) aus den »Très Riches Heures du Duc de Berry« von den Brüdern Limburg. Anfang 15. Jh. Chantilly, Musée Condé

3　CHÂTEAU DE LUSIGNAN　Monatsbild (März) aus den »Très Riches Heures du Duc de Berry« von den Brüdern Limburg. Anfang 15. Jh. Chantilly, Musée Condé

4 Confolens Blick auf die Vienne und den Pont Vieux

6 Château de la Rochefoucauld an der Tardoire ▷

5 Angles-sur-l'Anglin Blick auf die Abteikirche aus dem 13. Jh.

7 THOUARS Schloßkapelle

8 ANGOULÊME

9   Château de la Roche-Courbon

10   Château d'Oiron

11 Das MARAIS POITEVIN bei La Garette

12 Das MARAIS POITEVIN bei Arçais

13   Im Marais Poitevin

14   Bauernhaus im Marais Poitevin

15 PARTHENAY Brücke und Stadttor St-Jacques

16 NIORT Musée du Pilori (ehemaliges Rathaus)

17 MELLE Romanische Kirche St-Hilaire

18 POITIERS Westfassade von Notre-Dame-la-Grande

19 Auf dem MONT-DES-ALOUETTES ▷

20 MAILLEZAIS   Ruinen der ehemaligen Benediktinerabtei und der gotischen Abteikirche St-Pierre

22 CELLES-SUR-BELLE   Portal der ehemaligen Abteikirche ▷

21 LUÇON   Gotische Abteikirche und Kreuzgang

24, 25   Sт-Savin-sur-Gartempe   Romanische Fresken in der ehemaligen Abteikirche; oben: die Arche
Noah; unten: Kain und Abel bei der Opferung

◁ 23   Rioux   Chor der romanischen Kirche Notre-Dame

26 FOURAS

27 LA ROCHELLE Blick auf die Hafeneinfahrt mit den beiden Wehrtürmen aus dem 14. Jh.

28   Ile d'Aix

29 ILE D'OLÉRON

30 ILE DE RÉ

31 TALMONT Romanische Kirche Ste-Radegonde ▷

32 MARENNES Austernzucht

33 ILE D'OLÉRON Im Hafen von La Cotinière

34 NIORT Der Donjon

35 ILE DE RÉ Salzgewinnung

36 FOURAS Auslegergestelle zum Krebsfang

37 ILE DE RÉ Hafen von St-Martin-de-Ré ▷

de la Garnache zur Verfügung, die sich in unmittelbarer Nachbarschaft eine Burg (Abb. 23) errichtet hatte. Deren ältester Teil, der Donjon, ist zeitgleich mit der Kirche ins 11. Jh. zu stellen. Heute ist darin ein Museum zur lokalen Geschichte untergebracht (Trachten, Dokumentation über die Vendée-Kriege, alte Gerätschaften etc.). Sehenswert sind daneben die Sammlung alten englischen Porzellans mit 700 Exponaten (3. Etage) und die naturkundliche Kollektion mit zahlreichen ausgestopften Fischen und Vögeln heimischer Arten (1. Etage).

Im 13. Jh. hatten sich Zisterzienser im unbewohnten Nordwestteil der Insel niedergelassen. Ihre Abtei, *La Blanche*, wurde im 16. Jh. von Hugenotten dem Erdboden gleichgemacht, so daß heute nurmehr kümmerliche Überbleibsel von diesem zweiten Kloster der Insel Zeugnis ablegen.

Die ausgedehnten Sandstrände locken zahlreiche Urlauber auf die Insel, so daß der Fremdenverkehr neben den alten Wirtschaftszweigen der Meersalzgewinnung und des Fischfangs (Sardinen und Thunfisch) zu einer soliden Einnahmequelle geworden ist. Normalerweise leben etwa 10000 Menschen auf der Insel, im Juli und August sind es fünfzehnmal so viele!

Die Ile d'Yeu

Die kleine Insel, die nur per Schiff zu erreichen ist, war schon in prähistorischer Zeit besiedelt. Zahlreiche Spuren der Megalithkultur – Dolmen und Menhire – sind erhalten. Da einige Ortsnamen mit dem alten bretonischen Präfix »Ker« (= Haus) beginnen, gilt es als sicher, daß die Besiedlung der Insel von der Bretagne her erfolgte. Man vermutet, daß sich auf der Ile d'Yeu einst ein Druiden-Heiligtum befand. Bei den Römern hieß das Eiland »Insula Dia«. Ihre abseitige Lage inmitten der Brandung des Atlantiks hat die Insel immer wieder zu einer Zufluchtsstätte für Verfolgte, aber auch zu einem Ort der Verbannung gemacht. Der prominenteste Gefangene war zuletzt Marschall Pétain, Chef der sog. Vichy-Regierung (1940–44), der hier seit 1946 bis zu seinem Tode 1951 inhaftiert war.

Mit 2600 Einwohnern ist *Port-Joinville* der größte Ort der Insel, zugleich einer der wichtigsten französischen Häfen für den Thunfischfang. Ein kleines Museum dokumentiert die Geschichte der Insel und das Leben Marschall Pétains. Die landschaftliche Attraktion ist die wild zerklüftete Südküste, die »Côte Sauvage« (Abb. 27, 28), an der die Ruinen des *Vieux Château* den Winden des Ozeans trotzen. Es wurde im 11. Jh. auf den Grundmauern einer alten keltischen Fluchtburg errichtet.

Von St-Jean-de-Monts bis Les Sables-d'Olonne

Für den Urlauber, der in einem der zahlreichen Küstenorte sein Ferienquartier aufgeschlagen hat, bieten sich verschiedene Möglichkeiten zu Ausflügen entlang der Küste und ins Hinterland. Wir folgen der Spur der Denkmäler von Norden nach Süden.

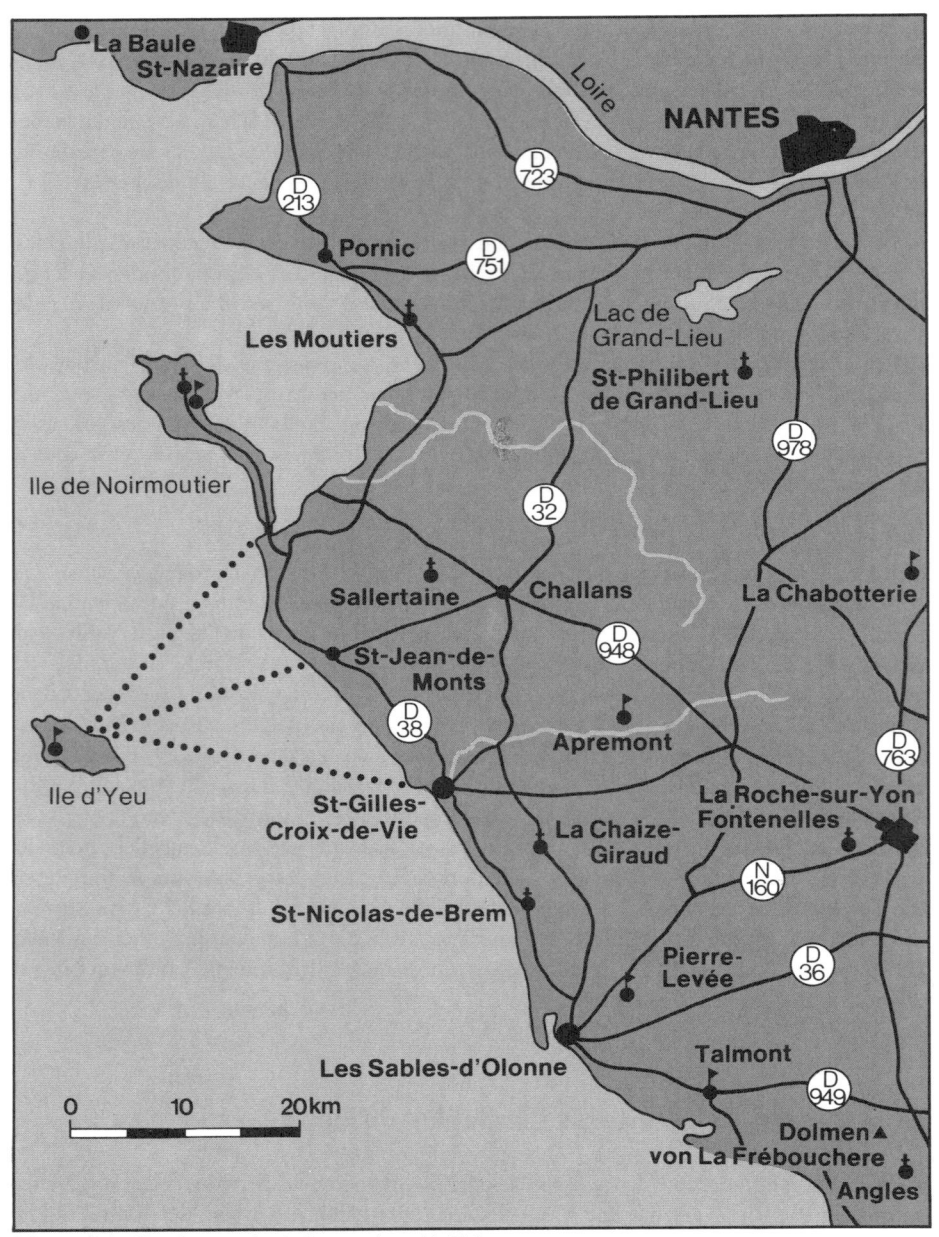

Die westliche Vendée von der Loiremündung bis Talmont

Sallertaine

Inmitten des Marais Breton-Vendéen liegt das Dorf Sallertaine mit seiner kleinen romanischen Kirche. Das Bauwerk hat nach der Säkularisation schwer gelitten, so daß 1915 ein Teil wegen Baufälligkeit abgerissen werden mußte. In dem erhaltenen Teil befindet sich heute ein Museum zur Heimatkunde des Marais. Die Wölbung über der Vierung ist eines der frühesten Beispiele des Angevinischen Kreuzrippensystems. Einige bemerkenswerte Fresken des 12. Jh. haben sich erhalten. Die Ikonographie des zwischen Sonne und Mond thronenden Christus ist von byzantinischen Vorbildern beeinflußt.

St-Jean-de-Monts

In dem hinter einem Dünengürtel gelegenen Dorf drängen sich um eine Kirche des 15. Jh. die typischen flachen Häuschen der Vendée. Der Badeort, ein Ableger des alten Dorfes, liegt direkt am Strand.

St-Gilles-Croix-de-Vie

Den zerklüfteten Küstenabschnitt kurz vor St-Gilles-Croix-de-Vie nennt man die »Corniche Vendéenne«. St-Gilles-Croix-de-Vie ist ein Doppelort, dessen beide Teile – St-Gilles und Croix-de-Vie – von der Flußmündung des Vie getrennt sind. Die Dächer dieses beliebten Segelhafens überragt eine gotische Kirche, die jedoch im 19. Jh. weitgehend neu gestaltet wurde.

Apremont

Von St-Gilles führt ein Abstecher ins Landesinnere nach Apremont und La Chaize-Giraud. Auf einer Anhöhe über dem Tal des Vie liegt die Burg von Apremont (von lat. asper mons = rauher Berg), die nach der Zerstörung im Hundertjährigen Krieg wieder aufgebaut worden war. Nachdem Richelieu das Schloß erneut hatte schleifen lassen, wurden im Zuge einer modernen Restaurierung Teile wiederhergestellt. Von der Anhöhe des Schlosses bietet sich ein weiter Blick über den Fluß, der hier zu einem langgezogenen See gestaut ist.

La Chaize-Giraud

Die romanische Kirche von La Chaize-Giraud ist ein Beispiel derb-ländlicher Bauweise des 12. Jh., deren Nüchternheit durch die puristische Restaurierung des 19. Jh. noch unterstrichen wird. Die Fassade mit ihren drei in zwei Geschosse unterteilten Abschnitten – der klassische poitevinische Kanon – zeigt rechts und links des Portals zwei Reliefgruppen. Links erkennt man die Verkündigung Mariens, rechts die Anbetung der hl. Drei Könige. Die Arbeiten sind in den Übergangsbereich von der Romanik zur Gotik zu datieren, also um oder kurz nach der Mitte des 12. Jh.

St-Nicolas-de-Brem

Nur wenige Kilometer südlich von La Chaize-Giraud stößt man auf eine andere romanische Kirche, die gleichfalls ihres Portalschmuckes wegen sehenswert ist: St-Nicolas-de-Brem. Sie wurde im 11. Jh. errichtet. Der Bau bestand ursprünglich aus drei Schiffen ohne Querhaus, jedes von ihnen öffnete sich im Osten in eine Apsis. Nach einer Zerstörung im 17. Jh. wurde nur das Mittelschiff notdürftig repariert, die Seitenschiffe dagegen weitgehend abgerissen, so daß die Kirche heute nur noch aus einem einzelnen Schiff besteht. Der Portalschmuck gehört zu den ältesten Zeugnissen der frühmittelalterlichen Skulptur in Westfrankreich und ist in die Erbauungszeit der Kirche zu stellen, d. h. in das spätere 11. Jh. Den Akzent in der unteren Zone des zweigeschossig gehaltenen Portals setzen vier kräftige schmucklose Rundsäulchen, die ohne Kapitell in zwei Archivolten fortgeführt sind. Ein Tympanon fehlt. Damit ist St-Nicolas ein wichtiger Vertreter für die Frühform des poitevinischen Archivoltenportals, das im 12. Jh. seine große Blüte erlebte. In dem dreieckigen Giebelfeld in der oberen Portalzone erscheint ein männlicher Heiliger, vermutlich der Namenspatron der Kirche, der hl. Nikolaus (Abb. 25). Die archaische Darstellungsweise macht auch für dieses Werk eine Datierung ins 11. Jh. wahrscheinlich. Der Heilige, der in einer Nische steht, ist von kleinen Reliefs eingefaßt. Die linke Hälfte ist mit sechs Reliefs besser erhalten als die rechte, wo nur noch drei zu sehen sind. Ein inhaltlicher Konnex zwischen den Reliefs ist nicht erkennbar, wie auch die Deutung der einzelnen Bilder nur bedingt möglich ist. So könnte die Szene links unten zu Füßen des Heiligen den hl. Lazarus darstellen, dem ein Hund die schwärenden Wunden an den Beinen leckt. Der Löwe darüber ließe sich, wenn man den merkwürdigen Auswuchs an seinem Rücken als Flügel interpretiert, als das Symbol des Evangelisten Markus ansehen.

Les Sables-d'Olonne

Les Sables-d'Olonne (Abb. 29) verdankt seine Berühmtheit dem feinen Sandstrand. Die einstige Bedeutung als wichtiger Atlantikhafen, die der Ort nach der Versandung des weiter im Landesinnern gelegenen Olonne errungen hatte, mußte Les Sables-d'Olonne schon längst wieder an andere Städte abgegeben. Von dieser früheren Glanzzeit künden noch die Reste des *Fort St-Nicolas* an der schmalen Hafeneinfahrt. Heute spielt nur noch der Fischfang eine erwähnenswerte Rolle.

Als Ferienort aber nimmt Les Sables-d'Olonne nach wie vor eine hervorragende Stellung ein und ist in einem Atemzug mit St-Malo, La Baule, Arcachon und Biarritz zu nennen, den ganz Großen unter den Badeorten der französischen Atlantikküste. Allerdings ist der vielgerühmte Strand doch etwas enttäuschend. Bei Flut schmilzt er zu einem schmalen Streifen zusammen, auf dem die zahlreichen Urlauber eng zusammenrücken müssen. Das urbane Flair aber macht den Ort zu einem attraktiven Ferienziel für den, der eine bunte Palette an Unterhaltungs- und Zerstreuungsmöglichkeiten sucht. Um die alte Kirche *Notre-Dame-de-Bon-Port*, einen originellen Bau, der aus Elementen der Spätgotik und der Frührenaissance zusammengewürfelt ist, spielt sich das geschäftige Treiben der Altstadt ab. Das ehemalige *Benediktinerinnenkloster Ste-Croix* beherbergt ein heimatkundliches Museum mit archäologischen Funden, Trachten, Gerätschaften u. ä. aus Les Sables-d'Olonne und Umgebung.

5 km östlich von Les Sables-d'Olonne liegt neben der N 160 das elegante *Château Pierre-Levée* aus der Zeit Ludwigs XVI. Das klassizistische Schloß ist jedoch bewohnt und steht dem Besucher nicht zur Besichtigung offen.

Das Hinterland von Les Sables-d'Olonne

Château Talmont

Die weitläufige Ummauerung der imposanten Ruine von Talmont, 12 km südöstlich von Les Sables-d'Olonne, sowie deren Donjon entstammen dem 11. Jh. Im Hundertjährigen Krieg diente die Burg dem Schwarzen Prinzen vorübergehend als Operationsbasis, weshalb Talmont in dieser Zeit gewaltig ausgebaut wurde. Nach der Zerstörung gegen Ende des Hundertjährigen Krieges im 16. Jh. erneuert, diente sie als Zuflucht für verfolgte Protestanten. Richelieu ließ die Burg deshalb schleifen. Seitdem blieb Talmont als Ruine stehen.

Dolmen von La Frébouchère

Eine besondere Attraktion ist das Megalithfeld von La Frébouchère, 12 km östlich von Talmont. Man nennt es treffenderweise das »Carnac der Vendée« (Carnac ist der Hauptort der Megalithkultur in der Bretagne). Obwohl es sich um eine ungewöhnliche Sehenswürdigkeit handelt, ist der Weg dorthin mangels ausreichender Beschilderung nicht leicht zu finden. Man fährt am besten auf der D 949 Richtung Luçon (am Ortseingang des Dorfes Avrillé reizvoller Blick nach rechts auf das *Renaissancemanoir La Guignadière*). 3,5 km hinter Avrillé kreuzt die D 91; hier biegt man nach rechts ab. Kurz vor dem Dorf Le Bernard zweigt ein Feldweg nach rechts ab, der zu den berühmten Dolmen führt (Abb. 26). Es sind insgesamt vier, die nicht nur durch ihre Größe, sondern auch durch den Erhaltungszustand verblüffen. Drei liegen entlang des eben beschriebenen Feldweges, der vierte, etwas abseits, rechts hinter einer Baumreihe. Dieser zählt zu den größten Dolmen Frankreichs und damit zu den bedeutendsten Zeugen der letzten Epoche der Steinzeit. Die Deckplatte, die von einem Dutzend aufrecht gestellter Blöcke getragen wird, war ursprünglich ein gewaltiger Monolith, der später in der Mitte auseinandergebrochen ist. Sein Gewicht wird auf ca. 100 Tonnen geschätzt. Auch in der gallorömischen Zeit wurde das Feld von La Frébouchère weiter als Friedhof benutzt, wie Funde aus archäologischen Grabungen belegen. Wer weitere Beispiele der Megalithkultur sucht, wird nördlich des Dorfes Avrillé fündig, wo inmitten der Weiden und Felder einige Menhire von zum Teil beträchtlicher Höhe aufwachsen. Man vermutet, daß sie ursprünglich zu einer ganzen Allee solcher Menhire gehörten, einem sog. Alignement.

Château Court-d'Aron

Wieder ins Mittelalter führt die romanische Kirche in *Angles,* deren Errichtung in das ausgehende 12. Jh. fällt. Für diese Datierung spricht das Angevinische Gewölbe des einschiffigen Saales. Nicht weit von Angles entfernt liegt das Château Court-d'Aron, ein klassizistischer Bau des 19. Jh., der auf den Grundmauern einer in der Revolution abgebrannten Anlage entstand. Die reiche Einrichtung des Schlosses sowie der gepflegte Park machen Court-d'Aron gleichermaßen anziehend. Das Innere wurde überwiegend mit Möbeln und Dekorationen des Barock ausgestattet. Besonders fallen die prachtvollen Kamine und die erlesenen Gobelins auf. Der zehn Hektar große Park dient einer benachbarten Blumenzucht als Anbaufläche. In erster Linie werden alle erdenklichen Arten von Rosen gezogen, die den Park während der Sommermonate in ein wahres Blütenmeer verwandeln.

Luçon

Die Abtei, die im 10. Jh. an der Stelle des heutigen Ortes Luçon gegründet wurde, lag damals noch direkt an der Küste. Sie besaß einen kleinen Hafen, der jedoch schon im späten Mittelalter durch das Zurückweichen des Meeres so tief ins Landesinnere versetzt war, daß er nur noch durch einen 14 km langen Kanal mit dem offenen Atlantik Verbindung halten konnte. Seit dem 18. Jh. war auch diese Zufahrt endgültig versandet. So läßt Luçon heute nicht einmal andeutungsweise seine einstige Bestimmung erahnen. Seine Glanzzeit erlebte Luçon im ersten Viertel des 17. Jh., als Armand du Plessis, besser bekannt unter dem Namen Kardinal Richelieu, Bischof der Stadt war (1607–24). Er sorgte für eine großzügige Renovierung der Kirche und ihrer angrenzenden Gebäude (Kreuzgang, Bischöfliches Palais usw.), die während der Religionskriege schwer gelitten hatten.

Die Abteikirche (Farbt. 21, Abb. 30) wurde im 13. Jh. errichtet. Seit der Erhebung von Luçon zur Metropolitanstadt im frühen 14. Jh. nahm sie den Rang einer Kathedrale ein. Der dreigeschossige Aufriß mit Arkade, Triforium und Obergaden steht ganz unter dem Einfluß der nordfranzösischen Kathedralgotik. Der Chor zeigt nicht das gewohnte Halbrund, sondern ist platt geschlossen. Die aus verschlungenem Maßwerk gebildeten Fenster gehören der Flamboyant-Gotik an, der Altar und andere Ausstattungsstücke stammen aus der Zeit Richelieus. Den großzügigen Kreuzgang ließ Bischof Milon d'Illiers (1527–52) im Stil der italienischen Renaissance erweitern.

10 km nördlich hat der Lay sein Flußbett durch die seichten Anhöhen der südlichen Vendée gefurcht. Hier lockt als Ausflugsziel der Ort *Mareuil-sur-Lay,* dessen romanische Kirche sich im Wasser des Flusses spiegelt.

Die wichtigsten Badeorte im Südabschnitt der Vendée-Küste sind *Jard-sur-Mer, St-Vincent-de-Jard* und *La Tranche-sur-Mer.* St-Vincent-de-Jard ist zu einer Pilgerstätte nationalbewußter Franzosen geworden (und welcher Franzose wäre das nicht!), denn hier verbrachte der »Vater des Sieges« im Ersten Weltkrieg, Georges Clemenceau, seine letzten Lebensjahre. Nach seinem Tode kaufte der Staat das kleine Bauernhaus, in dem Clemenceau gelebt hatte. Die Räumlichkeiten wurden zu einem Museum zu Ehren des großen Staatsmannes hergerichtet und damit zu einer Gedenkstätte, die jährlich Tausende Besucher anzieht.

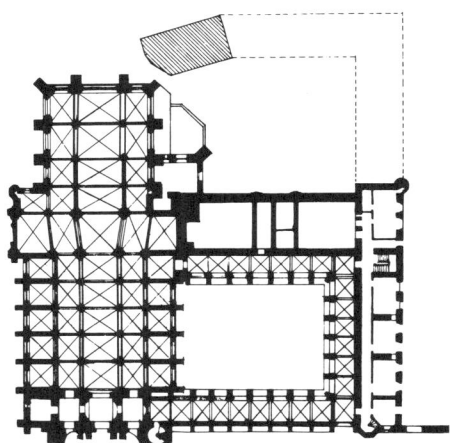

*Luçon, Grundriß der Kathedrale und des Kathe-
dralkreuzganges*

3 km außerhalb des Ortes stehen die Reste der *Abtei de Lieu-Dieu,* die Richard
Löwenherz den Prämonstratensern gestiftet hatte. Im 16. Jh. wurde das Kloster gegen
Übergriffe der Hugenotten zu einer kleinen Festung ausgebaut. Gegen Ende des 17. Jh.
verwaiste die Abtei, die danach dem allmählichen Verfall preisgegeben war. Nach lang
andauernder Restaurierung wurde sie erst 1950 wieder zur Besichtigung zugänglich.

Der Wald von Mervent-Vouvant

Am Nordrand des Marais Poitevin, zwischen Fontenay-le-Comte im Süden und der Ortschaft Vouvant im Norden, erstreckt sich der Wald von Mervent-Vouvant, der nicht nur durch seine landschaftliche Unberührtheit, sondern auch wegen der Anziehungskraft seiner Denkmäler zu einem Besuch einlädt. Der Hauptort dieses Gebietes ist Fontenay-le-Comte.

Fontenay-le-Comte

Blick in die Geschichte

Der Ort gehört zu den ältesten Frankreichs, denn seit prähistorischer Zeit ist eine kontinuierliche Besiedlung nachgewiesen. Die ehemalige Hauptstadt des Bas-Poitou – bis zur Revolution unterschied man zwischen einem Haut-Poitou (Hauptstadt Poitiers) und einem Bas-Poitou – ist seit der Renaissance ein literarisches Zentrum gewesen, eine Tradition, die mit Unterbrechungen bis in unsere Tage fortgelebt hat.

Wesentlich dazu beigetragen hatte der junge Rabelais (1494–1553), der seit 1520 als Konventuale im Franziskanerkloster der Stadt lebte. In dieser Zeit übersetzte der Verfasser des berühmten Romanzyklus »Gargantua und Pantagruel« die Schriften Herodots ins Französische. In der frühreformatorischen Zeit geriet jedoch das Studium der Klassiker in Mißkredit, weshalb sich Rabelais 1524 in die Abgeschiedenheit des Benediktinerklosters Maillezais im Marais Poitevin zurückzog. Papst Clemens VII. persönlich sanktionierte 1525 seinen Übertritt vom Franziskaner- zum Benediktinerorden. Der quirlige Rabelais genoß in dieser Zeit die Freundschaft und Protektion des aus Fontenay-le-Comte stammenden Juristen André Tiraqueau (1480–1558), der nicht nur seiner hohen Bildung wegen allgemeine Bewunderung genoß – er war Vater von dreißig Kindern! 1527 hielt Rabelais die Enge des Klosterlebens nicht mehr aus und ging nach Paris und Lyon, wo er Medizin studierte, später nach Montpellier.

In der zweiten Hälfte des 16. Jh. setzten François Viète (1540–1603) und Nicolas Rapin (1555–1608) die humanistische Tradition Fontenay-le-Comtes fort. Viète war Mathematiker und hat sich auf dem Gebiet der Algebra einen unvergessenen Namen erworben, Rapin

François Rabelais, Portrait eines unbekannten Meisters (Versailles)

machte als Poet eine glänzende Karriere, womit er so wohlhabend wurde, daß er sich den Bau des Château Terre-Neuve vor den Toren seiner Vaterstadt leisten konnte. Im 17. Jh. hielten sich vorübergehend Pascal und Molière in der Stadt auf, und im 18. Jh. verfaßte der Marquis de Sade den Roman »Justine oder das Mißgeschick der Tugend« in Fontenay-le-Comte. Im 19. Jh. sah die Stadt das Wirken des Archäologen Benjamin Fillon (1819–81) und des Architekten Octave de Rochebrune (1825–1900).

Für unser Jahrhundert seien Jacques de Lecretelle und George Simenon als Protagonisten des literarischen Lebens der einstigen Humanistenstadt genannt. Der 1888 in Cormatin (Burgund) geborene Romancier Lecretelle hielt sich über längere Strecken in Fontenay-le-Comte auf, das den Schauplatz seines vierbändigen Romans »Les Hauts-Ponts« abgab. Eindrücke des Waldes von Mervent-Vouvant haben sich in seinen Memoiren »Le Tiroir secret« (1960) niedergeschlagen. Der aus Lüttich stammende Schriftsteller George Simenon lebte während der deutschen Besatzung zwei Jahre lang in Fontenay-le-Comte und verfaßte in dieser Zeit mehrere Romane, die dort spielen. Heute ist Fontenay-le-Comte eine Sous-Préfecture des Departement Vendée mit rund 20 000 Einwohnern und einer regen Industrie, die seit 1970 stark expandiert. Ihre Hauptzweige sind die Holz- und Textilverarbeitung.

Rundgang durch die Stadt

Fontenay-le-Comte liegt zu beiden Seiten des Flusses Vendée, nach dem die Landschaft und das Departement benannt wurden. Die *Fontaine des Quatre-Tias* (schwer zu übersetzen, dem Sinn nach etwa: Quelle der Sprachen) ist ein sinnfälliges Denkmal aus der Zeit der Humanisten. Der Zierbrunnen wurde 1542 errichtet und mit dem Wahlspruch beschriftet, den Franz I. für Fontenay-le-Comte geprägt hatte: »Fontanacum felicium ingeniorum fons et scaturigo« (frei übersetzt: Fontenay, Brunnen und Quell' begnadeter Denker). In Huldigung an den Renaissancekönig trägt das Denkmal dessen Wappen, den Feuersalamander. Nicht weit davon entfernt markiert die spätgotische *Pfarrkirche Notre-Dame* das geistliche Zentrum der Stadt. In den Archivolten stehen Statuen der klugen und törichten Jungfrauen (15. Jh.), die Muttergottes am Trumeau ist eine Neuschöpfung des 19. Jh. Der 80 m hohe Glockenturm erhielt seine heutige Gestalt um 1700. Von dem romanischen Vorgängerbau ist noch die Krypta erhalten, die erst 1945 wiederentdeckt und freigelegt wurde.

Fontenay-le-Comte, Westfassade der Pfarrkirche Notre-Dame

Fontenay-le-Comte, die »Maison Billaud«

Gegenüber der Kirche steht das *Museum* mit seinen Abteilungen zur Geschichte der Stadt und der Vendée sowie der sehenswerten ornithologischen Sammlung, in der die im Marais heimischen Vogelarten ausgestellt sind.

Die kleine Straße, die von der Rückseite der Kirche zur Place Belliard führt, ist von zum Teil recht verfallenen Renaissancehäusern eingerahmt, ebenso wie die vier Seiten des Platzes selbst, auf den sie münden. Seit kurzem bemüht man sich im Rahmen einer großangelegten Sanierung des Viertels, den Geist der Epoche Rabelais' wiederauferstehen zu lassen.

Am Pont des Sardines erreicht man die Vendée, deren Ufer malerische alte Wohnhäuser säumen. Jenseits beginnt die Rue des Loges, die geradlinig zu einer weiteren spätgotischen Kirche, *St-Jean*, führt. Ihre Errichtung ist etwa zeitgleich mit Notre-Dame anzusetzen. Beachtung verdient das schmuckvoll gestaltete Südportal, ein schönes Beispiel verspielter Flamboyant-Gotik.

Westlich außerhalb der Stadt liegt am Ende einer prächtigen Allee das *Château Terre-Neuve*, das sich der Dichter Nicolas Rapin zwischen 1595 und 1600 hatte errichten lassen. Das Schloß besteht aus zwei Flügeln, die im rechten Winkel aufeinanderstoßen. Die Fassaden zum Schloßhof sind reich mit Medaillons, Musen-Statuen, Lukarnen und anderen Schmuckmotiven der Hochrenaissance dekoriert. Die Inneneinrichtung hat den Vandalismus der Revolution glücklicherweise unbeschadet überstanden. So erlebt man in Terre-Neuve sehr authentisch das Flair der glanzvollen Epoche Heinrichs IV. Neben den kostbaren Möbeln, Wandbehängen, Deckenschnitzereien und Fußbodenintarsien ist der von zwei Löwen getragene Kamin im großen Salon besonders bemerkenswert.

Mervent

Das Waldgebiet im Norden von Fontenay-le-Comte umfaßt eine Fläche von 2400 Hektar. Durch die bewaldeten Anhöhen schlängelt sich die Vendée, deren Wasser hier zu einem verzweigten See gestaut ist. Der Staudamm wurde 1956 erbaut, um ein Trinkwasserreservoir für die südliche Vendée zu schaffen. Mitten im Wald wurde der *Zoo du Gros-Roc* angelegt, in dessen Gehegen sich heimische und außereuropäische Tiere des Waldes tummeln. Auf einer Anhöhe im Herzen des Waldes liegt der Ort Mervent, der im Mittelalter von einer stattlichen Burg beherrscht wurde. Außer einer Terrasse ist nichts von dieser Anlage erhalten. Der Aufstieg dorthin wird aber mit einem weiten Rundblick über den Wald und die Täler der Vendée und ihres Nebenflusses, der Mère, belohnt.

Die *Grotte du Père de Montfort* am Ufer der Mère diente Hugenotten, die sich darin eine kleine Kapelle eingerichtet hatten, oft als letzte Zuflucht. 1715 nutzte der später kanonisierte Ludwig-Maria de Montfort die Höhle als Eremitage. Montfort, ein engagierter Priester aus der Bretagne, der drei Kongregationen gegründet hatte, fand während einer Missionsreise 1716 den Tod. Er hatte versucht, in der Vendée verbliebene Hugenotten wieder der katholischen Kirche zuzuführen.

Vouvant, die romanische Kirche im 19. Jh. (nach einer Lithographie von Monbail, 1843)

Vouvant

Die Kirche von Vouvant am Nordrand des Waldes von Mervent-Vouvant ist eine Gründung Wilhelms V. von Aquitanien, der das wildreiche Gebiet häufig als Jagdgrund aufsuchte. An der Kirche des kleinen Priorats, das der Abtei Maillezais unterstand, wurde bis ins 12. Jh. hinein gebaut. Das während des Hundertjährigen Krieges und im Verlauf der Religionskriege schwer ramponierte Bauwerk wurde Ende des vorigen Jahrhunderts einer grundlegenden Restaurierung unterzogen. Dabei hat man die zerstörten drei Langhausjoche im Westen nicht wieder neu aufgeführt, sie stehen auch heute noch als Ruine vor dem wiederhergestellten Teil der Kirche. Den Blickfang bildet das Hauptportal an der Stirnseite des nördlichen Querschiffarmes. Während die Archivolten weitgehend ein Rekonstruktionsergebnis des 19. Jh. sind, zeigen die zwei weitgespannten Bogenlaibungen, die die beiden Durchgänge des Portals übergreifen, noch größtenteils die Originalsubstanz des 12. Jh. Die kleinen Figuren des inneren Bogens sind Atlanten, die mit erhobenen Händen die Gestalten des äußeren Bogens tragen: annähernd vierzig Fabelwesen, Tiere und Phantasiegestalten. In den Wandzwickeln zwischen Portalarchivolten und den übergreifenden Bögen sind zwei Reliefs mit Szenen aus dem Leben Samsons angebracht. Links erkennt man eine sehr seltene Darstellung, Dalila, die sich über den schlafenden Samson beugt, um ihm sein Haar abzuschneiden, rechts den Kampf Samsons mit dem Löwen. Die Statuen der Muttergottes und des Johannes rechts und links des übergreifenden Bogens wurden, ebenso wie die Szenen darüber, erst im 15. Jh. hinzugefügt. Diese späteren Ergänzungen zeigen in zwei monumentalen Streifen übereinander das Abendmahl und die Himmelfahrt Christi. Das Skulpturenprogramm setzt sich wie in St-Jouin-de-Marnes bis in das bekrönende Giebelfeld fort, wo der himmelfahrende Heiland von Engeln begleitet entschwebt. Der Skulpturenschmuck erschöpft sich nicht an der Fassade allein, auch der Chor ist außen mit

Reliefs geradezu übersät. Sie konzentrieren sich in den Fensterlaibungen und unterhalb des Dachansatzes in Form phantasievoll ausgearbeiteter Kapitelle und Kragsturzsteine.

Das Innere wirkt nach der Restaurierung im Gegensatz zu der lebendigen Außenansicht akademisch trocken. Den Eingang zur Krypta rahmen kunstvoll ziselierte Ornamente (Abb. 34). Die Krypta selbst reicht als ältester Teil der Kirche ins 11. Jh. hinab.

Von der Burg, die der Kirche einst unmittelbar benachbart war, steht nur noch der 30 m hohe Donjon des 12. Jh. Der Sage zufolge soll es sich um eine der legendären Gründungen der Melusine handeln, deren einer Sohn, Gottfried Großzahn, in der Kirche von Vouvant zur letzten Ruhe gebettet worden sein soll.

Foussais

Kaum minder originell als die Fassade der Kirche von Vouvant ist die des ehemaligen Priorats von Foussais am Ostrand des Waldes von Mervent-Vouvant (Abb. 31–33). Auch hier haben Veränderungen im 15. Jh. die ursprünglichen Verhältnisse des 12. Jh. verunklärt. Während in Vouvant der Skulpturenzyklus in dieser Zeit erweitert wurde, handelt es sich in Foussais ausschließlich um eine bauliche Veränderung. Offenbar war die Statik der Kirche im späten Mittelalter gefährdet, so daß man der Fassade zwei Strebepfeiler vorlegte, von denen sich Bögen zur Abstützung an die Westwand hinüberschwingen. Der Gesamteindruck des Portals mit seinen drei Bögen wird dadurch arg beeinträchtigt. Das Bildprogramm ist in der Hauptsache ein christologischer Zyklus. Unter dem rechten Bogen ist das Mahl Christi im Hause des Lazarus dargestellt. Die Lust am Fabulieren, die für die poitevinische Romanik so bezeichnend ist, erschöpft sich – wie Foussais deutlich macht – nicht nur in den immer wiederkehrenden Fabelgestalten, sondern macht auch vor den biblischen Themen nicht halt. Dies ist einmal an der häufigen Auswahl ungewöhnlicher Bildthemen (hier eben das selten dargestellte Gastmahl im Hause des Lazarus) zu erkennen, zum anderen an der Freude, die die Bildhauer dabei immer für die Details zeigen. Eindringlich ist die tiefe Ergebenheit nachempfunden, mit der die am Boden liegende Magdalena mit ihren Haaren die Füße des Herrn trocknet (Abb. 33). Dieselbe menschliche Gefühlsbetontheit klingt in der Kreuzesabnahme an, die im linken Bogen erscheint. Diese das Hauptportal flankierenden Bögen sind wie so oft im Poitou Scheinportale. Das Hauptportal selber ist wieder ein reines Archivoltenportal, in dessen Zenit der Weltenrichter thront, umgeben von Engeln, Evangelistensymbolen und den unerläßlichen Fabelgestalten, unter denen die Melusine besonders ins Auge fällt (Abb. 31). Bei der Kreuzabnahme hat sich das für das 12. Jh. seltene Beispiel einer Künstlersignatur erhalten. Der Bildhauer Giraud Audebert aus der Abtei St-Jean-d'Angély hat sich hier als Schöpfer des Portals verewigt.

Das Marais Poitevin

»Marais Poitevin – Land der langsamen, sanften Gewässer. So langsam, so sanft, getragen von so vielen Geheimnissen, daß ein einsamer Schiffer sich einbilden könnte, er steuere außerhalb der Zeiten, inmitten einer verzauberten Landschaft, während sein Boot auf dem Wasser gleitet unter der verwirrenden Unwirklichkeit des Windes, des Lichtes und der Blätter.«

Jacques Nanteuil

Die Landschaft

Einerlei, ob man nun das Schwergewicht auf einen erholsamen Urlaub an der Küste legt oder ob man als Liebhaber romanischer Kirchen auf den Spuren der mittelalterlichen Pilger wandert, einen Besuch des Marais Poitevin, der sonderbarsten Landschaft des Poitou, sollte jeder in sein Urlaubsprogramm miteinbeziehen (siehe Umschlagrückseite, Farbt. 11–14, Abb. 35). Eine vergleichbare Landschaft findet sich nirgends sonst in Frankreich.

Das Marais, das eine Fläche von etwa 70 000 Hektar umfaßt, war noch bis in das frühe Mittelalter vom Meer überspült. An einigen Stellen ragten kleine Kalksockel als Inseln aus dem Wasser, auf denen sich zum Teil Klöster und Ortschaften ansiedelten (Maillezais, Marans, St-Michel-en-l'Herm u. a.). Als das Meer seit dem 11. Jh. allmählich westwärts zurückwich, entstand ein großes Sumpfgebiet, das seit dem 13. Jh. systematisch trockengelegt wurde. So entstanden die ersten Kanäle, in denen sich das Wasser sammelte und zu den natürlichen Läufen des Lay, der Vendée, der Autise, der Sèvre-Niortaise und des Mignon abfloß. Besonders die großen Abteien Maillezais, Nieul-sur-l'Autise und St-Maixent trieben diese Entwässerung energisch voran, denn der dadurch gewonnene Boden wurde wirtschaftlich nutzbar und garantierte eine sichere Einnahmequelle. Die langen Kriege im 14., 15. und 16. Jh. brachten die Kultivierung des Marais über Jahrhunderte zum Stillstand. Sie wurde erst unter Heinrich IV. fortgesetzt, der dafür Fachleute aus den Niederlanden kommen ließ. Seit dem vorigen Jahrhundert ist die Kanalisierung abgeschlossen. Über nahezu ein Jahrtausend ist eine ganz eigentümliche Landschaft entstanden, deren Kernbereich zwischen den Flußläufen der Autise und der Sèvre nicht nur die Einheimischen schwärmerisch das »Venise verte« nennen, das »Grüne Venedig«.

Das Marais ist von zahllosen Kanälen durchzogen; ihre Hauptarme addieren sich zu einer Gesamtlänge von etwa 700 km, die verzweigten kleinen, mit Booten nicht zu befahrenden Wasserläufe nicht mitgezählt. Da alle Kanäle an die natürlichen Flußläufe angeschlossen sind, ist das Wasser immer in Bewegung und deshalb überraschend sauber. Aus demselben Grund gibt es praktisch kein Ungeziefer, und vor allem trüben keine Stechmücken den Landschaftsgenuß. Der besondere Reiz des Marais liegt darin, daß es nur wenige Straßen gibt. Das wichtigste Fortbewegungsmittel ist das Boot. Gebräuchlich sind schmale schwarze Kähne, mit denen man durch das Wasser stakt. Je tiefer man in das Marais eindringt, desto verwunschener wird die Landschaft. Schon bald gibt es weder Weg noch Steg. Zwischen Coulon und Arçais bleibt das Boot als einziges Verkehrs- und Transportmittel übrig. Die Bewohner des Marais bringen das halbe Leben auf dem Wasser zu. Der Metzger oder Bäcker beliefert seine Kundschaft vom Boot aus, die Familienmutter bringt ihre Kinder im Boot zur Schule, der Postbote legt seinen täglichen Weg zu Wasser zurück, und da es auch keine Brücken gibt, wird selbst das Vieh per Boot zu seinen Weideplätzen gebracht. Die Viehhaltung ist überhaupt der wichtigste Wirtschaftszweig des Marais. Sie geht nach Art des alpenländischen Almbetriebs vonstatten. Im Frühjahr werden die Herden auf die Weiden gebracht, die dank des fruchtbaren Bodens besonders fett und nahrhaft sind. Einzäunungen sind überflüssig, da alle paar hundert Meter ein Kanal- oder Flußarm den Auslauf begrenzt. Den Sommer über bleibt das Vieh auf den Weiden, im Herbst werden die Tiere wieder mit dem Boot in die heimischen Stallungen gebracht.

Die Ufersäume sind dicht bewachsen, so daß das ganze Marais eine einzige Symphonie in Grün ist – eine Landschaft, die zum Verweilen und Träumen einlädt. Aber Vorsicht ist dennoch geboten: In dem Labyrinth der Kanäle kann man sich, da überall Bäume und Büsche eine weite Aussicht verhindern, leicht verirren. Man sollte deshalb bei einem ersten Besuch des Marais die Hilfe Ortskundiger in Anspruch nehmen, die das ganze Jahr über, in großer Zahl natürlich an Feiertagen und in der sommerlichen Hochsaison, zahlender Kundschaft ihre Dienste anbieten. Erst bei wiederholten Bootsfahrten kann man es riskieren, auf eigene Faust loszufahren, wobei es sich empfiehlt, eine genaue Karte mitzunehmen (wird in der Regel vom Bootsvermieter zur Verfügung gestellt). Die besten Ausgangspunkte für Ausflüge auf dem Wasser sind Coulon, Arçais, Maillezais und La Garette.

Coulon, der Hauptort des »Marais bouillé« (Feuchtes Marais), liegt an der Sèvre-Niortaise. Die niedrigen Häuser – das Bauernhaus des Marais ist in der Regel ebenerdig – ziehen sich zu beiden Seiten des Flusses entlang. Hier befindet sich ein Bootsverleih neben dem anderen. *La Garette* ist ein kleines Dorf am Rande des Marais, 4 km von Coulon entfernt (Farbt. 11). Im Bereich dieser beiden Orte gibt es noch genügend Wege und Straßen, so daß man auch wandern oder radeln kann.

In Arçais befindet man sich im Herzen des Marais, das hier »Marais boisé« (Hölzernes Marais) genannt wird (Farbt. 12). Ein dicht bewachsenes Manoir des 18. Jh. überragt die Anlegestelle der Kähne. Die Bootsausflüge führen durch zum Teil urwaldähnlich überwuchertes Gebiet. Es gibt aber auch Bereiche systematischer Anpflanzung, wo Pappeln zur Holzgewinnung gezogen werden. Man rechnet, daß eine Pappel auf »normalem« Boden dreißig Jahre Wachstum benötigt, um dieselbe Höhe zu erreichen, die eine Pappel im Marais bereits nach zwanzig Jahren hat.

Maillezais

Der bedeutendste Ort des Marais ist Maillezais, das nahe einer alten Benediktinerabtei entstand. Bevor man sich jedoch diesem Kloster zuwendet, sollte man die romanische *Pfarrkirche St-Nicolas* besuchen, die inmitten der Ortschaft liegt. Da das Bauwerk im Laufe der Jahrhunderte schwer gelitten hatte, wurde Ende des vorigen Jahrhunderts eine Restaurierung durchgeführt. Die Fassade hat ihr ursprüngliches Gesicht weitgehend bewahrt (Abb. 37). Ihr Aufriß ist wieder ganz der poitevinischen Tradition verpflichtet: Das beherrschende Archivoltenportal in der Mitte wird von zwei kleineren Scheinportalen begleitet, ein horizontales Gesims trennt die Eingangszone von dem darüber befindlichen Obergeschoß. Am Mittelportal überrascht wieder der unerschöpfliche Reichtum an ornamentalen und figuralen Motiven. Singulär ist die Darstellung von sechs Akrobaten, im linken Gewände, die, einer auf den Schultern des anderen stehend, zu einer Säule aus Menschenleibern aufgetürmt sind (Abb. 38).

Die *Benediktinerabtei* liegt 1 km westlich der Ortschaft (Farbt. 20). Sie wurde 989 von Wilhelm II. von Aquitanien gegründet und mit Konventualen aus dem Kloster St-Julien in Tours besiedelt. Diese erste Gründung lag etwa 2 km von der heutigen Stelle entfernt. Erst unter Wilhelm V. wurde das Kloster an seinen heutigen Standort verlegt. In Wilhelm V. hatte Maillezais einen großen Gönner gefunden. Er verbrachte seine letzten Lebensjahre in der Abtei, wo er 1030 starb. In der Folgezeit begann für Maillezais eine glänzende Geschichte, die sich auf den Wohlstand der aus dem urbar gemachten Land gewonnenen Erträge stützte. Aus dem Jahr 1197 ist eine päpstliche Bulle Coelestins III. erhalten, die der Abtei den Besitz von mehr als fünfzig Prioraten und Klöstern bestätigt. Den Gipfel dieser Entwicklung erlebte Maillezais 1317 mit seiner Erhebung zum Bistum durch Papst Johannes XXII. 1524 nahm der Abt-Bischof Geoffroy d'Estissac seinen Freund Rabelais in Maillezais auf. Rabelais soll während seines Aufenthaltes im Kloster durch die Beschäftigung mit der Melusinensage in der Gestalt deren Sohnes Gottfried Großzahn das Vorbild und zahlreiche Anregungen für seine Romangestalten Gargantua und Pantagruel gefunden haben. 1587 wurde Maillezais von Hugenotten gestürmt und niedergebrannt. Zwei Jahre später ließ Agrippa d'Aubigné die inzwischen aufgelöste Abtei zu einem befestigten Platz für Hugenotten ausbauen; auch er selbst verweilte dort für einige Zeit. Der große Mitstreiter Heinrichs IV. verfaßte in Maillezais die berühmt gewordene Geschichte vom Leidensweg der verfolgten Hugenotten, die 1616 in Paris unter dem Titel »Les Tragiques« erschien. Mehr als 9000 Verse umfaßt das mehrbändige Werk, dessen Verfasser nach der Ermordung Heinrichs IV. 1610 nach Genf emigrieren mußte. Zuvor hatte er Maillezais an den Herzog von Rohan verkauft, der den Besitz zwei Jahre später der Krone überantwortete. Trotz der Wiederaufnahme klösterlichen Lebens konnte die Abtei nicht mehr an ihre glänzende Vergangenheit anknüpfen. Ihr Niedergang wurde vom Papst selber bestätigt, als Innozenz X. 1648 die Bischofswürde auf La Rochelle übertrug. In der Revolution wurden die Gemäuer an ein Abbruchunternehmen verkauft, das den historischen Komplex zum Steinbruch degradierte. Die Ruine gelangte erst 1872 in den Besitz des Staates, der die erhaltenen Bauteile 1927 als »Monument historique« klassifizierte und dadurch eine Restaurierung ermöglichte.

Hinter den zum Teil erhaltenen Ummauerungen d'Aubignés ragt die imposante Ruine der gotischen *Abteikirche St-Pierre* auf, von der noch Teile der Nordwand des Langhauses, des Querschiffes und des Narthexes stehen. Ursprünglich erstreckte sich das Bauwerk auf eine Länge von 90 m, das Querhaus, das nach einem Brand im 13. Jh. erhöht worden war, erhob sich 30 m (zum Vergleich Chartres: 36 m). Inmitten der endlosen Einsamkeiten des Marais wirkt die Kirche selbst als Ruine noch wie eine stolze Himmelsarche.

Von den Konventsgebäuden hat auch nur ein Teil den Abbruch überlebt. Heute sind noch zwei Refektorien und ein Dormitorium zu sehen. In der ehemaligen Klosterküche wurde ein kleines Museum eingerichtet, in dem Architekturfragmente aufbewahrt werden, die bei Grabungen anläßlich der Restaurierung zum Vorschein kamen.

Von Marans nach Esnandes

Westlich von Maillezais verliert das Marais seinen Reiz, denn allmählich verdünnt sich der dichte Baumbewuchs, der sich auf 15 000 Hektar zwischen Coulon und Maillezais konzentriert. Er weicht einer endlos scheinenden Marschlandschaft. Der wichtigste Ort des Marais in diesem Abschnitt ist *Marans,* dessen kleiner Hafen von den Hugenotten zu einem wirtschaftlichen Zentrum ausgebaut wurde. Nach der Aufhebung des Edikts von Nantes verlor Marans diese Stellung wieder. Die romanische *Kirche* am Rande des Ortes wurde schon während der Religionskriege zerstört und blieb seitdem als Ruine (Abb. 36) inmitten des Friedhofes stehen, von dessen uralter Bestimmung einige merowingische Sarkophage zeugen. Mit ihren dicht von Efeu überwucherten Mauern, umstellt von Hunderten von Kreuzen und Grabsteinen, vermittelt die Kirche von Marans ein Flair von Vergänglichkeit.

Eine weitere romanische Kirche findet man am Westrand des Marais in *Esnandes.* Von weitem vermutet man in dem Bauwerk eher eine Burg als eine Kirche. Im Hundertjährigen Krieg wurde der romanische Bau mittels eines Zinnenkranzes zu einer *Wehrkirche* umgebaut. Selbst hier, in der völligen Abgeschiedenheit, erlahmte die poitevinische Freude an dekorativer Fassadengestaltung nicht; Archivolten, Kapitelle und Gesimse zeigen minuziös ausgearbeitete Ornamentik. Der ausgezackte Bogen über dem Mittelportal läßt eine Ahnung vom Einfluß arabischer Kunst im 12. Jh. im Poitou wach werden.

Oberhalb der Bucht von Aiguillon, an der Mündung des Lay, liegt der Badeort *La Faute-sur-Mer,* der durch die Brücke mit dem jenseits des Flusses befindlichen Aiguillon-sur-Mer fast eine Einheit bildet. Auch von hier sind Bootsausflüge in das Marais möglich.

Die letzte Klosterruine des Marais findet man 6 km östlich der beiden Badeorte: *St-Michel-en-l'Herm.* Der Name dieser bereits im 7. Jh. gegründeten Benediktinerfiliation leitet sich von lat. »in eremo« ab (in der Einsamkeit). Ähnlich wie Marans wurde das Kloster bereits während der Religionskriege zerstört. Von den gotischen Konventsgebäuden stehen noch der Kapitelsaal, das Refektorium und ein Wohntrakt der Mönche.

Die Stadt Niort und ihre Umgebung

Niort, Tor zum Marais

Blick in die Geschichte

Schon der Name, den die Römer Niort gaben, wirft ein Schlaglicht auf den Wasserreichtum dieser Gegend: »Novum ritum« bedeutet »Neue Furt«. Zugleich macht dieser Name deutlich, daß Niort bereits sehr früh eine wichtige Funktion als Verkehrsknotenpunkt innehatte. Hier kreuzten sich die Ost-West- (Poitiers – La Rochelle) und die Nord-Süd-Wege (Loire – Aquitanien). In dem sumpfigen Gebiet wurde die Stadt auf zwei Hügeln errichtet, die auch heute noch mit dem Donjon (Farbt. 34, Abb. 39) auf dem einen und dem alten Rathaus auf dem anderen die urbanen Schwerpunkte bilden. Neben der verkehrstechnisch günstigen Lage machte sich seit dem frühen Mittelalter die fortschreitende Urbarmachung des Marais Poitevin bezahlt, denn Niort wurde zum Umschlagplatz der im Marais gewonnenen Güter. Diese Bedeutung als wichtiger Markt hat die Stadt bis in unsere Tage bewahrt. Der Hafen, der heute allerdings keine Rolle mehr spielt, stellte die Verbindung zum Atlantik her. Niort war zur Handelsstadt geradezu prädestiniert. Das erkannte Eleonore von Aquitanien, die die Stadt mit großzügigen Privilegien förderte. 1203 erhielt Niort seine erste freie Verfassung. Eleonore richtete in Niort ferner einen Schiedsgerichtshof in Sachen Liebe ein, eine Art literarisches Kolloquium, bei dem sich Troubadoure aus verschiedenen Gegenden zum Wettstreit trafen. Schon bald erstreckte sich der Handel bis nach Flandern und Spanien. Der Prosperität konnten auch die Unruhen des Hundertjährigen Krieges wenig anhaben, unter denen andere Städte so schmerzlich zu leiden hatten. Zur großen Bedrohung wurde erst der Widerruf des Ediktes von Nantes, denn während der Reformation hatte sich eine breite Schicht des aufgeklärten Bürgertums auf die protestantische Seite geschlagen. Mehr als 10 000 Einwohner mußten Niort 1685 verlassen. Danach konnte die Stadt ihre Stellung nur mühevoll behaupten. Da aber im 18. Jh. durch enge Handelsbeziehungen mit Kanada – man importierte Felle, die nach der Verarbeitung in ganz Europa ihren Absatz fanden – ein erneuter Aufschwung kam, trug man bei der Neugliederung Frankreichs in der Revolution diesem Umstand Rechnung und machte Niort zur Hauptstadt des Departement Deux-Sèvres, die heute rund 65 000 Einwohner zählt.

Rundgang durch die Stadt

Das bedeutendste Bauwerk Niorts ist der mächtige *Donjon,* den Heinrich II., der Gatte Eleonores, errichten ließ (Farbt. 34, Abb. 39). Seine Fertigstellung wurde von Richard Löwenherz überwacht. Ursprünglich war das Bollwerk von einem Wassergraben umgeben, dessen eine Seite der natürliche Verlauf der Sèvre-Niortaise bildete. Die anderen Seiten wurden später zugeschüttet, so daß sich der einzig authentische Blick heute von einer der Sèvrebrücken aus bietet. Die Burg besteht eigentlich aus zwei quadratischen Donjons, die, durch einen erst im 15. Jh. angelegten Mitteltrakt verbunden, so sehr zu einer baulichen Einheit verschmolzen sind, daß man nur von *dem* Donjon spricht. Seit dem 16. Jh. diente er lange Zeit als Staatsgefängnis, in dessen Mauern vor allem zahlreiche Hugenotten leiden mußten. Der prominenteste Gefangene war der Sohn Agrippa d'Aubignés, der jedoch nicht wegen seines Glaubens, sondern – höchst profan – wegen unbezahlter Schulden einsaß. Dessen Tochter, Françoise d'Aubigné, schwor dem protestantischen Glauben ab, wodurch die Familie wieder hoffähig wurde. Ludwig XIV. machte sie, die unter dem Namen der Marquise de Maintenon bekannt ist, zu seiner Mätresse. Heute ist in dem Donjon das *Musée d'Ethnographie Régionale* eingerichtet, dessen üppige Sammlung an Trachten, Möbeln, Gerätschaften u. ä. vor allem mit dem Leben früherer Zeiten im Marais vertraut macht. Die Museumsräume führen hinauf bis in das oberste Stockwerk, von dem aus man auf das Dach gelangt. Im Durchblick durch die Zinnen erlebt der Besucher die Sicht auf das Gewirr der verschlungenen Altstadtgassen und das umliegende Land (Abb. 40).

Die große *Markthalle* gleich neben dem Donjon ist zwar keine kunstgeschichtliche Sehenswürdigkeit, aber ihr Besuch wird zu einem Erlebnis ganz besonderer Art. Der Markt von Niort gehört zu den bekanntesten und beliebtesten Frankreichs. Er findet außer montags an jedem Tag der Woche statt. Am Mittwoch und Samstag gesellen sich den ständigen Händlern Bauern und andere Gewerbetreibende aus dem Umland hinzu, die dann mit ihren Ständen und Auslagen die Markthalle, die nicht genügend Raum für alle bietet, umlagern. Unübersehbar ist das verlockende Angebot an frischem Gemüse, Obst, Geflügel, Fleisch, Fischen und anderen Nahrungsmitteln. Ein Bummel über den Markt von Niort gehört zu den unvergeßlichen Eindrücken eines Urlaubs im Poitou.

Der Weg zur *Kirche Notre-Dame* führt vorbei an dem neuen Rathaus, einem aufgeplusterten Prachtbau des vorigen Jahrhunderts im Stil der Neorenaissance. Obwohl Notre-Dame im späten 15. Jh., also auf der zeitlichen Schwelle zur Renaissance erbaut wurde, ist sie dennoch ganz der Spätgotik verpflichtet. Der 76 m hohe Glockenturm ist das höchste Bauwerk der Stadt, die er weithin sichtbar überragt. Das Bauvorhaben zog sich bis in die beginnenden Religionskriege hinein, in deren Verlauf die gerade fertiggestellte Kirche zum Teil zerstört wurde. Die Schäden wurden im 17. Jh. wieder behoben. Bedeutendstes Detail der Innenausstattung ist die Reihe von sechs Wandteppichen aus Aubusson mit Darstellungen aus dem Alten und Neuen Testament.

Zwischen Notre-Dame und dem Rathaus liegt das kleine *Musée des Beaux-Arts,* das in den Räumen eines ehemaligen Klosters Aufnahme fand. Die Gemäldegalerie im 2. Stock bietet keine herausragenden Exponate. Um so ergiebiger ist die kunstgewerbliche Abteilung im

1. Stock mit einer beachtlichen Sammlung von Limoges-Emails und einigen geschnitzten Elfenbeinarbeiten. So ausgefallene Gegenstände wie persische Keramik, syrische und ägyptische Metallarbeiten haben ihren Weg über die verzweigten Handelsbeziehungen Niorts in früheren Zeiten in dieses Museum gefunden.

Gleich gegenüber liegt das *Musée d'Histoire naturelle* mit interessanten Schaustücken zur Naturgeschichte des Marais Poitevin.

Ein viertes Museum, das *Musée du Pilori*, ist im alten Rathaus auf dem Hügel St-Jean anzutreffen (Farbt. 16). Dieses ehemalige Rathaus von Niort wurde 1530–35 mit Rücksicht auf die bestehenden Straßenzüge über dem ungewöhnlichen Grundriß eines Trapezes erbaut. Sein Turm kam erst im 17. Jh. dazu. Im Erdgeschoß befindet sich ein Lapidarium mit Sarkophagen, antiken Grabstelen, mittelalterlichen Architekturfragmenten und einigen Bildhauerarbeiten jüngerer Zeit. Im Obergeschoß kommt der Numismatiker auf seine Kosten. Eine nahezu lückenlose Münzsammlung belegt die Geschichte Niorts seit der gallorömischen Zeit. In anderen Vitrinen sind prähistorische Fundstücke aus verschiedenen Grabungen ausgestellt.

Da ein Teil der Innenstadt erst kürzlich als Fußgängerzone für den Autoverkehr gesperrt wurde, ist es ein besonderes Vergnügen, durch die verwinkelte Altstadt zu schlendern, wo alte Häuserfassaden ebenso wie die geschmackvollen Auslagen der Geschäfte immer wieder zum Verweilen einladen. Nach Osten hin wird der Altstadtkern durch die Place de la Brèche begrenzt. Die geräumige Platzanlage, die eine willkommene Abstellmöglichkeit für Fahrzeuge bietet, wurde im 18. Jh. geschaffen, nachdem die alten Stadtmauern niedergerissen worden waren. So entstand eine ideale Fläche für die große Landwirtschaftsmesse, die alljährlich in Niort abgehalten wird.

Wer den heimeligen Altstadtbezirk von Niort wieder verläßt, wird wenig beglückt sein über die Masse der Neubauviertel. Da sich die Bevölkerung seit 1950 verdreifacht hat, wurden manche Wohnsilos überstürzt aufgezogen, die die Unwirtlichkeit unserer heutigen Stadtbaugestaltung ernüchternd in Erinnerung bringen.

Die nördliche Umgebung von Niort

Château Coudray-Salbart

10 km nördlich von Niort liegt die imposante Ruine des Château Coudray-Salbart. Die Sage will in dem Schloß eine der legendären Gründungen der Melusine sehen. Dagegen weist die nüchterne Geschichtsforschung Coudray-Salbart als ein Schloß der Herren von Parthenay aus, die die starke Bastion im 13. Jh. errichteten. Als 1460 Dunois, der tapfere Waffengefährte Jeanne d'Arcs, das Schloß erwarb, war es durch die Kriegsgeschehnisse bereits arg ramponiert. Dunois starb, bevor er die Zeit hatte finden können, seinen Besitz wieder instand zu setzen. Nachdem Coudray-Salbart im mittleren 16. Jh. für immer verlassen

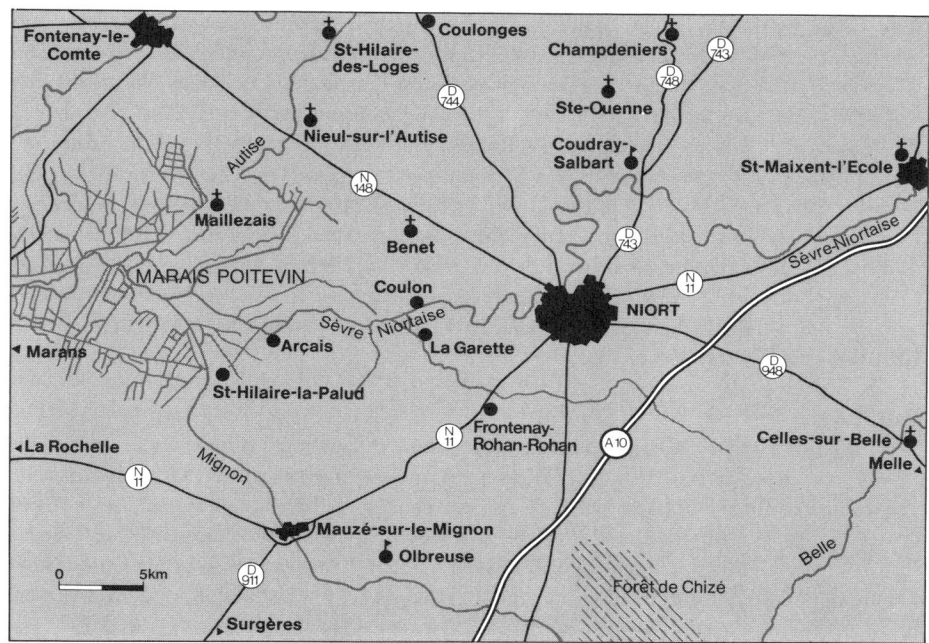

Die Umgebung von Niort und das Marais Poitevin

wurde, verfiel es endgültig. An der Ruine wurden erst nach 1968 wieder Arbeiten zur Sicherung des erhaltenen Bestandes durchgeführt.

Sechs wuchtige Rundtürme, von denen die Tour St-Michel am besten erhalten ist, setzen einen markigen Akzent in der leicht gewellten Sèvrelandschaft. Ihre Mauern sind bis zu sechs Metern dick, was mit ein Grund dafür ist, daß noch ein halbes Jahrtausend seit der endgültigen Auflassung der Burg nach wie vor so beachtliche Partien stehen.

Ste-Ouenne und Champdeniers

Der Liebhaber romanischer Kirchen kann in den beiden Orten Ste-Ouenne und Champdeniers nördlich von Coudray-Salbart seinen Katalog erweitern. Die kleine einschiffige Dorfkirche von Ste-Ouenne, deren vorbildlich behutsame Restaurierung Erwähnung verdient, weist außen am Chor eine Reihe origineller Kragsturzsteine mit diversen Ornamenten und Fabelfiguren auf.

Der Plan von Notre-Dame in Champdeniers hängt eng mit dem von Parthenay-le-Vieux zusammen, so daß für beide Bauten derselbe Architekt vermutet wird. Das Langhaus steht fest in der poitevinischen Tradition verwurzelt; das Mittelschiff der Halle, von einer Tonne überwölbt, wird von Seitenschiffen mit Kreuzgratgewölben begleitet. Der platt geschlossene Chor wurde im 15. Jh. anstelle der romanischen Apsis errichtet. Seine zum Teil erhaltenen farbigen Fenster stammen aus Champdeniers selbst, das im Spätmittelalter eigene Glaswerkstätten besaß. Seine Bekanntheit verdankt Champdeniers jedoch eher noch dem Kapitellzyklus, der an Zahl und Vielfalt zu den reichsten im Poitou zählt. An den 16 Kapitellen der Kirche erscheinen 31 Reliefs, deren ikonographisches Programm sich ausschließlich in der unerschöpflichen Phantasiewelt der poitevinischen Romanik bewegt: Monster, phantastische Tiere, die zum Teil in einem Kopf zusammenwachsen, Schlangen, Löwen und anderes Getier. Eine andere Gruppe zeigt einen Dekor aus Akanthusblättern und verschiedenartigen vegetabilen Formen. Biblische Themen hingegen fehlen gänzlich. Die Krypta vermittelt annähernd den Umfang des romanischen Chores. Die unbeholfenere Sprache der ausschließlich mit pflanzlichen Motiven geschmückten Kapitelle weist die Krypta als den ältesten Bauteil aus.

Coulonges

Wer als Atlantikurlauber von diesem ausgedehnten Landausflug wieder in Richtung auf sein Feriendomizil westwärts fährt, hat Gelegenheit, die vier nachstehenden Orte, oder zumindest einen von ihnen, zu besuchen. Coulonges ist ein geschäftiges Landwirtschaftszentrum, dessen Häuser sich um die alte Markthalle gruppieren. Die Haupterzeugnisse dieser Gegend sind Eier und Geflügel, die hier an Markttagen in reicher Auswahl feilgeboten werden. Die Kirche des 12. Jh. ist unscheinbar, augenfälliger ist da schon das Schloß, in dem heute das Rathaus eine repräsentative Heimstatt hat. Es wurde 1544 im Auftrage Louis d'Estissacs erbaut. Karl IX. bezog nach der siegreichen Schlacht über die Hugenotten bei Moncontour Quartier im Schloß von Coulonges.

St-Hilaire-des-Loges

St-Hilaire-des-Loges war schon in prähistorischer Zeit ein Siedlungsplatz, wie archäologische Grabungen nachweisen konnten. Die Kontinuität der Besiedlung ist weiter durch gallorömische Funde und merowingische Sarkophage bezeugt. Das Mittelalter ist durch eine romanische Kirche und die Renaissance durch die »Maison Seigneuriale« von 1570 vertreten. Wo gibt es das schon in Europa: ein Dorf mit nur wenigen hundert Einwohnern und eine jahrtausendealte Geschichte.

Benet

An der Schwelle zum Marais schmückt sich die Ortschaft Benet wiederum mit einer romanischen Kirche, deren im 15. Jh. überarbeitete Fassade stark verwittert ist. Im Tympanon des linken unteren Arkadenbogens lassen sich noch die Umrisse eines Reiters ausmachen, wie er gerade an dieser Stelle so typisch für Fassaden des Poitou ist.

Nieul-sur-l'Autise

1068 gegründet, gehörte Nieul-sur-l'Autise zu den Klöstern, die die Trockenlegung des Marais, an dessen Nordrand es liegt, im Mittelalter vorantrieben. In dem diesem Kloster

*Nieul-sur-l'Autise,
Detail von der Fassade
der ehemaligen Abtei-
kirche (aus: Mém. Soc.
des Antiquaires de
l'Ouest, 1855)*

einst benachbarten, heute zerstörten Herzogspalast wurde 1122 Eleonore von Aquitanien geboren. Von der Glanzzeit der Abtei künden heute noch die Kirche und der romanische Kreuzgang. Die Kirche, der die Religionskriege schwere Wunden geschlagen hatten, wurde im 19. Jh. restauriert. Dabei wurde ein neuer Glockenturm über der Westwand aufgezogen, der die Fassade unangenehm disproportionniert. Die poitevinische Grundkonzeption der Fassade in ihrer Zweigeschossigkeit mit drei Vertikalabschnitten blieb allerdings unangetastet. Die Vielgestaltigkeit des figuralen und ornamentalen Dekors konzentriert sich wieder an den Archivolten und Kapitellen der Portalgewände. Der Kreuzgang konnte sein ursprüngliches Aussehen unverändert über die Jahrhunderte hinweg bewahren (Abb. 42). Die auffallende Breite des Wandelganges ist ein Charakteristikum südfranzösischer Kreuzgänge. Aber es fehlt die lockere Eleganz provenzalischer und aquitanischer Kreuzgänge mit ihren Reihen zierlicher Säulen. In Nieul tragen massige Pfeiler das Gewölbe, deren Eindruck lastender Schwere einzig kleine Halbsäulchen mildern, die ihnen zum Gang hin aufgeblendet wurden. Auch die angrenzenden Konventsräume sind gut erhalten. Der Rundgang führt durch das Dormitorium, das Refektorium und den Kapitelsaal, dem im 17. Jh. ein neues Gewölbe eingezogen wurde.

St-Maixent-l'Ecole

Wer von Niort nicht an den Atlantik zurückfährt, sondern den Weg nach Osten in Richtung auf Poitiers nimmt, erlebt St-Maixent-l'Ecole als eine interessante Etappe, die neuerdings über die Autobahn schnell zu erreichen ist. Der Ort St-Maixent entstand um eine Abtei, die

St-Maixent-l'Ecole, Ansicht der ehemaligen Abtei aus dem 17. Jh. (aus dem »Monasticon Gallicanum«)

zu den ältesten im Poitou gehört. Schon um 460 wurde die Klause des Eremiten Agapet zur Keimzelle des späteren Klosters. Nach einem seiner Schüler, Maixent, erhielt der Ort im 6. Jh. seinen Namen. Die Blütezeit des Klosters begann bereits im 7. Jh. unter dem hl. Léger, der zunächst Abt von St-Maixent, später Bischof in Autun war. Im Hochmittelalter beteiligte sich St-Maixent aktiv an der planmäßigen Urbarmachung des Marais und wurde schon bald, bedingt durch die günstige Lage an der Verbindungsstraße nach Poitiers, einer der Hauptumschlagplätze für den Marais-Handel. Diese wirtschaftliche Rührigkeit setzten die Hugenotten nachdrücklich fort. Der Widerruf des Ediktes von Nantes traf St-Maixent deshalb ähnlich schwer wie andere Städte des Poitou, in denen der protestantische Bevölkerungsteil den katholischen deutlich überwog. Der dadurch eingeleitete Niedergang wurde 1879 durch die Einrichtung einer Militärakademie gebremst, die inzwischen zu den wichtigsten im Lande zählt. Der Ortsnamenszusatz »l'Ecole« stammt erst aus dieser jüngsten Vergangenheit.

Die ehemalige *Abteikirche* wurde mehrfach zerstört, zuletzt von den Hugenotten im 16. Jh. Zwischen 1670 und 1682 wurde der bestehende Bau von dem Architekten F. Leduc, der unter dem Künstlernamen Toscane bekannt wurde, im Stil der Flamboyant-Gotik rekonstruiert. In Abweichung von der alten Tradition der poitevinischen Halle orientierte sich Leduc an den hochgotischen Vorbildern der Ile de France und konzipierte eine Basilika. Das Gewölbe des Mittelschiffes erreicht die imposante Höhe von 32 m. Die Ausstattung – Reste eines Lettners, die Altäre etc. – zeigt in Abweichung von der historisierenden Architektur die strahlende Freude des Barock. In der romanischen Krypta, deren Säulen ein ebenfalls im 17. Jh. neu eingezogenes Gewölbe tragen, stehen die Sarkophage der Ortspatrone. Die sterblichen Überreste St-Légers und St-Maixents wurden allerdings von Hugenotten vernichtet.

In den Straßen von St-Maixent erinnern noch zahlreiche Renaissancehäuser an die Epoche wirtschaftlicher Prosperität zur Zeit der hugenottischen Vorherrschaft. Auf der Place Denfert huldigt ein Reiterstandbild dem General Denfert-Rochereau (1823–78), dem prominentesten Sohn der Stadt, der sich als heldenhafter Verteidiger von Belfort im Deutsch-Französischen Krieg von 1870/71 einen unsterblichen Namen gemacht hat. Seinem Gedenken verdankt St-Maixent die Gründung der Militärakademie ein Jahr nach dem Tode des Generals.

Wer Anfang September durch St-Maixent-l'Ecole kommt, sollte auch das 11 km südöstlich gelegene Dorf *La Mothe-St-Héray* besuchen, wo jedes Jahr am ersten Samstag des Monats in historischen Kostümen die »Hochzeit des Rosenmädchens« gefeiert wird.

Ausflugsziele im Süden und Osten von Niort

Château Olbreuse
Südlich von Niort liegen die Orte inmitten endloser Getreide- und Sonnenblumenfelder weit verstreut. Auf der N 11 gelangt man über Frontenay-Rohan-Rohan nach Mauzé-sur-le-Mignon, in dessen Nähe das Château Olbreuse liegt. Hier wurde 1638 Eleonore Desmier d'Olbreuse geboren; als Gemahlin des Herzogs von Braunschweig-Celle – ihr protestantischer Glaube hatte sie nach Deutschland verschlagen – gebar sie Sophie von Celle, die als Ehefrau Georgs I. englische Königin wurde. Eine ihrer Enkelinnen, Sophie Dorothea, wurde 1713, im Jahre seiner Thronbesteigung, die Frau König Friedrichs I. von Preußen und ging als Mutter Friedrichs des Großen in die Weltgeschichte ein.

Das Château Olbreuse, dessen älteste Teile ins 14. Jh. zurückreichen, wurde in seiner heutigen Gestalt weitgehend im 17. und 18. Jh. erbaut. Das elegante Gebäude befindet sich auch heute noch im Besitz der Nachfahren Eleonores. Dennoch kann es in den Sommermonaten besichtigt werden und ist seit wenigen Jahren überdies eine noble Herberge für zahlende Gäste. Von hier werden Wander- und Radtouren in die Umgebung durchgeführt.

Der Wald von Chizé
Östlich von Olbreuse, jenseits der Autobahn A 10, erstreckt sich der Wald von Chizé, der mit 5000 Hektar nur noch einen Bruchteil der einstigen Fläche einnimmt. Sein undurch-

dringliches Dickicht wird in mittelalterlichen Quellen gelegentlich als Grenze zwischen dem Poitou und Aquitanien zitiert. Im Herzen des Waldgebietes, 7 km von der nächsten größeren Ortschaft – Beauvoir-sous-Niort – entfernt, wurde ein Tierpark angelegt. Sein offizieller Name *Zoorama Européen,* ein Hinweis darauf, daß es hier nur europäische Tierarten gibt, findet sich schon in Niort auf zahlreichen Wegweisern. Der Zoo hat zwei große Bereiche: In dem einen Teil werden in freien Gehegen rund 200 kleinere Säugetiere, in Volieren etwa 90 verschiedene Vogelarten mit insgesamt 300 Tieren und in einem Terrarium an die 100 Reptilien gehalten; in dem anderen Bereich hat man den Wald stehengelassen. In weitläufigen Einzäunungen leben hier Tierarten, die das heutige Südwestfrankreich in prähistorischer Zeit in großer Zahl bevölkerten: Bisons, Wildschweine, Hirsche, Elche. Die interessantesten Tierarten sind jene, die eigentlich längst ausgestorben sind und jetzt durch Nachzüchtung annäherungsweise »rekonstruiert« wurden: Auerochsen und Nachfahren des sog. Przewalski-Pferdes, des letzten Urpferdes, das im vorigen Jahrhundert in der Mongolei entdeckt und seitdem – zuerst 1901 durch Hagenbeck – nachgezüchtet wurde. Den Namen des Landes trägt der Poitou-Esel, der größer ist als der gewöhnliche Hausesel und im Gegensatz zu jenem ein dichtes, wuscheliges Fell hat.

Dem naturkundlich interessierten Reisenden bietet sich am Rande des nahen Dorfs Virollet auf der *Farm von Chêne-Papinot* eine weitere Attraktion: ein entomologisches Museum mit mehr als 5000 Schmetterlingen und Insekten.

Celles-sur-Belle, Ansicht des Ortes und der ehemaligen Abteikirche aus dem 19. Jh.

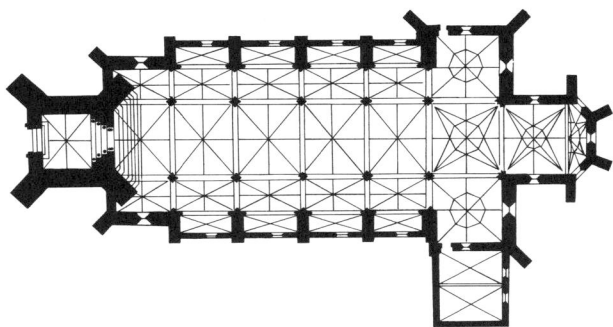

Celles-sur-Belle, Grundriß der ehemaligen Abteikirche

Celles-sur-Belle

Ein Abstecher in den Osten von Niort führt zu den Ortschaften Celles-sur-Belle und Melle mit ihren jeden Umweg lohnenden mittelalterlichen Kirchen.

Celles-sur-Belle gehörte im Mittelalter zu den wichtigsten Pilgerstationen im Poitou. Nach den Hugenottenstürmen blieb von der mächtigen Abtei jedoch nur ein Trümmerhaufen. Erst im 17. Jh. wurde François Leduc, genannt Toscane, mit einem Neubau beauftragt, der heute noch im wesentlichen steht. Celles-sur-Belle blickt mit Stolz auf eine Reihe großer Äbte zurück, unter denen drei besonders herausragen: Geoffrey d'Estissac, der einflußreiche Gönner Rabelais', der Kardinal de la Rochefoucauld, der unter Ludwig XIII. Premierminister wurde, und der geniale Diplomat Talleyrand.

Von der romanischen Kirche ist einzig das Portal erhalten, das eine Sonderstellung einnimmt (Farbt. 22). Anstatt der im Poitou üblichen Prachtentfaltung einer breitgefächerten

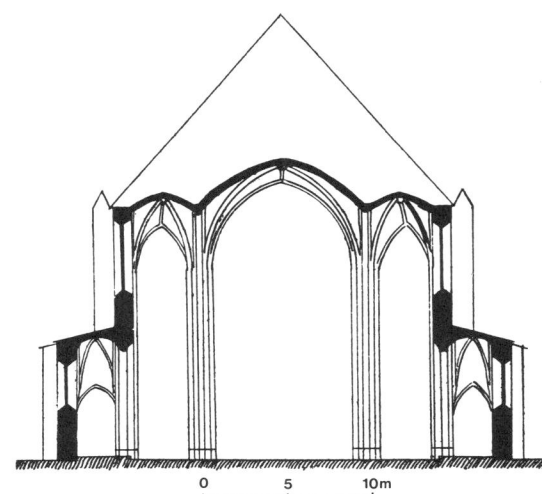

Celles-sur-Belle, Querschnitt durch die ehemalige Abteikirche

0   5   10m

Bilderwelt herrscht die reine Ornamentform. Neun Archivolten, alle in kleine Paßbögen ausgezackt, schwingen sich über die Türöffnung. Die Vielzahl der konzentrischen Halbkreise und ihrer alle auf einen imaginären Mittelpunkt hindeutenden Ausbuchtungen bewirkt einen optischen Sog auf den Betrachter, der ihn in das Innere hineinzieht. Der überall im südwestlichen Frankreich spürbare arabische Einfluß in der romanischen Kunst hat sich im Portal von Celles-sur-Belle deutlicher niedergeschlagen als irgend sonst.

Die Kirche Leducs stellt, wie sein zweites wichtiges Werk im Poitou, die Kirche von St-Maixent-l'Ecole, eine historisierende Wiederaufnahme gotischer Bautradition dar. In Abweichung von St-Maixent jedoch, wo er dem Muster der hochgotischen Basilika folgte, hat sich in Celles-sur-Belle die bodenständige Form der dreischiffigen Halle durchgesetzt. Die bestehenden Konventsgebäude wurden gleichfalls nach dem Plan Leducs erbaut.

Melle

Wer das Provinzstädtchen Melle mit seinen knapp 5000 Einwohnern erreicht, kann beim ersten Hinsehen nicht ahnen, daß er eine der einstmals wichtigsten Städte des Poitou besucht. In der Umgebung von Melle, das in der Antike Metulum hieß, schürften schon die Römer Silber. Im Mittelalter wurde Melle deshalb eine bedeutende Münzprägestätte der französischen Könige, die der Stadt über Jahrhunderte ihren Wohlstand sicherte. Daneben war Melle eine wichtige Station auf dem Jakobsweg nach Spanien. Mit dem Versiegen der Silbervorkommen begann der Niedergang der Stadt, der durch die Abwanderung der überwiegend protestantischen Bevölkerung nach 1685 noch beschleunigt wurde. Von der Glanzzeit des 12. Jh. zeugen aber noch drei romanische Kirchen, die eine lebendige Vorstellung vom einstigen Rang der Stadt vermitteln.

Auf dem Hügel im Stadtzentrum erhebt sich die *Kirche St-Savinien* (Abb. 44), die älteste der drei romanischen Kirchen von Melle. Ihre Errichtung fällt in das frühe 12. Jh. Sie diente ursprünglich als Schloßkapelle einer Burg, die in der Revolution restlos zerstört wurde. Die Kirche selbst wurde seit 1801 als Gefängnis zweckentfremdet. Diese pietätlose Funktion erfüllte sie bis 1926, aber erst 1965 wurde St-Savinien restauriert. Die Gliederung der Fassade weicht vom bekannten poitevinischen Schema ab. Beherrschend tritt ein Mittelportal in den Vordergrund, das von zwei schmalen Rundbogennischen eingefaßt wird. Vier kräftige Strebepfeiler markieren die Vertikalgliederung, die ungebrochen in den oberen Teil der Fassade fortgeführt ist. Das schmale, etwa in der Mitte horizontal verlaufende Gesims stellt nur den etwas halbherzigen Versuch einer Unterteilung in zwei Geschosse dar. Dieser Fassadenaufriß ist eine Anleihe aus der östlichen Nachbarlandschaft des Limousin. Was schon die Gliederung der Fassade ahnen läßt, bestätigt sich im Innern: St-Savinien ist keine dreischiffige Halle, sondern eine einschiffige Saalkirche – also auch in diesem Punkt eine Abweichung von poitevinischer Tradition.

Die bedeutendste der drei romanischen Kirchen von Melle, *St-Hilaire* (Farbt. 17, Abb. 41), liegt am Ortsrand in den Niederungen der Béronne, eines kleinen Seitenarmes der Belle. Das im 11. Jh. gegründete Benediktiner-Priorat unterstand der Abtei St-Jean-d'Angély. Die Lage an einem der großen Hauptwege nach Santiago de Compostela brachte es mit sich, daß

St-Hilaire als wichtige Pilgerstation aus dem Schatten des mächtigen Mutterklosters hervortrat. Sichtbares Zeichen dafür ist die glänzend erhaltene Prioratskirche, die jeder großen Abtei zur Ehre gereicht hätte. Sie entstand im zweiten Viertel des 12. Jh. Ihre Fassade zeigt das traditionelle poitevinische Muster: drei Portale im Untergeschoß, die beiden seitlichen als Scheinportale und nur das mittlere als Eingang zur Kirche, im Geschoß darüber die Wiederholung dieser Dreiteilung mit drei Fensteröffnungen. Der Giebel ist durch ein zweites Horizontalgesims eigens abgetrennt. Er wird links und rechts von zwei kleinen Türmen flankiert, die aus Bündelpfeilern der beiden Untergeschosse aufwachsen. Die

Portale sind von überraschender Nüchternheit, lediglich die Fensterlaibungen sind mit Ornamenten dekoriert. Der Skulpturenschmuck, dem Melle seine Berühmtheit verdankt, entfaltet sich an der schattigen Nordseite. Hier steht über einem Seitenportal in einer ausladenden Rundbogennische eine jener großen Reiterstatuen, an denen das Poitou so reich ist (siehe Umschlaginnenklappe). Fast lebensgroß füllen Roß und Reiter die große Nische aus. Zu ihren Füßen kauert eine kleine Gestalt, deren Blick auf das Gesicht des Reiters gerichtet ist. Jener jedoch schaut anscheinend teilnahmslos über sie hinweg. Der Legende zufolge soll es sich um den Grafen von Lusignan bei seinem Aufbruch zum Kreuzzug handeln. Wahrscheinlicher ist aber die Deutung der Gruppe als Kaiser Konstantin, der siegreich das Heidentum niederreitet. Der scheinbar vorzügliche Erhaltungszustand täuscht. Im vorigen Jahrhundert wurde die arg zerstörte Gruppe restauriert, wobei einige Partien neu geschaffen wurden. Nur so ist wohl die etwas schlaffe Haltung des Imperators zu erklären. Der Bogen, der die Szene einfaßt, ist mit kunstvoll verschlungenen Blattmotiven umrankt. Von den drei prachtvollen Archivolten des Portals darunter sind nur die beiden äußeren erhalten, die zerstörte dritte wurde anläßlich der erwähnten Restaurierung durch einen Streifen ziselierter Akanthusblätter ersetzt. Die zum Teil sich vollplastisch vom Grund lösenden Reliefs der beiden romanischen Archivolten zeigen Personifikationen der Tugenden und Laster, Monatsarbeiten und Tierkreiszeichen.

Auch im Innern der dreischiffigen Halle fasziniert die Vielfalt und unerschöpfliche Phantasie der romanischen Bildhauer des Poitou. Sehr realistisch ist eine Sauhatz am Kapitell des dritten Südpfeilers erfaßt. Andere Kapitelle zeigen eine Elefantenjagd, Christus, die Apostel, Dämonen, Tiere und verschiedene vegetabile Ornamente.

Am Nordrand von Melle führt eine Allee zur dritten Kirche, *St-Pierre*, die als jüngste der drei romanischen Bauten von Melle um die Mitte des 12. Jh. errichtet wurde. Das Südportal gleicht dem Nordportal von St-Hilaire. Über einem stark restaurierten Archivoltenportal mit zahlreichen Blattornamenten (Abb. 43) öffnet sich eine Nische, deren Skulpturen in den Religionskriegen arg beschädigt wurden. Deutlich erkennbar ist noch die auf einem Thron in der Mitte sitzende Gestalt Christi. Die kleineren Figuren, die rechts und links von ihm stehen, werden als die Jungfrau Maria und Johannes gedeutet. Wie schon in St-Hilaire, das offenbar das Vorbild für St-Pierre abgab, tragen die Kapitelle der Halle weitere Skulpturen. Die stark gefühlsbetonte Erzählweise des Poitou hat sich auffallend im Kapitell des dritten Nordpfeilers mit einer Darstellung der Grablegung Christi niedergeschlagen.

Die Atlantikküste von La Rochelle bis zur Gironde

La Rochelle

Keine andere Stadt der französischen Atlantikküste vermag den Besucher derart rasch in den Bann zu schlagen wie gerade La Rochelle. Der Zusammenklang von Altem Hafen, historischen Bauwerken und einem großzügigen urbanen Flair schafft eine Harmonie, die sich dem Neuankömmling schon bei den ersten Schritten fühlbar mitteilt. Vom Meer weht auch an heißen Sommertagen eine Brise herüber, die den Besucher sogar dort, wo er das Wasser nicht sieht, immerfort die erfrischende Präsenz des Ozeans spüren läßt. Selbst bei regnerischem Wetter, das andere Städte, namentlich solche der Küste, so schnell mit melancholischem Grau umhüllt, verliert La Rochelle nicht an Reiz. Entscheidenden Anteil daran trägt nicht zuletzt eine bauliche Besonderheit. Fast alle größeren Straßen sind von Häusern gesäumt, deren Untergeschoß sich in Arkaden öffnet, unter denen die Wege der Fußgänger entlangführen. So herrscht bei jedem Wetter ein reges Treiben. Hier lohnt es, für mehrere Tage zu verweilen, zumal La Rochelle der geeignete Ausgangspunkt für Ausflüge zu den Inseln ist. Aber auch wer nur auf der Durchreise ist, sollte mindestens einen ganzen Tag für diese Stadt einplanen.

Blick in die Geschichte

Der Name La Rochelle bedeutet »Kleiner Felsen«. Gemeint ist ein Kalkplateau, auf dem sich die Gründer der Stadt niederließen. Es waren aus dem Donaugebiet stammende Alanen, die in der Zeit der Völkerwanderung an dieser Stelle seßhaft geworden waren. Im Namen des Hinterlandes von La Rochelle, der Landschaft Aunis, lebt noch die Erinnerung an die Alanen fort. In der schriftlich überlieferten Geschichte wird La Rochelle jedoch erst relativ spät erwähnt. Gegen 1140 erfahren wir von der Zuwanderung entflohener Sklaven, sogenannter Colliberts, die sich neben der alanischen Bevölkerung niederließen. Sie trieben die rasche Entfaltung der Stadt als wichtigen Seehafen voran. Ausschlaggebend für die spätere glänzende Geschichte der Stadt war jedoch Eleonore von Aquitanien, die La Rochelle 1199 das freie Stadtrecht zuerkannte, womit die bürgerliche Selbstverwaltung und eigene Gerichtsbarkeit verbunden waren. An der Spitze der kommunalen Verwaltung stand fortan ein Bürgermeister, der jedes Jahr aus den Reihen der mächtigsten Familien neu gewählt wurde. Im 16. Jh. trat die Einwohnerschaft fast geschlossen zum Calvinismus über. Das Sendungsbewußtsein der neuen Glaubensrichtung unterstrich das aktive Streben der

Die erste große Belagerung der Stadt La Rochelle im Jahre 1573, zeitgenössischer Stich

Stadt, die schon seit dem ausgehenden 15. Jh. ihren Wirkungskreis weit über ihre engen Grenzen hinaus ausgedehnt hatte. Seit dem späten 16. Jh. erfolgte von La Rochelle aus die Kolonialisierung weiter Teile Kanadas. Zu Beginn der Glaubensspaltung lebten Katholiken und Protestanten in überraschender Eintracht miteinander. Die gegenseitige Toleranz ließ es sogar zu, daß man sich in den Gebrauch der Kirchen teilte. Erst 1565 führte die heimtückische Ermordung von dreißig katholischen Priestern, die man nach ihrer Erdrosselung in die Tour de la Lanterne ins Meer geworfen hatte, zum offenen Kampf. La Rochelle wurde binnen kurzer Zeit Hauptstadt des Protestantismus in Frankreich und bot oftmals

France & de Nauarre en la ville de la Rochelle, le 1 Nouembre 163..

Darstellung des sieg-
reichen Ludwig XIII.
vor dem Hintergrund
der besiegten Stadt
La Rochelle, Stich von
Jaspar Isac aus dem
Jahre 1628

führenden Häuptern der hugenottischen Partei Zuflucht, unter ihnen Jeanne d'Albret, der Mutter des späteren Heinrich IV., und Admiral Coligny. Nachdem die katholische Liga mit dem Massaker der Bartholomäusnacht (24. August 1572) zum großen Gegenschlag ausgeholt hatte, war der nächste Schritt die Belagerung La Rochelles. Heinrich, Herzog von Anjou und später König von Frankreich, rückte mit einer gewaltigen Streitmacht gegen La Rochelle. Nach mehr als einem halben Jahr jedoch mußte die Belagerung ergebnislos abgebrochen werden. Rund 20 000 Männer des königlich-katholischen Heeres hatten bei den zahlreichen fruchtlosen Versuchen, die Festung zu stürmen, ihr Leben gelassen.

Notgedrungen mußte die Krone 1573 den Hugenotten in La Rochelle die freie Ausübung ihrer Religion zugestehen. In der Folgezeit versäumte es die Stadt, die Verständigung mit der Krone zu suchen. Ja, mit einer schon arroganten Überheblichkeit sonnte man sich im Ruhm des militärischen Erfolges von 1573. Zwar hatte durch das vielzitierte Edikt von Nantes 1598 Heinrich IV. den Hugenotten im ganzen Lande Glaubensfreiheit eingeräumt und La Rochelle als protestantische Festung bestätigt; als aber mit Kardinal Richelieu ein unerbittlicher Verfechter des absolutistischen Königtums auf den Plan trat, war der »Fall« La Rochelle schon längst kein religiöses Problem mehr, sondern eine Frage der Staatsräson. Unter der Teilnahme Ludwigs XIII. marschierte Richelieu gegen La Rochelle, das sich inzwischen mit England verbündet hatte. Um den Nachschub durch den Bündnispartner zu unterbinden, ließ der Kardinal auf der Seeseite einen 12 km langen Damm aufschütten, zur Landseite wurde die Stadt mit einem gewaltigen Belagerungsgürtel eingeschnürt. Mehr als ein Jahr lang konnte der fanatische Bürgermeister Jean Guiton seine Mitbürger zum Durchhalten ermutigen. Als aber die Wachposten auf den Wällen von Hunger geschwächt tot umfielen, war die Kapitulation unabwendbar geworden. Am Tag der Übergabe, dem 30. Oktober 1628, waren von vormals 28000 nurmehr 5000 Einwohner am Leben. Ganz Europa blickte damals auf La Rochelle. Die einen feierten den Fall der Stadt als Triumph des

La Rochelle, Stadtplan aus dem frühen 18. Jh.

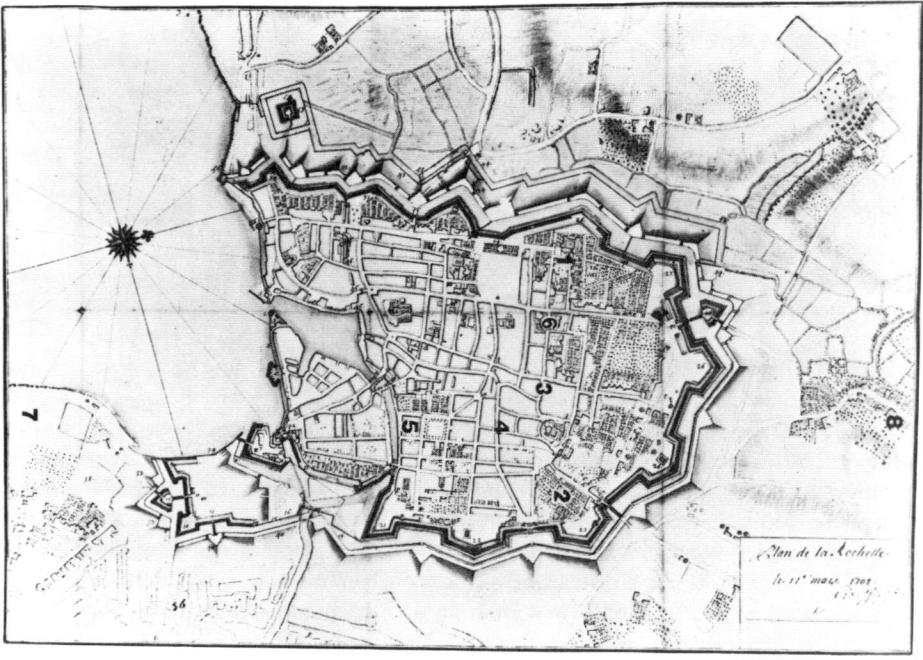

Katholizismus, die anderen betrachteten La Rochelle als Symbol für die unnachgiebige Stärke des rechten Glaubens. Dennoch blieb La Rochelle auch weiterhin einer der mächtigsten Häfen des Landes. Namentlich der in der Folgezeit anhebende Sklavenhandel und der Ausbau der überseeischen Beziehungen sicherten der Stadt ihre Stellung. Vauban, der Festungsbaumeister Ludwigs XIV., stellte die Befestigungsanlagen wieder her; 1732 wurde eine Akademie gegründet, zu deren bekanntesten Mitgliedern Voltaire, der Physiker Réaumur sowie die aus La Rochelle selbst stammenden Naturwissenschaftler Orbigny, Lafaille und Bonpland gehörten. Wenn auch die internationale Schiffahrt heute keine nennenswerte Rolle mehr spielt, ist La Rochelle doch nach wie vor einer der wichtigsten Fischereihäfen des Landes, dessen Kapazität derzeit an vierter Stelle in Frankreich steht. Die verstärkte Ansiedlung von Industrie in den vergangenen Jahren hat auch wieder zu einer Aufwertung des Hafens als Umschlagplatz von Gütern geführt. Mit einem Bruttovolumen von 3 800 000 Tonnen jährlich (Angabe von 1976) nimmt er den achten Rang unter den französischen Häfen ein.

Rundgang durch die Stadt

Der Alte Hafen

Fast automatisch lenkt jeder der La Rochelle-Besucher seine Schritte zuerst zum Alten Hafen (Farbt. 27, Abb. 45, 49). Zwei trutzige Türme flankieren die Hafenausfahrt. Der linke, *Tour St-Nicolas,* ist der ältere von beiden. Zwischen 1317 und 1345 errichtet, bildet er mit der gegenüberliegenden *Tour de la Chaine* – erbaut um 1385 – das Wahrzeichen von La Rochelle. Die Tour de la Chaine hat ihren Namen von der Kette, die in früheren Zeiten allabendlich von hier zur Tour St-Nicolas hinüber gespannt wurde, um den Hafen gegen Eindringlinge zu sichern. Beide Türme sind zu besichtigen. Während in der Tour de la Chaine die gewaltige Kette zu bestaunen ist, die noch bis ins vorige Jahrhundert in Benutzung war, kann man die Tour St-Nicolas bis auf die obere Plattform besteigen, um den Blick über den Hafen, die Stadt und das offene Meer zu genießen. Einen dritten Turm, die *Tour de la Lanterne,* erreicht man, indem man den Resten der mittelalterlichen Stadtmauer von der Tour de la Chaine stadtauswärts folgt. Der Zinnenkranz auf halber Höhe macht deutlich, daß der Leuchtturm zugleich als Wachturm diente. Seit dem 16. Jh. mußte er auch wiederholt als Gefängnis herhalten. Hier fand der brutale Mord an den dreißig Priestern statt, der zum Signal für die offene Fehde zwischen den religiösen Parteien werden sollte. Im 19. Jh. waren die »Vier Sergeanten« in diesem Turm inhaftiert, die 1822 nach einem mißglückten Putschversuch gegen das Regime der Restauration von La Rochelle nach Paris überführt wurden, wo man sie hinrichtete. Der Turm besteht aus zwei großen Abschnitten: unten ein kraftvoller, ungegliederter Rundturm, oben eine spitz zulaufende oktogonale Bekrönung im Stil der späten Flamboyant-Gotik. Innen folgen acht Säle übereinander, die zum Teil museal hergerichtet worden sind. Von besonderem Interesse ist eine Darstellung

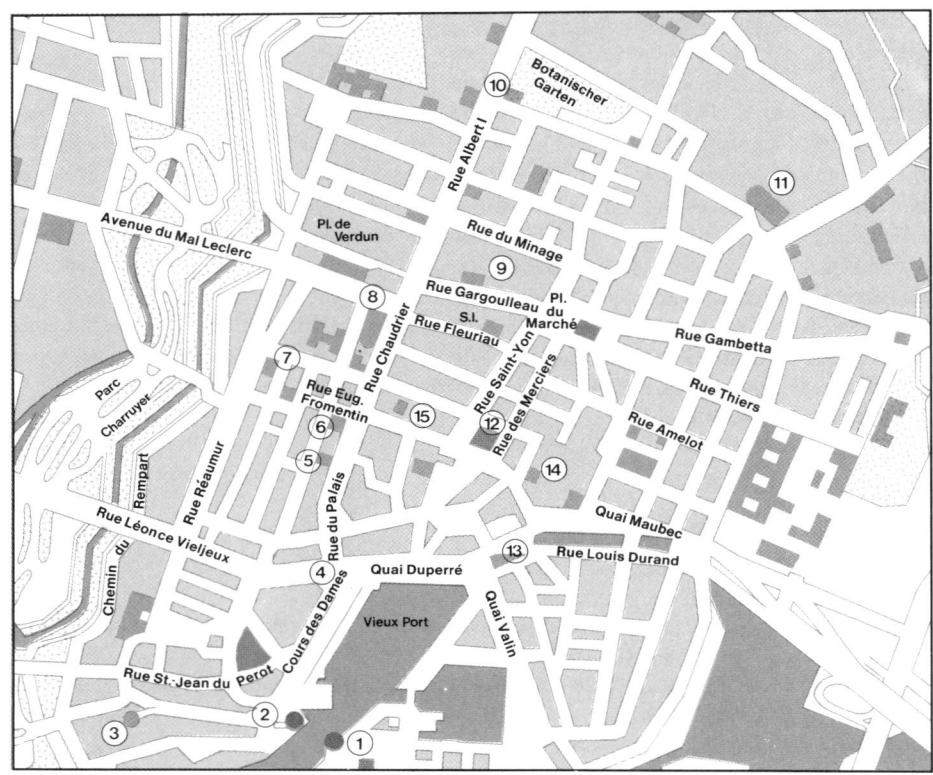

La Rochelle, Plan der Innenstadt:
1 Tour St-Nicolas 2 Tour de la Chaine 3 Tour de la Lanterne 4 Porte de la Grosse Hor-
loge 5 Börse 6 Justizpalast 7 Musée d'Orbigny 8 Kathedrale St-Louis 9 Musée des Beaux-Arts
10 Musée Lafaille 11 Notre-Dame 12 Hôtel de Ville (Rathaus) 13 St-Sauveur 14 Temple
Protestant 15 Maison Henri II

der Stadt La Rochelle im Untergeschoß, die uns das Aussehen des Hafens vor dem verhängnisvollen Jahr 1628 zeigt.

Wer sich nun nicht sogleich der Stadt zuwendet, findet in dem nicht weit gelegenen *Parc
Charruyer* eine stille Grünoase, die die ganze Westflanke der Stadt säumt. Durch die Rue L.
Vieljeux geht es sodann zurück zum Alten Hafen.

Die Altstadt

Ein Torbogen im Untergeschoß der *Tour de la Grosse Horloge* (Abb. 45) stellt die
Verbindung zwischen Hafen und Altstadt her. Der Turm, im Ursprung gotisch, wurde im
18. Jh. modernisiert und erhöht. Gleich dahinter entfaltet sich der Charme des alten La

La Rochelle, die Tour de la Lanterne (nach Viollet le Duc)

Rochelle, der durch die erst jüngst angelegte Fußgängerzone noch besser zur Geltung kommt. Man schlendert durch die Arkaden der Rue du Palais vorbei an der Börse und dem Justizpalast, beides klassizistische Bauten des späten 18. Jh., die in ihrer prachtvollen Außengestaltung das ungebrochene Selbstbewußtsein eines wohlhabenden Bürgertums ausstrahlen. Ein Abstecher führt zum *Musée d'Orbigny* in der Rue Réaumur. Es ist der Geschichte der Stadt gewidmet und dokumentiert ausführlich die große Belagerung von 1628. Neben verschiedenen Veduten werden die Kultgegenstände gezeigt, mit denen Kardinal Richelieu nach der Einnahme der Stadt die erste Messe in La Rochelle zelebrierte.

An der Place de Verdun, dem größten Platz im Stadtzentrum, prunkt die ausladende Front der *Kathedrale St-Louis*. Wenige Jahre nach der Eroberung der protestantischen Feste fiel die Entscheidung zu einer Neuordnung der umliegenden Diözesen. Die einstmals mächtigen Suffragane Maillezais und Saintes verloren ihre Stellung zugunsten La Rochelles, das seinerseits zur Bischofsstadt erhoben wurde. Unverzüglich begann man mit dem Bau einer barocken Kathedralkirche auf der heutigen Place de Verdun. Ein Feuer zerstörte sie jedoch schon 1687, woraufhin der Platz in seiner heutigen Gestalt eingeebnet wurde. Der Beginn des Baus einer neuen Kathedrale verzögerte sich jahrzehntelang, bis schließlich an der Stelle der alten Bartholomäuskirche ein Neubau ausgeführt wurde. Den Plan lieferte Jacques-Ange Gabriel, der sich als Baumeister der großen Börse in Bordeaux einen Namen gemacht hatte. Es ist gewiß kein Zufall, daß der Neubau geradewegs über den Fundamenten einer Kirche des hl. Bartholomäus entstand, mit dessen Namen sich auf hugenottischer Seite für immer die Erinnerung an die Schrecken von 1572 verband, ebensowenig wie die Tatsache der Dedikation an den hl. Ludwig, den Namensbruder des zum Zeitpunkt der Bauausführung regierenden Ludwigs XV. In Frankreich ist dies vielleicht das eindrucksvollste Beispiel dafür, wie stark die Kunst des Barock im Dienste der Gegenreformation stand. Die massige und durch Verschmutzung graugefärbte Fassade, die erst unter Ludwig XVI. fertiggestellt wurde, wirkt ungeschlacht und bedrückend, »un peu lourde«, wie selbst der stets um Ausgleich bemühte Guide Michelin einräumt.

Das Geburtshaus des Dichters und Malers Eugène Fromentin in La Rochelle, Zeichnung aus dem 19. Jh. von J.-B. Jourdan

Eugène Fromentin, Selbstportrait

Nur wenige Schritte sind es hinüber zum *Musée des Beaux-Arts* in der Rue Gargoulleau, das im ehemaligen bischöflichen Palais aus der Zeit Ludwigs XVI. untergebracht ist. Wer La Rochelle nach so kurzer Zeit lieben gelernt hat, wird seine Freude an verschiedenen Ansichten haben, die zahlreiche Künstler von der Hafenstadt auf die Leinwand gebracht haben. Hervorzuheben sind die Wiedergabe des Quai Duperré von Gaston Ballaude, drei Arbeiten von Othon Friesz, einem Künstler aus der Tradition des Fauvismus, und ein Hafenbild von Albert Marquet, der derselben Stilrichtung angehört. Ferner lernt man Eugène Fromentin mit einigen Impressionen aus Afrika kennen. Fromentin (1820–76), eine echte Doppelbegabung, ist in Deutschland eher als Schriftsteller bekannt geworden. Mit seiner subtilen Schilderung einer verzweifelten Liebe in dem Roman »Dominique« wurde er u. a. zum Vorbild für Marcel Proust. Glanzstücke der Sammlung sind zwei Landschaften von Jean-Baptiste-Camille Corot, einem der Wegbereiter des Impressionismus, und verschiedene Arbeiten des Klassizisten Théodore Chassériau, dessen Familie aus dem Hinterland von La Rochelle, der Aunis, stammte. Einigen Besuchern ist er möglicherweise durch sein großes Portrait der »Zwei Schwestern« (ganz in Rot gewandet) im Louvre geläufig.

Der mehr volkskundlich interessierte Reisende kommt im *Musée Lafaille* auf seine Kosten. Es liegt in der Rue Albert I., neben dem Eingang zum Botanischen Garten. Clément Lafaille (1718–82) war als hoher Militär Ludwigs XV. weit herumgekommen und hatte auf seinen zahlreichen Reisen eine umfangreiche Sammlung naturkundlicher und ethnologischer Gegenstände zusammengetragen. Aber erst im 20. Jh. wurde die Kollektion durch den Rochelaiser Arzt Dr. Loppe geordnet und, angereichert mit zahlreichen weiteren Exponaten, die zum Teil Seeleute aus aller Herren Länder nach La Rochelle gebracht hatten, im Hôtel de la Tremblaye der Öffentlichkeit zugänglich gemacht. Die vier Räume des Parterre sind der naturgeschichtlichen Sammlung vorbehalten. Neben zahlreichen Mineralien, Muscheln, Tierskeletten u. ä. beeindruckt ein mehr als 20 m langer Walfischkiefer. Das Obergeschoß beherbergt die völkerkundliche Sammlung mit Kunsthandwerk aus Süd- und Ostafrika, Indien, Neu-Guinea, dem Mittleren Orient und von den Osterinseln.

Gegenüber dem Musée Lafaille befindet sich das kleine *Musée Fleuriau*, das als Musée regional de l'Histoire naturelle ausschließlich Meeresfunde aus der näheren Umgebung von La Rochelle zeigt (Fische, Muscheln etc.).

Durch die Rue du Minage mit ihren Arkaden und ansehnlichen Bürgerhäusern, die zum Teil noch aus der Renaissance stammen (z. B. Haus Nr. 6), gelangt man auf den mit buntem Leben erfüllten Marktplatz, der von zahlreichen verwinkelten Fachwerkbauten eingefaßt ist. Sodann folgen wir der Rue des Merciers wieder zurück Richtung Alter Hafen. Das Gesicht dieser geschäftigsten Straße von La Rochelle wird durch die noblen Fassaden zahlreicher großbürgerlicher Palais geprägt. Das Haus Nr. 3 trägt den Namen des Bürgermeisters Guiton, der den heroischen Widerstand der Stadt gegen Richelieu organisiert hatte.

Das Rathaus

Das bedeutendste Bauwerk der Stadt, das berühmte Hôtel de Ville (Abb. 46–48), verbirgt sich unscheinbar hinter einer schmucklosen Mauer, die von zwei dezent dekorierten spätgotischen Portalen durchbrochen wird: ein größeres für Fahrzeuge, daneben ein kleineres für den Fußgängerverkehr. Der schlichten Ummauerung, die zu niedrig geraten ist, als daß sie einen realen Schutz hätte bieten können, kommt wohl eher eine symbolische Bedeutung zu, wie sie für manche Stadtmauer des Mittelalters überliefert ist (z. B. Avignon): Sie soll die Ordnung, den Kosmos der gesetzgeberischen Gewalt gegen das Chaos draußen abgrenzen. Ästhetisch gesehen erfüllt die gotische Mauer die Funktion eines Vorhanges, hinter dem sich die unerhörte Pracht eines Renaissancepalastes entfaltet. Wie oft in Städten mit überwiegend protestantischer Bevölkerung ist nicht ein sakrales, sondern ein profanes Gebäude – zumeist das Rathaus oder die Börse – der Glanzpunkt der Stadt; so auch in La Rochelle. Die Grundsteinlegung erfolgte 1544, doch erstreckten sich die Bauarbeiten über mehr als ein halbes Jahrhundert und wurden erst unter Heinrich IV. zu Beginn des 17. Jh. zum Abschluß gebracht. Unverkennbar hat sich der Einfluß der italienischen Renaissance niedergeschlagen, die gerade in der Zeit Franz' I. ihren Durchbruch in Frankreich erlebte.

Das Untergeschoß öffnet sich zum Hof in einer breitgelagerten Arkadenstellung, die ihre Vorbilder in den Innenhöfen toskanischer Palazzi hat. Das Geschoß darüber ist geschlossen, die Fensterreihe durch Halbsäulen gegliedert. In der linken Ecke des Hofes wächst eine monumentale Treppe auf, die die praktische Funktion des Aufgangs zur prunkvollen Freitreppe umdeutet. Überall sind die Initialen Heinrichs IV. und seiner Frau, der Maria de

Das Rathaus von La Rochelle, anonymer Stich aus dem 19. Jh.

Medici, angebracht. In vier Nischen rufen Statuen der Kardinaltugenden die moralische Bedeutung des Bauwerks ins Gedächtnis.

Da das Rathaus auch heute noch seiner angestammten Aufgabe dient, sind nicht alle Innenräume zur Besichtigung freigegeben. Im Cabinet Guiton wird das Andenken an den Widersacher Kardinal Richelieus gepflegt; daß der ausgestellte Schreibtisch erst der Epoche Ludwigs XIV. angehört, der das weitsichtige Edikt von Nantes seines Großvaters wieder außer Kraft setzte und damit den großen Exodus der Hugenotten einleitete, tut der Pietät offenbar wenig Abbruch. Im Festsaal aus der Zeit Ludwigs XIII. erinnert ein Portrait Heinrichs IV. über dem Kamin an den Wohltäter der Stadt. Im Versammlungsraum der Schöffen blicken die Konterfeis früherer Bürgermeister von La Rochelle den Besucher ernst an. Der Besuch endet mit einem Blick in das Amtszimmer des Bürgermeisters.

Weitere Sehenswürdigkeiten
Vorbei am *Temple Protestant* mit einem kleinen Museum zur Geschichte der Hugenotten, endet der Rundgang bei *St-Sauveur,* einer klassizistischen Kirche des ausgehenden 18. Jh. Von hier sind es nur wenige Schritte zurück zum Alten Hafen. Den Erfordernissen der modernen Seefahrt längst zu klein geworden, dient er heute in erster Linie den Sportseglern

und schnittigen Motorjachten. Das neuzeitliche Bild wird aber zwischendurch immer wieder von den bunten Farbklecksen alter Fischerboote aufgelockert.

Der neue Hafen von La Rochelle liegt etwas außerhalb Richtung Westen, im Ortsteil La Pallice, von wo auch die Fähre zur Ile de Ré verkehrt. Die deutsche Marine hatte La Pallice im Verlauf des Zweiten Weltkrieges zu einem wichtigen U-Boot-Stützpunkt ausgebaut; heute wird der Hafen ausschließlich für zivile Zwecke genutzt.

Wer aber Zeit hat, noch länger in La Rochelle zu verweilen, wird die in dem oben beschriebenen Rundgang vorgeschlagene Route verlassen und sich auf eigene Faust in den Seitenstraßen umtun. Da entdeckt man dann etwa in der Rue des Augustins (Nr. 11) das sog. *Hôtel de Henri II.* (auch Maison de Diane de Poitiers genannt), ein großzügig angelegtes Palais des 16. Jh., man ergötzt sich an den zahllosen schmucken Häusern in den Rues Fromentin, Gargoulleau, de l'Escale u. a., oder man läßt sich Appetit machen von den verschwenderischen Auslagen der zahlreichen auf Meerestiere spezialisierten Restaurants in der Avenue de la Monnaie, die den Alten Hafen mit dem Parc Charruyer verbindet.

Erst 1983 wurde die Stadt um eine neue Attraktion bereichert. Im barocken Hôtel Fleuriau (Rue Fleuriau Nr. 10, gleich neben dem Syndicat d'Initiative) wurde das *Musée du Nouveau Monde* eröffnet, das den Beitrag der Stadt La Rochelle zur Besiedlung Amerikas bzw. Kanadas dokumentiert.

Les trois sœurs: Die Inseln Ré, Aix und Oléron

Die drei Inseln, die der Küste im Bereich von La Rochelle vorgelagert sind, beeindrucken weder durch nennenswerte kunstgeschichtliche Sehenswürdigkeiten noch durch sonderliche landschaftliche Schönheit; und dennoch haben sie ihren ganz eigenen, in diesen Breiten auffallend südlichen Reiz, weshalb man als Poitou-Besucher zumindest eine von den dreien ansteuern sollte, wenn man nicht ohnehin als Badeurlauber an einem ihrer schönen Strände vor Anker geht.

Die Ile de Ré

Die Insel Ré (Farbt. 30, 35, 37) ist durch einen regelmäßigen Fährverkehr mit La Pallice verbunden. In der Hauptsaison legt alle Viertelstunde ein Schiff ab, das nur knapp zwanzig Minuten für die Überfahrt benötigt und an der Pointe de Sablonceaux anlegt. Der Autofahrer muß in der Hochsaison lange Wartezeiten in Kauf nehmen, der Fußgänger hat dagegen immer die Möglichkeit, die nächste Fähre zu besteigen. Auf der Insel warten an der Anlegestelle Linienbusse und Taxis, auch ein Fahrradverleih steht zur Verfügung. Wer der Insel also lediglich eine Stippvisite abstattet, ist als Fußgänger besser beraten.

Die Ile de Ré ist 28 km lang und bis zu 5 km breit. Ihre Fläche beträgt 85 qkm, die von knapp 10 000 Menschen bewohnt werden. Auf dem kargen Boden gedeihen in erster Linie Wein und Frühgemüse, vor allem Spargel. Neben Landwirtschaft, Fischfang und Austernzucht ist der Fremdenverkehr die vierte wichtige Einnahmequelle der Inselbevölkerung.

Die Atlantikküste des Charentegebietes von der Mündung der Sèvre-Niortaise bis zur Girondemündung mit der Ile de Ré und der Ile d'Oléron

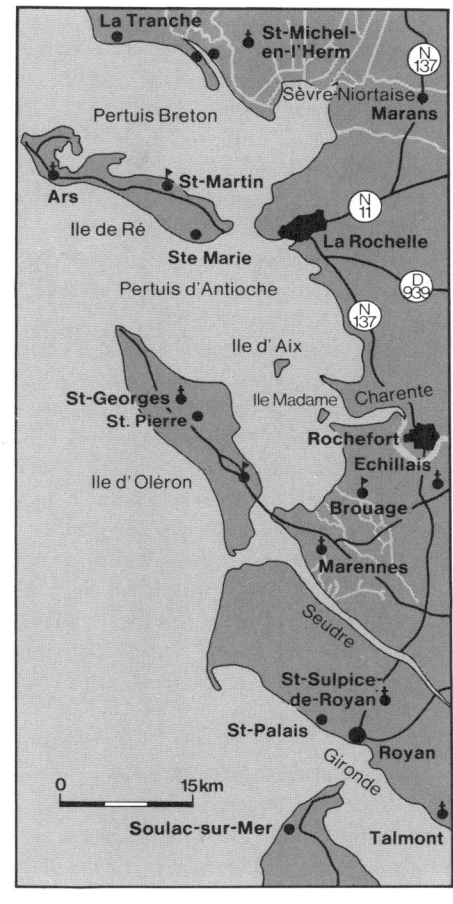

Vorbei an den Ruinen der *Zisterzienserabtei des Châteliers* (Abb. 53), die im 16. Jh. dem Wüten der Protestanten zum Opfer fiel, gelangt man über den kleinen Ort La Flotte nach *St-Martin-de-Ré*, dem Hauptort der Insel (Farbt. 37). Nachdem die Insel jahrhundertelang bedeutungslos gewesen war, konnte sie sich im 16. Jh. an den schwungvollen Überseehandel der Stadt La Rochelle anschließen. Der Hafen von St-Martin wurde zu einer starken Bastion ausgebaut, die von den Engländern als den Verbündeten La Rochelles 1627 bestürmt und schwer beschädigt wurde. Ludwig XIV. ließ durch seinen Festungsbaumeister Vauban gleich neben der Hafeneinfahrt eine stattliche Zitadelle zum Schutz von St-Martin anlegen. Seit dem 18. Jh. dient das Gemäuer als Gefängnis.

Der Hafen teilt sich in zwei große Becken, deren eines dem Verkehr der Küstenschiffahrt und den Fischerbooten dient, während das andere den Segelbooten und Motorjachten vorbehalten ist. Rings um den Hafen spielt sich das rege Treiben der besonders in den Sommermonaten von zahlreichen Urlaubern frequentierten Stadt ab. Etwas aus dem Zentrum versetzt liegt auf der Anhöhe die spätgotische *Kirche St-Martin,* die unter dem Beschuß der englischen Angreifer 1627 schwer gelitten hat. Ihre beiden Türme überragen das Stadtbild als pittoreske Stümpfe. Eine erneute Heimsuchung erfolgte 1964, als eine Feuersbrunst die Kirche fast völlig zerstörte. Die nach 1966 vorgenommene Restaurierung hat den Zustand wiederhergestellt, wie er seit der englischen Okkupation 1627 bestand. Prominente Männer, die in den Kämpfen um die Insel gefallen waren, fanden im Innern von St-Martin die letzte Ruhe, unter ihnen der Marquis de Toiras, 1627 Kommandant der Insel, sowie dessen Bruder und der Baron de Chantal, der Vater der berühmten Madame de Sévigné.

An den bedeutendsten Sohn der kleinen Hafenstadt, Ernst Cognacq (1839–1928), der als Begründer des französischen Samariterbundes bekannt wurde, erinnert das *Musée Cognacq,* das zusammen mit der Sammlung des *Musée naval* im *Hôtel de Clerjotte* untergebracht ist, einem charmanten Renaissancepalais (Abb. 50).

Von St-Martin folgt man der D 735, der Hauptachse der Insel, westwärts. Am Isthmus von Martray passiert man die schmalste Stelle der Insel; gleich dahinter erreicht man den Ort *Ars-en Ré,* einen beliebten Segelhafen. Die *Kirche St-Etienne* markiert die Ortsmitte. Der ältere Teil der in zwei Bauperioden entstandenen Kirche entstammt dem 12. Jh. Aus dieser Zeit sind noch das schmuckvoll dekorierte Portal, das gedrungene Langhaus und die Vierungskuppel erhalten. Im 15. Jh. wurde der Bau erweitert und mit einem Glockenturm bekrönt, der seither zugleich als Leuchtturm dient und deshalb abwechselnd schwarz und weiß gestrichen ist. Bemerkenswert ist ferner das sog. *Haus des Seneschalls,* ein großbürgerliches Palais des 16. Jh.

Weiter der D 735 folgend, erreicht man nach 5 km den Westzipfel der Ile de Ré mit dem weithin sichtbaren *Leuchtturm des Baleines.* Ein kleinerer Leuchtturm des 17. Jh. wurde 1854 durch den jetzigen ersetzt, der 55 m hoch ist. Über eine Treppe mit 257 Stufen erreicht man die Spitze, von der sich bei klarer Sicht ein Rundblick nicht nur über die ganze Insel, sondern im Norden hinauf bis zur Vendéeküste und im Süden zur Ile d'Oléron bietet.

Die Ile d'Aix

Neben dem Fährschiff, das die Insel Ré mit La Pallice verbindet, verkehrt von Mai bis September ein kleines Küstenpassagierschiff täglich einmal von La Rochelle zu den Inseln. »Croisière des Iles« (Kreuzfahrt zu den Inseln) nennt sich die Tour. Die Anlegestelle in La Rochelle befindet sich gleich hinter der Tour de la Chaine. Die genauen Abfahrts- bzw. Rückkunftszeiten richten sich nach dem Gezeitenwechsel und sind am Bootssteg selbst zu erfragen. Das Schiff steuert zuerst die Pointe de Sablonceaux auf der Ile de Ré an, die nächste Station ist Boyardville auf der Ile d'Oléron, und an der Ile d'Aix endet die Fahrt (Farbt. 28). Dort hat der Besucher mehrere Stunden Aufenthalt – genug, um die Insel kennenzulernen –, und dann geht es mit demselben Schiff in umgekehrter Reihenfolge wieder zurück nach La Rochelle. Eine zweite – schnellere – Fährverbindung zur Ile d'Aix besteht von der Pointe de la Fumée bei Fouras. Die Mitnahme des eigenen Wagens ist in beiden Fällen nicht möglich, da der Autoverkehr auf der Insel nur in Ausnahmefällen gestattet ist.

So winzig die Insel auch ist (Gesamtfläche 130 Hektar, höchste Erhebung 9 m, 210 Einwohner), so geschichtsträchtig ist doch ihr Boden. Von hier nämlich hat Napoleon seinen Weg in die endgültige Verbannung angetreten. Die Ile d'Aix ist das letzte Stück französischen Bodens, das der große Imperator berührt hat; damit ist die Insel zu einem Nationalheiligtum der Franzosen geworden. Zahlreich sind die Ausflügler, die alljährlich von ihren Ferienorten entlang der Küste hierher kommen. Am 8. Juli 1815 war Napoleon, überwacht von englischen Marineeinheiten, von Fouras zur Ile d'Aix übergesetzt worden. Eine Woche später wurde er nach England und von dort im Oktober desselben Jahres nach St-Helena gebracht, wo er 1821 starb.

Auf der Ile d'Aix, die schon unter Vauban zu einer starken Bastion ausgebaut worden war, hatte Napoleon 1809 anläßlich einer Visite ein Gouverneurshaus errichten lassen, eines der ganz wenigen Gebäude auf der Insel, das ein Obergeschoß hat. Darin wurde 1925 ein *Napoleon-Museum* eingerichtet, das schnell zur pflichtmäßigen Wallfahrtsstätte aller Inselbesucher avancierte. Neben einigen Empiremöbeln ist eine stattliche Zahl von Erinnerungsstücken an Napoleon zusammengetragen. Beachtung verdienen besonders die Schriftstücke, deren berühmtestes – der Brief, den der abgesetzte Kaiser am Vorabend seines Weges in die Verbannung an den englischen Prinzregenten geschrieben hatte – jedoch nicht im Original, sondern nur als Photographie ausliegt.

In exotischem Kontrast zu dieser nationalen Pilgerstätte steht das benachbarte *Musée Africain,* 1933 vom Baron de Gourgaud eingerichtet, das in erster Linie imposante Jagdtrophäen aus dem Schwarzen Kontinent zeigt.

Erholsam ist ein Rundgang auf der spärlich besiedelten Insel, deren seichte Strände an der Ostseite zum Baden einladen. Die zerklüftete, steinige Westküste kommt dafür nicht in Betracht. Die wenigen zur Vermietung stehenden Fahrräder sind meistens ausgeliehen, aber es gibt noch die romantische Möglichkeit, die Insel mit einem Pferdewagen zu erkunden, dessen Kutscher nahe dem Anlegesteg auf zahlende Kundschaft wartet.

Die Ile d'Oléron

Die Ile d'Oléron (Farbt. 29) ist mit 30 km Länge und einer durchschnittlichen Breite von etwa 6 km die zweitgrößte französische Insel nach Korsika und mit ihrer Gesamtfläche von 175 qkm die größte Atlantikinsel Frankreichs. Ihre Hauptwirtschaftszweige sind – ähnlich wie auf der Ile de Ré – neben dem Fremdenverkehr der Weinbau, der hier bereits zum Cognac-Einzugsgebiet gehört, sowie Gemüseanpflanzung und die Austernzucht. Von Bedeutung ist fernerhin die Salzgewinnung.

Es gibt zwei Möglichkeiten, auf das Eiland zu gelangen. Entweder man steuert mit dem Wagen über den Pont d'Oléron (gebührenpflichtig) – 1966 fertiggestellt, mit 3 km Länge eines der imposantesten Brückenbauwerke Europas –, oder man erreicht die Insel mit dem oben genannten Linienschiff, das zwischen Mai und September täglich von La Rochelle hinüberfährt.

Die Geschichte der Ile d'Oléron ist älter als die ihrer beiden »Schwestern«. Bereits Plinius erwähnt zur Zeit Kaiser Neros die Insel Ularius in seiner »Naturalis Historia«. Im Mittelalter erlangte sie zur Zeit der Plantagenetherrschaft über Südwestfrankreich strategische Bedeutung. Eleonore von Aquitanien ließ eine Burg, das Château d'Oléron, und die Kirchen St-Pierre und St-Georges errichten. Die Kirchen waren zugleich Fluchtburgen für die einheimische Bevölkerung, die immer wieder gezwungen war, vor plündernden Seeräubern Schutz zu suchen. Dem Piratenunwesen trachtete Eleonore durch die Erlassung der historischen »rôles d'Oléron« Herr zu werden. Drakonische Maßnahmen wurden in diesem zehn Artikel umfassenden Kodex festgelegt. Die Banditen sollten »ins Meer getaucht werden, bis sie halb tot sind, sodann mit Steinen erschlagen wie tollwütige Hunde«. Diese ersten Seegesetze des Mittelalters wurden zur Grundlage für alle späteren Gesetzeswerke dieser Art.

Fährt man vom Kontinent über den Pont d'Oléron, liegt rechter Hand, etwa 500 m vom Festland entfernt, im offenen Meer das *Fort Chapus* – auch Fort Louvois genannt – aus dem späten 17. Jh. (Abb. 60). Es gehört zu der Reihe befestigter Bollwerke, die seit der Zeit Ludwigs XIV. zum Schutze der Charentemündung errichtet wurden.

Auf der Insel angelangt, erreicht man zuerst die Ortschaft *Château d'Oléron*. Vom Schloß der Eleonore ist nichts erhalten geblieben. An seiner Stelle hatte Vauban eine Zitadelle errichtet, die im Zweiten Weltkrieg schwere Bombenschäden davontrug. Eleonore hatte sich 1199 für einige Zeit hierher zurückgezogen, bevor sie sich dann entschloß, ihre letzten Lebensjahre in ihrer Lieblingsgründung, der Abtei Fontevraud, zu verbringen, wo sie 1204 hochbetagt starb.

Von dem kleinen Austernhafen (Abb. 58) führt die gut ausgebaute D 734 zum Hauptort der Insel, *St-Pierre-d'Oléron*. Abwechslungsreicher ist der kleine Umweg entlang der Küste auf der »Route des huitres«, vorbei an ausgedehnten Austernzuchten und – kurz vor St-Pierre – durch eine der Camargue ähnliche Landschaft (Abb. 59). St-Pierre liegt im Herzen der Insel. Im Mittelpunkt des Städtchens erhebt sich der 32 m hohe Glockenturm der *Pfarrkirche St-Pierre*, der, wie so oft an der Küste, zugleich als Leuchtturm dient. Von seiner Plattform, die über eine etwas abenteuerliche Stiege zu erreichen ist, überblickt man einen Großteil der Insel. Unweit gewahrt man eine gotische *Lanterne des morts,* die die stattliche Höhe von 20 m hat. Die Inselbewohner nennen sie kurz »la flêche«.

Der Romancier Pierre Loti fand im Garten des Hauses Nr. 13 in der nach ihm benannten Straße die letzte Ruhe. Es war das Haus seiner Großeltern, bei denen er als Kind oftmals die Ferien verbracht hatte. Pierre Loti, der mit bürgerlichem Namen Julien Viaud hieß, wurde 1850 als Sproß einer streng protestantischen Seemannsfamilie in Rochefort geboren. In seinen zahlreichen Romanen hat der weitgereiste Schriftsteller nicht nur ferne Länder, sondern auch immer wieder die Landstriche seiner Heimat liebevoll beschrieben. Bereits mit einundvierzig Jahren war er Mitglied der Académie Française. Er starb 1923 in Hendaye, nahe der spanischen Grenze. Seinem Testament gemäß wurden die sterblichen Überreste nach St-Pierre-d'Oléron überführt. Das Haus selber ist nicht zu besichtigen, aber in einem kleinen *Museum* in derselben Straße (Nr. 23) sind verschiedene Erinnerungsstücke an Pierre

Loti zusammengetragen. Das Museum trägt stolz den Namen der einstigen Gönnerin der Insel: Alienor d'Aquitaine (Alienor ist die okzitanische Sprachform des Namens Eleonore).

Nachdem die Kirche St-Pierre, deren Erbauung auf die Initiative Eleonores zurückgeht, im 18. Jh. völlig umgestaltet wurde, ist die Kirche des 3 km nördlich gelegenen *St-Georges-d'Oléron* heute das einzige vollständig erhaltene Denkmal der Romanik auf der Insel. Die Portale des schlichten Bauwerks sind von Archivolten überspannt, die, ebenso wie die Kapitelle und Säulchen des Gewändes, mit reichhaltiger Blattornamentik dekoriert sind.

Vergleichbare Schmuckformen erscheinen an den Portalen von St-Denis-d'Oléron, 8 km nordwestlich von St-Georges. Allein die Fassade blieb von dem romanischen Bau erhalten, die Kirche selbst wurde durch spätere Umbauten verändert. Unter völligem Verzicht auf figurale Plastik breitet sich eine unübersehbare Fülle ornamentaler Formen über die ganze Westwand aus (Abb. 55–57).

Den Nordwestzipfel der Insel markiert der *Leuchtturm von Chassiron*, dessen Plattform der Besucher über 220 Stufen erreicht. Die Mühsal des Aufstiegs wird mit einem grandiosen Rundblick belohnt.

Der wichtigste Ort der Westküste ist *La Cotinière*, dessen Namen als größter Garnelenhafen Frankreichs jedem Gourmet geläufig ist (Farbt. 33). Entsprechend verlockend ist das kulinarische Angebot der zahlreichen Restaurants. Der an La Cotinière angrenzende *Wald von St-Trojan* nimmt eine Fläche von 2800 Hektar ein. Er dient der Stabilisierung der Dünen der *Grande Plage*, die sich bis zu 35 m Höhe aufwerfen und dem Strandurlauber trotz der Menschenmassen in der Hochsaison immer noch ein stilles Refugium bieten.

Noch ein Tip für diejenigen, die die Ile d'Oléron nicht mit dem Wagen bereisen, sondern die Schiffahrt von La Rochelle aus vorziehen: Von der Ile de Ré nimmt das Schiff Kurs auf Boyardville. Die Route führt vorbei an dem *Fort Boyard*, das Napoleon hatte anlegen lassen. In Verbindung mit den Bastionen auf den Inseln Aix und Oléron sollte es ein Eindringen englischer Schiffe in die Charentemündung verhindern helfen. Das Schiff legt in Boyardville an. In den Sommermonaten besteht für den Inselbesucher die Möglichkeit, einen Bus zu besteigen, der eine gut organisierte eintägige Inselrundfahrt absolviert. Zuerst wird der Hauptort St-Pierre-d'Oléron angesteuert, zum Mittagessen geht es weiter nach La Cotinière. Nach einer Badepause am frühen Nachmittag an einem der weiten Strände der Westküste werden der Pont d'Oléron und Château-d'Oléron gezeigt. Rechtzeitig zur Abfahrt des Schiffes zurück nach La Rochelle liefert der Omnibus die Ausflügler wieder am Landesteg von Boyardville ab.

Von La Rochelle nach Talmont

Fouras

Über die autobahnähnlich ausgebaute N 137 erreicht man von La Rochelle aus, vorbei an dem farblosen Châtelaillon-Plage, in wenigen Minuten das auf einer schmalen Landzunge gelegene reizende Fouras (Farbt. 26, 36). Einer der drei Strände des Ortes wird von einer *Burg* überragt, deren Ursprünge in das 12. Jh. zurückreichen (Abb. 54). Der Donjon, der aus der Ummauerung aufwächst, entstammt dem 15., die ausladende Schutzmauer selbst dem 17. Jh. Von hier aus gewahrt man in der Ferne die Konturen der Inseln Aix und Oléron sowie das Fort Boyard. Ein zweites, kleineres Kastell, das *Fort Enet*, schiebt sich zwischen Fouras und die Ile d'Aix ins Blickfeld. Es ist der letzte Baustein in dem breit angelegten Verteidigungsgürtel, der die Zufahrt zur Charente sichern sollte. Von diesem Südstrand wurde Napoleon am 8. Juli 1815 hinüber zur Ile d'Aix gebracht.

Rochefort

Der Marquis Colbert trieb in seiner Doppelfunktion als Finanz- und Marineminister Ludwigs XIV. den Ausbau der königlichen Flotte tatkräftig voran. Rochefort wählte er als Garnisonsstadt zur Sicherung der Charente. Zugleich wurde eine gewaltige Werft errichtet. In den hundert Jahren von 1690 bis zum Ausbruch der Revolution liefen mehr als einhundert Kriegsschiffe vom Stapel. Der Stadtkommandant Bégon ließ die überwiegend aus Holz erbauten Häuser Rocheforts abreißen und durch Steinbauten ersetzen. Unsterblich ist er jedoch durch eine andere, heute fast vergessene Tatsache geworden: Er führte die in Südamerika beheimatete Begonie in Europa ein, in deren Namen die Erinnerung an das einstige Stadtoberhaupt von Rochefort weiterlebt. Die Schließung des Arsenals 1927 traf den Lebensnerv der Stadt empfindlich. Erst die Einrichtung einer Thermalstation 1961 sowie die Gründung eines Instituts für Meeresforschung 1975 waren späte Wiedergutmachungsversuche seitens der Regierung.

Der Stadt haftet etwas auffallend Martialisches an. Das liegt nicht nur an den Straßennamen, die überwiegend großen Generälen und Admirälen gewidmet sind – sogar der hübsche Park am Charenteufer trägt den markigen Namen *Jardin de la marine* –, sondern auch an der nüchternen Anordnung der Straßen, die alle streng im rechten Winkel zueinander verlaufen.

Das *Musée des Beaux-Arts* (Ecke Rue Pierre Loti / Avenue Général de Gaulle) bietet ein buntes Sammelsurium von Mineralien und Fossilien über antike Tongefäße bis hin zu Tafelbildern italienischer, niederländischer und französischer Provenienz. Den Besucher wird da am ehesten der Saal Nr. 6 interessieren, der der Seefahrt und damit der Geschichte der Stadt gewidmet ist. Unter den zahlreichen Schiffsmodellen entdeckt man ein Portrait Pierre Lotis von der Hand seiner Schwester Marie Bon. Der verehrte Sohn der Stadt wurde in der nach ihm benannten Straße (Nr. 141) geboren, in einem Haus, das er, nachdem seine

61 SAINTES Blick durch den Germanicus-Bogen auf die ehemalige Kathedrale St-Pierre ▷

62 SAINTES Antike Säulentrommeln vor dem Archäologischen Museum

63 SAINTES Römische Architekturfragmente im Archäologischen Museum

64 SAINTES Ruine des römischen Amphitheaters

65 SAINTES Römische Relieffragmente im Archäologischen Museum

66 SAINTES Wallfahrtskirche St-Eutrope

67 SAINTES St-Eutrope, Nordseite

68 SAINTES St-Eutrope, Krypta

69 SAINTES Ehemalige Abteikirche Ste-Marie-des-Dames, Kapitelle vom linken Gewände des Hauptportals

70 SAINTES Ste-Marie-des-Dames, Fassade

71 SAINTES Ste-Marie-des-Dames,
Chor und Vierungsturm

72, 73 AULNAY Abteikirche St-Pierre, Ausschnitt aus den Archivolten des Südportals; oben: harfespielender Esel und andere Fabeltiere; unten: die Melusine (links) und andere Fabelwesen

74   Aulnay   Abteikirche St-Pierre, Südportal

75   Ecoyeux   Romanische Wehrkirche ▷

76 Fenioux Die Totenlaterne

77 Thézac Glockenturm der romanischen Kirche   78 Rétaud Romanische Kirche St-Trojan, Chor
79, 80 Pérignac Details von der Fassade der romanischen Kirche; links: Fensterarchivolte mit Pferdeköpfen, darüber die Himmelfahrt Christi; rechts: Kampf der Tugenden und Laster

81 CORME-ECLUSE Fassade der ehemaligen Prioratskirche Notre-Dame

82, 83   SURGÈRES   Fassade der Kirche Notre-Dame; unten: Details der Archivolten und des Gesimses

84 ST-JEAN-D'ANGÉLY Barockes Portal zum Areal der ehemaligen Abtei St-Jean

85 ST-JEAN-D'ANGÉLY Ruine der barocken Abteikirche

86 ST-JEAN-D'ANGÉLY Tour de l'Horloge

87 ST-JEAN-D'ANGÉLY Fontaine-du-Pilori

88 Château Dampierre-sur-Boutonne
89 Château Dampierre-sur-Boutonne
Renaissancegalerie im Untergeschoß

90 Château Dampierre-sur-Boutonne
Gewölbekassetten in der oberen Renaissancegalerie

91 PONS Vorhalle des einstigen Pilgerhospizes

92 PONS Donjon der Sires de Pons

94 Die Gartenanlage des CHÂTEAU D'USSON ▷

93 PONS Ritzungen der mittelalterlichen Santiago-Wallfahrer in der Vorhalle des einstigen Pilgerhospizes

Der Hafen von Rochefort im 19. Jh.

Eltern es hatten veräußern müssen, von dem neuen Besitzer zurückerwarb. Bis 1969 lebte sein Enkel Samuel Loti-Viaud darin. Der vermachte es testamentarisch der Stadt, die alsbald ein *Pierre-Loti-Museum* in dem Hause einrichtete. Man erlebt hier eine sehr lebendige Begegnung mit der genialen und exzentrischen Persönlichkeit des großen Romanciers.

Wer im Musée des Beaux-Arts Geschmack an der Geschichte der Seefahrt bekommen hat, dem wird im *Musée naval* gleich neben dem ehemaligen Arsenal an der Charente umfangreiches Anschauungsmaterial geboten: Schiffsmodelle, Galionsfiguren, Waffen, Orden, Stiche und anderes vermitteln einen Überblick über die Geschichte des französischen Flottenwesens. Die Anlagen des ehem. Arsenals sind ebenfalls zu besichtigen. Sehenswert ist die alte *Corderie* (Seilerei), die mit ihren 370 m Länge einst das größte Bauwerk und heute das einzig erhaltene dieser Art überhaupt in Frankreich ist.

Von Rochefort bieten sich zwei Möglichkeiten zur Fortsetzung der Reise. Entweder man wendet sich nach Osten, ins Landesinnere, um auf der N 137 über Tonnay-Charente in das Saintongegebiet vorzustoßen, oder man setzt die Fahrt von Rochefort nach Süden fort, um dem Verlauf der Küste weiter bis zur Gironde zu folgen. Hier soll zunächst der Abstecher nach Süden beschrieben werden.

Ile Madame

Man verläßt Rochefort auf der D 733, um gleich nach dem Überqueren der Charente nach rechts auf die D 238 in Richtung Soubise abzubiegen. Wer von Fouras aus die kleine Ile Madame liegen sah und neugierig darauf geworden ist, fährt in westlicher Richtung weiter

217

bis zur Pointe de Surgères (kurz hinter Port-des-Barques). Die Insel, deren Fläche gerade 80 Hektar umfaßt, ist nur zu Fuß zu erreichen. Bei Ebbe gibt das Wasser den »Passe aux Bœufs« frei, auf dem man gefahrlos hinübergelangt. Nur wenige Höfe beleben das Eiland, das an eine der Nordsee-Halligen erinnert. Traurige Berühmtheit erlangte die Insel 1794, als hier 250 katholische Priester aus dem ganzen Charentegebiet von Revolutionären brutal ermordet wurden. An ihren Märtyrertod erinnert ein schlichtes Kreuz, das alljährlich im August das Ziel einer Wallfahrt ist.

Moëze

Wer auf den Schlenker zur Ile Madame verzichtet, biegt bereits in Soubise nach links auf die D 3 ab, die nach wenigen Kilometern durch das Dorf Moëze führt. Schon von weitem gewahrt man als markanten Blickpunkt in der weiten Ebene die auffallend hohe Kirchturmspitze, die zu einer spätgotischen *Kirche* gehört. Die für ein kleines Nest wie Moëze ungewöhnliche Turmhöhe ist damit zu erklären, daß das Bauwerk auch als Leuchtturm benutzt wurde. Die eigentliche Attraktion des Ortes ist jedoch der *Temple de Moëze* auf dem etwas abseits gelegenen Friedhof. Es handelt sich dabei um ein sog. Hosianna-Kreuz, ein romanisches Steinkreuz auf einem mehrere Meter hohen Pfeiler (Abb. 51). Auch das ist eine Besonderheit, die man innerhalb Frankreichs nur im Poitou antrifft, so wie der Typ der Totenlaterne, mit dem das Hosianna-Kreuz formal und inhaltlich eng verwandt ist. Im 17. Jh. wurde der schlichte Schaft dieses Kreuzes in Moëze mit einer Kolonnade ummantelt, was ihm das Aussehen eines antiken Tempelchens verleiht. Am besten wählt der Betrachter einen Standpunkt, der ihn den »Tempel« im Vordergrund und den eindrucksvollen Kirchturm dahinter in einem Blick erfassen läßt.

Brouage

Von Moëze geht es weiter auf der D 3 in die Einsamkeit des Marais de la Seudre. Nach 6 km stößt man unvermutet auf eine stattliche Festung. Es ist Brouage, das Aigues-Mortes des Poitou. Einst war Brouage eine florierende Hafenstadt, die Richelieu nach dem Fall La Rochelles zu einer starken Festung ausbauen ließ. Vauban brachte das Projekt zum Abschluß. In ihrer Blütezeit des 17. Jh. trieb die Stadt, die ihre Bedeutung in erster Linie dem Salzhandel verdankte, regen Handel mit den neuen Provinzen in Kanada. Der Gründer Quebecs, Samuel Champlain (1567–1635), stammt aus Brouage, wo noch ein Denkmal nahe

Die Festung Brouage im 17. Jh., Stich von C. Chatillon

der Kirche St-Pierre an ihn erinnert. Kardinal Mazarin verbannte seine Nichte Maria Mancini nach Brouage, da sie als Geliebte Ludwigs XIV. den Heiratsplänen des mächtigen Kardinals im Wege stand. Damit war der Weg frei für die Eheschließung zwischen dem Sonnenkönig und der spanischen Prinzessin Maria Theresa. Diese Episode inspirierte Racine zu seiner Tragödie »Bérénice«. Der Aufstieg Rocheforts brachte Brouage den Niedergang. Nachdem im 18. Jh. der Hafen restlos versandet war, war der Untergang der Stadt besiegelt. Heute leben nur noch knapp zweihundert Menschen in Brouage, das jetzt so weit im Landesinnern liegt, daß nichts mehr die frühere Hafensituation ahnen läßt. Einzig die rundum erhaltenen Festungsmauern sind noch die stummen Zeugen einer glänzenden Epoche (Abb. 52).

Marennes

An der Mündung der Seudre erstreckt sich über viele tausend Hektar das größte Austernzuchtgebiet Frankreichs (4000 ha gegenüber 1800 ha in dem berühmten Becken von Arcachon). Die Austern pflanzen sich im Frühsommer fort. Eine Auster kann bis zu eine Million Eier legen, aus denen kleine Larven ausschlüpfen, die sich an Ziegeln festsetzen. Sobald sie etwa drei bis vier Zentimeter groß sind, werden sie von den Ziegeln gelöst und in den »Parcs« ausgesät, wo sie ihr Wachstum fortsetzen. Nach drei Jahren sind die Muscheln ausgewachsen und werden dann in Siebe umgefüllt, in denen sie sich von Sand und Schlamm reinigen. Aus den Becken mit den Sieben wird das Wasser regelmäßig abgelassen, so daß die Austern lernen, das Wasser zurückzuhalten und somit länger zu überleben. Dies ist für die oft langen Transportwege erforderlich. Die Marennes-Austern erkennt man leicht an ihrer grünlichen Färbung, die durch Algen – ihre Hauptnahrung – verursacht wird. Ein skurriles Erlebnis ist das alljährlich im Sommer stattfindende Austernwettessen in Marennes (14. Juli). Durchtrainierte »Profis« schaffen bis zu 200 Stück in fünf Minuten. Der gefeierte Sieger – in den letzten Jahren trugen wiederholt Frauen den Lorbeer – nimmt anschließend am großen Festbankett teil und verdrückt noch einmal lächelnd ein Menü mit mehreren Gängen.

Marennes, der Hauptort des Austernzuchtgebietes (Farbt. 32), ist ähnlich wie Moëze schon von weitem an seinem hohen gotischen Glockenturm auszumachen. Er gehört zur *Kirche St-Pierre-de-Sales* und versah vormals den Dienst eines Leuchtturmes. Die Kirche, die während der Religionskriege schwer gelitten hatte, wurde im 17. Jh. erneuert. Marennes war noch vor ein paar hundert Jahren eine Insel. Heute liegt der Ort jedoch im Landesinnern und ist mit der Seudre durch einen 3 km langen Kanal verbunden, an dessen Mündung der kleine Hafen Cayenne liegt.

Von Marennes schwingt sich eine 2 km lange Brücke über den breiten Mündungstrichter der Seudre (gebührenpflichtig). Die schnellere von zwei Möglichkeiten, nach Royan zu gelangen, führt auf der D 25 – ab La Tremblade D 14 – über Breuillet. Die romanische *Kirche St-Vivien* schmückt eine in zwei Geschosse gegliederte Fassade, ein typisches Beispiel der Saintonge-Romanik. Ähnlich, nur in der Anlage bescheidener, ist die Fassade des 4 km weiter entfernten *St-Sulpice-de-Royan.* In beiden Fällen nimmt das Mittelportal die beherrschende Stellung ein, während die kleinen Seitenportale als Scheintüren ohne tatsächlichen Durchgang gestaltet sind.

Einen kleinen Umweg bedeutet die Strecke über Ronce-les-Bains an der Seudremündung und von dort an der Küste entlang durch den Wald von La Coubre (D 25). Sie ist landschaftlich abwechslungsreicher und zudem weniger befahren. Am *Leuchtturm von La Coubre* lohnt es sich, einen kurzen Halt zu machen, um den Blick auf die Strände und ausgedehnten Wälder zu genießen. Über die Ortschaften St-Palais-sur-Mer, Nauzan und Pontaillac gelangt man schließlich an die Gironde und damit nach Royan.

Royan

Unmittelbar am Eintritt des breiten Mündungstrichters der Gironde in den atlantischen Ozean gelegen, hat Royan seit alters eine herausragende Stellung als Handelshafen und militärischer Stützpunkt gehabt. Der römische Hafen »Novioregum« entstand an der Stelle einer älteren keltischen Siedlung. Die Jahrhunderte nach dem Zusammenbruch des Imperiums brachten der Stadt wiederholte Verwüstungen. Zuerst von den Westgoten niedergebrannt, folgte im 9. Jh. die Zerstörung durch die Normannen. Von diesen schweren Schlägen erholte sich der Hafen, der erst im 11. Jh. wieder unter dem Namen »Rugianum« in den Quellen auftaucht, nur langsam. Nach der Verbindung Aquitaniens mit der englischen Krone im 12. Jh. wurde Royan einer der wichtigsten Stützpunkte der Engländer auf dem

Das Casino von Royan, Ansicht aus dem 19. Jh.

Der Hafen von Royan im 19. Jh.

Kontinent. Rund dreihundert Jahre, während derer andere Städte des Poitou und Aquitaniens immer wieder mal den französischen, mal den englischen König als Herrn sahen, hielten sich die Engländer in Royan. Im 16. Jh. trat der Großteil der Bevölkerung zum Calvinismus über, was noch sechs Jahre vor La Rochelle die Belagerung durch Truppen Ludwigs XIII. und die Unterwerfung der Stadt nach sich zog. Als einer der ersten Orte der französischen Atlantikküste erlebte Royan schon seit den 40er Jahren des 18. Jh. seine Entdeckung als Seebad. Namentlich erholungssuchende Städter aus Bordeaux machten Royan innerhalb weniger Jahre zu einem der beliebtesten Badeorte zwischen der Bretagne und den Pyrenäen. So entstand 1847 in Royan das erste Casino in einem französischen Badeort. Die jüngere Geschichte der Stadt verlief tragisch. Gegen Ende 1944 waren starke Truppenverbände der deutschen Wehrmacht in Royan zusammengezogen worden, die dort den Alliierten erbitterten Widerstand leisteten. Royan wurde deshalb zweimal, zuerst am 5. Januar und dann noch ein zweites Mal nur drei Wochen vor der Kapitulation der Nazis am 14./15. April 1945, bombardiert. Dabei verloren nicht nur mehr als tausend Zivilisten das Leben – Royan war praktisch dem Erdboden gleichgemacht.

Der Besucher forscht deshalb vergeblich nach dem alten Royan. Als Sinnbild der Erneuerung überragt der 65 m hohe Turm der *Kirche Notre-Dame* den Ort. Zwischen 1955 und 1958 von den Architekten Gillet und Hébrard errichtet, stellt die Kirche einen kühnen Versuch dar, die Sakralbaukunst aus der Gebundenheit traditioneller Formensprache zu lösen, eine Entwicklung, die in den Bauten Le Corbusiers ihren vorläufigen Höhepunkt fand. Der Grundriß ist ellipsoid, die struktiven Bauteile sind aus Stahlbeton gegossene Wandpfeiler, über denen sich eine leicht gebuste Decke wölbt. Man fühlt sich spontan an ein vom Wind geblähtes Segel erinnert. Der Hafen zu Füßen der Notre-Dame-Kirche trennt die Grande Conche mit ihrem feinsandigen Strand von den zerklüfteten Buchten der Conche de Foncillon, der Conche du Chay und der Conche de Pontaillac.

Seine Beliebtheit als Badeort hat Royan längst wieder erreicht. Bis zu 80000 Feriengäste strömen im Juli und August hierher. Wenn aber die Verschmutzung der Gironde weiter so verheerend zunimmt wie in den vergangenen Jahren, wird wohl bald kaum noch einer Lust haben, sich von dem Strand Royans in die Fluten zu stürzen.

Vom Hafen verkehren Fähren hinüber zur Pointe de Grave, der Nordspitze des Médoc mit seinen berühmten Weinanbaugebieten. Ein interessanter Schiffsausflug führt zum *Leuchtturm von Cordouan*. Außerhalb der Gironde, schon mitten im Ozean, hatten bereits die Engländer auf einem einsamen Felssockel im 14. Jh. einen Leuchtturm erbaut, der im 16. Jh. durch den bestehenden Renaissanceturm ersetzt wurde. Stattliche 66 m erreicht die Spitze, die der Besucher über mehr als 300 Stufen erklimmt.

Talmont

Die Kirchen des Poitou und namentlich die zahlreichen Bauten der Romanik in der Saintonge, der südlichsten Landschaft des Poitou, verblüffen durch ihre Vielgestaltigkeit, den Abwechslungsreichtum und die oft verschwenderische Fülle ihres Dekors. Keiner könnte man den ersten Rang zuerkennen. Im Hinblick auf landschaftliche Lage jedoch nimmt die *Ste-Radegonde-Kirche* von Talmont die herausragende Stelle ein (Farbt. 31). Am Rande des Ortes auf einer steil zum Wasser abfallenden Klippe trotzt sie, einer Gottesburg gleich, den Gewalten der Natur.

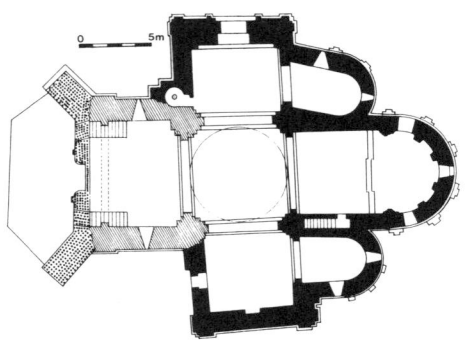

▬▬ 12. Jh., 1. Bauphase
▨▨ 12. Jh., 2. Bauphase
▦▦ 15. Jh.
☐ Moderne

Talmont, Grundriß der Kirche Ste-Radegonde (Zodiaque)

222

Schon in karolingischer Zeit befand sich an dieser Stelle ein Kirchlein, das nach 1094 durch den bestehenden romanischen Bau ersetzt wurde. Die vordere Hälfte des einschiffigen Langhauses und mit ihm die romanische Fassade wurde schon im 14. Jh. durch ein Hochwasser der Gironde zerstört. So entsteht der Eindruck eines Zentralbaus mit vier gleich langen Armen. Die Chorapsis wird von zwei Kapellen begleitet, die sich zu den Querhausarmen öffnen. Die Vierung ist mit einer Kuppel, das einzige erhaltene Langhausjoch mit einer im Scheitel zugespitzten Tonne überwölbt. Die Zuspitzung des Gewölbes – eine Erfindung der Cluniazenser – erklärt sich aus der Abhängigkeit des Priorats von Talmont von der Abtei St-Eutrope in Saintes, die ihrerseits Cluny direkt unterstand. Die reich dekorierten Kapitelle der Vierungspfeiler lassen eine Ahnung von dem noch zu erwartenden Bilderreichtum in der Saintonge aufkommen. Hervorzuheben ist die dramatische Darstellung des hl. Georg, der die Prinzessin dem Maul des furchtbaren Ungeheuers entreißt. Insgesamt überwiegt im Gegensatz zu den sonst eher heiteren, zum Teil schon parodistischen Skulpturen des südlichen Poitou die düstere, dämonische Komponente. Das gilt nicht nur für die Kapitelle im Innern, sondern auch für die Fassade des nördlichen Querhausarmes, durch den die Jakobspilger des Mittelalters einzogen. Bedrohung geht von den vielgestaltigen Fabelwesen mit ihren aufgerissenen Mäulern aus. Hat sich hier die wegen ihrer exponierten Lage gefährdete Stellung von Ste-Radegonde niedergeschlagen? Es liegt nahe, die Monster als Apotropäen (griechisch, Apotropaios = Abwehrer des Bösen) zu verstehen, die mit magischer Kraft die zerstörerische Gewalt des Bösen bannen sollen.

Die majestätische Schönheit von Ste-Radegonde läßt sich am besten erfassen, wenn man dem Bogen der südöstlich an den Ort angrenzenden Bucht folgt, bis man sich wieder auf gleicher Höhe mit der Kirche befindet. Vor dem Steilufer stehen zahlreiche der an der Atlantikküste verbreiteten hölzernen Auslegergestelle, von denen bei Flut Netze zum Fang von Krabben und Krebsen herabgelassen werden. Wie zerbrechlich sie gegen das kraftvolle mittelalterliche Bauwerk wirken, aus dessen Mitte sich der gedrungene Vierungsturm löst! Man könnte meinen, hier wäre eine Schaumkrone der anstürmenden Flut im Augenblick ihres Aufpralls an das Gestade zu Stein geworden!

Die Saintonge, Schatztruhe der Romanik

Saintes, Hauptstadt der Saintonge

Blick in die Geschichte

Neben dem cisalpinen Mailand besaß das römische Imperium in Saintes ein zweites »Mediolanum«, dessen Zusatz »Santonum« einen Hinweis auf die keltische Einwohnerschaft gab. Neben Burdigala (Bordeaux) und Vesuna Petrucorium (Périgueux) war Mediolanum Santonum eine der führenden Städte im südwestgallischen Raum. Von ihrer damaligen Größe legt die Ruine des Amphitheaters noch ein beredtes Zeugnis ab – einstmals fanden darin gut 20 000 Zuschauer Platz – zwei Drittel der heutigen Einwohnerschaft von Saintes! Ausonius, der aus Bordeaux stammende Literat (ca. 310–394), besaß bei Saintes eine Villa. Er wurde nicht nur durch die zahlreichen Verse berühmt, die er auf seine Heimat dichtete, sondern vor allem durch sein Lied »Mosella«, das älteste Werk der Dichtkunst, welches die Schönheit deutscher Landschaften beschreibt. Trotz einer glänzenden Stellung am kaiserlichen Hofe in Trier – im Zuge der Diokletianischen Reichsreform (285 n. Chr.) war Trier eine der vier Hauptstädte des Reiches geworden – zog es ihn, der schon zu Lebzeiten neben seinem Vornamen Decimus die Auszeichnung »Magnus« führen konnte, im Alter in die Heimat zurück. Er starb 394 in seiner Villa »Pagus Noverus« nahe Saintes. Ausonius lebte in einer Zeit des Umbruchs. Er selber war noch ein letzter Vertreter der heidnischen Antike, doch verbreitete sich schon zu seinen Lebzeiten das Christentum in Saintes, das der erste Bischof der Stadt, Eutropius, in der Saintonge verkündete. In das Todesjahr des Ausonius fiel die Erhebung des Christentums zur offiziellen Staatsreligion.

In der Folgezeit mußte Saintes das Schicksal zahlreicher anderer Orte Westfrankreichs teilen. Auf die Zerstörung durch die Westgoten und später die Sarazenen folgte die Brandschatzung durch Normannen, die mit ihren schnellen Booten plündernd die Charente heraufgezogen kamen. Aber seit dem 11. Jh. erholte sich die Stadt von den Rückschlägen und konnte – mit bedingt durch die Lage an einer der großen Pilgerrouten nach Santiago de Compostela – bald wieder an ihre glänzende Stellung in antiker Zeit anknüpfen. In den Sog des Hundertjährigen Krieges gerissen, konnte du Guesclin Saintes, das im Frieden von Brétigny 1360 den Engländern überlassen worden war, schon zehn Jahre später den Feinden wieder abnehmen. Die Religionskriege im 16. Jh. brachten neue Erschütterungen. Saintes, im Bannkreis von La Rochelle gelegen, schloß sich gleichfalls dem neuen Glauben an. Der bekannteste Hugenotte der Stadt war der vermutlich in Agen (Gascogne) geborene Bernard Palissy (1510–89), dessen brillante Töpferkunst (Palissy-Schüsseln) ihn zunächst vor Verfolgungen sicherte. Ja, er wurde sogar an den Hof der katholischen Erzfeindin Katharina von Medici nach Paris berufen, für deren gerade im Bau befindliches Tuilerien-Schloß der Meister phantasievolle Renaissancegrotten schuf. Nach der Bartholomäusnacht floh er jedoch nach Sedan, wo er 1587 wegen ketzerischer Umtriebe gefangengenommen und in die Bastille gebracht wurde, in deren Kerker er elend umkam.

Das Edikt von Nantes bescherte der Stadt wieder einen Aufschwung, der aber schon bald durch die Neuordnung der Diözese gedämpft wurde. Der Bischofssitz wurde im 17. Jh. nach La Rochelle verlegt, das auch nach der Revolution als Hauptstadt des Departements Charente-Maritime seinen Führungsanspruch im südlichen Poitou behaupten konnte. Saintes nimmt seitdem lediglich die Stellung einer Sous-Préfecture ein. Mit dem Stichwort Revolution verbindet sich die Erinnerung an den in Saintes geborenen Arzt Joseph Ignace Guillotin (1734–1814), nach dem die schauderhafte Enthauptungsmaschine ihren unheilvollen Namen hat. Zu Unrecht!, denn die immer wieder zu lesende Behauptung, Guillotin sei der Erfinder der Guillotine gewesen, ist falsch. Das erste Modell wurde vielmehr nach Plänen des Ärztekommissars A. Louis von einem deutschen Techniker namens Schmitt gebaut. Nach ihrer Inbetriebnahme 1792 hieß die Tötungsmaschine denn auch zunächst »Louisette« oder »Petit Louison«. Erst nach einem Antrag Guillotins in der Deputierten- kammer, wonach alle zum Tode verurteilten Delinquenten ohne Ansehen der Person und

Saintes, Stadtplan:
1 Kathedrale St-Pierre   2 Musée des Beaux-Arts   3 Musée Dupuy-Mestreau   4 St-Eutrope   5 Röm. Amphitheater   6 St-Vivien   7 Thermen St-Saloine   8 Germanicus-Bogen   9 St-Pallais   10 Abbaye aux Dames mit der Kirche Ste-Marie   11 Archäologisches Museum   12 Bahnhof

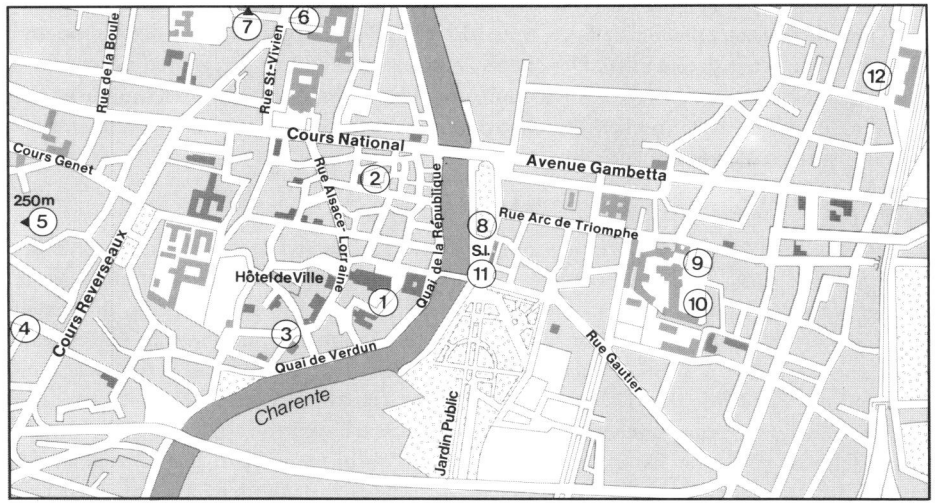

ihres Standes auf dieselbe Weise hingerichtet werden sollten, verbreitete sich der Name Guillotine.

Heute lebt Saintes in erster Linie von seinen kunstgewerblichen Erzeugnissen, vor allem dem Töpferhandwerk, und der Verarbeitung landwirtschaftlicher Produkte: Herstellung von Fleisch- und Gemüsekonserven, von Milcherzeugnissen und Destillation klarer Eaux-de-Vie (Schnäpse). Jedes Jahr in der ersten Julihälfte findet ein internationales Folklorefestival statt, auf dem Trachten- und Musikgruppen aus aller Welt gastieren. Schauplatz des Geschehens ist die Ruine des römischen Amphitheaters.

Rundgang durch die Stadt

Die ehemalige Kathedrale St-Pierre

Im Zentrum der Altstadt, die auf dem linken Ufer der Charente liegt, steht die einstige Bischofskirche. Ihre Baugeschichte spiegelt das wechselvolle Schicksal der Stadt wider. Über römischen Fundamenten folgten eine merowingische und eine karolingische Kirche aufeinander. Von diesen drei Epochen ist nichts erhalten geblieben. Um die Mitte des 12. Jh. wurde ein romanischer Bau aufgezogen, der seinerseits später einer gotischen Neuerung weichen mußte. Einzig die von Kuppeln überwölbten Querschiffarme blieben dabei erhalten. 1568 fiel die gotische Kathedrale einem von Hugenotten gelegten Brand zum Opfer, dessen Verheerungen zwischen 1582 und 1585 wieder behoben wurden. Die Aufhebung des Bistums Saintes machte aus St-Pierre eine Pfarrkirche.

Man betritt die Kirche durch das spätgotische Westportal, in dem die schöpferische Kraft der Saintonge eine späte Herbstblüte getrieben hat. Ein Reigen musizierender Engel begleitet die Statuen etlicher Heiliger, unter ihnen sind der hl. Ludwig mit der Krone und vierzehn Propheten zu erkennen. Das basilikale Innere wirkt durch den glatten Verputz und das Fehlen einer nennenswerten Ausschmückung kalt und abweisend. Hier sind nicht nur die Wunden des protestantischen Wütens zu spüren, man ahnt auch den Bedeutungsverlust der einst stolzen Metropolitankirche.

St-Eutrope

Ein romanisches Denkmal ganz eigener Art ist die Kirche St-Eutrope im Südwesten der Stadt (Abb. 66–68). Nachdem bereits verschiedene Kirchen an dieser Stelle aufeinander gefolgt waren, erbauten die Cluniazenser, denen St-Eutrope im späten 11. Jh. unterstellt worden war, jenen Bau, von dem wir noch die berühmte Krypta und den Chor nebst Querhaus bewundern können. Der Hauptteil der Kirche, das basilikale Langhaus, sank während der Revolution in Trümmer. Trotz seiner Denkmälerfülle wird in Saintes doch immer wieder der Verlust unwiederbringlicher Schätze schmerzvoll spürbar.

Die Cluniazenser, die als eifrige Betreuer der Jakobspilger wesentlichen Anteil an der großen Bedeutung der Santiago-Wallfahrt hatten, trieben das Bauvorhaben in nur eineinhalb

Saintes, die Kathedrale St-Pierre im 18. Jh., anonyme Zeichnung

Jahrzehnten so weit voran, daß Papst Urban II. 1096 bereits die Weihe vollziehen konnte. Der Abschluß der Arbeiten dürfte sich jedoch bis in das 12. Jh. fortgezogen haben. Die mächtige Krypta vermittelt einen Eindruck von getragener Feierlichkeit. Sie ist dreischiffig angelegt, wobei sich die Seitenschiffe als Umgang um das Halbrund der Apsis legen. Auffallend ist ihre Größe, die in ihren Abmessungen dem Chor der Kirche darüber entspricht. Angesichts dieser Proportionen spricht man schon besser von einer Unterkirche als von einer Krypta. Im Chorrund befindet sich der schmucklose Sarkophag mit der Inschrift EUTROPIUS. Er war in der Revolution geschändet, aus der Krypta entfernt und

Saintes, Grundriß der Kirche St-Eutrope (Zodiaque)

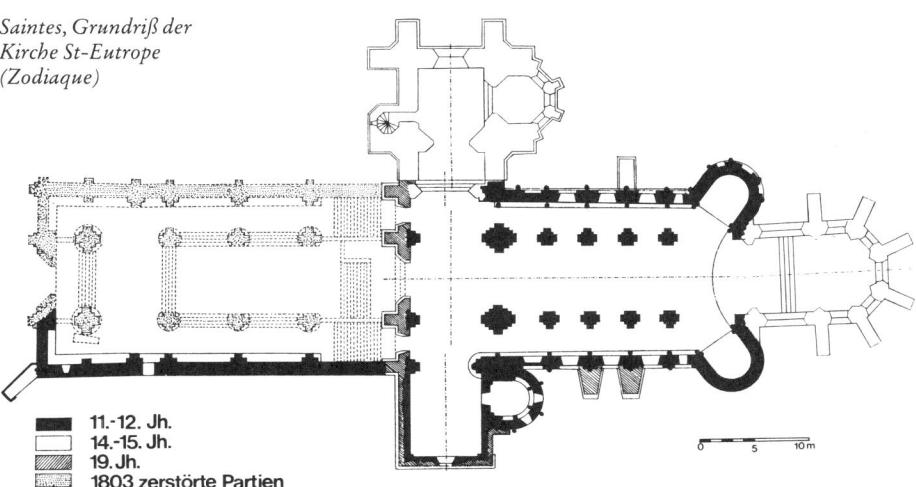

■ 11.-12. Jh.
☐ 14.-15. Jh.
▨ 19. Jh.
▧ 1803 zerstörte Partien

0   5   10 m

227

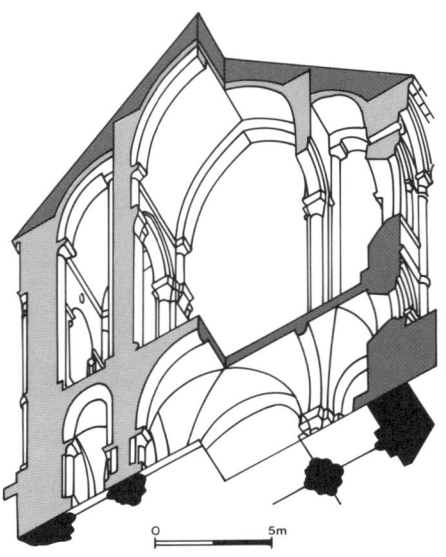

Saintes, isometrischer Schnitt durch den Chor von St-Eutrope

erst im 19. Jh. wieder an seinen angestammten Platz zurückgebracht worden. Die Reliquien des großen Evangelisators der Saintonge sind untergegangen, aber seine Grabstätte hat auch im 20. Jh. nicht an Anziehungskraft verloren.

Die Kapitelle der gedrungenen Säulen sind durchwegs bildhauerisch ausgearbeitet. Es handelt sich ausschließlich um Blatt- und Knospenornamente, die, gegen Ende des 11. Jh. geschaffen, die Frühzeit der romanischen Skulptur in der Saintonge markieren.

Nach dem Abriß des größten Teils der Oberkirche wurde die Verbindungstreppe zur Krypta zugeschüttet. Man betritt und verläßt die Krypta deshalb durch einen Seiteneingang in der Rue St-Eutrope.

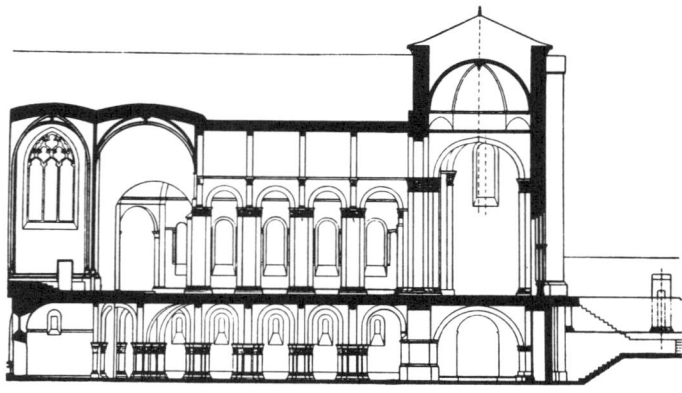

Saintes, Längsschnitt durch St-Eutrope

Saintes, die Krypta von
St-Eutrope
(nach Viollet le Duc)

Die Oberkirche trägt deutlich die Handschrift der Cluniazenser, denn das Gewölbe zeigt die vom dritten Kirchenbau des Mutterklosters geläufige Zuspitzung der Tonne, die für eine stärkere Vertikalisierung des Gewölbeschubes sorgt. Dieses Motiv ist selten im Poitou anzutreffen und in der Regel nur dort, wo der Einfluß Clunys unmittelbar wirksam werden konnte (vgl. o. Talmont). Wie praktisch alle großen Pilgerkirchen, besaß auch St-Eutrope ursprünglich einen Chorumgang mit Kapellenkranz, der jedoch bei einer Erweiterung des Chorhauptes im 14. Jh. zerstört wurde. Die Kapitellskulptur des Chores aus dem frühen 12. Jh. stellt den stilistischen Brückenschlag zu den Kapitellen her, die aus der Zeit um 1130 stammen und das Querhaus schmücken. Jene sind wie die Arbeiten in der Krypta rein ornamental, jedoch großzügiger, eleganter in der Ausarbeitung der Details, diese – im Querhaus – markieren die Blütezeit der Saintonge-Romanik, in der die Einzelfigur mit den verschlungenen Ornamenten verschmilzt, ja, selbst zum Ornament wird. Im einzelnen lassen sich folgende Szenen erkennen: Daniel in der Löwengrube, die Seelenwägung, der König von Babylon. Dazwischen mischen sich die unterschiedlichsten Tiere, in erster Linie Löwen und Vögel.

Der nördliche Querhausarm wurde im 15. Jh. umgebaut. Diese Veränderung war aus baustatischen Gründen notwendig geworden, als über dem Querhaus ein von Ludwig XI. gestifteter Glockenturm errichtet wurde, der jetzt weithin die Lage von St-Eutrope in der Stadt signalisiert. Dabei wurden einige der romanischen Kapitelle entfernt, die man heute im Archäologischen Museum betrachten kann.

Das Amphitheater

Besser als in allen anderen Städten des Poitou ist in Saintes die gallorömische Epoche dokumentiert. Als eindrucksvolles Zeugnis der Kaiserzeit ist das Amphitheater in stattlichen Resten erhalten (Abb. 64), knapp 300 m nordwestlich von der Kirche St-Eutrope. Die Längsachse der weitgezogenen Ellipse mißt 126 m, nur 10 m weniger als das besterhaltene

Amphitheater der Antike auf gallischem Boden, jenes in Nîmes. Die Querachse erreicht beachtliche 102 m und ist damit sogar noch geringfügig – 2 m – breiter als das genannte Vergleichsbeispiel in der Provence. Nach Schätzungen der Archäologen fanden hier 20 000 bis 22 000 Zuschauer Platz. Auch heute kommen noch einige tausend Menschen in der Ruine unter, wenn an dieser Stelle, die einstmals Schauplatz blutiger Gladiatorenkämpfe und Tierhatzen war, das alljährliche Folklorefestival von Saintes stattfindet. Als Zeit der Erbauung nimmt man die Regierungsjahre Kaiser Augustus' oder seines Nachfolgers Tiberius an. Damit wäre das Amphitheater von Saintes eines der ältesten in der römischen Provinz. 1868 erwarb die Stadt das Gemäuer aus Privatbesitz, um sodann zum Teil verschüttete Partien wieder auszugraben. Eine Sicherung des erhaltenen Bestandes wurde zuletzt 1919 durchgeführt.

Der Germanicus-Bogen

Ein weiteres prächtiges Denkmal aus der Römerzeit steht auf dem anderen Ufer der Charente, im sog. Faubourg des Dames: der Germanicus-Bogen (Abb. 61). Ursprünglich stand das monumentale Doppeltor auf einer Brücke über die Charente, die jedoch im vorigen Jahrhundert wegen Baufälligkeit abgerissen wurde. Der Intervention Prosper Mérimées ist es zu verdanken, daß der Bogen nicht gleichfalls ein Opfer der Spitzhacke wurde, sondern eine Neuaufstellung an seinem heutigen Platz erfuhr.

Wo immer man in Frankreich einem Torbogen aus römischer Zeit begegnet – gerade in der Provence sind noch zahlreiche Beispiele anzutreffen – findet man das Etikett »Triumphbogen«. Dazu ist grundsätzlich festzustellen, daß Triumphbögen per definitionem nur auf dem Forum Romanum in Rom errichtet werden konnten. In den Provinzen stellen sie dagegen Votivbauten oder Stadtgründungsmonumente dar. In diesem Fall handelt es sich, wie aus der Dedikationsinschrift hervorgeht, um eine Stiftung des Rufus aus Saintes zu Ehren von Germanicus, Tiberius und Drusus. Das Denkmal diente in einem weiteren Sinne der Verehrung Roms, in einem engeren der Verherrlichung der Julisch/Claudischen Dynastie, keinesfalls aber dem Triumph eines einzelnen – dieses Privileg blieb, wie gesagt, der Hauptstadt des Imperiums vorbehalten.

Der Bogen besitzt aus organisatorischen Gründen zwei Durchbrüche. Da er auf der Charentebrücke stand, floß der Verkehr unter ihm hindurch, fein getrennt nach Hin und Her. Ein einzelner Torbogen hätte unweigerlich zu Verkehrsstockungen geführt. Er ist mit 15 m Längserstreckung etwas breiter als hoch (13 m) und 3 m tief.

Das Archäologische Museum

Gleich neben dem Germanicus-Bogen befindet sich das Archäologische Museum von Saintes, auf dessen Eingang zwei Reihen frei aufgestellter römischer Säulen zuführen (Abb. 62). Hier sind in erster Linie römische Fragmente aus Grabungen in und um Saintes ausgestellt. So wurden u. a. Architekturteile von insgesamt fünf verschiedenen Bauten zusammengetragen, deren ursprüngliche Bestimmung nicht mehr zu klären ist (Abb. 63). Der reichen Ausschmückung nach zu urteilen, handelt es sich um öffentlich-repräsentative

Bauwerke. Gleich links vom Eingang wurden Teile eines Frieses zusammengefügt, die zu einer Tholos (Rundbau) gehörten. Des weiteren beeindruckt die stattliche Zahl an Grabstelen und Reliefs, die zum Teil aus größeren Fries-Zusammenhängen stammen. Als besonders qualitätsvoll und den hohen Stand auch der provinziellen Skulptur der späteren Kaiserzeit (2.–3. Jh. n. Chr.) kenntlich machend, fallen zwei Fragmente mit Darstellungen eines Reiters und eines Geldwechslers (Abb. 65) auf. Ranuccio Bianchi Bandinelli sah in den großzügig gearbeiteten Figuren der Geldwechsler-Gruppe eine »Vorahnung der französischen Kathedralskulptur«.

Die Abbaye aux Dames

Die erste Station der Jakobspilger, die von Norden her nach Saintes kamen, war die Abtei Ste-Marie-des-Dames auf dem Ostufer der Charente. Von hier ging der Weg weiter auf die Anhöhe am jenseitigen Ufer zur Kirche St-Eutrope. Zahlreiche Pilger machten hier für ein paar Tage Rast, bevor sie sich wieder auf den mühevollen Weitermarsch machten. Die Abtei ist eine Gründung der Agnes von Burgund, Witwe Herzog Wilhelms V. von Aquitanien, die in zweiter Ehe mit Gottfried, dem Grafen von Anjou, verheiratet war. Sie rief 1047 das Kloster ins Leben, das sie Benediktinerinnen übertrug, zu deren Aufgaben nicht nur die Betreuung der Santiagopilger, sondern auch die Erziehung adliger Mädchen gehörte. Der bekannteste Zögling war Jahrhunderte später die Marquise de Montespan, berühmte Mätresse Ludwigs XIV.

Der Kirchenbau des 11. Jh. wurde im 12. Jh. umgebaut und vergrößert und gelangte gegen Mitte des 12. Jh. mit der Vollendung der Fassade zur Fertigstellung. Die Revolution hat die angrenzenden Klostergebäude fast vollständig zerstört; in den verschonten Trakten wurde

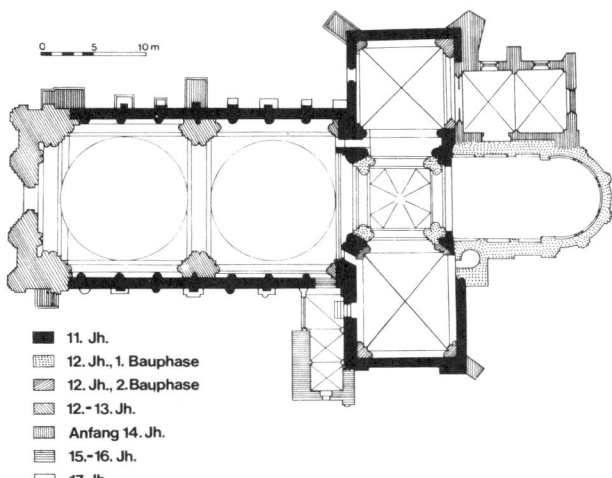

Saintes, Grundriß der Abtei-kirche Ste-Marie-des-Dames (Zodiaque)

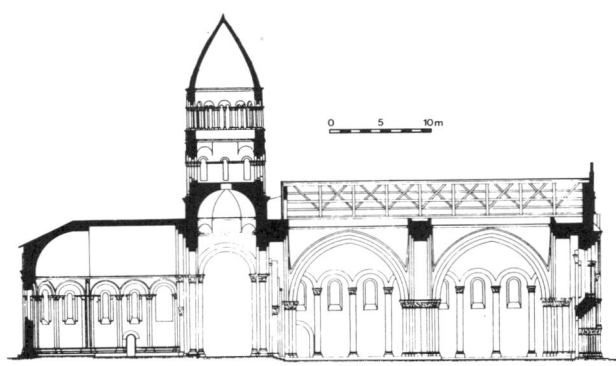

*Saintes, Längsschnitt durch
Ste-Marie-des-Dames*

eine Kaserne eingerichtet, die noch bis über den Ersten Weltkrieg hinaus in Benutzung war. Erst 1930 erfolgte eine Restaurierung des Erhaltenen, 1938 wurde die Kirche wieder konsekriert. In den einstigen Klosterräumen fand die Musikhochschule von Saintes eine würdige Bleibe.

Den Ruhm der Kirche macht ihre Fassade aus, die unter der Äbtissin Agnes von Barbezieux (1134–74), einer Cousine der Eleonore von Aquitanien, entstand (Abb. 69, 70). Obwohl auch an ihr die Bilderstürme der Religionskriege und der Revolution nicht spurlos vorübergingen, zählt sie noch immer zu den reichsten des Landes. Nach dem in der Saintonge üblichen Schema ist sie in zwei Geschosse unterteilt, die ihrerseits in drei vertikale Abschnitte gegliedert sind. Den Eingang in der Mitte, über den sich barock überladene Archivolten spannen, flankieren zwei kleinere Scheinportale. Die Anordnung der darüber liegenden Zone ist ein Spiegelbild des Untergeschosses. Hier entspricht ein großes Fenster, überfangen von einem ausladenden Rundbogen, der Türöffnung darunter; die Fenster links und rechts sind wie die Portale darunter »blind«.

Der erhaltene Skulpturenschmuck konzentriert sich auf die Kapitelle und Archivolten des Portals, das Viollet le Duc für würdig befand, als Replik gemeinsam mit dem Südportal von Aulnay die Saintonge im »Museum der Denkmäler Frankreich« im Trocadero-Palast in Paris zu vertreten. Das Gewimmel zahlloser Figürchen irritiert zunächst. Bei genauerer Betrachtung erkennt man jedoch die klare Ordnung, die das Ganze durchwaltet. Insgesamt acht Bögen überspannen den Eingang. Monotonie wird geschickt verhindert, indem immer eine breitere und eine schmalere Archivolte im Wechsel aufeinanderfolgen. Die breiten tragen den figuralen, die schmalen ausschließlich ornamentalen Dekor. Zuunterst schwebt ein Engelsreigen, der im Scheitelpunkt des Halbbogens ein Medaillon mit der Hand Gottes trägt, die den Eintretenden segnet. Auf ein verschlungenes Rankenband folgt der dritte Bogen mit dem Lamm Gottes in der Mitte, darüber der vierte mit einer Reihe Vögeln. Den Symbolgehalt dieser Vögel verdeutlichen jene zwei, die – ihre Köpfe einander zugewandt – direkt über dem Agnus Dei aus einem Meßkelch trinken. Vögel sind in der Kunst des Mittelalters geläufige Metaphern für die Seelen der Gläubigen. Die fünfte Archivolte zeigt kämpfende Menschen: Bekleidete Männer schlagen mit Schwertern auf nackte Personen ein, dazwischen erscheinen mehrere Frauengestalten; gemeint ist das Massaker an den bethlehemitischen Kindern. Ein weiterer Rankenfries knüpft die Verbindung zur obersten Archivolte mit den Königen der Apokalypse. Laut biblischem Text gab es deren insgesamt 24, hier erscheinen in großzügiger Abweichung von der schriftlichen Quelle 54. Sie halten jeder einen Kelch und eine Laute und wenden immer paarweise ihre Köpfe im Gespräch einander zu. Trotz der scheinbar unzusammenhängenden Konstellation der einzelnen Bildthemen wird ein übergeordneter Gedanke erkennbar: Die Unschuldigen, dargestellt in den bethlehemitischen Kindern, und die Gläubigen, symbolisiert in den Vögeln, werden laut göttlichem Ratschluß, für den die apokalyptischen Könige stehen, durch Christus (= Agnus Dei) erlöst. Die Qual der Verdammten dagegen spiegelt sich in einer auch rein räumlich gesehen »niederen« Sphäre, nämlich an den Kapitellen ab. Verstrickt in die Ranken verschlungener Pflanzen, werden sie von Teufeln und allerlei höllischem Getier gepeinigt. Die Archivolten der Scheinportale zeigen neben vielgestaltiger Ornamentik das Abendmahl (rechts) und Christus mit Aposteln (links).

Der Innenraum derKirche hat viel von seiner Ursprünglichkeit eingebüßt. Der einschiffige Saal war im 11. Jh. zunächst flach gedeckt. Bei der Erneuerung des Bauwerks im 12. Jh. entschloß man sich, den Tendenzen der Zeit gemäß, zu einer Einwölbung. Die im Poitou übliche Tonne hätte jedoch eine beträchtliche Verstärkung der Außenmauern unumgänglich gemacht, so daß man sich eine gänzlich andere Lösung vornahm. Man machte in diesem Fall eine baukünstlerische Anleihe in der Nachbarlandschaft Périgord, in der im 12. Jh. der Typus der von Byzanz bzw. Venedig übernommenen Kuppelkirche verbreitet war. So wurden zwei gewaltige Kuppeln hintereinander aufgeführt, die trotz ihrer monumentalen Wirkung baustatisch leichter zu bewältigen waren. Der Druck der Tonne übt an jeder Stelle einen gleich schweren Druck auf das Mauerwerk aus, während die Last der beiden Kuppeln über Pendentifs auf insgesamt sechs starke Wandpfeiler abgeleitet werden konnte, die dem Bau ohne großen Aufwand nachträglich eingezogen wurden. Bei dem von Hugenotten im 16. Jh. gelegten Brand stürzten die schweren Dachbalken, unter denen die Kuppeln nach außen hin versteckt waren, herunter und durchschlugen die Kalotten, die später nicht mehr rekonstruiert wurden. Die beiden runden Öffnungen, die so entstanden waren, wurden lediglich mit einer hölzernen Flachdecke eingezogen. Bei der gleichfalls im 12. Jh. vorgenommenen Erweiterung des Chores wurde – wie meistens im Poitou – auf die Anlage eines Umganges mit Kapellenkranz verzichtet.

Nach dem Besuch der Kirche sollte man nicht versäumen, auch an deren Rückseite zu gehen, die einen unverbauten Blick auf den Chor und den differenziert gestalteten Vierungsturm bietet (Abb. 71). Der Turm besteht aus drei Abschnitten. Zuunterst steht ein Quadrat, dessen Grundriß der Vierung entspricht; es folgt ein rundes Geschoß, das mit einem Kegeldach bekrönt ist.

Auf dem kleinen Platz im Norden der einstigen Abteikirche steht noch eine andere kleine romanische Kirche, *St-Pallais*, die heute vorwiegend für wechselnde Ausstellungen benutzt wird.

Der Besuch der bisher genannten Sehenswürdigkeiten verlangt gut einen Tag. Wer seine Eindrücke von Saintes weiter vertiefen möchte, dem sei auch noch der Besuch der beiden nahe der Kathedrale befindlichen Museen empfohlen.

Musée des Beaux-Arts

Wenige hundert Meter nördlich von St-Pierre ist das Musée des Beaux-Arts stilvoll im ehemaligen Hôtel du Présidial (Gerichtsgebäude) untergebracht. Im Parterre gewinnt man einen Überblick über die Erzeugnisse der Töpferkunst, die seit der Zeit Palissys auf eine glanzvolle Tradition in Saintes zurückblicken kann. Namentlich Palissys Erfindung, Tongefäße mit jaspisartigem Email zu verzieren, fand zahlreiche Nachfolge, die in anschaulichen Beispielen ausgestellt ist. Wertvollstes Stück der Gemäldesammlung im ersten Stockwerk ist eine idealisierte Landschaft mit antiken Ruinen von der Hand Claude Lorrains, des großen Klassikers des 17. Jh. Die Zuschreibung einer Allegorie des Winters an Nicolas Poussin muß als unsicher gelten.

Musée Dupuy-Mestreau

Das südlich der ehemaligen Kathedrale gelegene Musée Dupuy-Mestreau, das den Namen eines eifrigen Sammlers trägt, ist ein echtes Nationalmuseum der Saintonge. Es wurde schon im 19. Jh. in einem eleganten Palais eingerichtet, das sich 1738 der Marquis de Monconseil, ein hoher Militär, erbaut hatte. Der Besuch des Museums ist mit der Teilnahme an einer Führung verbunden. Der Rundgang beginnt im Speisesaal der Marquise de Montespan, den man aus ihrem zerstörten Schloß in Tonnay-Charente hierher verpflanzt hat. In der »salle de marine« werden Schiffsmodelle aufbewahrt, im übernächsten Raum vermitteln Trachten ein anschauliches Bild vom Aussehen früherer Bewohner der Saintonge. Beachtung verdient eine alte Nußölpresse, wie man sie auf abseits gelegenen Bauernhöfen noch heute zum Teil in Gebrauch erleben kann. Breiten Raum nimmt die Keramiksammlung ein. An die sechshundert Exponate dokumentieren die Entwicklung des Töpferhandwerks in der Saintonge vom Mittelalter bis in unsere Tage. Im oberen Stockwerk ist das Innere eines Bauernhauses der Saintonge im 19. Jh. rekonstruiert. Mit einem Blick in die ansehnliche Bibliothek und auf die Sammlung historischer Musikinstrumente endet der Museumsbesuch.

Alphabetischer Katalog der romanischen Kirchen in der Saintonge

Im näheren Umkreis von Saintes zählt man heute noch mehr als zweihundert romanische Kirchen. Die Saintonge ist damit die an romanischen Bauten reichste Region Europas – ein Dorado für Liebhaber mittelalterlicher Kunst. Dabei nimmt die Architektur eher eine untergeordnete Stelle ein, denn den eigentlichen Ruhm der Saintongaiser Romanik macht die Skulptur aus. Die Kirchen sind meist sehr schlicht: einschiffige Saalbauten ohne Querhaus, der Chor in der Regel ohne Umgang und Kapellenkranz. Dagegen entfaltet sich an den Fassaden, Fensterlaibungen, Gesimsen und Kapitellen ein Bilderreichtum, der angesichts der bescheidenen Ausmaße der Kirchen und ihrer meist dörflichen Umgebung überrascht. Man fragt sich natürlich erstaunt nach den Gründen, einmal für die hohe Zahl an Kirchen in einer schon immer dünn besiedelten Gegend und zum anderen für ihre verschwenderische Ausschmückung. Eine wissenschaftlich eindeutige Antwort darauf gibt es nicht. Aber es lassen sich begründete Überlegungen ins Feld führen: Das Poitou, besonders seine südlichste Landschaft, die Saintonge, war seit der ausgehenden Antike ständigen Gefahren ausgesetzt. Erst fegten die Stürme der Völkerwanderung über das Land hinweg, dann folgte das Ringen zwischen Westgoten und Franken um die Herrschaft im mittleren und südlichen Frankreich. Kaum war dieser Kampf entschieden, zog mit den Arabern, die bis nach Tours und Poitiers vorstießen, eine neue Bedrohung herauf. Seit der Heirat Eleonores von Aquitanien mit dem englischen Thronfolger war das Land ein ständig umkämpfter Zankapfel zwischen den Königreichen England und Frankreich. Nicht genau einzuschätzen ist ferner die Gefahr, die von den Piraten ausging, die in Nachfolge der Normannen immer wieder die breiten Mündungen der Seudre und der Charente hinaufsegelten, um plündernd und brennend über die Dörfer herzufallen. In diesen von Angst und Schrecken erfüllten Zeiten war die einigende Kraft der Kirche, die Zuversicht des Glaubens, den sie vermittelte, oft die einzige Hoffnung der Menschen. Dies hat sich nicht nur in der hohen Zahl an Gotteshäusern niedergeschlagen – nur am Rande sei die Funktion vieler Kirchen als Fluchtburgen für die drangsalierte Bevölkerung erwähnt –, sondern auch in der Tatsache ihrer üppigen Dekoration. Die Bilderwelt war nicht nur religiös – in ihren häufig der Sagenwelt entlehnten Motiven fand die Phantasie des Künstlers, vor allem aber des Betrachters ein Ventil für aufgestaute Ängste. Das Verblüffendste ist dabei, daß diese Skulpturenwelt neben der vorherrschenden moralisierenden Komponente eine unübersehbar satirische Selbstironie zeigt. Es wäre verkehrt, die Portale und Kapitelle der Saintonge nur als ästhetische oder die Phantasie beflügelnde Augenweide zu genießen; sie zwingen uns, die Nöte einer bewegten Epoche nachzuvollziehen, aber auch die alles heilende Macht des christlichen Glaubens an den Erlöser als wesentliche Triebfeder ihrer Entstehung zu begreifen.

Hier können unmöglich alle Kirchen der Saintonge aufgeführt werden, das wäre ein Buch für sich. Deshalb wurde eine Auswahl der vierzig wichtigsten Denkmäler getroffen. Das sind vermutlich immer noch zu viele, als daß man sie im Rahmen eines Urlaubsprogrammes unterbringen könnte. Es wurde darum darauf verzichtet, eine bestimmte Route oder eine Rundfahrt zu beschreiben, die kaum einer absolvieren könnte. Jeder wird sich nach Zeit und Geschmack sein eigenes Programm zusammenstellen. Nachstehend findet sich ein Katalog der Kirchen in alphabetischer Reihenfolge. Die Karte auf der hinteren Umschlagklappe erleichtert den Überblick und die Suche nach den manchmal versteckt gelegenen Kostbarkeiten. Um dem Besucher der Saintonge die Auswahl ein wenig zu erleichtern, wurde eine gewisse qualitative Staffelung versucht. Mit drei Sternen (***) ausgezeichnete Denkmäler sind für sich allein eine Reise in die Saintonge wert. Zwei Sterne (**) kennzeichnen Kirchen von hohem künstlerischem Rang, deren Besuch auch längere Umwege rechtfertigt. Jene Kirchen, die als gewichtige Vertreter der Saintonge-Romanik einzustufen sind, haben einen Stern (*); sie ergänzen dem, der mit etwas mehr Muße reist, das Bild von der Kunst dieser Landschaft. Nicht hervorgehoben sind die Namen der Denkmäler, die zwar durch eine architektonische Besonderheit oder durch ihren Skulpturenschmuck erwähnenswert sind, für deren Besuch jedoch nur der Reisende die Zeit aufbringt, der sich intensiv mit dem Thema der Romanik befaßt.

Annepont

Die Kirche St-André in Annepont gehört zur Gruppe der kleinen Dorfkirchen, die den Großteil der romanischen Bauwerke in der Saintonge ausmachen. Bei einer Renovierung in gotischer Zeit sind vermutlich etliche Skulpturen verlorengegangen. Man findet Kapitelle sowohl innen als auch am Außenbau. Die auf Blattdekor beschränkten Arbeiten des Innenraumes sind deutlich schwächer als jene draußen, die neben pflanzlichen Motiven unterschiedliche Tierdarstellungen und vereinzelt Menschen, darunter einen Harfenspieler, zeigen.

Die Kirche selbst ist ein Saal mit vorspringenden Wandpfeilern, an den sich der etwas schmälere Chor anschließt. Eine bauliche Besonderheit ist zu beobachten, die man sonst nur in der Provence antrifft: Lediglich die Südseite ist durchfenstert, während die Nordseite zum Schutz gegen den Wind fensterlos blieb.

Aulnay***

Die ehemalige Abteikirche St-Pierre in Aulnay (Abb. 72–74) gehört zu den herausragenden Erscheinungen der Romanik im Westen Frankreichs. Sie rechtfertigt nicht nur jeden noch so weiten Umweg, sie ist im Grunde die Reise ins Poitou schon allein wert. Aber zunächst die wichtigsten Daten: Quellen des 11. Jh. berichten von einer Kirche St-Pierre-de-la-Tour an dieser Stelle. 1122 fand ein Besitzerwechsel statt. Die Mönche der Abtei St-Cyprien in Poitiers übergaben die Fürsorge für Aulnay ihren Confratres von St-Pierre in Poitiers, die den bestehenden Kirchenbau errichteten. Genaue Daten zur Baugeschichte liegen nicht vor. Aber die Bestätigung des Besitzes von Aulnay an das Mutterkloster in Poitiers durch eine päpstliche Bulle Innozenz' II. 1135 wird in der Forschung als terminus post quem zitiert. Die Fertigstellung fällt in die Zeit um 1170.

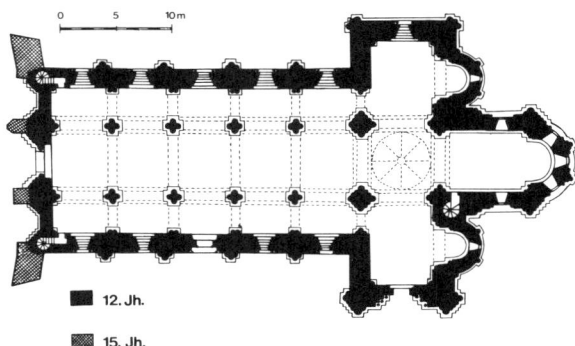

Aulnay, Grundriß der ehemaligen
Abteikirche St-Pierre (Zodiaque)

■ 12. Jh.

▨ 15. Jh.

In Aulnay erleben wir den seltenen Fall, eine Kirche noch weitgehend so zu sehen wie die Pilger des Mittelalters, für die sie eine der drei ganz großen Etappenziele – neben Melle und Saintes – auf dem Wege zwischen Poitiers und Bordeaux war. Sie liegt am Ortsrand inmitten der Stille eines Friedhofes, nur von Feldern und Bäumen umgeben. An zum Teil umgestürzten Grabsteinen vorbei gelangt man vor das Westportal, das in der untergehenden Sonne spätsommerlicher Tage zu glühen scheint.

Die Fassade ist in zwei Geschosse unterteilt, deren oberes durch den Verlust einer großen Reiterstatue Kaiser Konstantins in der Revolution an Gewicht verloren hat. So konzentriert sich heute der umfangreiche Skulpturenschmuck auf die untere Zone mit dem Hauptportal und seinen begleitenden, nur unwesentlich kleineren Scheinportalen. Die vier Archivolten über dem Eingang zeigen nicht die verbindenden Glieder wie an der Frauenklosterkirche zu Saintes. Sie sind scharfkantig gegeneinander abgegrenzt. Im kleinsten Bogenlauf – unten – strebt ein Engelsreigen aufwärts zur Mitte, in der ein Medaillon mit dem Lamm Gottes erscheint. Die wehrhaften Gestalten darüber, die mit ihren Füßen auf Tiere treten, sind Personifikationen der Tugenden im Kampf gegen die Laster, ein beliebtes und häufig wiederkehrendes Thema in der Saintonge. Die dritte Archivolte zeigt im Scheitelpunkt eine Halbfigur Christi – nach mittelalterlicher Auffassung war der Schlußstein eines Gewölbes ein Symbol Christi –, der nach rechts und links die klugen und törichten Jungfrauen scheidet. Das Leitmotiv bei der Gestaltung des Portals ist die Gegenüberstellung von Gut und Böse bzw. der Triumph des Guten über das Böse, ein Thema, das in zahllosen Variationen fast alle Bildprogramme mittelalterlicher Portale beherrscht. Die Figuren sind auffallend schlank, fast schon manieristisch überlängt. Dieses Stilmittel verleiht ihnen den Ausdruck eines scheinbar schwerelosen Aufwärtsstrebens. Die beiden Tugenden Demut und Freigebigkeit, deren Köpfe sich sanft berühren, reichen ihre Krone, die sie im Kampf gegen die Laster errungen haben, dem Lamm als dem eigentlichen Sieger. Das Weltumspannende des Gedankengebäudes unterstreichen die Darstellungen von Tierkreiszeichen und Monatsarbeiten in der vierten, alles übergreifenden Archivolte.

Die Archivolten der Seitenportale zeigen streng geometrisch angeordnete Pflanzenornamente. Das linke Tympanon hat das Martyrium des Kirchenpatrons Petrus zum Gegenstand. In korrekter Wiedergabe der schriftlichen Überlieferung wird der Apostel mit dem Kopf zuunterst an das Kreuz geschlagen. Er selbst hatte diesen Tod als Demutszeichen gegenüber seinem Herrn gewünscht. Von den Seiten schlagen Henkersknechte Nägel in die Füße Petri. Die Engel, die am unteren Bildrand das Blut des Heiligen in Kelchen auffangen – das Motiv geht auf den Bericht der Legenda Aurea zurück –, sind nur noch als Fragmente erhalten. Schwieriger ist die Deutung des rechten Tympanons. Die thronende Gestalt in der Mitte ist zweifelsfrei Christus, rechts und links von ihm sitzen zwei weitere Figuren. Gegen die Version, wonach es sich bei diesen um Maria und Johannes handeln soll, spricht die Tatsache, daß diese beiden als Begleiter Christi grundsätzlich stehen. Einleuchtender scheint deshalb gerade im Kontext mit dem Tympanon der anderen Seite die Auslegung, daß die beiden Figuren die Apostelfürsten Petrus und Paulus darstellen.

Der ursprüngliche Eingang zur Kirche war raffiniert angelegt. Der Pilger mußte zunächst ein paar Stufen hinaufsteigen. Da das Bodenniveau der Kirche dann wieder niedriger lag, erlebte er den Blick ins Innere in einer Art Schwebezustand. Paul Abadie, der Architekt von Sacré-Cœur in Paris, hat anläßlich der Restaurierung von St-Pierre im vorigen Jahrhundert das Terrain vor der Kirche aufgeschüttet, so daß man nun zwar bequemer hinein gelangt, aber das Dramatische der Inszenierung, das für den Pilger früherer Zeiten einer der Höhepunkte seiner langen Wallfahrt gewesen sein muß, bleibt uns heute vorenthalten. So anerkennenswert Abadies Bemühen um die Erhaltung historischer Denkmäler ist – die Instinktlosigkeit seiner Kirchenrestaurierungen ist oftmals erschreckend.

Die Kirche weicht vom sonst in der Saintonge verbreiteten Typ des einschiffigen Saales ab und schließt sich an Vorbilder des nördlichen Poitou an: Ein fünf Joche langes Mittelschiff wird von zwei annähernd gleich hohen Seitenschiffen begleitet. In der Zuspitzung des Tonnengewölbes ist der Einfluß Clunys wirksam geworden. Der Chor dagegen steht in der Tradition der Saintonge, denn er verzichtet, obwohl es sich bei St-Pierre um eine Pilgerkirche handelt, auf den Umgang mit ausstrahlenden Kapellen. Dem Muster des Staffelchores folgend, begleiten zwei Apsiden das Chorhaupt, die sich zu den Querschiffarmen öffnen. Wie eine Vorankündigung des Phantasiereichtums, der noch am Südportal auf den Betrachter wartet, mutet der stattliche Kapitellzyklus an. Die ausgefallensten Beispiele finden sich an den Vierungspfeilern. Neben verschiedenen biblischen Themen (Kain und Abel, Samson, dem Dalila die Haare abschneidet, Adam und Eva) nehmen die Tierdarstellungen einen breiten Raum ein. Eine Rarität ist das Kapitell mit der Darstellung zweier Elefanten, die möglicherweise als Symbole der Gutmütigkeit gedacht sind. Der Künstler fand hierfür wohl keine Vorlagen in seinem Musterbuch, und aus eigener Anschauung dürfte ihm der Dickhäuter nicht bekannt gewesen sein. So erklären sich auffallende anatomische Anomalien. Die langen Beine enden in raubtierähnlichen Tatzen, der weit heruntergezogene Unterkiefer läßt den Rüssel wie einen Schnabel aussehen.

Man verläßt das Kirchengebäude wie die Pilger des Mittelalters durch den Ausgang im südlichen Querhausarm. Hier erwartet uns die größte Überraschung, die eigentliche

Berühmtheit von Aulnay, sein Südportal (Abb. 74). Es handelt sich um ein Archivoltenportal ohne Tympanon, wie es für das ganze Poitou typisch ist. Während das Westportal ausschließlich von theologischen Gedanken durchwaltet ist, sind hier der freien Phantasie des Künstlers die Zügel gelassen. In den unteren Archivolten geht es noch »gesittet« zu. Da sieht man – zuunterst – einen Rankenfries mit eingebundenen Greifen. In der zweiten Archivolte stehen 24 männliche Gestalten mit einem Heiligenschein, vermutlich Apostel und Propheten. Darüber thronen in der dritten Archivolte die apokalyptischen Könige, 31 an der Zahl, das sind sieben mehr, als in der Johannesoffenbarung beschrieben. Die größere Zahl erklärt sich aus der in diesem Bogen erforderlichen Zahl von 31 Zwickelsteinen. Sowohl die Apostel und Propheten des zweiten als auch die Könige des dritten Bogens werden jeder von einer kleinen Figur getragen, die, im rechten Winkel darunter gruppiert, nur zu erkennen sind, wenn man sich direkt unter das Portal stellt. Der Bilderbogen – ein solcher ist es im wahrsten Sinne des Wortes – der Stirnarchivolte sprengt den theologischen Rahmen. In insgesamt 36 Figuren wird die ganze Sagen- und Märchenwelt des Poitou vor uns aufgeblättert. Namentlich zu identifizieren ist die Fee Melusine (8. Figur von rechts unten; Abb. 73). Daneben erscheinen Fabelwesen, halb Mensch, halb Tier, Vögel mit zwei Köpfen, Dämonen und Monster. Man meint fast akustisch die Kakophonie eines ganzen Hexensabbats zu vernehmen. Zum Teil steigern sich die Darstellungen ins Ironische, ja, Sarkastische. Besonders gefangen nimmt die Prozession dreier auf ihren Hinterläufen aufgerichteter Huftiere (8. bis 10. Figur von links unten; Abb. 72). Voran schreitet ein harfespielender Esel, hintendrein tänzeln ein Steinbock und ein Hirsch, auf den ein nach oben folgender Kentaur hintertückisch seinen Pfeil anlegt. Dieser musizierende Esel ist die köstlichste Figur von allen. Ein anderer Esel gleich rechts vom Scheitelpunkt des Bogens ist in ein Chorhemd gekleidet. Er singt aus einem Antiphonar, das ihm ein weiteres Eselchen aufgeschlagen entgegenhält. Angesichts des Ernstes, mit dem wir gewohnt sind, die Kunst des Mittelalters zu betrachten, ist diese krasse Form von Selbstironisierung weit mehr als nur ein Amüsement. Das Südportal von Aulnay macht uns eine ganze Epoche menschlich greifbarer. Wie herzlich wird an dieser Stelle wohl auch der Gläubige des Mittelalters gelacht haben?!

Neben dem Portal der Abteikirche Ste-Marie-des-Dames in Saintes ist jenes von Aulnay mit seinen rund 150 Figuren das reichhaltigste in der Saintonge. Eine Gruppe von Kirchen im näheren Umkreis von Aulnay hat zahlreiche der hier formulierten Motive an ihren Fassaden aufgegriffen: Salles, Contré, St-Mandé, Nuaillé.

Den Abschluß des Besuches von Aulnay bildet die Betrachtung der Chorpartie, an deren Fensterlaibungen, Gesimsen, Kapitellen und Kragsturzsteinen ebenfalls vielgestaltige Ornamente und Figuren die Monumentalität der Architektur verlebendigen.

Authon

Das romanische Dorfkirchlein von Authon, das in der Gotik zu einer Wehrkirche umgebaut wurde, wird einer ornamentalen Besonderheit am Portal wegen in diesen Katalog mitaufgenommen. Während die meisten Ornamentformen der mittelalterlichen Portale Frankreichs

– das gilt nicht nur für die Saintonge allein – die Anregungen für ihren Formenreichtum aus Vorbildern der römischen Antike nähren, ist in Authon ein Motiv anzutreffen, das einer alten baskischen Tradition entlehnt ist: ein Trapez mit einer Rosette darüber, beides von verschlungenen Flechtbändern durchzogen. Das Auftreten dieser speziell baskischen Schmuckform in der Saintonge ist nur mit dem regen Gedankenaustausch entlang der Jakobspilgerwege zu erklären, der die Vermittlung unterschiedlicher Anregungen über die Grenzen der Kulturlandschaften ermöglichte. Dasselbe Motiv findet sich ferner an den Kirchen von Poursay-Garnaud, Réaux und St-Ouen.

Avy*

Die Dorfkirche von Avy, südöstlich der Stadt Pons, hat ein für ihre Winzigkeit überraschend großzügiges Portal. Die Fassade ist wiederum in zwei Geschosse gegliedert. Das untere ist in drei Abschnitte mit einem Hauptportal und zwei begleitenden Scheinportalen (das linke zur Hälfte zerstört) unterteilt, das obere in eine Reihe von fünf Arkadenbögen. Der Skulpturenschmuck konzentriert sich auf die Archivolten des Portals, insgesamt vier an der Zahl. Die drei unteren Bogenläufe zeigen ein buntes Gewoge von Tieren, Fabelwesen und Ranken. Die vierte, oberste Archivolte greift das von Saintes (Abbaye aux Dames) und Aulnay (Südportal) geläufige Thema der apokalyptischen Könige auf; und auch hier hält man sich nicht an die biblische Vorlage, sondern bringt statt 24 stolze 36 Könige zur Darstellung. Sie erscheinen aber keineswegs als die gestrengen Beisitzer des Jüngsten Gerichts. Ihr Gebaren ist locker, heiter, fast möchte man sagen humoristisch. Sie scheinen zum Teil zu tanzen und nicht zu sitzen; da ihre Kelche zu kleinen Flaschen umgedeutet sind, erscheint das Ganze mehr als ein dörfliches Saufgelage. Hier waltet derselbe satirische Geist wie am Südportal in Aulnay.

Im Innern ist ein Fresko des 15. Jh. erhalten, das eine Muttergottes mit zwei Stiftern zeigt.

Berneuil

Die romanische Kirche von Berneuil, nordwestlich von Pons gelegen, hat in den Kriegen des 14. und 16. Jh. sowie durch spätere ungeschickte Restaurierungen einen Großteil ihrer Skulpturen eingebüßt. Sehenswert ist aber noch der Turm, der neben den Beispielen von Saintes, Thézac und anderen verdeutlicht, daß der enorme Wille zu plastischer Durchformung eines Bauwerks in der Saintonge im 12. Jh. nicht auf die Fassadengestaltung allein beschränkt blieb. Über einem Geschoß mit umlaufenden Blendarkaden erhebt sich die wuchtige Glockenstube, die zu jeder der vier Seiten in zwei hohe, schmale Lanzettfenster geöffnet ist. Die gliedernden Bündelpfeiler verlängern sich ins Dachgeschoß in Form von Lukarnen und kleinen Rundtürmchen an den Ecken.

Biron*

Die Kirche von Biron, die eine Reliquie des Evangelisators der Saintonge besaß und deshalb St-Eutrope geweiht ist, beschreibt im Grundriß ein lateinisches Kreuz mit einem fünf Joche langen einschiffigen Langhaus, einem Querschiff und einem Chor, der in gotischer Zeit

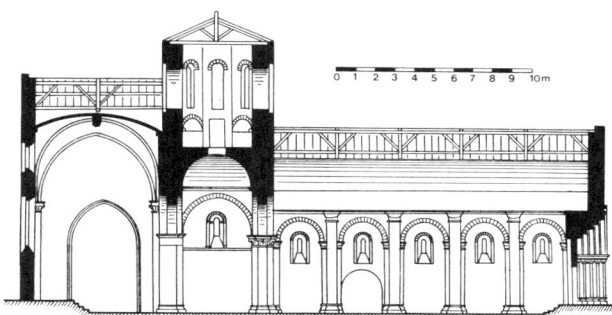

Biron, Längsschnitt durch die Kirche St-Eutrope

vergrößert wurde. Über die Vierung spannt sich über Pendentifs eine kleine, kraftvolle Kuppel. Aber das eigentlich Anziehende ist trotz dieser für die Saintonge recht aufwendigen Architektur wieder die Fassade. Sie ist gegenüber anderen Beispielen der Landschaft eher verhalten, die Archivolten des Portals sind schmucklos. Aber in den Übergangskanten zwischen ihnen kriecht und wimmelt es von kleinformatigem Getier. Schwäne, Elstern, Pfauen, Hunde, Löwen, Bären, Chimären, Basilisken; teils aufgereiht, teils sich im Kampfe aufeinanderstürzend, blättern sie den unerschöpflichen Bogen des mittelalterlichen Bestiariums in seiner ganzen Bandbreite auf. Das Getümmel findet an den Kapitellen auch der beiden seitlichen Scheinportale seine Fortsetzung. Elf kleine Arkaden, die mittlere leicht erhöht mit der einzigen Fensteröffnung der Westwand, überspannen die drei Portalbögen.

Bougneau*

Zu den ältesten Kirchen der Romanik in der Saintonge zählt Bougneau, das mit den Bauten von Sémillac, St-Thomas-de-Conac, Consac und Petit-Niort – alle in der Nähe der Gironde gelegen – eine Gruppe bildet. Die Errichtung fällt ganz allgemein gesagt ins 11. Jh., eine genauere Eingrenzung der Baudaten ist nicht möglich. Ein Umbau hat im 14. Jh. den Westteil verändert, aber der Ostteil mit dem kleinen Querhaus und dem Chor ist noch original erhalten. Hier ist ein Phänomen zu beobachten, das als eine Art Vorläufer des

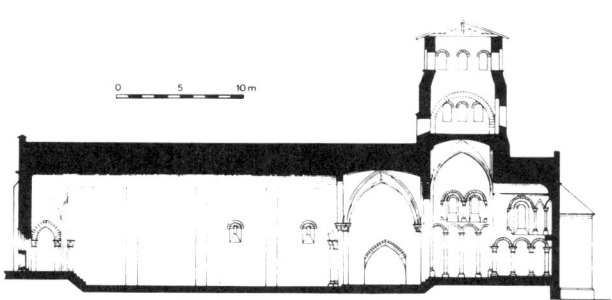

Bougneau, Längsschnitt durch die romanische Kirche

späteren Fassadenreichtums in der Saintonge gelten kann: eine fassadenhafte Dekorierung des Innern. Gemeint ist der Chor, dessen zwei Raumteile, ein an die Vierung anschließendes Quadrat und das apsidiale Halbrund, in zwei Geschosse unterteilt sind. Die Gliederung ist der Wand aufgeblendet. Kantige Pfeiler, von Kanneluren durchzogen, wachsen an den Seitenwänden des quadratischen Raumteils auf und tragen Rundbögen. Darüber folgen zwei weitere Arkaden, die die Fenster rahmen. Das Untergeschoß des Chorrundes ist in sieben kleine Bögen aufgelockert, das Geschoß darüber bringt in fünf Abschnitten einen Wechsel von Rundbögen und Spitzgiebeln. Die Gliederungselemente erinnern lebhaft an antike Vorbilder, wie sie zur Zeit der Erbauung Bougneaus und seiner Verwandten noch in großer Zahl in der Saintonge vorhanden gewesen sein dürften. Bougneau lehrt geradezu beispielhaft, wie eng die scheinbar so weit auseinanderliegenden Epochen der Antike und des Mittelalters letztlich doch miteinander verwoben sind.

Chadenac**

Das Priorat von Chadenac, das der Abtei Charroux unterstand, ist noch in seiner Kirche gegenwärtig, deren in der Revolution beschädigte Fassade zu den schönsten in der Saintonge zählt. In Abweichung vom üblichen Schema hat sie drei Geschosse: die Portalzone mit dem Eingang in der Mitte und zwei seitlichen Scheinportalen, eine Blendarkatur darüber, die immer zwei kleinere Bögen unter einer übergreifenden Rundung paarweise zusammenfaßt, und das Giebelgeschoß, das mittels eines kleinen Gesimses von der Blendarkadenzone getrennt ist, mit dem es bei den meisten anderen Kirchen eine Einheit bildet.

Das beherrschende Thema der Ikonographie ist wie so oft der Kampf zwischen den Gewalten des Guten und des Bösen. In den Archivolten des Hauptportals stehen die klugen bzw. die törichten Jungfrauen und die Personifikationen der Tugenden nebst den tiergestaltigen Lastern für das eine oder das andere Prinzip. Die lebensgroßen Statuen in den Nischen der Scheinportale sind so arg verstümmelt, daß eine namentliche Bestimmung nicht mehr möglich ist. Eine originale Besonderheit sind die elegant geschwungenen Darstellungen von Hunden und Löwen über den Bögen, die sich um ein Beutetier streiten. Sie sind zwischen vier Statuen gerückt, in denen der hl. Georg und die von ihm aus der Gewalt des Drachen befreite Prinzessin (links) sowie der Erzengel Michael mit dem Untier (rechts) zu erkennen sind. Georg und Michael sind zwei Galionsfiguren des siegreichen Guten.

Champagnolles

Eine Gotisierung der Kirche von Champagnolles hat zum weitgehenden Verlust ihrer romanischen Portalskulpturen geführt. Dennoch ist der Aufbau der Fassade klar zu erkennen, der – ähnlich wie in Chadenac – einem dreigeschossigen Aufriß folgt. Allerdings ist die Wandfläche der Giebelzone nicht wie sonst bei dreigeschossigen Fassaden glatt geblieben, sondern ihrerseits mit drei Blendarkaden überzogen. So bleiben nur geringfügige Reste ungegliederter Wandfläche übrig.

An den einschiffigen Saal des Langhauses legen sich ein gleichfalls einschiffiges Querhaus und ein Staffelchor mit ausladender Chorapsis und zwei begleitenden Kapellen an den

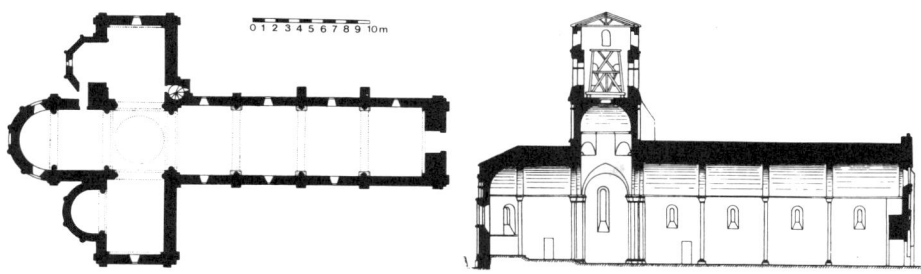

Champagnolles, Grundriß und Längsschnitt

Querhausarmen. Der Vierungsturm erhebt sich mit drei Geschossen weit über die Dächer der Kirche.

Chermignac

In dem 9 km südlich von Saintes gelegenen Dorf Chermignac lockt weniger das bescheidene romanische Kirchlein mit seinem einige wenige Tierdarstellungen aufweisenden Portal, als vielmehr ein stattliches Hosianna-Kreuz des 13. Jh. Es steht auf einem kleinen Platz an der Nordseite der Kirche und ist im Gegensatz zu anderen Beispielen dieses für das Poitou charakteristischen Votivdenkmals, die sonst immer einen ungegliederten Säulenschaft haben, in mehrere Zonen gestuft. Über einem breit ausladenden Sockel erhebt sich ein kleines Oktogon, das den Rundpfeiler trägt. In der mittleren Zone befanden sich einst vier Statuen, von deren Existenz nur noch die kleinen Plattformen, auf denen sie standen, und vier Baldachine zeugen. Nach oben verjüngt sich der Pfeiler, der schließlich in dem bekrönenden Kreuz gipfelt.

Corme-Ecluse**

Die Kirche Notre-Dame (Abb. 81) gehörte zu einem Priorat, das von der Abbaye aux Dames in Saintes abhing. Das kurze Langhaus besteht aus nur zwei Jochen, daran schließen sich Querhaus und der fast gleich große Chor an. Der Vierungsturm, dessen Untergeschoß jenem von Thézac gleicht (s. u.), wurde im 13. Jh. durch ein gotisches Stockwerk erhöht und ragt dadurch steiler auf, als man es sonst von den romanischen Glockentürmen in der Saintonge gewöhnt ist.

Blickfang der Anlage ist wieder die Fassade. Die untere Zone zeigt die üblichen drei Bögen mit einem Eingang in der Mitte und zwei seitlichen Scheinportalen. Das Geschoß darüber reiht acht kleine Arkaden nebeneinander, die durch ein schmales Gesims vom Dreieck des Giebels abgesetzt werden. Die Tierdarstellungen an den Archivolten und Kapitellen nehmen den breitesten Raum ein, Menschen verschwinden fast völlig in dem von kunstvollen Ranken durchzogenen Gewoge. Das Portal mutet wie eine in Stein gehauene Voliere an: Über die große Stirnarchivolte des Hauptportals marschiert eine Abteilung Hühner. Ein

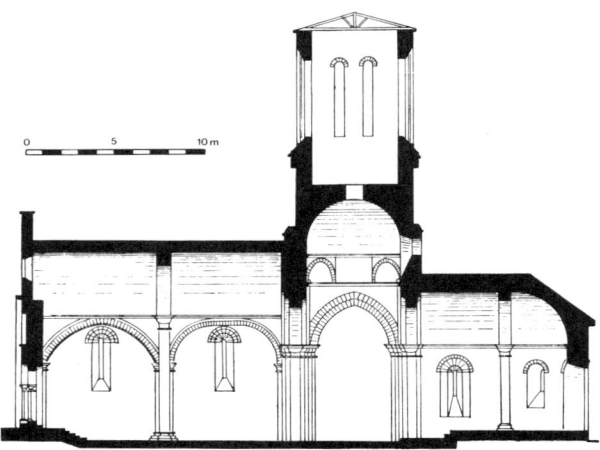

*Corme-Ecluse, Längsschnitt
durch die Kirche Notre-Dame*

satirischer Unterton wie in Aulnay und Avy ist kaum übersehbar. Aber es sind wohl nicht die dummen Hühner der Witwe Bolte bei Wilhelm Busch, sondern Symbolfiguren der unschuldigen Seelen, die in Christus, der im Zentrum des Bogens thront, ihrem Erlöser zustreben. Das Huhn als Symbol der gläubigen Seele taucht schon in frühchristlichen Mosaiken auf (z. B. Rom, S. Clemente).

Einige Partien, die durch ihre makellose Oberfläche gegenüber den verwitterten Skulpturen auffallen, sind Produkte einer jüngeren Restaurierung.

Corme-Royal**

Corme-Royal ist eine Stiftung der Agnes von Burgund, die das Priorat der Aufsicht der Nonnen in Saintes unterstellte. Die beiden Geschosse der Fassade der Kirche St-Nazaire sind in drei Vertikalabschnitte unterteilt. Dem Portal unten entspricht ein großes Fenster oben, die Scheinportale rechts und links finden eine spiegelbildliche Wiederholung in den beiden Scheinfenstern darüber. Hier feiert die Ornamentik einen wahren Triumph. Nicht nur die Archivolten, sondern auch die Friese und sogar die Schäfte der aufgeblendeten Halbsäulen sind überwuchert von Spiralbändern, Rosetten, Kreuzbändern, Kanneluren, Zahnschnitten und unterschiedlichen Blattmotiven. Aber auch der figurale Dekor kommt nicht zu kurz. In der zweituntersten Archivolte des Portals erkennt man Christus, begleitet von Heiligen. In den Tympana der Scheinportale stehen Figuren, von denen jene links als Heimsuchungsgruppe – Maria und Elisabeth – gedeutet werden können, der Sinn der rechten Gruppe bleibt unklar.

Während üblicherweise an den Fassaden der Saintonge eine Abstufung in der Ausschmükkung der unterschiedlichen Geschosse herrscht, indem die Fülle des Dekors nach oben hin abnimmt, stellt man in Corme-Royal eine absolut gleichgewichtige Verteilung auf beide

Geschosse fest. Im Obergeschoß werden die beiden Themen vorgetragen, die die Künstler der Saintonge am stärksten zu beschäftigen schienen: die klugen und törichten Jungfrauen sowie der Kampf der Tugenden gegen die Laster. Ersteres entdeckt man im Bogen über dem Fenster. Christus erscheint als Brustbild im Zentrum. Er weist nach links und rechts auf zwei Türen. Die linke ist geöffnet, ihr streben die klugen Jungfrauen zu. Die andere dagegen ist verschlossen, und die törichten Jungfrauen, die unvorsichtig das Öl ihrer Lampen verschwendet hatten und deshalb nicht die Tür zu ihrem Bräutigam fanden, lassen resigniert die Köpfe hängen. In den Bögen über den Scheinfenstern stehen die Gestalten der Tugenden, gewappnet und bewehrt mit Schilden und Schwertern, die tiergestaltigen Laster besiegt zu Füßen.

Douhet

Die Kirche von Le Douhet ist dem hl. Martial geweiht, dem Nationalheiligen des Limousin, der der Legende zufolge gemeinsam mit Eutropius und anderen Heiligen als Begleiter der hl. Marien nach Frankreich gelangt war. Den Eingang zu dem bescheidenen Kirchenraum markiert ein vierfach gestuftes Archivoltenportal. Zuunterst tragen Engel ein Medaillon mit dem Agnus Dei, die beiden mittleren Bögen sind ornamental gehalten. Das Bestiarium der Stirnarchivolte umfaßt dreizehn Gestalten, zwei Menschen, ein Kamel und zehn Fabeltiere, Phantasiefiguren aus dem unerschöpflichen Fundus der poitevinischen Sagenwelt.

Echebrune*

Wenn man die Fassade der Pfarrkirche St-Pierre in Echebrune als schlicht bezeichnen wollte, so nur im Hinblick auf die Tatsache, daß hier auf figuralen Dekor gänzlich verzichtet wurde – ein für die Saintonge in der Tat ungewöhnlicher Umstand. Statt dessen wurde aber

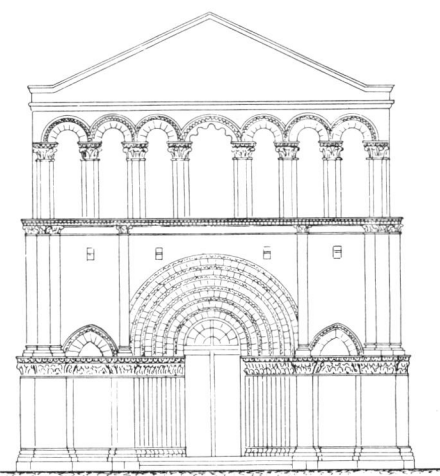

Echebrune, Fassade der Pfarrkirche St-Pierre

ein beträchtlicher Aufwand in die Gliederung der Wandfläche investiert, mit dem sich kaum eine andere Kirche der Gegend messen kann. Zwei Geschosse gehen übereinander auf, die jeweils noch einmal in zwei Abschnitte unterteilt sind. So wird der Bereich der sechsfach gestuften Portalarchivolten und der kleinen Bögen der flankierenden Scheinportale nach unten durch einen die ganze Fassade überspannenden Blattfries getrennt, der sich am Portal selbst in den Kapitellen des Gewändes verkröpft. Seine filigranhafte Ausführung wirft ein Schlaglicht auf die hohe handwerkliche Perfektion der Steinmetze in der Saintonge des 12. Jh. Das Obergeschoß, durch ein kräftiges Gesims nach unten abgegrenzt, besteht aus einer Reihe von sieben Arkaden, die ihrerseits durch ein weiteres, schmaleres Gesims gegen das Giebeldreieck abgesetzt wird. Von allen Kirchenfassaden der Saintonge zeigt Echebrune, wenn auch nicht die reichste, so doch die konsequenteste und ausgewogenste Gliederung.

Echillais*

Wer von Rochefort nach Süden fährt, etwa der oben beschriebenen Route nach Moëze und Brouage folgt, hat nur einen kurzen Umweg nach Echillais, das gleich vor den Toren von Rochefort liegt. Die Fassade der kleinen Notre-Dame-Kirche wiederholt, wenn auch vereinfacht, das Gliederungsmuster von Echebrune. Da sie jedoch als große Schauwand die Maße der dahinterliegenden Kirche übersteigt, entfällt der Spitzgiebel. Dadurch erhält die Westwand etwas breit Hingelagertes, das ihr trotz ihrer geringen Ausmaße ein wahrhaft monumentales Aussehen verleiht. Neben den von anderen Portalen vertrauten Figuren der Engel, Tugenden und Laster erkennt man die Steinigung des hl. Stephanus, einen Violinspieler, nach dessen Klängen sich eine Tänzerin im Kreise dreht, ferner die Verkündigung und die Himmelskrönung Mariens. Eine wahre Enzyklopädie wird ausgebreitet, jedoch ohne den stringenten ikonographischen Zusammenhang, der bei aller Vielteiligkeit doch letztlich die Bildprogramme der meisten Portale beherrscht. Besonders originell ist eine große dämonische Maske links vom Eingang, die, als Kapitell gearbeitet, den Säulenschaft, den sie bekrönt, zu verschlingen im Begriff ist. Hier blitzt wieder das Satirische auf, das an so vielen anderen Portalen der Saintonge mit anklingt. Weiterer Skulpturenschmuck findet sich innen an den Kapitellen und außen am Chor.

Ecoyeux*

Ecoyeux liegt auf halber Strecke des Pilgerweges von St-Jean-d'Angély nach Saintes. Die Kirche, ein schlichter romanischer Bau mit einem mehrfach gestuften Archivoltenportal, ist ein echter Wehrbau (Abb. 75). Zwei kleine Wachtürme flankieren die Westwand, zwischen ihnen ziehen sich Zinnen entlang. Bemerkenswert ist dabei, daß der Bau erst im 15. Jh. diese wehrhafte Gestalt erhielt. Zahlreiche Quellen des Spätmittelalters berichten von räuberischen Banden, die sich darauf verlegt hatten, die schutzlos durch das Land ziehenden Jakobspilger zu überfallen und auszurauben. In einer Kirche wie jener von Ecoyeux war man vor derartigen Übergriffen sicher. Man sieht an diesem Beispiel, daß die kleinen

Kirchen der Saintonge nicht nur dem Schutz der eigenen ortsansässigen Bevölkerung, sondern oft auch der Sicherheit der Jacquaires dienten.

Ecurat

4 km nordwestlich von Saintes liegt das Dorf Ecurat, dessen Mitte die alte romanische Kirche bildet. Die drei Bögen der Portalzone – ein größerer über dem Eingang in der Mitte und zwei kleinere zu seinen Seiten – zeigen ausschließlich ornamentalen Dekor, lediglich an den Kapitellen erscheinen einige Tierdarstellungen. Aber wie überall dort, wo das Ornament im Vordergrund steht, entfaltet sich ein verblüffender Formen- und Ideenreichtum. Besonders schön ist der Fries aus Akanthusblättern in der Stirnarchivolte des Hauptportals.

Fenioux***

Am Rande eines kleinen Dorfes, 8 km südwestlich von St-Jean-d'Angély, liegt die Kirche von Fenioux, ein Kleinod der Romanik in der Saintonge. Die Kirche selbst ist dabei nur von sekundärem Interesse, das Augenmerk richtet sich wieder auf das Portal oder, korrekter gesagt, auf die Portale, eines an der West- und ein zweites an der Nordseite, ferner auf den Glockenturm und die Totenlaterne (Abb. 76).

Aber alles der Reihe nach. In der Kirche finden sich noch Mauerreste aus karolingischer Zeit. Im 12. Jh. wurde dieser frühmittelalterliche Bauteil nicht abgerissen, sondern nach Westen erweitert und mit einer prachtvollen Fassade geschmückt. Zur selben Zeit entstand der hoch aufgeschossene Glockenturm. Im ausgehenden Mittelalter erfolgte eine Neugestaltung des Chores in Form eines Rechtecks. Die in romanischer Zeit eingezogene Tonnenwölbung ist später eingestürzt und wurde durch eine Holzkonstruktion ersetzt.

Im Westportal sind fünf Archivolten übereinander gestaffelt, so daß eine tiefe Portalhöhlung entsteht, in der die Sonne von der Mittagszeit bis zum Untergang ein faszinierendes Wechselspiel von Licht und Schatten inszeniert. Das Portal fällt in die Spätzeit der Romanik, möglicherweise noch nach die Mitte des 12. Jh., und führt das in der Saintonge beliebte Thema der Tugenden und Laster sowie der klugen und törichten Jungfrauen breit aus. Die innere Archivolte ist mit einem Blattfries dekoriert, in der zweiten beginnt die figurale Ausgestaltung. Elegante Frauen mit Schilden und Lanzen, Personifikationen der Tugenden, stellen ihre Füße auf die besiegten Laster, die in Gestalt schauriger Tiere wiedergegeben sind. In der nächsten Archivolte strebt ein Engelsreigen dem Agnus Dei im Scheitelpunkt zu. Darüber erscheint Christus, rechts und links von ihm die klugen und törichten Jungfrauen. Wie bei anderen Portalen mit demselben Thema stehen die klugen Jungfrauen aus der Perspektive des Betrachters links, d. h. rechts von Christus. Diese Anordnung ist keineswegs zufällig. Nach Auffassung des Mittelalters steht auf der rechten Seite immer das Gute, links das Böse. So sieht man auch bei allen Darstellungen des Jüngsten Gerichts die Auserwählten grundsätzlich zur rechten Seite Christi, während der Platz der Verdammten zu seiner Linken ist. Die oberste Archivolte schließlich zeigt Tierkreiszeichen und Monatsarbeiten. In einer Galerie über dem Portal stehen kleinformatige Statuen, die namentlich nicht zu identifizieren sind.

Fenioux, die Totenlaterne, Schnitt und Grundriß nach Abadie (Zodiaque)

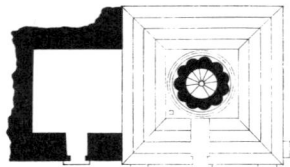

An ihrer Nordseite besitzt die Kirche von Fenioux ein zweites, kleineres Portal, das ausschließlich von ornamentalem Dekor umrahmt wird. Drei kräftig profilierte Archivolten schwingen sich über den schmalen Eingang, dessen Seiten in Entsprechung zu den Bogenläufen von je drei Säulchen flankiert werden. Fein ausgearbeitete Rosetten und Akanthusblätter schaffen einen für die Winzigkeit des Portals verblüffend repräsentativen Rahmen.

Der Glockenturm steht leicht neben das Gebäude versetzt und erinnert daher an italienische Campanile. Seine Stellung hat aber einen naheliegenden praktischen Grund. Dem aus kleinteiligen Bruchsteinen bestehenden karolingischen Mauerwerk im rückwärtigen Teil der Kirche hätte man unmöglich die Last eines Turmes aufbürden können. Die offene Glockenstube wird von vier Fialen flankiert, die sie wie kleine Wächter ein Schilderhäuschen umstehen. Über einem darüber aufgehenden runden Zwischengeschoß, das von Arkaden durchbrochen ist, erhebt sich ein geschupptes, spitz zulaufendes Kegeldach. Diese Bedachung wirkt zu steil, so wenig dem Proportionsempfinden der Romanik angemessen, außerdem verdächtig glatt, um nicht zu sagen geleckt. Tatsächlich handelt es sich nicht um Originalsubstanz, sondern um ein Restaurierungsergebnis, für das – wie schon in Aulnay – Paul Abadie verantwortlich ist, dessen Arglosigkeit im Umgang mit historischen Bauwerken hier erneut zu kritisieren wäre.

Die eigentliche Berühmtheit von Fenioux steht etwas abseits, westlich der Kirche, auf dem ehemaligen Friedhof. Es ist die Totenlaterne, die größte ihrer Art im Poitou (Abb. 76). Sie erhebt sich über einer alten Gruft. Die Säule wird aus elf senkrechten Rundstäben gebildet, die sich nach oben in eine Art kleinen Tabernakels öffnen. Dort befand sich einst das Licht,

95 BOURG-CHARENTE Pförtnerhäuschen am Eingang zum Renaissanceschloß ▷

96 Notre-Dame de Châtres

97 Benediktinerabtei Bassac

98 Gensac-la-Pallue Romanische Kirche St-Martin

99 ANGOULÊME Blick auf die Kathedrale St-Pierre

100 ANGOULÊME Innenansicht von St-Pierre

101 ANGOULÊME Turm an der Fassade von St-Pierre (von Paul Abadie im 19. Jh. rekonstruiert)

102–104 ANGOULÊME Details der Fassade von St-Pierre; oben: Scheintympanon mit Aposteln; unten: kämpfende Ritter (Illustration zum Rolandslied); rechts: Christus in der Mandorla mit den Symbolen der vier Evangelisten

105 La Couronne   Gotische Abteiruine

106 St-Michel-d'Entraygues   Romanisches Oktogon

107 St-Michel-d'Entraygues   Tympanon von St-Michel mit dem Kampf des Erzengels Michael gegen den Drachen

108 MOUTHIERS-SUR-BOËME Romanische Kirche St-Hilaire
109 ST-AMANT-DE-BOIXE Kreuzgangruine der
ehemaligen Abtei

110 ST-AMANT-DE-BOIXE Kapitell in der Kreuzgangruine

112   Matha   Eingangsturm zur (heute nicht mehr existierenden) Burganlage

◁ 111 Magnac-sur-Touvre   Kirche St-Cybard

113   Schloß der Familie La Rochefoucauld in Verteuil-sur-Charente ▷

115 CIVRAY Fassade der Kirche St-Nicolas

◁ 114 CIVRAY Kirche St-Nicolas; Detail aus den Archivolten des Hauptportals – Tierkreiszeichen, Engel und Heilige

117 Château Jussy-Champagne
◁ 116 Charroux   Ruine der romanischen Abteikirche
118 Château Meillant   119 Bourges   Chor der Kathedrale St-Etienne ▷

das den Toten am Tage der Auferstehung den Weg weisen sollte. Ein kleines Spitzdach bildet den Abschluß. Ein entfernter Zusammenhang zwischen der Totenlaterne und der Darstellung der klugen und törichten Jungfrauen am Portal der nahen Kirche klingt an, da doch jene mit ihrem Licht zur rechten Tür fanden bzw. im Dunkeln verzagten, sofern sie mit dem Öl ihrer Lampe nicht achtsam gewirtschaftet hatten. Und noch etwas anderes fällt auf. Die Treppe, die im Innern der Säule aufwärts führt, zählt 33 Stufen – die Schnittzeichnung Abadies, der 47 Stufen angibt, ist in diesem Punkt ungenau. Man weiß, daß die Zahl 33 den Lebensjahren Jesu entsprechend einen hohen Symbolgehalt hatte. Man kennt z. B. Krankenhäuser des Mittelalters, die nur 33 Betten unterhielten, obwohl sie weit mehr hätten unterbringen können, als bewußte Symbolwahl der Lebensjahre des Erlösers. Es ist durchaus denkbar, denselben Hintergrund für die Totenlaterne von Fenioux gelten zu lassen. Die Symbolsprache der Totenlaterne hieße demnach, der Mensch löst sich vom irdischen Bereich, um, durch das Erlösungswerk Christi gerettet hinauf, zum ewigen Licht zu gelangen.

Geay

An der Prioratskirche von Geay wurde fast völlig auf den Schmuck der Bauplastik verzichtet, ein für die Saintonge schon ungewöhnlicher Fall. Dennoch wird Geay in dieser Übersicht mit aufgeführt, weil eine architektonische Besonderheit der Kirche aus dem Rahmen fällt. Der Chor ist nicht halbrund, sondern polygonal, d. h. fünf gerade Wandflächen sind so über Eck zusammengestellt, daß sie einen gebrochenen Halbkreis beschreiben. Dasselbe Motiv ist nur noch an zwei anderen Bauten der Region zu beobachten, in Rétaud und Rioux. Diese Form der Chorgestalt ist im 12. Jh. sonst nur in der Provence verbreitet (Montmajour, Cavaillon, Vaison-la-Romaine u. a.). Auch in diesem Fall ist zu beobachten, daß die Saintonge trotz ihrer auffallenden Eigenständigkeit offen war für Anregungen, die aus anderen Gebieten nach Westfrankreich vermittelt wurden.

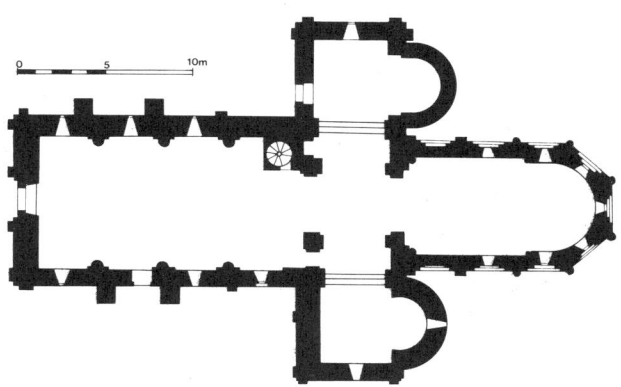

Geay, Grundriß der Priorats-
kirche (Zodiaque)

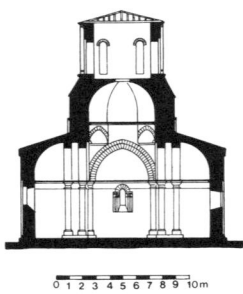 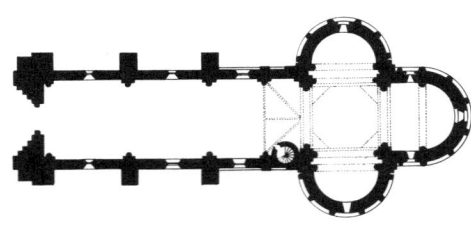

Marignac, Prioratskirche, Querschnitt und Grundriß

Marignac

Die von Charroux abhängige Prioratskirche in Marignac hat im Anschluß an einen einschiffigen Saal im Osten den seltenen Grundriß einer Dreikonchenanlage. Bei einer Umgestaltung der Kirche im 14. Jh. ist vieles vom romanischen Portalschmuck verlorengegangen, aber im Innern, in eben jenem Dreikonchenchor befindet sich noch ein herrlicher Fries aus der Zeit der Erbauung. Es ist ein verschlungenes Rankenband, das sich an Pfeilern und Diensten verkröpft. In die Pflanzen verwoben erscheinen zahlreiche Tiere. Sie sind alles andere als dämonisch wie an so zahlreichen anderen Kirchen. Ihre auffallende Harmlosigkeit, ja, in einzelnen Fällen sogar Heiterkeit, zeigt eine Verwandtschaft mit Aulnay.

Matha-Marestay

Die ehemalige Abteikirche von Matha hat in den Religionskriegen schwer gelitten. Das Langhaus und die Fassade wurden völlig zerstört. Die Chorpartie hat die Zeiten jedoch unbeschadet überdauert, ein in diesem Fall besonders glücklicher Umstand, denn die Außengestaltung des Chorhauptes gehört zu den schönsten in der Saintonge. Die sieben Fenster – zum Teil sind es Scheinfenster – sind wie kleine Portale behandelt. Kleine Säulen tragen zweifach gestufte Archivolten, deren plastische Durchformung in Gestalt von Ranken, Tieren und dämonischen Wesen mit jeder Fassade der Gegend konkurrieren kann. Auch im Innern sind bildhauerische Arbeiten erhalten. Die Kapitelle der Vierungspfeiler zeigen neben weiteren Monstren auch alttestamentarische Szenen wie Samsons Kampf mit dem Löwen oder Daniel in der Löwengrube.

Matha-Ste-Hérie

An der Kirche Ste-Hérie in dem gleichnamigen Vorort von Matha liegen die Dinge gerade andersherum als in dem nahen Matha-Marestay. Hier steht nur noch der Westteil der Kirche aus romanischer Zeit, während der Chor im 15. Jh. durch einen Neubau ersetzt wurde. Die Fassade folgt dem Grundschema der Saintonge-Kirchen mit zwei Geschossen, die in drei

Arkaden unterteilt sind. In der Mitte öffnet sich unten das Portal, darüber ein großes Fenster, die Bögen an den Seiten überfangen Scheinportale bzw. -fenster. An den vielfach gestuften Archivolten des Portals wurde so nachhaltig herumrestauriert, daß kaum noch eine Trennung von Originalsubstanz und späteren Ergänzungen möglich ist. Phantasievoll geschmückt sind die Fensterleibungen der Südseite. Nahebei steht ein stattlicher Renaissanceturm; er war einst das Tor zu einer heute nicht mehr existierenden Burganlage (Abb. 112).

Nieul-lès-Saintes*

Das Portal der Kirche St-Martin in Nieul-lès-Saintes bringt die letzte Steigerung humoristischer Gedanken, wie sie gleichfalls in Aulnay, Avy und Marignac anklingen. Die Stirnarchivolte – als einzige mit Figuren besetzt gegenüber den ornamental gehaltenen Bögen darunter – zeigt wie in Avy eine Versammlung von Männern, auf jedem Zwickelstein einer. Was aber dort die apokalyptischen Könige sind, wird hier zu einem Reigen von Tänzern und Musikern profaniert. Man glaubt sich mitten in einen dörflichen Rundtanz versetzt, den die derben Figuren in aller Ausgelassenheit vortragen. Neben den heiteren Eselchen von Aulnay sind die Figuren von Nieul die fröhlichsten in der Saintonge überhaupt.

Les Nouillers

St-Pierre in Les Nouillers weicht von der Tradition der Romanik in der Saintonge ab. Statt der verbreiteten Tonnenwölbung überspannen drei Kuppeln den einschiffigen Saal, der damit eine enge Verwandtschaft mit der Nonnenkirche in Saintes aufweist. Hier ist der Einfluß der Nachbarlandschaft Périgord wirksam geworden, wo die Wölbung mit Kuppeln im 12. Jh. vorherrschte.

Pérignac**

Die Fassade der Kirche von Pérignac gehört nicht eben zu den reichsten der Saintonge, da haben rein von der Menge der Skulpturen Aulnay, Saintes, Pont-l'Abbé-d'Arnoult und andere gewiß mehr zu bieten. Aber die Ikonographie ist derart ungewöhnlich, daß Pérignac hier besonders hervorgehoben werden soll.

Aus dem Rahmen fällt bereits die Gewichtung in der Aufteilung der Westwand. Das Portal, das doch sonst wichtigster Träger der Skulptur in der Saintonge ist, verzichtet auf jede Form plastischen Dekors, und anstelle der gewohnten seitlichen Scheinportale begegnet uns die nackte Wandfläche. Die Ausbreitung des Skulpturenprogramms beginnt erst in einer höher gelegenen Zone. In zwei Streifen übereinander stehen etwa halblebensgroße Figuren, die in Nischen eingebettet sind. Im unteren Streifen zählt man 13 Personen. Es handelt sich um die Apostel und die Muttergottes. Maria, die in der Mittelachse steht, wird zur Kenntlichmachung ihrer Bedeutung etwas größer dargestellt als die Jünger. Im Streifen darüber erscheinen acht weitere etwa gleich große Nischen, unterbrochen durch ein Fenster in der Mitte. Drei der acht Figuren sind verloren. Sie wurden durch grob behauene Steinblöcke ersetzt. Zu erkennen sind Personifikationen der Tugenden, die ihre Füße auf die besiegten tiergestaltigen Laster stellen (Abb. 80). Über dem Fenster ist eine Mandorla mit einer stehenden Christusgestalt angebracht, rechts und links assistiert von zwei Engeln. Wenn auch die Köpfe der Engel zerstört sind, kann man doch deutlich erkennen, daß sie mit beiden Händen nach der Mandorla, dem Sinnbild für den Strahlenkranz, der den Herrn umgibt, greifen. Diese Gruppierung kennt man von einigen wenigen anderen romanischen Portalen Frankreichs (Cahors, Toulouse, Anzy-le-Duc), deren Ikonographie gesichert ist. Demnach handelt es sich um das selten dargestellte Thema der Himmelfahrt Christi (Abb. 79). Die beiden Engel tragen die Mandorla himmelwärts. Nun wird auch die Anwesenheit der Apostel und Mariens verständlich, die dem biblischen Bericht zufolge Zeugen der Himmelfahrt waren. In Abweichung von dem Bericht in der Apostelgeschichte sind zwölf und nicht elf Apostel dargestellt. Judas Ischarioth aber, der Verräter, war zu diesem Zeitpunkt bereits aus dem Leben geschieden. Seine Stelle nahm erst später Matthias ein, der von den Aposteln auf den vakanten zwölften Platz gewählt wurde.

Besonderer Erwähnung bedarf die Archivolte über dem Fenster. Bei genauem Hinsehen erkennt man 19 Pferdeköpfe im Halbrund angeordnet. Hier hat die Phantasie der Saintonge eine weitere originale Blüte getrieben. Die Steine einer Bogenrundung sind immer trapezförmig, die äußere Schmalkante ist breiter als die innere. Ein Pferdekopf nun, der oben breit ist und sich zu den Nüstern hin verjüngt, entspricht vollkommen diesem Trapez, so daß der Künstler in der Anatomie des Pferdes ein geeignetes Motiv fand, die schwierig zu gestaltende Form des Steines ästhetisch zu verfremden. Inhaltlich betrachtet bieten sich zwei Interpretationsmöglichkeiten. Entweder handelt es sich wieder um ein satirisches Sujet ähnlich den Tierdarstellungen von Aulnay oder um eine symbolische Darstellung. Gegen die erste Lösung spricht die Tatsache, daß die Tierköpfe keinerlei humoristische Züge tragen, wie es unverkennbar bei den zum Vergleich zitierten Beispielen in Aulnay mit den musizierenden und psalmensingenden Eseln der Fall ist. Denkbar wäre also eine symbolische Bedeutung. Die Bibel bietet hierfür jedoch nur einen vagen Anhaltspunkt. Der Prophet Sacharja sah eine Schar Pferde, die die Boten Gottes, also Engel, zur Erde brachten. In der Apokalypse reiten ebenfalls Engel auf Pferden einher. Man könnte demzufolge hier in Pérignac Sinnbilder der himmlischen Heerscharen vermuten.

In der Nähe von Pérignac gibt es noch zwei weitere Kirchen mit derartigen Pferdeköpfen: St-Fort-sur-Gironde und St-Quentin. In St-Fort sind die Pferdeköpfe nicht in einer Archivolte angebracht, sondern ziehen sich als waagerechter Fries quer über die Fassade. Dieser Umstand entkräftet das rein formale Argument, wonach der Pferdekopf der trapezförmigen Gestalt des Zwickelsteins wegen zur Darstellung kam, und spricht eher für die symbolische Auslegung.

Pont-l'Abbé-d'Arnoult**

Bis nach Pont-l'Abbé-d'Arnoult reichte in der Antike das Meer. Der Ort hieß damals Pontum Labium, wörtlich übersetzt: Meereslippe. Im 12. Jh. wurde an dieser Stelle ein Priorat gegründet, das der Obhut der Abbaye aux Dames in Saintes unterstellt wurde. Der Klosterbezirk wurde mit einer starken Ummauerung eingefaßt, von der heute noch neben der Kirche ein Torbogen steht. Die Kirche selbst, die etwa gleichzeitig mit dem Umbau der Kirche des Mutterklosters entstand, wurde dem hl. Petrus geweiht. Ihren Glanz verdankt sie ihrer Fassade. Sie ist entsprechend dem in der Saintonge verbreiteten Schema zweigeschossig und in drei Verikalabschnitte geteilt. In der Mittelachse liegt die Tür mit einem Fenster darüber, an den Seiten lockern Scheinportale und darüber blinde Fenster die Wandfläche auf. Das Obergeschoß wurde im 13. Jh. gotisiert und verlor dabei den Skulpturenschmuck aus romanischer Zeit. Es wirkt akademisch trocken und farblos. Um so überquellender ist der Bereich um die drei Portale. Das kleine Tympanon im Hauptportal ist eine spätere Hinzufügung, fast schon eine Verunglimpfung des klassischen Archivoltenportals der Saintonge. Das Bildprogramm konzentriert sich wie immer auf die Archivolten. In Verwandtschaft mit Fenioux, Corme-Royal, Chadenac und anderen hier bereits behandelten Portalen ist der übergeordnete Gedanke die Gegenüberstellung von Gut und Böse, wofür die Tugenden und Laster bzw. die klugen und törichten Jungfrauen stehen. Letztere erkennt man in der Stirnarchivolte, in deren Scheitelpunkt ein Brustbild Christi auftaucht, der auf die geschlossene und die geöffnete Pforte weist. Die Tugenden, hehre Gestalten mit Schild und Lanze, die kriechenden Tiergestalten der Laster zu Füßen, erscheinen in der zweiten Archivolte. Die beiden anderen Bogenläufe zeigen Engel mit dem Agnus Dei (unten) und eine Versammlung von verschiedenen Heiligen (zweite Archivolte von oben). Das Relief im Tympanon des linken Scheinportals ist zu stark verwittert, als daß eine exakte ikonographische Bestimmung möglich wäre. Mit etwas Phantasie könnte man darin den hl. Petrus im Gefängnis erkennen. Das Tympanon der rechten Seite dagegen zeigt unzweifelhaft den Apostelfürsten und Namenspatron der Kirche. In genauer Entsprechung mit Aulnay (Westfassade), das ebenfalls eine Petruskirche ist, wird der Märtyrertod Petri gezeigt, der mit dem Kopf nach unten an das Kreuz geschlagen wird. In fast schon makabrem Kontrast zur Dramatik dieses Ereignisses tanzen jünglingshafte Gestalten durch die Ranke des Bogens darüber. Aber warum muß es denn auch immer theologisch ernst zugehen? Die Künstler der Saintonge fanden meist noch irgendein Fleckchen, an dem sie eine Humoreske unterbringen konnten. Gerade dieses Janusköpfige macht die Portale, die hier beschrieben werden, so faszinierend.

Rétaud*

St-Trojan in Rétaud gehört zeitlich gesehen zu den letzten Kirchen in der Saintonge. Ihre Errichtung fällt in das letzte Drittel des 12. Jh., in eine Zeit also, in der sich die Kunst der Gotik in der Ile de France bereits zu voller Blüte entfaltet hatte. Der Grundriß zeigt äußerste Zurückhaltung: ein einschiffiger Saal ohne Querhaus und ein schlichtes Chorhaupt, natürlich ohne Umgang und Kapellenkranz. Die Fassade blieb – ein seltener Fall – gänzlich schmucklos. Aber dieser Mangel wird im Übermaß außen am Chor wieder wettgemacht. Der Chor ist nicht halbrund, sondern polygonal (Abb. 78). Die einzelnen Flächen dieses Polygons sind jede für sich wie eine kleine Fassade gestaltet. Die beiden unteren Drittel der Fläche werden von einem Bogen überfangen, in dessen Halbrund ein Fenster eingepaßt ist. Darüber ist eine Blendarkatur mit drei kleinen Bögen angebracht. Im Gegensatz zur sonst

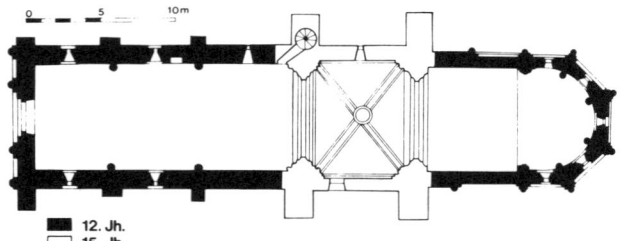

Rétaud, Grundriß der Kirche
St-Trojan (Zodiaque)

üblichen Fassadengestaltung mit einer nach oben abnehmenden Dekoration nimmt hier die Ausschmückung nach oben zu. Die Flächen des unteren Drittels sind gänzlich unbearbeitet geblieben. Sodann folgt ein kleines Gesims mit fein ziselierter Ornamentik, das die Fensterzone nach unten abgrenzt. Die Bögen über den Fenstern sind jeder mit einem anderen Blattmotiv umkränzt. Die Bögen der kleinen Arkaden ganz oben schließlich sind so kleinteilig durchornamentiert, daß sie wie Teppichfransen aussehen. Den Abschluß bildet eine Leiste aus Rosetten, die von vielgestaltigen Kragsturzfiguren getragen wird. Die übertriebene Kleinteiligkeit kennzeichnet den Spätstil des 12. Jh., zugleich aber auch das Erlahmen des großen schöpferischen Atems der Bildhauerkunst in der Saintonge.

Rioux*

Rétaud und Rioux, nur knapp 5 km voneinander entfernt, sind ein echtes Zwillingspaar. Grundriß und Chorgestaltung beider Bauten sind nahezu identisch. Allerdings haben gotische Kapellenanbauten an Notre-Dame in Rioux den verfälschenden Eindruck entstehen lassen, man habe es hier mit einem Querhaus zu tun. Ein solches war im ursprünglichen Bauplan nicht vorgesehen. Die Chöre beider Bauten sind fast zum Verwechseln ähnlich. Rioux (Farbt. 23) unterscheidet sich nur insofern von Rétaud, als die Halbsäulen mehrfache

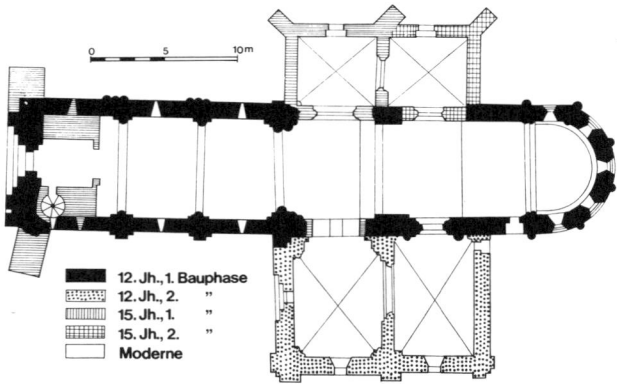

Rioux, Grundriß der Kirche
Notre-Dame (Zodiaque)

schlichte Schaftringe haben, wo in Rétaud schmuckvolle Bordüren sich um die Schäfte ziehen. Ansonsten aber ist die Fülle der Ornamentik noch etwas gedrängter als dort.

An der Westwand weicht Rioux jedoch erheblich von Rétaud ab. Dort konzentriert sich die künstlerische Ausgestaltung ausschließlich auf den Chor, hier dagegen wurde auch der Eingang dekoriert. Die vier getreppten Archivolten zeigen wie die Chorpartie unterschiedliche Ornamentformen. Eine Muttergottes-Statue über dem Portal ist die einzige figürliche Skulptur. Dieses Westportal markiert die Endzeit der romanischen Plastik in der Saintonge. An die Stelle der überschäumenden, wuchernden Formen in ihrer unendlichen Vielfalt sind einfallslose Ornamente getreten, die auf ein Erschlaffen der Schöpferkraft deuten.

Sablonceaux

Die Abtei Sablonceaux wurde 1136 als Sitz eines Augustiner-Chorherrenstifts gegründet. Die Kirche Notre-Dame wurde in Anlehnung an Vorbilder aus der Nachbarlandschaft Périgord mit Kuppeln überwölbt. Ursprünglich reihte sich die stattliche Zahl von fünf Kuppeln hintereinander. Im 16. Jh. jedoch brandschatzten Hugenotten die Abtei. Dabei kam der größte Teil der Kirche zum Einsturz. Der erhaltene Teil wurde anläßlich einer Restaurierung im 18. Jh. durch eine provisorische Wand nach Westen geschlossen. So blieben nurmehr zwei Kuppeln erhalten, den Ansatz einer dritten gewahrt man von außen vor der Wand des 18. Jh. Die in der Revolution profanierten Abteigebäude gehören heute, soweit sie überhaupt bestehen blieben, zu einem benachbarten Bauerngehöft.

Sablonceaux, Grundriß der Abteikirche Notre-Dame

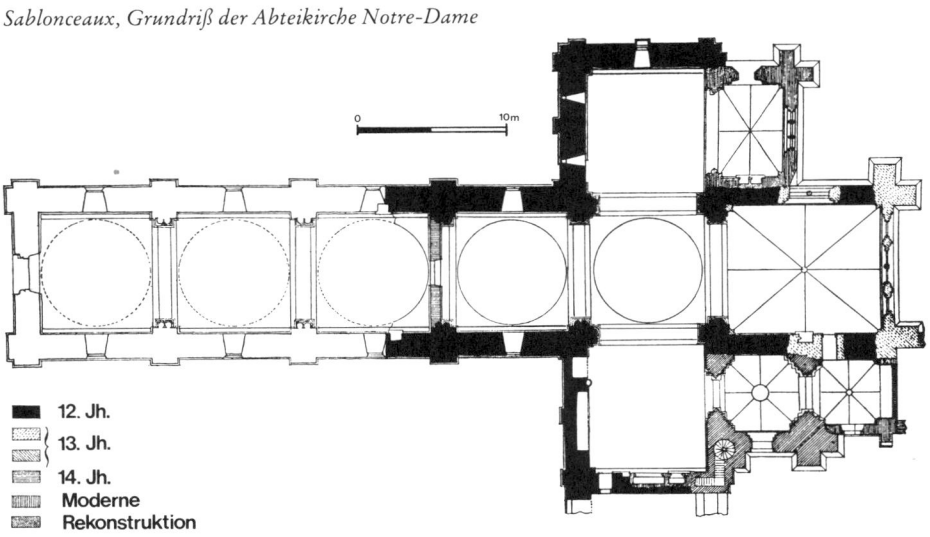

■ 12. Jh.
▨ 13. Jh.
▤ 14. Jh.
▥ Moderne
▦ Rekonstruktion

St-Romain-de-Benet

St-Romain-de-Benet war ein Priorat, das den Augustinern des benachbarten Sablonceaux unterstand. So erklärt sich auch die Tatsache, daß wir hier ebenfalls als Wölbung für das Langhaus die Lösung in Form von Kuppeln antreffen. Der Raum ist bedeutend kleiner als jener der Kirche von Sablonceaux, so daß eine Konstruktion mit zwei Kuppeln ausreichte.

Ein merkwürdiges Phänomen fällt dabei auf, für das es keine schlüssige Erklärung gibt. Die Kuppelkirche kommt, wie schon erwähnt, aus der südöstlichen Nachbarlandschaft, dem Périgord. Die périgordinischen Kuppelkirchen sind unter einem fast schon radikalen Verzicht auf skulpturale Ausstattung erbaut (einzige Ausnahme: Souillac mit dem berühmten Jesaja). Nun ist auch dort, wo dieser Bautyp Eingang in das Poitou gefunden hat, dieselbe Bilderfeindlichkeit zu beobachten. Das überrascht in dieser an romanischer Plastik reichsten Landschaft Frankreichs um so mehr.

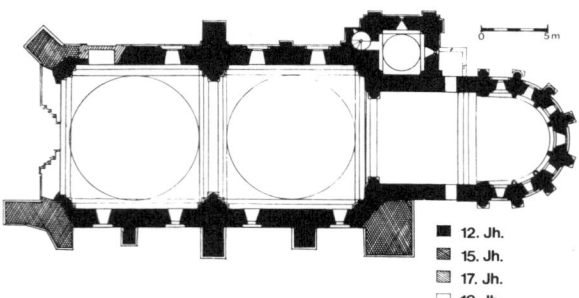

12. Jh.
15. Jh.
17. Jh.
19. Jh.

St-Romain-de-Benet, Grundriß der Prioratskirche

St-Savinien

St-Savinien war einstmals ein angesehener Ort an der großen Pilgerroute zwischen St-Jean-d'Angély und Saintes, der seinen Wohlstand aus dem Fischfang in der Charente und aus seinen großen Steinbrüchen bezog, die das Baumaterial für zahlreiche romanische Kirchen der Gegend lieferten. Seit es keine Pilger mehr gibt, andere Baumaterialien den Stein verdrängt haben und in der von Abwässern überlasteten Charente kaum noch Fische existieren, ist der Ort ein bedeutungsloser Provinzflecken geworden. Von seiner einstigen Größe zeugt nur noch die romanische Kirche. Sie wurde erst im 13. Jh. errichtet und ist damit der späteste aller hier vorgestellten Bauten. Die Fassade, nach altem Muster zweigeschossig mit je drei Arkaden pro Geschoß, Portal und Fenster in der Mittelachse, zeigt außer einigen Köpfen am Gesims, das das Giebeldreieck nach unten abgrenzt, keinen weiteren plastischen Dekor, weder Ornamente noch figurale Skulptur. Hier ist die große gestalterische Kraft der Saintonge endgültig erschöpft. Von dem Pilgerhospiz, das Eleonore von Aquitanien in St-Savinien gestiftet hatte, ist leider nichts erhalten.

St-Sulpice-d'Arnoult

Die ehemalige Prioratskirche von St-Sulpice-d'Arnoult findet nicht aus kunstgeschichtlichen, sondern eher aus Gründen der Atmosphäre Aufnahme in diese Auswahl. Das kleine, schlichte Gebäude hat nur ein winziges Archivoltenportal mit Darstellungen von Vögeln und einigen Blattornamenten. Das Reizvolle an St-Sulpice ist die Lage der Kirche am Rande des Dorfes im Schatten einer viele hundert Jahre alten Plantane, die dem unermüdlichen Kunstpilger wohltuende Kühle spendet.

Ste-Gemme

Vom ersten Bau der Prioratskirche, deren Grundstein 1079 gelegt wurde, sind Reste in das Querhaus eines hochromanischen Nachfolgerbaus integriert worden. Ste-Gemme ist eines der ganz seltenen Beispiele einer dreischiffigen Anlage in der Saintonge, eine weitere bauliche Besonderheit ist die breit angelegte Empore im ersten Joch des Langhauses. Man erklärt diese Abweichungen von bodenständigen Traditionen mit der Tatsache, daß Ste-Gemme eine Gründung der Abtei von La Chaise-Dieu war, die in der Auvergne liegt, wo der Typ der sog. Emporenbasilika beheimatet ist. Am Portal aber arbeiteten ganz offenbar Bildhauer aus der Saintonge. In den Archivolten herrscht vegetabile Ornamentik vor, Blumen, Knospen und Blätter.

Saujon

Die Kirche St-Jean-Baptiste wurde erst im 19. Jh. errichtet. In ihr fanden vier Kapitelle einer untergegangenen romanischen Kirche Aufnahme, die zum Schönsten zählen, was die Bildhauerei der Saintonge im 12. Jh. geleistet hat. In ihren Gestalten bewundert man die starke erzählerische Gabe der romanischen Künstler. Die Bildthemen sind im einzelnen: Daniel in der Löwengrube, Erzengel Michael und Satan bei der Seelenwägung, die hl. Frauen am Grabe und ein vermutlich allegorisches Thema, der Fischfang. Das zuletzt genannte Kapitel zeigt einen Mann, der einen im Vergleich zu seinem Körper überdimensionalen Fisch auf der Schulter trägt. In einem Detail schimmert wieder der Humor der Saintonge-Romanik auf: der Fisch scheint zu lächeln.

Surgères**

Surgères liegt auf der Grenze zwischen der Saintonge und der Landschaft Aunis, dem weiten Sumpfgebiet im Hinterland von La Rochelle. Die Grafen von Surgères hatten sich im Mittelalter eine ausgedehnte Burganlage errichtet, in deren Mitte die Kirche Notre-Dame liegt. Obwohl die Festung auf Befehl Ludwigs XI. wegen einer Unbotmäßigkeit seines Vasallen zerstört wurde, stehen noch beträchtliche Teile der großen Umfassungsmauer.

Die Fassade der Kirche (Abb. 82, 83) sprengt den Rahmen der gewohnten Dreigliedrigkeit. Nicht weniger als sieben große Arkaden überspannen die Front. Die Archivolten der Arkaden sind mit den unterschiedlichsten Ornamentformen ausgeschmückt, teils vegetabile, teils streng geometrische Figuren. Das zweite Geschoß reduziert bei gleichbleibender

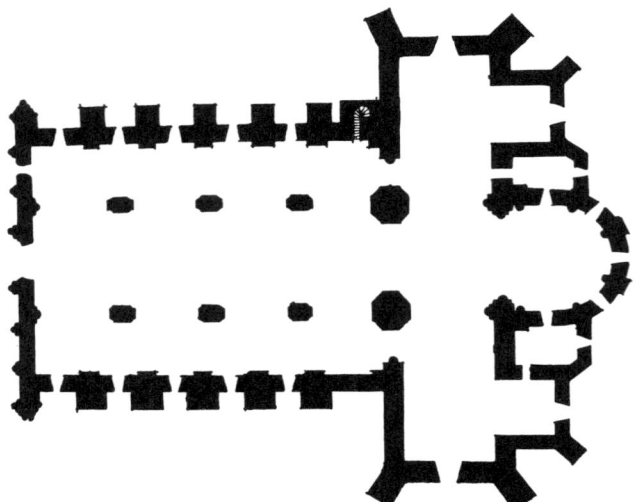

*Surgères, Grundriß der Kirche
Notre-Dame*

Breite die Zahl der Arkaden auf fünf. In den Zwickeln zwischen den Bögen der mittleren und der sie begleitenden Arkaden stehen zwei Reiterstatuen, deren Köpfe in der Revolution abgeschlagen wurden. Eine namentliche Festlegung der beiden ist nicht möglich. Großer Aufwand wurde an den beiden Gesimsen getrieben, wo man im Wechsel Tierkreiszeichen bzw. Monatsarbeiten mit unterschiedlichem Getier erkennt, musizierende Affen, Vögel, Bären, Fabelwesen.

Der Grundriß der Kirche ist dem nördlichen Poitou verpflichtet, denn in Abweichung vom einschiffigen Saal der Saintonge setzte sich die dreischiffige Halle durch. Der Raumeindruck ist weit und großzügig, so daß die Fassade in ihrer breiten Anlage eine echte Illustration der tatsächlichen Raumverhältnisse ist, während sonst in der Saintonge die aufwendige Fassadengestaltung in einem krassen Gegensatz zu den bescheidenen Kirchenräumen steht. Als besonders gelungen muß auch der oktogonale Vierungsturm gelten, dessen schlanke Säulen ein ebenfalls achtteiliges Zeltdach tragen. Hier ist dieselbe formale Übereinstimmung zwischen Außenbau und den Verhältnissen im Innern zu beobachten. Das Turmoktogon ist ein Spiegel der achtteiligen Vierungskuppel.

Südwestlich von Surgères finden sich zwei weitere romanische Kirchen, die in der Einzelsprache der Formen, speziell in der Ornamentik, den Vorbildern in der Saintonge folgen, in der Zurückhaltung in deren Verwendung jedoch eine gewisse Eigenständigkeit der Landschaft Aunis zeigen: Notre-Dame in Genouillé und St-Vivien in Vandré.

Thaims

Die romanische Kirche St-Pierre in Thaims hat wie kein anderes Bauwerk der Saintonge sichtbare Bestände aus den unterschiedlichen Kulturepochen von der gallorömischen Zeit

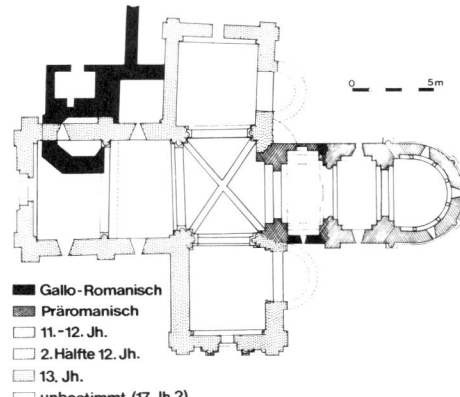

Thaims, Grundriß der Kirche St-Pierre (Zodiaque)

■ Gallo-Romanisch
▨ Präromanisch
□ 11.-12. Jh.
□ 2. Hälfte 12. Jh.
□ 13. Jh.
□ unbestimmt (17. Jh.?)

bis ins Mittelalter vorzuweisen. An der Stelle einer römischen Villa, von der noch Mauerreste in der Kirchenwand zu erkennen sind, wurde eine merowingische Kirche errichtet, die im 9. Jh. einem karolingischen Neubau weichen mußte. Von beiden Vorgängern wurden Fragmente in die romanische Kirche übernommen, die als letzte im 12. Jh. entstand. Von außen wirkt St-Pierre geschlossen romanisch. Im Innern jedoch findet man die Zeugnisse der wechselvollen Geschichte des Bauwerks, das zugleich ein lebendiger Spiegel für die ganze Geschichte der Saintonge ist. Man entdeckt eine spätantike Stele mit einer Darstellung des Bacchus, merowingische Sarkophage und karolingisches Mauerwerk. Die romanische Skulptur ist in einigen Kapitellen vertreten, teils mit vegetabiler Ornamentik, teils mit szenischen Darstellungen, u. a. die hl. Frauen am Grabe. Die Arbeiten sind frühromanisch und stammen etwa aus der Wende vom 11. auf das 12. Jh.

Thézac

Der Stolz der kleinen Kirche von Thézac ist ihr Glockenturm (Abb. 77). Aus dem Vierungsquadrat wachsen die vier ungegliederten Wandflächen seines Untergeschosses auf. Das nächstfolgende Geschoß ist demgegenüber an allen Seiten mit fünf Blendarkaden verziert. Darüber steigt die Glockenstube auf, ihre vier Seiten durch jeweils drei Arkaden aufgelockert, von denen eine jede ein Gruppenfenster, bestehend aus zwei schmalen Lanzetten und einer Zwickelöffnung, überfängt. Da die Geschosse sich nach oben nur geringfügig verjüngen, wirkt der Turm trotz der nach oben zunehmenden Auflockerung durch Gliederungselemente im ganzen wuchtig und massiv.

Trizay

In ländlicher Abgeschiedenheit, nur über einen Feldweg zu erreichen, liegt die Ruine des ehemaligen Priorats Trizay. Die Revolution hat nur wenig von der einst ausgedehnten

275

Anlage übriggelassen. Selbst die Kirche St-Aignant ist nur noch ein trauriges Fragment, außer dem Chor ist nichts erhalten. Aber gerade dieser Chor ist von höchstem Interesse. Er verkehrt das Prinzip, das die Dreiergruppe der Kirchen von Geay, Rétaud und Rioux vereint, in sein Gegenteil. Zur Erinnerung: Dort war der Chor außen polygonal, innen dagegen halbrund. Hier ist es genau umgekehrt: Die Außenmauer ist als Halbrund ausgeführt, innen jedoch sind fünf gerade Flächen zu einem Polygon angeordnet. Trizay ist das einzige bekannte Beispiel dieser Art.

Varaize

Die romanische Kirche St-Germain in dem Dorf Varaize ist eine dreischiffige Halle. Da in diesem Fall auf ein Gewölbe verzichtet wurde, waren keine starken Substruktionen – kräftige Pfeiler und ein massives Mauerwerk – erforderlich. Drei weit geschwungene, im Scheitel leicht zugespitzte Arkaden durchmessen den Raum und trennen das Mittelschiff von den Seitenschiffen. Sowohl die Dreischiffigkeit als auch der Verzicht auf ein Gewölbe sind ungewöhnlich für die Saintonge-Romanik. Dagegen steht die Chorpartie mit einem kräftigen Halbrund und zwei Apsiden, die sich zu den Querhausarmen öffnen, wieder in der Tradition der Landschaft. Das gleiche gilt für das Portal, das die am meisten verbreitete Ikonographie zeigt, wie es an Beispielen wie Fenioux, Corme-Royal, Chadenac und anderen bereits ausführlich erörtert worden ist: Engel mit dem Agnus Dei, Tugenden und Laster, Christus und die Könige der Apokalypse, das Ganze umkränzt von vielgestaltigen Ornamenten.

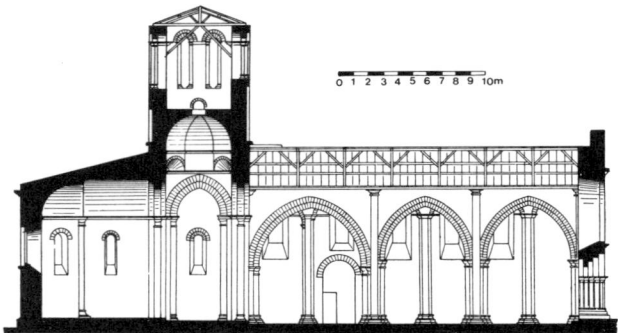

Varaize, Längsschnitt durch die Kirche St-Germain

Städte und Schlösser in der Saintonge

Die Fülle romanischer Kirchen in der Saintonge läßt fast vergessen, daß es daneben noch andere Stätten gibt, deren Besichtigung man angenehm mit den Ausflügen zu den romanischen Denkmälern verbinden kann. Ihre Lage ist gleichfalls auf der Übersichtskarte mit den romanischen Kirchen eingetragen (siehe hintere Umschlagklappe). Dabei handelt es sich um die Städte St-Jean-d'Angély und Pons sowie um die Schlösser Dampierre-sur-Boutonne, La Roche-Courbon und Usson.

St-Jean-d'Angély

Die Geschichte der Stadt St-Jean-d'Angély, Hauptstadt der Nieder-Saintonge, liest sich ähnlich der zahlreicher anderer Städte des Poitou. Die einstige römische Siedlung Angeriacum gewann im Mittelalter durch ihre Lage an einer der Hauptrouten der Pilger nach Santiago de Compostela hohes Ansehen. Seit dem mittleren 12. Jh. wechselte die Stadt mehrfach den Herrn, der mal die englische, dann wieder die französische Krone trug. Als eine der Hochburgen der Hugenotten ließ Ludwig XIII. die Stadt von seinen Truppen besetzen. Schon sieben Jahre vor La Rochelle fiel St-Jean-d'Angély unter die königliche Autorität, die zwar wieder für stabile politische Verhältnisse sorgte – jedenfalls aus der Sicht

Karl IX. belagert die Hugenottenstadt St-Jean-d'Angély Oktober bis Dezember 1569, zeitgenössischer Stich

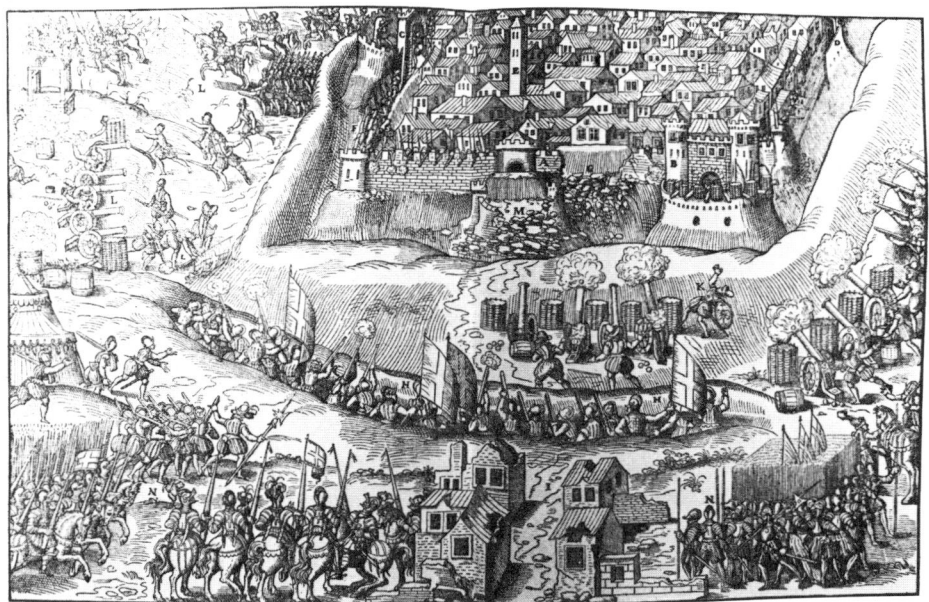

277

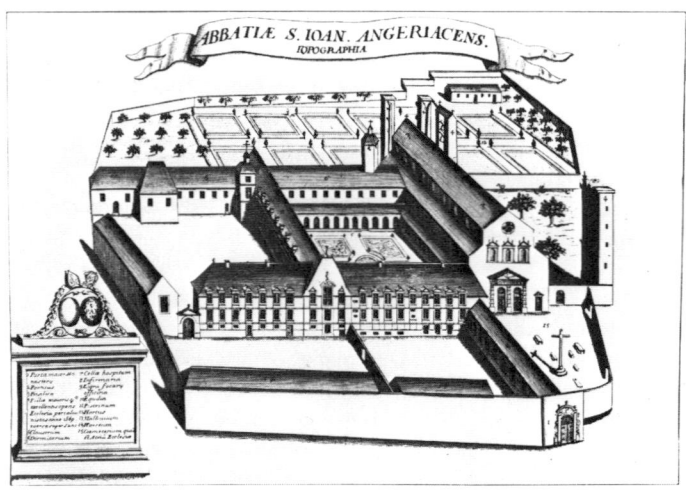

Ansicht der ehemaligen Abtei von St-Jean-d'Angély aus dem 17. Jh. (aus dem »Monasticon Gallicanum«)

der Katholiken –, aber andererseits durch die Abwanderung zahlreicher Protestanten den Niedergang der Stadt einleitete. Ihre wirtschaftliche Bedeutung liegt heute in erster Linie in der großen Molkereigenossenschaft und in der Verarbeitung anderer landwirtschaftlicher Produkte.

Eine gute Parkmöglichkeit bietet – außer samstags natürlich – der Marktplatz, von wo es nur wenige Schritte zur *Tour de l'Horloge* sind, einem Wachturm des 13. Jh., dem im 15. Jh. eine große Glocke eingesetzt wurde (Abb. 86). Von dort folgen wir der Rue Gambetta bis zu einem kleinen Platz, dessen Mittelpunkt die *Fontaine du Pilori* bildet (Abb. 87). Der reizende Renaissancebrunnen wurde 1819 aus dem nah gelegenen Château Brizambourg hierher nach St-Jean-d'Angély gebracht.

Das einst wichtigste Gebäude der Stadt, die *Kirche der St-Johannes-Abtei,* ist nur noch eine imposante Ruine (Abb. 85). Nachdem Hugenotten das gotische Gotteshaus eingeäschert hatten, wurde im 18. Jh. über den Trümmern eine protzige Barockkirche errichtet, deren kurzes Leben durch den erneuten Vandalismus der Revolution ein jähes Ende fand. Erhalten sind die Fassade und ein Restteil des gotischen Chores. In den verschont gebliebenen Konventsgebäuden des 18. Jh. wurde eine Schule eingerichtet.

Château Dampierre-sur-Boutonne

Nur wenige Kilometer nordwestlich von Aulnay liegt auf einer kleinen Insel zwischen zwei Armen der Boutonne das Renaissanceschlößchen Dampierre-sur-Boutonne (Abb. 88–90). Es wurde im frühen 16. Jh. erbaut und stellt die Erweiterung einer kleinen mittelalterlichen Burg dar, von der noch zwei klobige Türme stehen. Der Renaissanceflügel öffnet sich in zwei eleganten Galerien zum Schloßpark. Die obere Galerie ist von einer leicht gewölbten

Kassettendecke überspannt, deren insgesamt 93 Felder jeweils ein anderes in Stuck ausgeführtes Schmuckmotiv zeigen. Im Gegensatz zu vielen anderen Schlössern, die in der Revolution ihre alte Ausstattung verloren, erlebt der Besucher in Dampierre noch die originale Möblierung.

Château de la Roche-Courbon

Wollten wir wie im Katalog der romanischen Kirchen in der Saintonge eine Klassifizierung unter den Schlössern vornehmen, so hätte das Château de la Roche-Courbon (Farbt. 9) drei Sterne verdient. Das Schloß liegt nahe dem Dorf St-Porchaire, 2 km abseits der N 137 auf halber Strecke zwischen Rochefort und Saintes. Es wurde nach Beendigung des Hundertjährigen Krieges erbaut und erfuhr im 17. Jh. eine Barockisierung. Nach der Zerstörung in der Revolution war das imposante Gebäude dem Verfall preisgegeben. 1908 bewirkte ein flammender Aufruf Pierre Lotis im »Figaro«, daß eine Restaurierung durchgeführt wurde. 1932 konnte das im alten Glanz neu erstrahlende Schloß der Öffentlichkeit zugänglich gemacht werden.

Durch eine Allee gelangt man zum Eingang, den ein stattlicher Rundturm des 15. Jh. sichert. Die drei Flügel des Schlosses legen sich um einen weitläufigen Ehrenhof. Mit viel Liebe wurden die Räume wieder möbliert. Die Stücke stammen aus den Epochen Ludwigs XIII. bis Ludwigs XVI. Aber nicht nur das Schloß selber und seine Einrichtung wurden restauriert, auch die herrlichen Parkanlagen hat man wieder in ihren barocken Stand versetzt. Gepflegte Beete und Rasenflächen gruppieren sich um einen künstlichen See. Am besten besucht man das Schloß La Roche-Courbon in den späten Nachmittagsstunden, wenn die den Gärten zugewandte Breitseite des Schlosses von der im Westen stehenden Sonne warm beschienen wird. Zudem ist der jetzige Besitzer auf den originellen Gedanken verfallen, die Phantasie des Besuchers durch musikalische Untermalung zu beflügeln. Geschickt im Gebüsch verborgene Lautsprecher übertragen festliche Barockmusik.

Pons

Die wichtigste Station der Santiago-Pilger zwischen Saintes und Bordeaux war die Stadt Pons, deren Herren die Sires de Pons waren. Dieses Geschlecht hatte sich 1185 einen gewaltigen *Donjon* errichtet, neben jenem von Niort das eindrucksvollste Zeugnis frühmittelalterlicher Festungsarchitektur im Poitou (Abb. 92). Der über rechteckigem Grundriß (27 × 15 m) angelegte Turm erreicht eine Höhe von 30 m. Er ist innen in drei Etagen unterteilt, die heute als Ausstellungsräume dienen. Von der zinnenbewehrten Plattform hat man einen endlos weiten Blick über die leicht hügelige Landschaft der Haute-Saintonge.

Das zweite bedeutende Denkmal in Pons ist das alte *Pilgerhospiz* im Süden der Stadt. Auf dem Wege dorthin kommt man an der kleinen romanischen *Kirche St-Vivien* vorbei mit ihrer durch Arkaden gegliederten Fassade. Das an der alten Straße nach Bordeaux gelegene Pilgerhospiz wurde im 12. Jh. errichtet, als die Santiago-Wallfahrt ihren Höhepunkt erreicht hatte. Das eigentliche Krankenhaus steht nicht mehr, aber die geräumige Vorhalle ist erhalten, durch die der Pilgerweg direkt hindurchführte (Abb. 91). An ihren Wänden sind

Pons, Schnitt durch den Donjon

0 1 2 3 4 5 6 7 8 9 10m

steinerne Sitzbänke angebracht, auf denen sich durchziehende Jacquaires zum Ausruhen niederlassen konnten. Viele von ihnen haben während dieser Ruhepause in den Stein der Wand geritzt. Am häufigsten findet sich das Hufeisen, Symbol für den glücklichen Verlauf der Wallfahrt (Abb. 93). Diese Gravuren sind eine Rarität. Während wir sonst immer die Kirchen als Zeugen der großen Wallfahrt erleben, begegnet uns hier die persönliche Botschaft des mittelalterlichen Pilgers.

Château d'Usson

Das knapp 2 km südöstlich von Pons gelegene Château d'Usson ist ein Kleinod der Renaissance. Zwischen 1536 und 48 wurden die drei Flügel errichtet, alle mit einer unterschiedlichen Fassadengestaltung. Dadurch ergibt sich ein lebendiges, bewegtes Bild. Ende des 19. Jh. wurde das Schloß, das bis dahin nahe Echebrune gestanden hatte, von seinem neuen Besitzer abgetragen und Stein für Stein an seiner heutigen Stelle wieder aufgebaut. Es ist nach wie vor bewohnt und kann deshalb nicht besichtigt werden. Der Besitzer hält jedoch für Besucher den Ehrenhof offen, von dem man den Blick über die ausgedehnte Parkanlage des Schlosses genießen kann (Abb. 94).

Von der Saintonge ins Angoumois

Cognac

Die wichtigste Etappe auf dem Weg von der Saintonge in die südöstlichste Landschaft des Poitou, das Angoumois, ist die Stadt Cognac. Berühmt zwar durch den Weinbrand, der hier seit dem 18. Jh. destilliert wird, ist das Bild der Stadt selber wenig ansprechend. Die hohe Verdunstungsquote des in Eichenfässern gelagerten Destillats hat überall an Häuserwänden und -dächern zu einem Pilzbefall geführt, der als unangenehmer schwarzer Film sichtbar wird. Ein Erlebnis aber ist die Besichtigung einer der großen Kellereien, wo man mit der Tradition und Verarbeitungsweise des beliebten Getränks bekannt gemacht wird. Neben

Darstellung des Handwerkszeugs, das zur Herstellung der Cognac-Fässer benötigt wird, spätes 18. Jh. (La Rochelle, Bibliothèque Municipale, ms. 522)

281

dem Cognac ist in der Stadt ein historisches Ereignis ersten Ranges gegenwärtig. Am 12. September 1494 wurde in Cognac François d'Angoulême geboren, der 1515 als Franz I. den französischen Thron bestieg.

Das *Schloß* der Valois, nahe dem Rathaus in einem gepflegten Park gelegen, ist ein Neubau des 19. Jh., denn das alte Schloß war während der Revolution vernichtet worden. Heute dient es einer der zahlreichen Cognac-Kellereien als repräsentativer Firmensitz.

Das *Museum* am Boulevard Denfert-Rochereau ist ein Heimatmuseum mit einer buntge- würfelten Schau ortsgeschichtlicher Stücke. Der Bogen reicht von prähistorischen Funden über eine kleine Gemäldesammlung bis hin zu Keramiken, Trachten, Münzen usw. Sehenswert ist das erst kürzlich eröffnete Kellergeschoß, das mit einer gut gegliederten Übersicht über die Geschichte des Cognac informiert.

Kunstgeschichtlich interessant ist die *Kirche St-Léger.* In ihrer zweigeschossigen Fassade spiegeln sich zwei Epochen wider, die Romanik und die Gotik. Die Anlage entspricht in ihrer Gesamtheit dem in der Saintonge verbreiteten Muster mit drei Arkaden im Unterge- schoß, davon zwei als Scheinportale. Die Archivolten des Hauptportals zeigen neben vegetabiler und geometrischer Ornamentik Reliefs mit den Monatsarbeiten. In einem sinnfälligen Bezug zu der Stadt Cognac steht die Personifikation des Monats September: ein Bauer bei der Weinlese. Über dem Portal prangt ein gotisches Rundfenster, das im 15. Jh. in die Wand gebrochen wurde.

Châtres

Von Cognac führt die N 141 auf direktem Wege nach Angoulême – ca. eine dreiviertel Stunde Fahrzeit. Wer aber die Muße hat, sollte den einen oder anderen Abstecher einplanen, um die zum Teil versteckt liegenden Kostbarkeiten im Tal der Charente kennenzulernen. Parallel zur Nationalstraße führt am anderen Ufer des Flusses 6 km östlich von Cognac eine schmale Route zur Kirche Notre-Dame de Châtres (Abb. 96). Auf dem Wege dorthin streift man das *Château de la Garde-Epée,* ein von einer hohen Mauer eingefaßtes Schloß des 17. Jh. mit einem originellen Taubenturm (15. Jh.). Die *Kirche Notre-Dame* liegt versteckt zwischen Pappeln. Die letzten paar hundert Meter muß man sich auf einem Feldweg

Châtres, Längsschnitt durch die Kirche Notre-Dame

fortbewegen. In dieser Einsamkeit überrascht die reich gegliederte Fassade der romanischen Kirche, die zu einem 1074 gegründeten Augustiner-Chorherrenstift gehörte. Nach dessen Auflösung und Zerstörung in der Revolution – einzig die Kirche blieb erhalten – diente die Kirche zeitweise als Töpferwerkstatt. Seit Jahrzehnten jedoch steht sie leer. Die Fassade ist in drei Geschosse gegliedert, das untere von drei, das mittlere von fünf und das obere von neun Blendarkaden überspannt. Die Hervorhebung der gliedernden Elemente und der Verzicht auf Skulptur schaffen eine nahe Verwandtschaft zur Kirche von Echebrune. Das Innere ist mit drei Kuppeln überwölbt, die die Nähe zur Landschaft Périgord deutlich machen.

Gensac-la-Pallue

Die Fassade der romanischen *Kirche St-Martin* in Gensac-la-Pallue, südöstlich von Cognac, ist jener von Notre-Dame de Châtres eng verwandt (Abb. 98). Die Fläche ist gleichfalls in drei Geschosse geteilt, deren nach oben kleiner werdende Blendarkaden ebenfalls an Zahl zunehmen: unten drei, in der Mitte fünf und oben sechs. Im Gegensatz zu Châtres beleben darüber hinaus zwei große Reliefs die Wandfläche über den Scheinportalen. In einer Mandorla stehend, die von Engeln getragen wird, erkennt man links die Muttergottes und

Bassac, Ansicht der ehemaligen Abtei St-Etienne aus dem 17. Jh. (aus dem »Monasticon Gallicanum«)

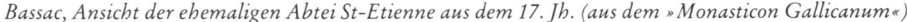

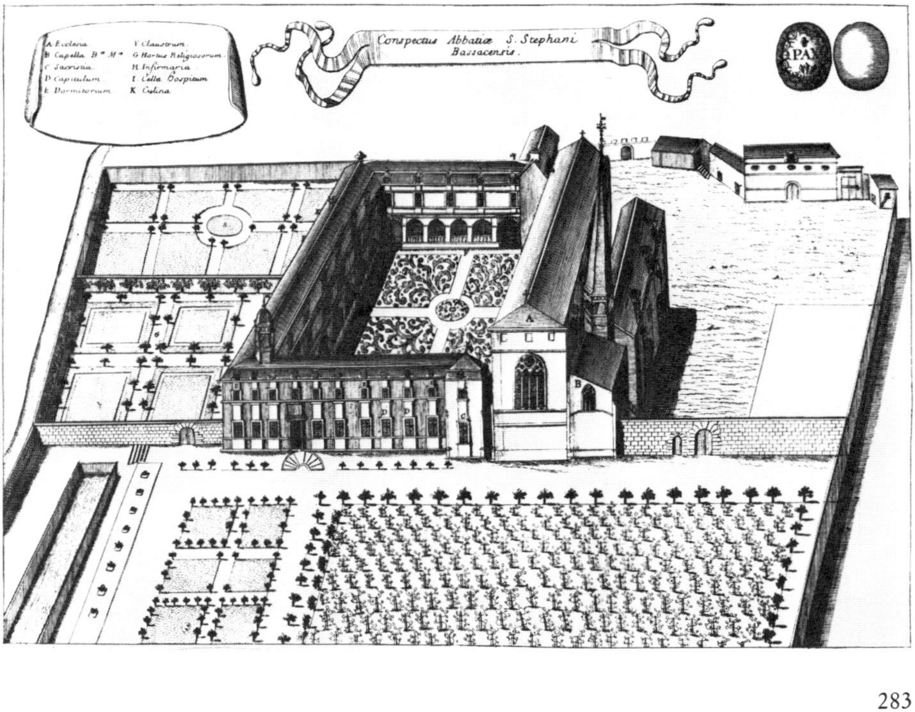

rechts den Patron der Kirche, den hl. Martin. Der einschiffige Innenraum ist ebenfalls wie in Châtres mit Kuppeln überwölbt.

Bassac

Die landschaftlich abwechslungsreiche Weiterfahrt im Tal der Charente führt über Bourg-Charente mit einem kleinen Renaissanceschloß (Privatbesitz; Abb. 95) und Jarnac, den Geburtsort des ersten sozialistischen Präsidenten Frankreichs der Nachkriegszeit, François Mitterrand, nach Bassac. Die kurz nach der Wende vom 10. auf das 11. Jh. gegründete Benediktinerabtei hat unter den Wirren der späteren Jahrhunderte schwer zu leiden gehabt. Nacheinander folgten die Zerstörungen durch die Engländer, Hugenotten und zuletzt während der Revolution. Der Verfall der aus dem 13. Jh. stammenden *Abteikirche* konnte jedoch dank einer Restaurierung des 19. Jh. aufgehalten werden.

Durch ein von einem Korbbogen überfangenes Portal betritt man den eingefriedeten Klosterbezirk (Abb. 97). Die Kirchenfassade ist mit ihrer zweigeschossigen Gliederung der Saintonge verpflichtet. Zu den Klostergebäuden führt rechts neben der Kirche ein in der Barockzeit angelegter überwölbter Gang. Vom Kreuzgang sind nur spärliche Reste erhalten, und dennoch hat das Ganze spürbar mehr Atmosphäre als zahlreiche andere Klöster, die nur noch ein museales Dasein fristen. Bassac nämlich wurde nach Ende des Zweiten Weltkrieges wieder seiner alten Bestimmung zugeführt und ist seitdem Heimstatt des Missionsordens Ste-Thérèse.

Châteauneuf-sur-Charente

In einer Schleife der Charente liegt das Städtchen Châteauneuf-sur-Charente, das sich um ein im 12. Jh. gegründetes Priorat gebildet hat. Die *Kirche* des vom nahen Bassac abhängigen

Châteauneuf-sur-Charente, Archivoltenportal der ehemaligen Prioratskirche (nach Viollet le Duc)

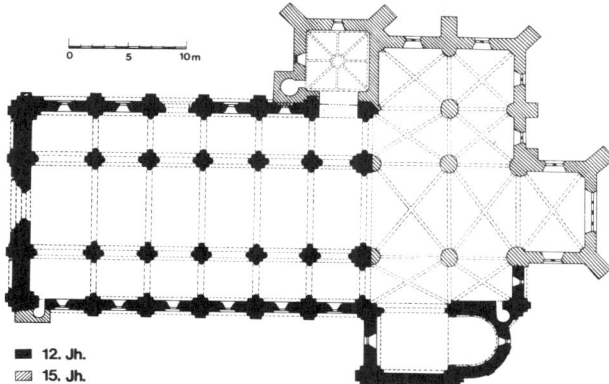

Châteauneuf-sur-Charente, Grundriß der ehemaligen Prioratskirche (Zodiaque)

■ 12. Jh.
▨ 15. Jh.

Klosters hat eine reich geschmückte Fassade, unter deren Skulpturen eine monumentale Reiterstatue auffällt. Vermutlich ist, wie in zahlreichen anderen Beispielen dieses Typs im Poitou, Kaiser Konstantin der Große gemeint. Außer dem Verlust des Kopfes des Reiters und zweier Beine des Pferdes hat das Standbild die Stürme der Jahrhunderte recht gut überstanden. Zu Füßen des Pferdes ist noch ein Bruchstück zu erkennen, das den vom christlichen Kaiser niedergerittenen Heiden zeigte. Die etwas steife Haltung des Reiters erhält in dem vom Wind gebauschten Mantel des Imperators einen schwungvollen Kontrapunkt. Der Grundriß mit drei Schiffen weicht im Gegensatz zu der Fassade von der Schule der Saintonge ab. Der während des Hundertjährigen Krieges zerstörte Chor wurde Ende des 15. Jh. im gotischen Stil mit Kreuzrippengewölben wieder aufgebaut.

Châteauneuf liegt auf der Grenze zwischen den Landschaften Saintonge und Angoumois. Zur Hauptstadt des Angoumois, Angoulême, sind es von hier aus nur noch 20 km.

Das Angoumois

Angoulême, Hauptstadt des Angoumois

Blick in die Geschichte

Der hohe Kalkfelsen, auf dem sich Angoulême (Farbt. 8) erhebt, ist schon vor Jahrtausenden besiedelt gewesen. An der Stelle einer späteren keltischen Siedlung gründeten die Römer das antike Eculisma, dessen Name in frühchristlicher Zeit in Engolisma, später Angoulême, geändert wurde. Seit der ausgehenden Antike folgten nacheinander die Eroberungen durch Westgoten, Franken und Araber. Mit der Konsolidierung des karolingischen Reiches stabilisierten sich die Verhältnisse, das Angoumois wurde unter Karl dem Kahlen zur Grafschaft erhoben, deren Hauptstadt Angoulême war. Im 14. Jh. kam es zu einer engen Bindung zwischen der Grafschaft und der französischen Krone, denn eine Nebenlinie des Hauses Valois, das 1328 die Nachfolge der Capetingischen Dynastie angetreten hatte, residierte in Angoulême. Seit 1373, also noch während des Hundertjährigen Krieges, wurde es zur festen Institution, daß das Angoumois einem der Söhne des Königs als Lehen gegeben wurde. Als Ludwig XII. 1515 ohne männlichen Nachfolger starb, gelangte die Nebenlinie der Dynastie, das sog. Haus Orléans-Angoulême, zur Thronwürde. François d'Angoulême, der 1494 in Cognac das Licht der Welt erblickt hatte, war seit 1514 mit der Tochter Ludwigs XII., Claude de France, verheiratet. Da sein Schwiegervater zugleich auch sein Onkel zweiten Grades war, folgte er ihm als Franz I. auf dem französischen Thron. Margarethe, die Schwester Franz' I., die er liebevoll »Marguerite des Marguerites« nannte, verbrachte ihre Kindheits- und Jugendjahre in Angoulême. In der Geschichte kennt man sie als Margarethe von Angoulême (1492–1549). Sie war eine der herausragenden Erscheinungen der französischen Renaissance. Ihrer Intervention war es zu danken, daß Franz I., der nach seiner Niederlage gegen Karl V. bei Pavia in Madrid gefangengehalten wurde, wieder freikam. Außer in der Politik trat sie auch literarisch hervor: Sie verfaßte das »Heptameron«, eine Sammlung leicht frivoler Erzählungen im Stile Boccaccios, korrespondierte mit den Geistesgrößen ihrer Zeit in Lateinisch, Griechisch, Italienisch und Spanisch und sympathisierte offen mit dem Calvinismus, zu dem sie letztlich nur aus Rücksicht auf ihren Bruder nicht übertrat. Nach dem Tode ihres ersten Mannes, des Herzogs von Alençon, ging sie mit Heinrich, dem König von Navarra, die Ehe ein. Aus dieser Verbindung stammte Jeanne d'Albret, die Mutter des späteren Königs Heinrich IV.

Das unerbittliche Ringen der Anhänger der unterschiedlichen Konfessionen lähmte das Wirtschaftsleben der Stadt im 16. Jh. Das Edikt von Nantes sorgte wieder für stabile Verhältnisse. Protestantische Bürger, die in Angoulême in der Überzahl waren, machten die Stadt zu einer der wichtigsten Stätten des Druckereigewerbes in Frankreich. Der Widerruf des Ediktes von Nantes 1685 war für Angoulême eine Katastrophe, denn ein Großteil des wohlhabenden Bürgertums mußte die Stadt verlassen und wanderte nach Deutschland oder Holland aus. Einen völligen Abstieg der Stadt wußte die Revolution zu verhindern, die Angoulême 1793 zur Hauptstadt des Departements Charente machte. Nach wie vor ist die Druckindustrie der wichtigste Wirtschaftszweig der Stadt. Seit dem frühen 20. Jh. haben sich auch andere Sparten entwickelt: Metallverarbeitung, Textilherstellung, Produktion elektrischer Motoren und Küchengeräte, die alle zusammen heute mehr als 40 000 Menschen beschäftigen (Gesamteinwohnerzahl mit Vororten ca. 110 000).

Die Kathedrale St-Pierre

Die Kämpfe zwischen Katholiken und Hugenotten und die Revolution haben zahlreiche historische Bauwerke in Angoulême vernichtet. Als Prunkstück ist einzig die Kathedrale erhalten geblieben, die im vorigen Jahrhundert durch Paul Abadie, der aus Angoulême stammte, restauriert wurde (Abb. 99, 101). Nacheinander waren an der exponierten Stelle über der Stadt vier Bischofskirchen aufeinandergefolgt. Der bestehende Bau wurde um 1110

Angoulême, Grundriß der Kathedrale St-Pierre (Zodiaque)

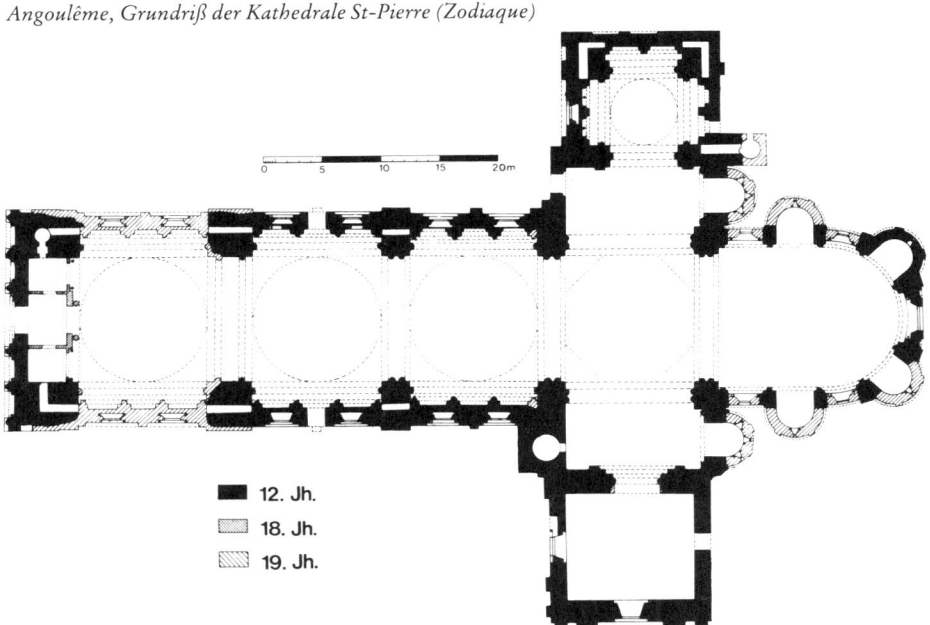

■ 12. Jh.
▨ 18. Jh.
▧ 19. Jh.

Angoulême, Schema der Fassade der romanischen Kathedrale St-Pierre (die im 19. Jh. von Paul Abadie rekonstruierten Partien sind grau getönt): 1 Christus in der Mandorla 2 Adler = Symbol des Evangelisten Johannes 3 Engel = Matthäus 4 Geflügelter Löwe = Markus 5 Geflügeltes Rind = Lukas 6 Engel 7–10 Auserwählte 11 Muttergottes 12–22 Apostel 23 Verdammter 24, 25 Teufel 26 Verdammter 27–30 Apostel 31 Reiterkampf (Illustration zum Rolandslied?)

begonnen und bereits zwei Jahrzehnte später zum Abschluß gebracht – eine für mittelalterliche Verhältnisse rasant kurze Bauzeit. Entgegen der verbreiteten Baupraxis des Mittelalters, eine Kirche im Osten, am Chor, zu beginnen und nach Westen fortschreitend zu errichten, wurde in Angoulême zuerst mit der Fassade begonnen. Sie ist eines der ganz großen Meisterwerke der romanischen Bildhauerkunst in Frankreich (Abb. 102–104). Anders als in der Saintonge, deren Kirchenfassaden den plastischen Dekor in der Portalzone konzentrieren, ist die Front von St-Pierre als eine gewaltige Schauwand konzipiert, die bis in den letzten Winkel mit Skulpturen geschmückt ist.

Das komplizierte ikonographische Programm wird am besten verständlich, wenn man die Fassade aus einiger Entfernung von oben nach unten liest. Zuoberst schwebt Christus in einer Mandorla stehend, umgeben von den Symbolen der vier Evangelisten. Darunter erscheinen sechs Engel, vier kleinere, die ihre Blicke nach oben wenden, zwei größere, die nach unten schauen. Ihr Blick richtet sich auf die Apostel, die unmittelbar neben dem Fenster (vier an der Zahl) bzw. in den zwei Reihen unter den angrenzenden Arkadenbögen stehen (weitere sieben). Ihnen gesellt sich die Muttergottes zu. Die Tatsache, daß nur elf und keine zwölf Apostel dargestellt sind, macht deutlich, daß es sich um die Himmelfahrt Christi handelt, dasselbe Thema, dem wir schon einmal, in Pérignac in der Saintonge, begegneten. Ungewöhnlich ist aber in diesem Zusammenhang die Assistenz der Evangelistensymbole, die doch sonst nur im Zusammenhang mit dem Weltgericht auftreten. Der Blick auf die biblische Überlieferung klärt die Zusammenhänge. In der Apostelgeschichte des Lukas wird berichtet, daß im Augenblick der Himmelfahrt Christi zwei Engel zu den versammelten Aposteln und zu Maria sprachen und verkündeten, daß der Gottessohn so, wie sie ihn jetzt zum Himmel aufsteigen sähen, am Jüngsten Tage wieder zur Erde herniederfahren werde. In einer Art visionärer Synopsis vereint die Fassade von Angoulême beide Begebenheiten: die Himmelfahrt und die Wiederkehr mit der Ankündigung des Weltgerichtes. Die acht Heiligen in den Tympana der hoch gestelzten Blendarkaden sind in freudig bewegter Tanz-haltung wiedergegeben. Sie sind die Auserwählten, die die Wiederkehr und den Triumph des Herrn feiern. Der Weltgerichtsgedanke wird in den vier Figuren ganz rechts und links in den Streifen unterhalb der Tympana weitergesponnen. Dort sind zwei Sünder und zwei Teufel dargestellt, die als einzige ihre Blicke nicht nach oben in Richtung auf den Erlöser wenden. Die beiden Reiterstatuen der hl. Georg und Martin weiter unten, rechts und links vom

Angoulême, Schnitt durch das zweite
Joch der Kathedrale St-Pierre
(nach Jules de Verneilh, 1852)

Hauptportal, sowie das Tympanon des Portals selber sind freie Ergänzungen Abadies. Zum Originalbestand aber gehören die vier Tympana der Scheinportale und der Fries darunter. In den zwölf Figuren der Tympana erkennt man noch einmal die Versammlung der Apostel. Der reich dekorierte Fries zu ihren Füßen zeigt im lebendigen Wechsel ornamentalen und figuralen Dekor. Von besonderem Reiz ist die Darstellung eines Reitergefechts (Abb. 103), das in der Forschung unterschiedlich interpretiert worden ist. Die eine Version sieht darin den Kampf der Christen gegen die Muselmanen, die andere eine Illustration des Rolandsliedes, das den heroischen Kampf der Getreuen Karls des Großen gegen die Heiden am Paß von Roncesvalles verherrlicht. Der gemeinsame Nenner beider Auslegungen ist jedenfalls die an allen Portalen mit unterschiedlichen Bildern dargestellte Gegenüberstellung guter und böser Gewalten. Als 1138 die letzte Skulptur an der Westwand angebracht worden war, hatte die größte romanische Fassade Frankreichs ihre Fertigstellung gefunden.

Grund- und Aufriß des Kirchenschiffes folgen der périgordinischen Bauschule des 12. Jh. Der einschiffige Saal ist mit drei mächtigen Kuppeln über Pendentifs eingewölbt (Abb. 100). Die Vierung und der anschließende Chor – beides war in der Revolution zerstört worden – sind Rekonstruktionen Abadies, wie übrigens auch die Giebel und die beiden Türmchen der Fassade. Der Blick auf die Ostpartie der Kathedrale steht dem Eindruck, den man an der Westseite mit der Fassade gewonnen hat, kaum nach. Chorrund, Vierungskuppel und der seitlich daneben stehende Glockenturm gruppieren sich zu einem prachtvollen Ensemble. Allerdings nimmt die Kuppel heute eine etwas beherrschende Stellung ein, die sie im Urzustand nicht gehabt hat, wie der Blick auf alte Abbildungen des Bauwerks lehrt. Abadie hat hier wieder einmal seiner Phantasie zu freien Lauf gelassen.

Rundgang durch die Stadt

Im Anschluß an die Besichtigung der Kathedrale sollte man nicht auf einen Rundgang entlang der berühmten *Promenade des Remparts* verzichten. In einem weiten Oval umziehen die noch fast vollständig erhaltenen Festungsmauern die Altstadt von Angoulême.

Angoulême, die ehemalige Burg –
Reste davon in das heutige Rathaus
inkorporiert (nach P. Mourrier)

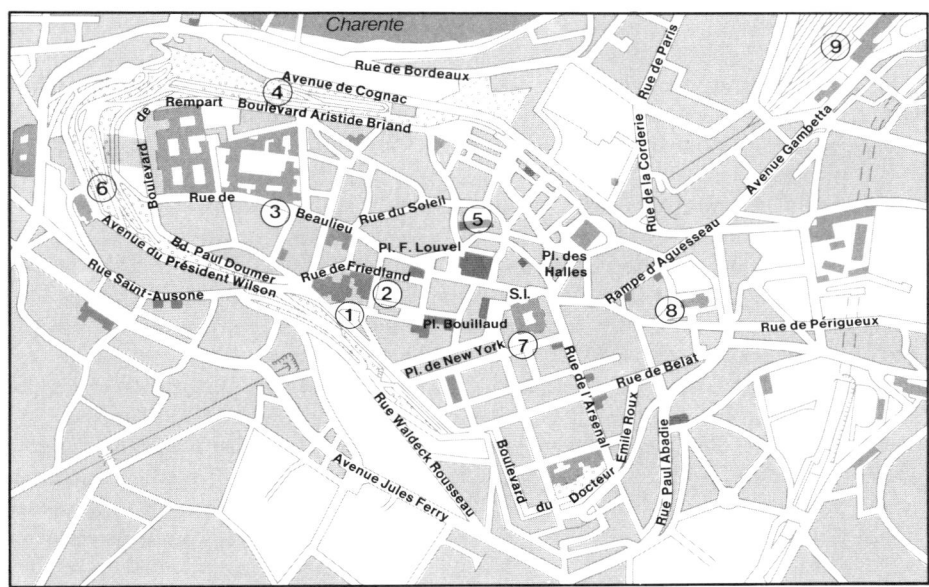

Angoulême, Plan der Innenstadt:
1 Kathedrale St-Pierre 2 Musée des Beaux-Arts 3 Chapelle des Cordeliers 4 Promenade des Remparts 5 St-André 6 St-Ausone 7 Hôtel de Ville 8 St-Martial 9 Bahnhof

Besonders nach Westen und Norden erlebt man herrliche Ausblicke in das Tal der Charente.

Gleich neben der Kathedrale (Nordseite) befindet sich das *Musée des Beaux-Arts,* das im ehemaligen Bischofspalast eingerichtet wurde. Sehenswert sind vor allem die Sammlung prähistorischer Fundstücke und einige Kapitelle aus zerstörten romanischen Kirchen des Angoumois.

Das *Hôtel de Ville* im Herzen der Stadt erhebt sich über den Fundamenten des zerstörten Schlosses der Grafen von Angoulême. Um den von diesem Schloß einzig erhaltenen Teil, einen Rundturm, errichtete Paul Abadie im 19. Jh. die Trakte des jetzigen Rathauses. Die Überlieferung sieht in dem Rundturm die Geburtsstätte der Margarethe von Angoulême.

Im Glanz der Kathedrale verblassen die anderen Gotteshäuser der Stadt. Die gotische *Chap Pelle des Cordeliers,* nordwestlich der Kathedrale, gehörte früher zu einem Franziskanerkloster, heute dient sie einem angrenzenden Hospital als Hauskapelle. Weitere Zeugnisse der romanischen Architektur finden sich in den *Kirchen St-André* und *St-Martial,* letztere von Abadie restlos »verrestauriert«. *St-Ausone* ist ein neoromanischer Bau des 19. Jh.

Das drangvolle Verkehrsproblem ist zugunsten der Fußgänger angenehm gelöst worden. Die Fußgängerzone im Zentrum von Angoulême ist ein wohltuender Ruhepol inmitten des hektischen Großstadtbetriebes.

Romanische Kirchen im Angoumois

Im näheren Umkreis von Angoulême findet sich eine stattliche Zahl romanischer Kirchen, von denen hier die wichtigsten vorgestellt werden. Die Beschreibung folgt einem etwa eintägigen Ausflug rund um Angoulême.

St-Michel-d'Entraygues

Gleich vor den Toren Angoulêmes – fast noch in einem Vorort – steht die ungewöhnlichste aller romanischen Kirchen des Angoumois: St-Michel-d'Entraygues (Abb. 106). 1137 legte Lambert, Abt des nahen Klosters La Couronne, den Grundstein. Die Kirche wurde über einem achteckigen Grundriß errichtet. Zu jeder der acht Seiten strahlt eine kleine Apsis aus. Kirchen dieses Typs dienten im Mittelalter gewöhnlich als Grabkapellen, in Anlehnung an die über zentralem Grundriß erbaute Grabeskirche Christi in Jerusalem, die ihrerseits eine altüberlieferte heidnisch-antike Tradition aufgreift. Tatsächlich hatte der Bauherr, Abt Lambert, an dieser Stelle einen großen Friedhof anlegen lassen, auf dem Santiago-Pilger, die unterwegs starben, beigesetzt wurden. Die kleine turmartige Bekrönung des Zeltdaches erfüllte entsprechend die Funktion einer Totenlaterne, wie man sie sonst als separates Denkmal auf zahlreichen Friedhöfen des Poitou antrifft. So originell wie das Bauwerk selbst

Das Angoumois

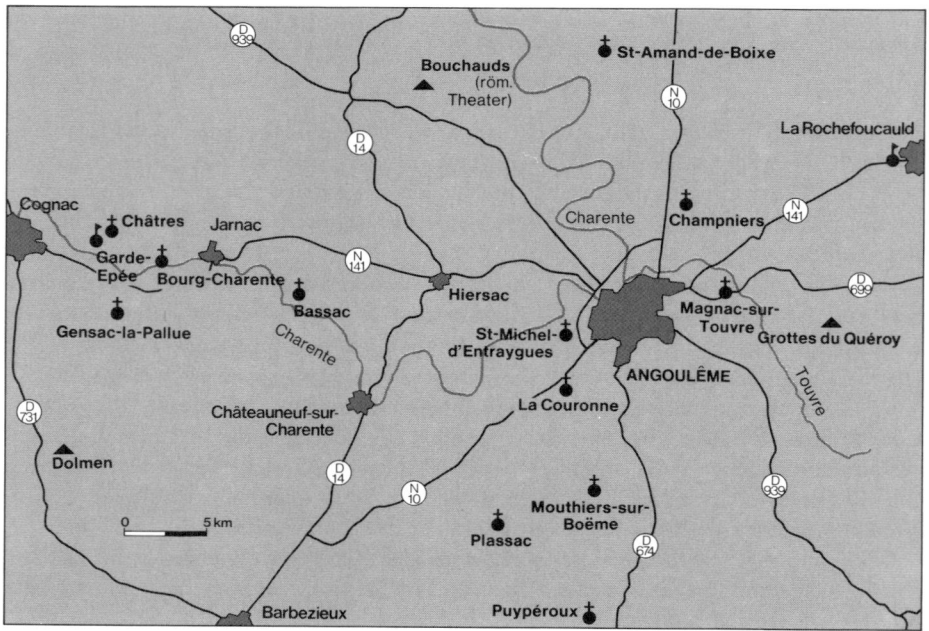

St-Michel-d'Entraygues, Grundriß (Zodiaque)

0   5   10m

ist auch das Tympanon seines Portals (Abb. 107). Es zeigt den Erzengel Michael, den Patron der Kirche, im Kampf gegen den Drachen. In einer schwungvollen Schreitbewegung entscheidet der Himmelsbote geradezu spielerisch und elegant den Kampf. Der langgezogene Schwanz des Untiers ist vielfach verdreht und verknotet. Diese bewegte Expressivität der Komposition ist kennzeichnend für den Spätstil der romanischen Skulptur um die Mitte des 12. Jh.

La Couronne

Während St-Michel-d'Entraygues die Spätzeit der Romanik im Angoumois markiert, steht die romanische Pfarrkirche von La Couronne für deren Frühzeit. Sie wurde in den ersten Jahren des 12. Jh. erbaut. Ihre Fassade macht die enge Verwandtschaft zwischen den Nachbarlandschaften Angoumois und Saintonge deutlich. Die Gliederung der beiden Geschosse ist in derselben Form zuhauf im Gebiet um Saintes belegt: Ein breites Hauptportal wird von zwei Scheinportalen flankiert, darüber spannt sich eine Galerie aus sieben Blendarkaden. Bildhauerische Verzierungen finden sich an Kapitellen und Gesimsen, die Archivolten blieben dagegen in Abweichung von den Verwandten in der Saintonge schmucklos.

Die kleine Pfarrkirche liegt in der Ortsmitte von La Couronne. Etwas außerhalb des Fleckens zeugen gotische Ruinen von einem ehemaligen Augustiner-Chorherrenstift (Abb. 105). Das im 12. Jh. gegründete Kloster wurde nach den wiederholten Heimsuchungen während des Hundertjährigen Krieges und der Religionskriege immer wiederhergestellt. Den endgültigen Todesstoß erhielt es erst durch die Revolution.

Mouthiers-sur-Boëme

Die Kirche von Mouthiers-sur-Boëme, *St-Hilaire*, wurde im späten 12. Jh. begonnen und erst im 13. Jh. fertiggestellt (Abb. 108). So erklärt sich die Kombination eines romanischen Chores mit einem gotischen Vierungsturm. Der Grundriß ist ein lateinisches Kreuz mit einschiffigem Langhaus, Querhaus und schlichtem Chorrund, zu dessen Seiten sich zwei kleinere Kapellen gruppieren. Wir erwähnen Mouthiers weniger aus kunstgeschichtlichen Erwägungen – der Bau stellt im Rahmen des breiten Angebots romanischer Kirchen keine Besonderheit dar –, sondern eher seiner landschaftlichen Lage wegen. Die Chorpartie steht auf freiem Feld und spiegelt sich malerisch im klaren Wasser der kleinen Boëme.

Plassac

Die Fassade der romanischen *Kirche St-Cybard* in Plassac gibt in ihrer die ganze Westwand erfassenden Gliederung eine Vorahnung auf die Kathedrale in Angoulême, die wenige Jahre später entstand. In drei Geschossen übereinander lassen die Blendarkaden kaum ein Fleckchen schmuckloser Wandfläche übrig. Typisch für das Angoumois ist der oktogonale Vierungsturm mit seinem steilen, kegelförmigen Dach, das nicht mit Ziegeln, sondern schuppenartig angeordneten Steinplatten gedeckt ist. Der einschiffige Innenraum ist mit einer stark gebrochenen Halbtonne überwölbt. Ein Relieffries im Chor ist die große Kostbarkeit der Kirche. Kleine Kragsturzsteine mit plastisch aufgesetzten Köpfen tragen eine Blattgirlande, die das ganze Halbrund des Chores umzieht. Zwischen die Köpfe sind Metopen gerückt, die abwechselnd tierische und pflanzliche Motive zeigen. Unverkennbar ist der maurische Einfluß speziell auf die vegetabilen Ornamentformen, die sich zum Teil in genauer Übereinstimmung in der Alhambra in Cordoba wiederfinden. Rechts und links vor dem Chor führen zwei kleine Treppen in die Krypta.

Puypéroux

Der Legende zufolge soll das Kloster in Puypéroux im 8. Jh. von St-Gilles gegründet worden sein, der vor den Arabern aus der Provence ins Angoumois geflohen war. Ein karolingischer Kirchenbau wurde im 11. Jh. durch einen Nachfolger ersetzt, der jedoch nicht ganz vollendet wurde, denn die Benediktiner verließen Puypéroux aus unbekannten Gründen, um in das nahe Blanzac zu übersiedeln. *St-Gilles* ist demzufolge die älteste Kirche der Romanik im Angoumois. Nach der Zerstörung im Hundertjährigen Krieg blieb das Gemäuer bis ins 19. Jh. als Ruine stehen. Erst 1840 wurde eine Restaurierung durchgeführt, die den heutigen Zustand herstellte. Die fünf gänzlich ungegliederten Chorkapellen sprechen die archaische Sprache frühmittelalterlicher Architektur. Die derbe Behandlung der Kapitelle im Innern der Kirche markiert die Frühzeit der romanischen Skulptur.

Magnac-sur-Touvre

Die *Kirche St-Cybard* weicht von dem im Poitou verbreiteten Grundriß des lateinischen Kreuzes ab (Abb. 111). Vier gleich lange Arme gruppieren sich um das Vierungsquadrat und bilden so ein griechisches Kreuz. Ein wahrhaft malerisches Bild ergibt sich von der Brücke aus, die über die Touvre führt. Im klaren Wasser des Flusses spiegeln sich neben dem stattlichen Vierungsturm von St-Cybard eine alte Waschstelle des 18. Jh. und ein kleiner Pavillon.

Grottes du Quéroy

Eine bizarre Abwechslung im Reigen des rein romanischen Ausflugsprogramms rings um Angoulême bietet der Besuch der Tropfsteinhöhle von Quéroy, 10 km östlich von Angoulême. Die erst im 20. Jh. entdeckte Höhle wurde von Norbert Casteret erforscht. Sie besteht aus mehreren Sälen, die vor Jahrmillionen von einem unterirdischen Fluß ausgewaschen wurden. Man beobachtet die unterschiedlichen Formen von Höhlensinter: Stalaktiten, Stalagmiten, Sinterfahnen etc.

Champniers

Wir beenden unsere Rundfahrt um Angoulême mit der *Kirche Ste-Eulalie* in Champniers. Die Sehenswürdigkeit dieses um die Mitte des 12. Jh. entstandenen Bauwerks sind die Skulpturen im Querschiff. Die von den Fassaden der Saintonge-Kirchen geläufige Gegenüberstellung guter und böser Mächte findet hier ihren Niederschlag in der Darstellung von Löwen und Monstren als Symbolen der dunklen Mächte und christlichen Rittern als Erscheinungen der siegreichen guten Gewalten.

Drei Wege vom Angoumois ins Limousin

Je nach Zeit, die der einzelne gegen Ende seiner Reise durch das Poitou noch zur Verfügung hat, bieten sich für die Weiterfahrt von Angoulême nach Osten drei verschiedene Routen an. Die südliche, die auf der N 141 nach Limoges führt, ist die schnellste. Sie wird hier zuerst beschrieben.

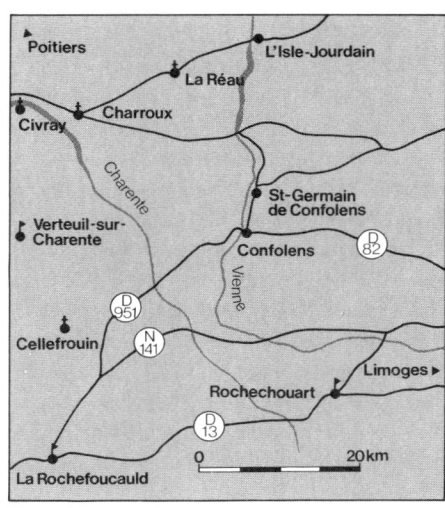

Vom Angoumois ins Limousin.
Die Oberläufe der Charente und der
Vienne

295

François VI. de la Rochefoucauld
(Stich nach einem Portrait von
Sandoz)

Château de la Rochefoucauld

Die wichtigste Etappe auf dem Wege von Angoulême nach Limoges ist die Ortschaft La Rochefoucauld, deren Schloß (Farbt. 6) über Jahrhunderte im Besitz der gleichnamigen Familie war, eines der großen Adelsgeschlechter Frankreichs. Als seinen Ahnherrn betrachtet es Foucauld de la Roche, der im frühen 11. Jh. lebte. François I. de la Rochefoucauld, Kammerherr Ludwigs XII., hob 1494 den späteren Franz I. aus der Taufe, weshalb in der Folgezeit jeder Erstgeborene des Geschlechts den Namen François erhielt. Die Zeit der späten Valois-Könige brachte der Familie ihren glänzenden Aufstieg. Unter Franz I. zunächst zu Grafen erhoben, folgten bald die Herzogs- und schließlich die Pairs-Würde. Von den zahlreichen bedeutenden Vertretern dieses Geschlechts sei die auffälligste Erscheinung erwähnt, François VI. de la Rochefoucauld. Blendend aussehend und hochgebildet, war er ein Liebling der Frauen – geradezu schwärmerisch schreibt Madame de Sévigné über ihn – und spielte eine glänzende Rolle bei Hofe. Unsterblich aber wurde er durch eine sehr ernste Schrift, die »Reflexions, ou Sentences et Maximes Morales«, bekannt unter dem Kurztitel »Maximes«. In einer brillant geschliffenen Sprache, gespickt mit satirischen

Anspielungen auf seine Zeitgenossen, entwirft der Autor François de la Rochefoucauld (1612–1680) ein pessimistisches Bild von der Eigengesetzlichkeit des Egoismus und der Genußsucht der Menschen und bezieht leidenschaftlich Stellung gegen jene Form sittlicher Grundlagen, die nur unter dem trügerischen Deckmantel der Moral ihr Dasein behaupten. Die »Maximes« sind ein Stück klassischer französischer Literatur.

Seit dem 12. Jh. wurde die Schloßanlage immer wieder erweitert. Den Ost- und den Südflügel errichtete François II. zwischen 1528 und 1538; François VI. de la Rochefoucauld, der Verfasser der »Maximes«, ließ das Schloß seiner Vorfahren nach einer Feuersbrunst wiederherstellen und fügte den Westflügel an. Seit 1709 blieb das Schloß unbewohnt und war damit allmählich der Zerstörung durch Verwitterung preisgegeben. 1909 wurde deshalb eine erste, provisorische Restaurierung durchgeführt. Dennoch war das Schloß zu Beginn der sechziger Jahre so baufällig, daß es für den öffentlichen Besuch geschlossen werden mußte. Seit einigen Jahren gehen die Instandsetzungsarbeiten weiter, so daß inzwischen die Besichtigung wieder möglich ist.

Das Schloß erhebt sich auf einem kleinen Kalkfelsen über dem Ufer der Tardoire, einem Nebenfluß der Charente. Von außen betrachtet trägt es noch auffallend mittelalterliche Züge, was daran liegt, daß bei dem Neubau im 17. Jh. etliche Partien des mittelalterlichen Vorgängers der neuen Anlage inkorporiert wurden. Das gilt für die beiden den Eingang flankierenden Rundtürme (13. Jh.), den quadratischen Donjon, der zugleich der älteste Bauteil ist (12. Jh.), und Teile der beiden Türme des Ostflügels, den sog. Archiv-Turm und die Schloßkapelle. In dem großzügig proportionierten Ehrenhof hat sich jedoch der Einfluß der Loireschlösser niedergeschlagen, die den Rochefoucaulds des 16. und 17. Jh. bestens geläufig waren. An Blois, Amboise und andere Vorbilder erinnern die beiden offenen

Das Château de la Rochefoucauld

297

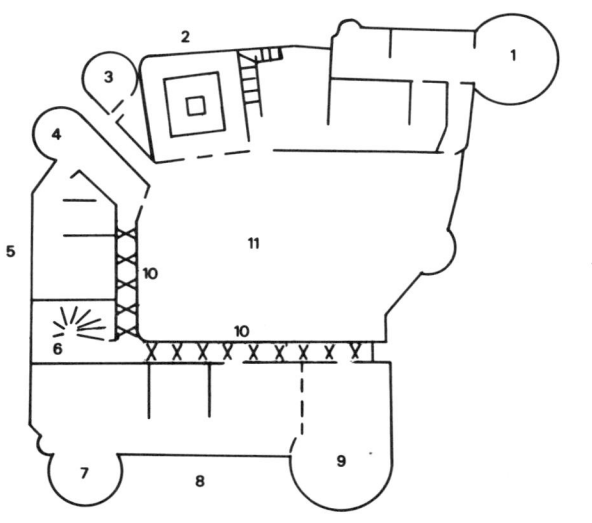

Grundriß des Château de la Rochefoucauld:
  1 Nord-West-Turm
  2 Donjon
  3, 4 Eingangstürme
  5 Südfassade
  6 Wendeltreppe
  7 »Archiv-Turm«
  8 Ostfassade
  9 Schloßkapelle
  10 Offene Galerien
  11 Ehrenhof

Galerien im Ost- und Südflügel. Prachtvoll ist die über 108 Stufen führende Wendeltreppe in der Südostecke, deren Anlage entfernt an das Treppenhaus von Chambord denken läßt.

Château de Rochechouart

Auf der Schwelle zum Limousin erreicht man in der Ortschaft Chabanais wieder das Tal der Vienne. Dort zweigt ein Nebenweg, die D 29, zum Château de Rochechouart ab. Es ist ähnlich wie jenes von La Rochefoucauld in mehreren Etappen entstanden. Der älteste Teil der bestehenden Anlage wurde im 15. Jh. erbaut und steht stilistisch gesehen im Übergangsfeld vom späten Mittelalter zur frühen Renaissance. Letzte Arbeiten im 16. Jh. führten zur endgültigen Fertigstellung des Schlosses, in dem heute ein Museum untergebracht ist. Neben zahlreichen prähistorischen Objekten überrascht die reichhaltige Sammlung antiker Funde. Sie stammen zum größten Teil aus der Ausgrabung von Chassenon, das auf halber Strecke zwischen Chabanais und Rochechouart liegt. Dort wurden 1958 die Fundamente des antiken Cassinomagus freigelegt, einer wichtigen Station an der Via Agrippa, der großen Ost-West-Verbindung von Lugdunum (Lyon) nach Mediolanum Santonum (Saintes). Zur Zeit Kaiser Hadrians (117–138 n. Chr.) muß Cassinomagus eine blühende Stadt gewesen sein.

Der zweite Weg vom Angoumois ins Limousin führt zunächst von Angoulême auf der N 10 nordwärts, ab Mansle gen Osten über St-Claud, Confolens und Bellac. Bei La Croisière stößt man dann auf die N 20, die große Nord-Süd-Verbindung Paris-Toulouse bzw. auf die N 145, die über Montluçon und Moulins ostwärts nach Burgund führt (Autobahnanschluß in Beaune). Die sehenswerten Stationen auf diesem Weg sind St-Amant-de-Boixe, Lichères, Cellefrouin und Confolens.

St-Amant-de-Boixe

Nach der Kathedrale in Angoulême ist die ehemalige *Abteikirche* von St-Amant-de-Boixe die größte romanische Kirche des Angoumois. Sie wurde im 12. Jh. an der Stelle einer alten Eremitage erbaut, die der als heilig verehrte Amant behaust hatte. Die Chorpartie der Kirche wurde während des Hundertjährigen Krieges zerstört, der Kreuzgang ging in der Zeit der Religionskriege unter. Während der Chor im 15. Jh. erneuert worden war, blieb der Kreuzgang nach seiner Zerstörung als Ruine liegen (Abb. 109).

Die Fassade macht deutlich, daß der prägende Einfluß der Saintonge bis in das nördliche Angoumois wirksam blieb. Entsprechend sehen wir eine zweigeschossige Gliederung, unten ein breites Archivoltenportal mit seitlichen Scheinportalen und darüber ein großes Fenster, von Blendarkaden begleitet. Die Bögen sind ausnahmslos mit geometrischen Ornamenten verziert. Ungewöhnlich ist die Westwand des nördlichen Querhausarmes, die ebenfalls wie eine Fassade gestaltet wurde. Ihr Dekor ist sogar deutlich aufwendiger als jener der Hauptfassade. Nur die Zweigeschossigkeit ist bei beiden gleich. In der unteren Zone sind drei Scheinportale nebeneinander gereiht. Das rechte war ursprünglich eine Tür, die jedoch später irgendwann einmal zugemauert wurde. In der Archivolte darüber erscheint das Agnus Dei mit den vier Evangelistensymbolen. In den Tympana der beiden linken Bögen stehen Apostelstatuen, die eine stilistische Verwandtschaft mit jenen an der Kathedrale von Angoulême zeigen. Die drei kleineren Arkaden des darüber liegenden Geschosses überfangen jeweils eine Statue, namentlich nicht identifizierbare Heilige. Kapitelle, Friese und Archivolten schwelgen in vegetabilen und tierischen Ornamentformen.

Die Architektur der Kirche entzieht sich dagegen dem Einfluß der Saintonge. Sie ist als dreischiffige Halle angelegt und steht damit den Bauten des nördlichen Poitou näher. Ein melancholisches Ambiente verbreitet sich in der Ruine des einstigen Kreuzganges, in dem noch vereinzelt Reste frühromanischer Skulptur zu entdecken sind (Abb. 110).

Wer den Spuren der römischen Kultur noch weiter auf den Fersen bleiben möchte, findet 12 km westlich von St-Amant-de-Boixe in den Ausgrabungen von *Bouchauds* interessante Ruinen. Schon gegen Ende des 19. Jh. konnten die Grundmauern eines römischen Theaters in einer von Hügeln und Wäldern malerisch bewegten Landschaft freigelegt werden. In den letzten Jahren wurden die Ausgrabungen oberhalb des Theaters, dessen Zuschauerränge sich ehemals an einen Hügel lehnten, wiederaufgenommen. Dabei wurden die Grundmauern eines gallorömischen Sanktuariums entdeckt. Diese Funde gehörten zur Stadt Germanico-magus, die in der Völkerwanderungszeit zerstört worden war.

Lichères

Ein Kleinod der romanischen Architektur im Angoumois ist die alte *Prioratskirche St-Denis* am Rande des Dorfes Lichères, 2 km östlich von Mansle (siehe Umschlagabbildung). Sie

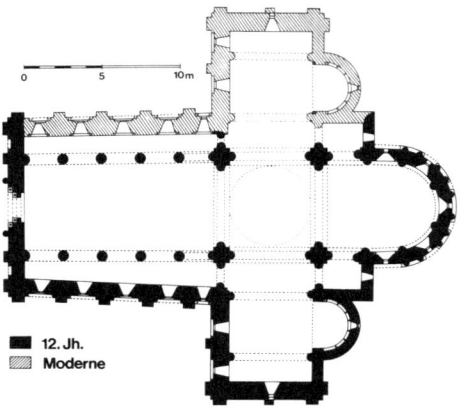

Lichères, Grundriß der Prioratskirche St-Denis (Zodiaque)

steht auf freier Flur, im Sommer umbrandet vom flammenden Meer der Sonnenblumenfelder. Im 18. Jh. war der Vierungsturm eingestürzt und hatte die nördliche Langhauswand sowie den nördlichen Querhausarm niedergerissen. Beides wurde im 19. Jh. wiederhergestellt. Die schönste Aussicht bietet der Chor, dessen kraftvolles Halbrund durch eine kleine Arkadenstellung auf halber Höhe aufgelockert wird. Das Portal ist mit Engeln und dem Lamm Gottes dekoriert. Der Innenraum scheint eine Synthese zwischen der Halle und der Idee des Saales anzustreben. Die Seitenschiffe sind derart schmal, daß sie zur reinen Stützfunktion für das beherrschende Mittelschiff degradiert sind. Obwohl es sich, rein formal betrachtet, also um eine Halle mit drei Schiffen handelt, überwiegt im Raumeindruck doch der Gedanke des einschiffigen Saales.

Cellefrouin

Die *Abteikirche* von Cellefrouin ist die älteste im nördlichen Angoumois. Arnauld de Vitabre, Bischof von Périgueux, hatte das Kloster 1025 gegründet. Der Grundstein für den bestehenden Kirchenbau wurde jedoch erst nach der Mitte des 12. Jh. gelegt, die Arbeiten waren noch vor Ablauf des Jahrhunderts abgeschlossen. Die kraftvolle Rundbogengliederung an der Fassade läßt bereits den Willen zu plastischer Durchformung der Wandflächen ahnen, der später überall im Poitou und ganz besonders in der Saintonge zur Entfaltung kam und letztlich in Angoulême seine Vollendung fand. Schon in dieser Frühzeit ist der gängige Bautyp des Poitou festgelegt, denn auch Cellefrouin ist eine dreischiffige Halle.

Auf dem Friedhof, hoch über der ins Tal geduckten Abteikirche, steht eine romanische Totenlaterne, die letzte auf unserem Weg durch das Poitou. Sie besteht aus einem Bündel von acht Rundstäben, die ein steiles, kegelförmiges Dächlein tragen. Einer Lanze gleich stößt die 12 m hohe Säule in den Himmel.

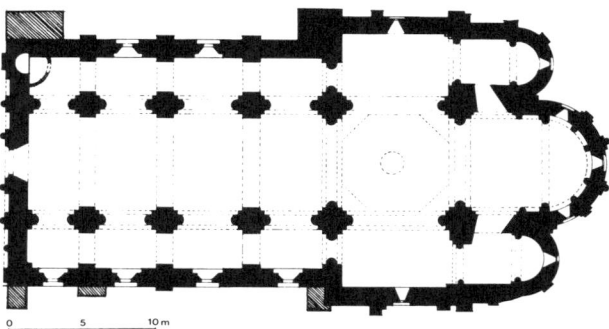

*Cellefrouin, Grundriß der
Abteikirche*

0   5   10 m

Confolens

In Confolens erreicht der Reisende den Oberlauf der Vienne. Die betriebsame Sous-Préfecture des Departement Charente reiht ihre Häuser zu beiden Seiten des Flusses, den eine gotische Brücke, der *Pont Vieux*, mit acht Bögen überspannt (Farbt. 4). Einst muß diese Brücke zu den schönsten Frankreichs gezählt haben, denn sie besaß ursprünglich drei Wehrtürme, zwei als Brückenköpfe und einen in der Mitte, wie es heute nur noch in einem einzigen Beispiel in Frankreich erhalten ist, an dem berühmten Pont Valentré in Cahors (Departement Lot). Wenige Schritte daneben wurde im 19. Jh. der Pont Neuf errichtet, von dem man den besten Blick auf die mittelalterliche Brücke hat.

Der dritte Weg vom Angoumois ins Limousin, der hier vorgeschlagen wird, bietet eine Fülle von Denkmälern und verlangt daher mehr Muße als die beiden bereits vorgestellten, die ein zielstrebigeres Vorankommen nach Osten versprechen. Zunächst folgt man wie bei der zweiten Route der N 10 Richtung Norden, so daß man ebenfalls die Möglichkeit zu Abstechern nach St-Amant-de-Boixe und Lichères hat. 20 km nördlich von Mansle laden die romanischen Kirchen von *Courcôme* – links der N 10 – und *Ruffec* – rechts der N 10 – zu Abstechern ein. Sehenswert ist auch das Renaissanceschloß *Verteuil-sur-Charente* (Abb. 113), 6 km südöstlich von Ruffec. Sein Erbauer war Wilhelm von La Rochefoucauld, einer der Vorfahren des berühmten Moralisten. Kurz hinter Ruffec verläßt man die N 10 und setzt die Fahrt auf der D 1 nach Civray fort.

Civray

Den Besuch der *Nikolauskirche* in Civray sollte keiner, der diesen Weg eingeschlagen hat, auslassen (Abb. 114, 115). Ihre Fassade ist wiederum in zwei Geschosse unterteilt. Während die Gliederung an Fassaden romanischer Kirchen in der Saintonge unabhängig von der Gestalt des dahinterliegenden Raumes ist, spiegeln die drei großen Bögen in Civray die tatsächlichen Raumverhältnisse wider. Es handelt sich um eine typisch poitevinische

Hallenkirche mit drei Schiffen. Das Obergeschoß der Fassade mit seinen drei großen Arkaden ist dem Untergeschoß ebenbürtig. Geradezu verschwenderisch mutet die Reichhaltigkeit des Bildprogramms an, dessen Ikonographie den Kirchenfassaden der Saintonge-Kirchen verwandt ist. Die Archivolten des Hauptportals zeigen Christus umgeben von Engeln, die klugen und törichten Jungfrauen, Engel mit einem Christusmedaillon – möglicherweise eine Andeutung der Himmelfahrt in Anlehnung an das Beispiel der Kathedrale in Angoulême – und Monatsarbeiten. Das Tympanon ist eine störende und gerade an einem poitevinischen Archivoltenportal verfälschende Ergänzung des 19. Jh. In den Archivolten der seitlichen Scheinportale entfaltet sich das breitgefächerte Repertoire der Ornamentik mit einem bewegten Wechsel pflanzlicher, tierischer und geometrischer Formen. Das Fenster in der oberen Zone flankieren Statuen der Apostelfürsten Petrus und Paulus, in dem Bogen darüber erscheint das beliebte Thema des Kampfes der Tugenden gegen die Laster. Das Bogenfeld des rechten Scheinfensters ist in zwei Streifen geteilt. Der untere nimmt Bezug auf den Titelheiligen der Kirche. Zu sehen ist der hl. Nikolaus, der drei junge Mädchen vor ihrem gewalttätigen Vater rettet. Allerdings ist die Begebenheit nicht in Form einer szenischen Handlung wiedergegeben, sondern die Beteiligten sind statuarisch nebeneinandergereiht. Darüber stehen die vier Evangelisten Johannes, Matthäus, Markus und Lukas. Die linke Bogennische nimmt eine Reiterstatue ein. Vom Reiter selbst, vermutlich wieder Kaiser Konstantin der Große, ist nichts erhalten, und auch das Pferd ist schwer beschädigt. Gut zu erkennen ist aber noch der besiegte Heide zu Füßen des Pferdes. Den Sieg des ersten christlichen Kaisers bejubeln Engel in der Archivolte darüber.

Charroux und La Réau

Die letzten Zeugnisse der romanischen Kunst im Poitou, bevor man in das Limousin gelangt, sind die beiden Abteiruinen von Charroux (Abb. 116) und La Réau. Charroux, eine Gründung Karls des Großen, war mehrfach Schauplatz bedeutender Konzilien. Im Jahre 989 wurde hier der Gottesfrieden, die »treuga Dei«, verkündet. 1096 weihte kein Geringerer als Papst Urban II. die Abteikirche, die während der Religionskriege zerstört wurde. Sie muß ein imposantes Bauwerk von ungewöhnlichem Zuschnitt gewesen sein. Anstelle einer Vierung nämlich besaß die Kirche zwischen Langhaus und Chor eine Rotunde, aus deren Mitte ein achteckiger Turm aufwuchs. Dieser Turm ist als einziges von der einst komplexen Anlage stehengeblieben. In dem erhaltenen Teil des spätmittelalterlichen Kreuzgangs werden Fragmente vom ehemaligen Portal der Kirche aufbewahrt, Bruchstücke einer umfangreichen Weltgerichts-Szenerie.

Die im Mittelalter kaum minder berühmte Abtei La Réau, 12 km nordöstlich von Charroux, wurde schon während des Hundertjährigen Krieges ein Raub der Flammen. Die zum Teil im 18. Jh. wiederhergestellten Konventsgebäude kamen nach der Säkularisation in private Hände und sind heute noch bewohnt. Die zerstörte Kirche steht als eindrucksvolle Ruine auf freiem Feld. Sie ist der heroische Zeuge einer vergangenen Welt.

Abbildungsnachweis

Die Aufnahmen des Verfassers (Umschlagvorderseite, -rückseite und -innenklappe, 10 Farbtafeln und 86 Schwarzweiß-Abbildungen) wurden ergänzt durch:

Bilderberg, Hamburg   Farbt. 35
Agence C.E.D.R.I., Paris   Farbt. 10, 12, 32
Photographie Giraudon, Paris   Farbt. 2, 3
Werner Neumeister, München   Abb. 55–57
Leo Pélissier, Lisle sur Tarn   Farbt. 1, 31, 34; Abb. 14, 17, 20, 31, 34, 38, 42
Jean Roubier, Paris   Farbt. 24; Abb. 3, 9, 10–12, 18, 19, 29, 35, 46, 66, 67, 74, 78, 82, 83, 104, 115, 116
Gerhard Uhlig, Wuppertal   Farbt. 25; Abb. 2, 4, 5, 68
VLOO, Paris   Farbt. 4–8, 15–18, 20, 21, 23, 26, 28–30
ZEFA, Düsseldorf   Farbt. 27

Textabbildungen und Pläne:

Editions A. u. J. Picard, Paris   S. 241 o. und u., 243, 244, 245, 265, 271, 272, 276, 280, 282. (Die Textabbildungen wurden mit freundlicher Genehmigung der Editions Picard dem Werk »L'art roman en Saintonge« von René Crozet entnommen.)
ZODIAQUE, St-Leger-Vauban   S. 41, 66, 79, 99, 116, 222, 227, 231, 237, 248, 265, 270 o. und u., 275, 285, 287, 293, 300. (Die Textabbildungen wurden mit freundlicher Genehmigung der Edition Zodiaque den Werken »Poitou Roman«, »Angoumois Roman« und »Saintonge Romane« entnommen.)
Alle übrigen Abbildungen stammen aus dem Archiv des Autors.
Die Karten in den Umschlagklappen, die Übersichtskarten und Stadtpläne im Text zeichnete Heinz Josef Schmitz, Köln, nach Vorlagen des Autors.

Raum für Reisenotizen

Anschriften neuer Freunde, Foto- u. Filmvermerke, neuentdeckte gute Restaurants, etc.

Praktische Reise-Informationen

Badegäste in Royan, Postkarte aus dem 19. Jh.

Reiseplanung

Auskünfte

Informationen für eine Reise in das Poitou (Verzeichnisse von Hotels, Campingplätzen, Ferienwohnungen bzw. -häusern, Ortsprospekte, Veranstaltungskalender etc.) bekommt man kostenlos und unverbindlich vom Amtlichen Französischen Verkehrsbüro, das in der Bundesrepublik Deutschland, in Österreich und in der Schweiz Außenstellen unterhält.

Die Büros für die Bundesrepublik:
6000 Frankfurt, Kaiserstraße 12
℡ 0611/752020 u. 29
4000 Düsseldorf, Berliner Allee 26
℡ 0211/80375 u. 76

Für Österreich:
1030 Wien, Landstraße-Hauptstraße 2
Hilton-Center Nr. 259
℡ 0222/757062

Für die Schweiz:
8022 Zürich, Bahnhofstraße 16
℡ 01/2113085 u. 86
1201 Genf, 3, rue du Montblanc
℡ 022/328610

Man kann sich aber auch direkt an die Fremdenverkehrsbüros der jeweiligen Departements wenden. Hier sind im einzelnen zuständig (Telefonvorwahl von Deutschland 0033):

Für das Dep. Vienne:
Office Dép. du Tourisme
11, rue Victor Hugo, 86000 Poitiers
℡ 49/415822

Für das Dep. Vendée:
Union Dép. des Offices de Tourisme
65, rue d' Ulm, 85000 La Roche-sur-Yon
℡ 51/370194

Für das Dep. Deux-Sèvres:
Office Dép. du Tourisme
10, rue du Rempart, 79000 Niort
℡ 49/247679

Für das Dep. Charente:
Office Dép. du Tourisme
Chambre de Commerce – Place Bouillaud
16021 Angoulême
℡ 46/922443

Für das Dep. Charente-Maritime:
Office Dép. du Tourisme
11 bis, rue des Augustins, 17008 La Rochelle
℡ 46/414333

Wen die Anreise über Paris führt, der findet dort weitere ergiebige Möglichkeiten, sich in der »Maison Poitou-Charentes« über das Reisegebiet zu informieren:

Maison Poitou-Charentes
4, avenue de l'Opéra, 75001 Paris
℡ 2960188
(Metro-Station Palais Royal oder Pyramides)

Darüber hinaus besitzt jeder größere Ort sein eigenes Verkehrsbüro (Syndicat d' Initiative), das meist zentral liegt und gut zu finden ist. Dort kann man sich während der Reise selbst mit weiteren Detailinformationen über die jeweilige Region oder Stadt versorgen.

Karten und Ausrüstung

An Genauigkeit und Übersichtlichkeit etwa gleichwertig sind die gelben Karten von Michelin und die sog. cartes touristiques des Institut Géographique National (IGN). Der Maßstab der Michelin-Karten (1:200000) erlaubt die Eintragung auch kleinster Details, dementsprechend hoch ist der Informationswert, der Nachteil jedoch ist, daß man für das in diesem Band behandelte Reisegebiet mehrere Karten benötigt (Michelin-Karten Nr. 67, 68, 71 und 72). Die IGN-Karte (Nr. 107) hat einen etwas größeren Maßstab (1:250000), bietet dafür den Vorteil, das ganze Reisegebiet in einer einzigen Karte unterzubringen. Zur besseren Übersicht sollte man neben der auf das Poitou beschränkten Einzelkarte eine große Frankreichkarte mitführen (z. B. die rote Michelin-Karte Nr. 989). Diese Karten sind in Frankreich überall an Tankstellen, Kiosken, Buchhandlungen etc. zu erwerben. Inzwischen werden sie auch von vielen Buchhandlungen in Deutschland, Österreich und der Schweiz geführt.

Neben üblicher Reiseausrüstung sollte man folgende Dinge mitnehmen: Gummistiefel und gegebenenfalls Ölzeug, auf jeden Fall wasserfeste Schuhe und Kleidung, die nicht nur bei schlechtem Wetter, sondern auch bei Wanderungen am Meer und bei Besuchen des Marais Poitevin gute Dienste leisten. Ferner gehört eine Taschenlampe in das Gepäck, die vor allem in den Krypten romanischer Kirchen sehr nützlich ist. Ein Fernglas erleichtert die Betrachtung hochgelegener Kapitelle und von Einzelheiten an Kirchenfassaden. Für Photographen empfiehlt es sich, ausreichend Filmmaterial mitzunehmen, das in Frankreich bedeutend teurer ist als bei uns.

Verkehrsmittel

Die in diesem Band behandelten Gebiete sind am besten mit dem PKW zu bereisen, da zahlreiche abseits der Hauptverkehrswege gelegene Sehenswürdigkeiten gar nicht oder doch nur sehr umständlich mit öffentlichen Verkehrsmitteln zu erreichen sind. Vorschläge zur Anreise und zur Gestaltung einer Rundfahrt im Poitou finden sich unten in eigenen Kapiteln.

Daneben ist die Anreise mit der Bahn möglich. In diesem Fall wählt man sich am besten ein festes Standquartier, von wo aus man die nähere Umgebung mit örtlichen Busunternehmen bereisen kann. Die geeigneten Ausgangspunkte für Exkursionen dieser Art sind Poitiers, Niort, Saintes und Angoulême. Die Inseln Yeu, Ré, Aix und Oléron werden von Fromentine (Ile d' Yeu) bzw. ab La Rochelle (für die drei anderen Inseln) mit dem Schiff angesteuert. Die Anreise per Bahn führt in jedem Fall über Paris, da Querverbindungen von Osten nach Westen mit mehrmaligem Umsteigen verbunden sind. Die aktuellen Bahnpreise sowie Auskünfte über Vergünstigungen (z. B. Seniorenpaß, Ermäßigung für kinderreiche Familien etc.) erfährt man bei der Vertretung der Französischen Eisenbahnen (SNCF) in 6000 Frankfurt, Rüsterstr. 11, ✆ 06 11/72 84 44.

Ferner kommt man auch mit dem Flugzeug ins Poitou. Von Paris aus gibt es Anschlußflüge nach Poitiers, La Rochelle, Niort und Angoulême, gegebenenfalls auch nach Bordeaux. Am Zielflughafen kann man dann in einen Mietwagen umsteigen, den man am besten bei den deutschen bzw. österreichischen oder schweizerischen Niederlassungen großer Autoverleihfirmen schon im voraus bestellt. In der Hauptsaison sollte man mindestens drei Wochen vor Reiseantritt den gewünschten Wagen – es stehen überwiegend französische Fabrikate zur Auswahl – reservieren lassen. Diese wohl bequemste Reisemöglichkeit ist aber auch die weitaus kostspieligste.

Wesentlich preiswerter ist es, per Bahn anzureisen und die Fahrt mit einem von zuhause mitgebrachten Fahrrad fortzusetzen. Diese sportliche Art des Reisens erfreut sich nicht nur bei einem jugendlichen Publikum in letzter Zeit steigender Beliebtheit. Das Thema Ferien mit dem Fahrrad wird deshalb noch eingehender behandelt.

Hinweise für den Autofahrer

Vor Antritt einer Reise sollte man als Autofahrer eine Versicherung abschließen, die über den Rahmen der allgemeinen Haftpflicht hinausgeht. Empfehlenswert ist eine Teilkaskoversicherung, wodurch z. B. Diebstahls- und Glasschäden abgedeckt sind. Letzteres tritt in Frankreich wegen des (viel zu) oft verwendeten Rollsplitts häufiger auf; deshalb auch in den kleinsten Orten immer der beruhigende Hinweis auf ein »Depot de parbrises« (Lager mit Windschutzscheiben).

Da bei Unfällen mit reinen Blechschäden die Polizei grundsätzlich kein Protokoll aufnimmt, was manches Mal zu einer nachträglichen Verwirrung der Rechtslage führt, kann der Abschluß einer Rechtsschutzversicherung nützlich sein.

In Frankreich besteht die Pflicht zum Anlegen des Sicherheitsgurtes. Zuwiderhandlungen werden mit Bußgeld geahndet. Die Höchstgeschwindigkeit auf Landstraßen beträgt 90 km/h, auf Autobahnen 130 km/h. Geschwindigkeitsübertretungen sowie andere Verkehrswidrigkeiten werden mit zum Teil drastischen Bußgeldern bestraft, wobei auch Ausländern gegenüber kein Pardon gewährt wird. Lediglich beim Falschparken drücken die Gesetzeshüter gegenüber den Gästen aus dem Ausland gelegentlich ein Auge zu, wenn nicht gerade der Verkehr dadurch behindert wird.

Lassen Sie sich durch das Aufblenden entgegenkommender Fahrzeuge auf Landstraßen nicht irritieren. Die Franzosen haben die Gewohnheit, sich durch dieses Signal gegenseitig auf Radarfallen und Verkehrskontrollen hinzuweisen. Sollten Sie an diesem Spielchen teilnehmen, seien Sie sich darüber im klaren, daß – falls das Warnsignal von der Polizei bemerkt wird – ein Bußgeld fällig ist.

Bei den Urlaubskosten sind die hohen Autobahngebühren, die auch für die Benutzung großer Brücken erhoben werden (Loirebrücke bei St-Nazaire, Seudrebrücke bei Marennes, die Brücken zu den Inseln Noirmoutier und Oléron), zu berücksichtigen. Ferner liegt der Benzinpreis deutlich höher als in Deutschland. Viele Autos, die bei uns mit Normalbenzin auskommen, müssen in Frankreich mit Super betankt werden, da das französische Benzin eine geringere Oktanzahl hat.

Weitere Hinweise

Lebensmittelgeschäfte sind in der Regel an Montagen geschlossen, haben dafür aber sonntags geöffnet. Sie schließen überwiegend abends um 19.00 Uhr, in ausgesprochen touristischen Gegenden (z. B. an der Küste) oft auch noch später. Zwischen 12.00 und 14.00 Uhr herrscht überall im Land Mittagszeit.

Sollten Sie einen Arzt aufsuchen müssen, so ist das Honorar gleich nach der Konsultation in bar zu entrichten. Die Rechnung kann dann nach der Rückkehr der heimischen Versicherung zur Erstattung eingereicht werden. Dasselbe gilt für den rezeptierten Einkauf von Arzneien.

Bei auftretenden Schwierigkeiten, etwa bei Verlust der Reisekasse, der Ausweispapiere, oder wenn man nach einem Unfall Hilfe benötigt, ist die nächste Vertretung der Bundesrepublik Deutschland für Reisende im nördlichen Poitou und in der Vendée:
Honorar-Konsulat der BRD
49, Quai de la Fosse, 44000 Nantes
✆ 40/73 06 56
bzw. für Reisende im südlichen Poitou (Saintonge, Angoumois):
Konsulat der BRD
377, Boulevard du Président Wilson
33200 Bordeaux-Caudéran
✆ 56/08 60 20
Will man von einem Departement in ein anderes telefonieren, ist der Departementvorwahl (hier immer vor dem Schrägstrich angegeben) die Ziffer 16 vorauszuwählen.

Jahreszeiten

Das Poitou eignet sich vorzüglich für die Kombination einer Besichtigungsfahrt mit einem Badeurlaub. Da diese Region etwa ebenso viele Sonnenstunden pro Jahr hat wie die Provence – das sonnenreichste Gebiet Frankreichs überhaupt –, ist die Küste des Poitou in den letzten Jahren ein immer beliebteres Ferienziel geworden. In der Hauptsaison hat das mittlerweile zu einem Massenandrang geführt, so daß die Quartiersuche im Juli und August bereits große Probleme mit sich bringt. Am günstigsten ist deshalb die Zeit vor bzw. nach den großen Ferien in Frankreich, d. h. vor dem 10. Juli und wieder nach dem 20. August. Da der Atlantik durch den Golfstrom bereits im Juni und auch noch bis in den September hinein warm genug zum Baden ist, sollte man seinen Urlaub nach Möglichkeit in diese Wochen des Jahres legen. Für reine Besichtigungsfahrten eignen sich der Mai und der September am besten. Wer in dieser Zeit der Vor- bzw. Nachsaison reist, möge aber berücksichtigen, daß die Öffnungszeiten etlicher Sehenswürdigkeiten u. U. eingeschränkt sind. Hier hilft bei der Vorbereitung die Zusammenstellung der wichtigsten Öffnungszeiten (s. u.).

Anreisewege

Für den Reisenden aus Norddeutschland ist die durchgehende Autobahn über Belgien und Paris die schnellste Verbindung in das Poitou. Wer aus dem mittleren Deutschland anreist, fährt gleichfalls über Paris, das er auf der Autobahn A 4 über Metz, Verdun und Reims erreicht. Für Süddeutsche, Österreicher und Schweizer empfiehlt sich der Weg über die neue Autobahn A 36 (Grenzübergang Neuenburg), die vorbei an Belfort und Besançon bis tief nach Burgund (Beaune) führt. Von dort geht es auf der Landstraße weiter über Autun nach Nevers, wo man die Loire überquert, die die Grenze zwischen den Landschaften Burgund und

Berry markiert. Von hier an sind die wichtigsten Etappen auf dem Wege nach Poitiers die Städte Bourges, Issoudun und Châteauroux.

Für den weniger eiligen Touristen bietet die Landschaft des ehemaligen Herzogtums Berry etliche interesssante Sehenswürdigkeiten, die dazu einladen, die Fahrt in Bourges zu unterbrechen oder einige Abstecher von der Hauptroute zu machen. Die wichtigsten Stationen sollen hier deshalb kurz beschrieben werden.

Anreise durch das Berry

Das alte Herzogtum Berry

Das Berry, die große Ebene im Herzen Frankreichs, wird von den Landschaften Burgund im Osten, der Auvergne und dem Limousin im Süden, dem Poitou im Westen und der Ile de France im Norden umschlossen. Bevor die Römer kamen, siedelte hier der Keltenstamm der Biturigen, deren Hauptort Abaricum (Bourges) Cäsar eroberte. Im 4. Jh. n. Chr. gehörte das Berry zum Westgotenreich, nach dessen Zusammenbruch (507) es unter fränkische Herrschaft kam. Seitdem wurde es von Grafen regiert, deren letzter, Eudo Arpie, das Berry 1101 an König Philipp I. verkaufte. Danach wurde das Berry immer wieder als Lehen an nahe Verwandte des Königshauses auf Lebenszeit vergeben und schließlich 1360 durch Johann II. zum Herzogtum erhoben. Der erste Herzog von Berry war Johann, der dritte Sohn Johanns II. und Bruder des späteren Karl V. Auch in der Folgezeit blieb das Herzogtum immer direkt der Krone unterstellt, die es, dem Brauch der vorangegangenen Jahrhunderte treu bleibend, immer nur engen Verwandten überließ. Unter der Regierung des kunstliebenden Herzogs Johann erlebte das Berry seine Glanzzeit. Für ihn schufen u. a. die Brüder von Limburg das berühmte Stundenbuch »Les Très Riches Heures du Duc de Berry«, ein Hauptwerk der niederländischen Miniaturmalerei des 15. Jh. In der Revolution wurde das Herzogtum im wesentlichen in die beiden Departements Cher und Indre aufgeteilt.

Bourges, Hauptstadt des Berry

Die ehemalige Hauptstadt des Herzogtums Berry ist heute die Präfektur des Departement Cher und Sitz eines Erzbischofs. Sie liegt am Zusammenfluß von Yèvre und Auron auf einer seichten Anhöhe, die von der gotischen Kathedrale (Abb. 119) weithin beherrscht wird.

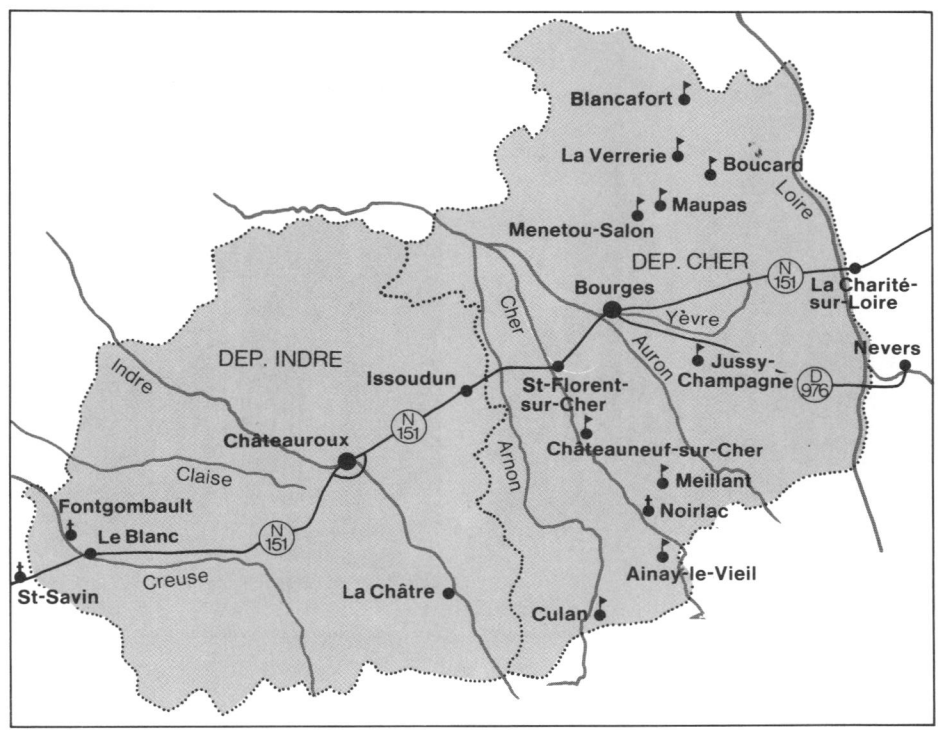

Das Berry

Die Kathedrale St-Etienne   Die Kathedrale wurde zwischen 1200 und 1260, also etwa gleichzeitig mit jener von Reims errichtet. Mit 124 m Länge zählt sie zu den größten Kathedralbauten Frankreichs (zum Vergleich: Chartres ist 130 m lang). Die Fassade öffnet sich in fünf großen Portalen, deren mittleres eine an Details überschäumende Weltgerichts-Szenerie zeigt. Im Portal rechts daneben sind Begebenheiten aus dem Leben des Namenspatrons der Kirche, des hl. Stephanus (französisch St-Etienne) dargestellt, rechts außen erscheinen Szenen aus der Vita des hl. Ursinus, des legendären ersten Bischofs von Bourges. Diese drei Portale stammen aus dem mittleren 13. Jh. Die beiden linken Portale wurden im 16. Jh. rekonstruiert, nachdem sie beim Einsturz des Nordturms zerstört worden waren. Das Skulpturenprogramm links vom Hauptportal zeigt Tod, Auferstehung und Krönung der Muttergottes, links außen wird das Leben Bischof Wilhelms erzählt, der als treibende Kraft hinter dem Neubau der Kathedrale im 13. Jh. stand. Die Anzahl der Portale ist ein Spiegel der Raumverhältnisse, denn statt des verbreiteten Musters mit drei Schiffen hat St-Etienne fünf Schiffe. Die majestätische und vor allem einheitliche Wirkung des Innenraumes

Bourges, die Fassade der Kathedrale St-Etienne im 19. Jh. (nach G. Garen)

Bourges, Südportal der Kathedrale St-Etienne

Grundriß der Kathedrale St-Etienne

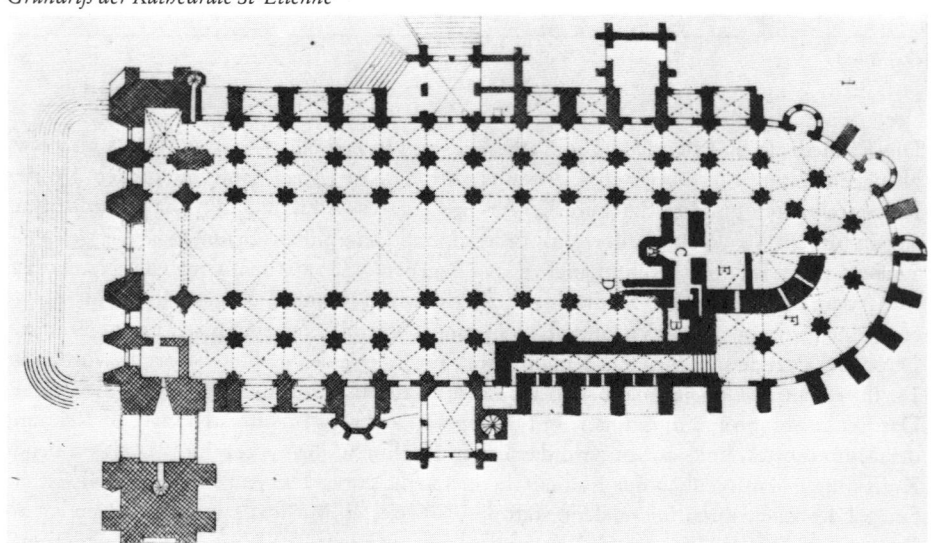

rührt in erster Linie daher, daß auf ein Querhaus verzichtet wurde. Hier wurde ein Grundprinzip gotischer Bauweise, die Verschmelzung aller Bauteile zu einem großen, einheitlichen Ganzen, in dem die Anlage eines Querhauses stets einen optischen Bruch darstellt, konsequent zur Vollendung gebracht. Dennoch fand dieses großartige Prinzip kaum Nachfolge (z. B. St-Maurice in Vienne). Der Grund liegt wohl darin, daß das traditionsbewußte Mittelalter die Aufgabe des Grundrisses über einem lateinischen Kreuz, das ja das Symbol des Kreuzes Christi ist, scheute, zum anderen mag die Bedeutung des Querhauses als Trennlinie zwischen dem Langhaus und dem Chor als dem heiligsten Bezirk innerhalb einer Kathedrale den ästhetischen Gewinn, der durch die Fortlassung des Querhauses erreicht wurde, überwogen haben. Die suggestive Raumwirkung wird durch die Erhaltung zahlreicher originaler Fenster mit farbigem Glas, die meisten davon im Chor, noch gesteigert. Am besten erlebt man die Kathedrale von Bourges deshalb in den Morgenstunden, wenn die aufgehende Sonne die vielfältigen Rot- und Blautöne der Fenster in tausend Nuancen glühen läßt.

Rundgang durch die Stadt   Von der Kathedrale gelangt man durch die Rue Molière zum *Hôtel Lallement,* einem Adelspalais der Renaissance, dessen Räume zur Besichtigung offenstehen. Hier ist ein kunstgewerbliches Museum eingerichtet (alte Möbel, Gobelins, Fayencen, Emailarbeiten etc.). Nur eine Straße weiter vertritt die *Kirche St-Bonnet* die Übergangsperiode von der ausgehenden Gotik zur frühen Renaissance. Unser Rundgang führt nun weiter durch die Rue Branly, wo sich das ehemalige Gerichtsgebäude der Stadt befindet *(Hôtel des Echevins* = Palais der Schöffen). Es wurde Ende des 15. Jh. errichtet und im 17. Jh. noch einmal erweitert.

Das zweite wichtige Baudenkmal der Stadt neben der Kathedrale ist das prachtvolle *Palais Jacques Cœur* in der gleichnamigen Straße, einst Wohnsitz des mächtigen Finanzministers Karls VII. Jacques Cœur, um 1400 als Sohn eines Pelzhändlers in Bourges geboren, war durch den Levante-Handel zu unermeßlichem Reichtum gelangt, mit dem er die Bemühungen des Königs, die Engländer endgültig aus dem Lande zu treiben, nachhaltig unterstützte. Dadurch erlangte er die Gunst Karls VII., der ihn schließlich zum Finanzminister des Reiches ernannte. Mittels geschickter Finanzoperationen machte er bald sogar prominente Angehörige des Hofes zu seinen Schuldnern. Diese spannen daraufhin Intrigen gegen das ungeliebte Finanzgenie und brachten ihn schließlich zu Fall. Als angeblicher Falschmünzer und Giftmörder der Agnès Sorel, der einflußreichen Geliebten Karls VII., wurde er 1455 auf die griechische Insel Chios verbannt, wo er wenig später starb. Seine Güter wurden von der Krone beschlagnahmt. Ludwig XI. hob das schändliche Urteil 1463 wieder auf und gab den Kindern Jacques Cœurs einen Großteil des väterlichen Vermögens wieder zurück. Das Palais des »Medici der Franzosen«, wie ihn der Historiker Gurlitt nannte, gehört zu den schönsten spätgotischen Privatbauten Frankreichs. Während die der Straße zugewandte Seite relativ schmucklos ist, gibt der prächtige Innenhof mit seinem reich dekorierten achteckigen Treppenturm ein lebhaftes Spiegelbild vom Reichtum seines Bauherrn wieder. Überall ist sein Wappen angebracht, Muschel und Herz. Neben dem Treppenturm findet

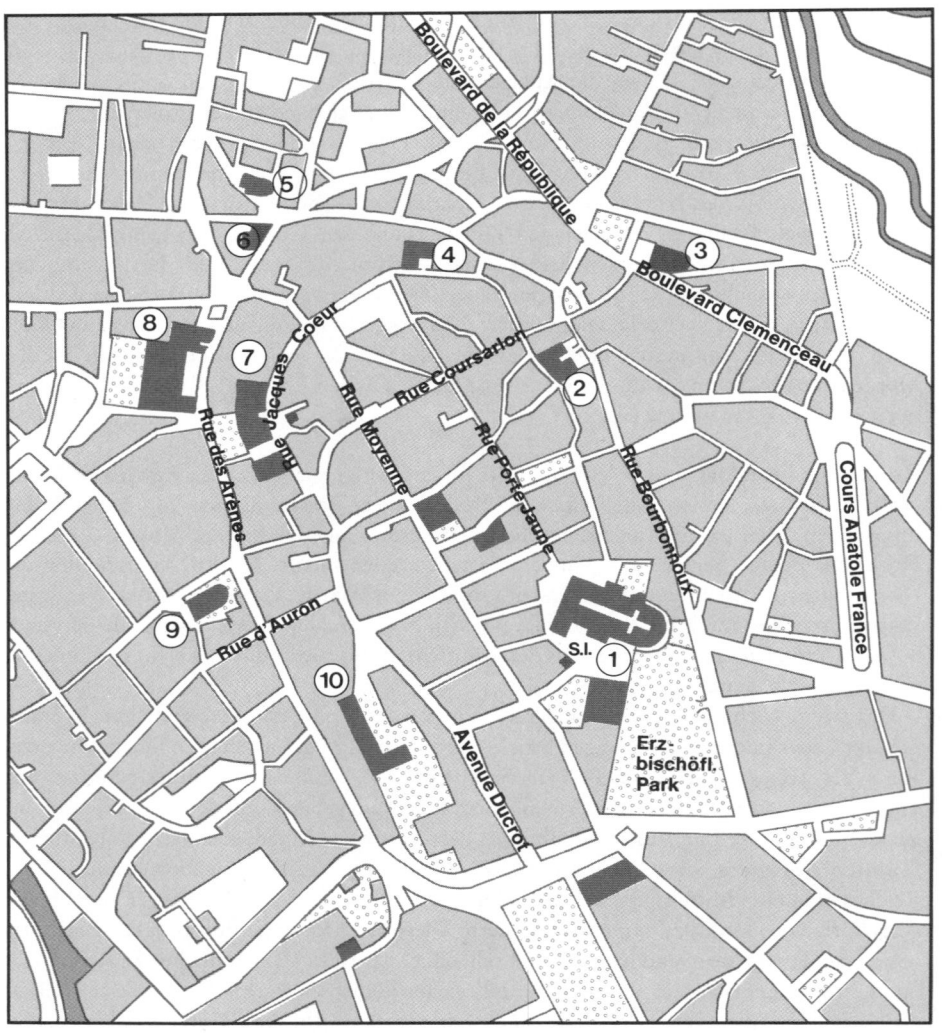

Bourges, Plan der Innenstadt:
1 Kathedrale St-Etienne   2 Hôtel Lallemant   3 St-Bonnet   4 Hôtel des Echevins   5 Notre-Dame
6 Hôtel Pelvoysin   7 Palais Jacques Cœur   8 Hôtel Cujas mit dem Musée du Berry   9 St-Pierre-
le-Guillard   10 Palais der Herzöge

sich der Wahlspruch Jacques Cœurs als Inschrift: »A vaillans cœur rien impossible« (frei übersetzt: Dem Tüchtigen gehört die Welt). In den Innenräumen ist die ganze kostbare Ausstattung erhalten geblieben: Fresken, gewaltige Kamine mit plastischer Ausschmückung, wertvolle Möbel, Wandteppiche und anderes mehr. Daneben wurden Erinnerungsstücke an Herzog Jean de Berry ausgestellt, z. B. die Figuren Trauernder von seinem Grabdenkmal, das sich in der Krypta der Kathedrale befindet.

Ein Schlenker führt vom Palais Jacques Cœur in den Nordwesten der Stadt. Dort stehen nah beieinander die Kirche Notre-Dame sowie die Hôtels Pelvoysin und Cujas. *Notre-Dame* wurde 1487 das Opfer einer Feuersbrunst, die damals große Teile der Stadt zerstörte. Danach wurde die Kirche neu aufgebaut. Wichtigstes Stück ihrer Ausstattung ist eine Statue der hl. Johanna von Frankreich (nicht zu verwechseln mit Jeanne d'Arc), der Tochter Ludwigs XI., die als Herzogin von Berry den Annunziatenorden gegründet hat.

Die Rue Pelvoysin hat eine Anzahl alter Häuser, unter denen die *Maison Pelvoysin* besonders auffällt. Das Haus – ebenso wie die Straße – trägt den Namen eines Architekten aus der Kathedralbauhütte von Bourges. Wenige Schritte weiter erinnert der Name des *Hôtel Cujas* aus dem frühen 16. Jh. an den großen Rechtsgelehrten, der nach langer Tätigkeit an den Universitäten Toulouse und Cahors in Bourges lehrte, wo er 1590 starb. In diesem Gebäude befindet sich heute das *Musée du Berry*, dessen archäologische Sammlung den breitesten Raum einnimmt. Neben zahlreichen Funden aus prähistorischer Zeit und verschiedenen Ausstellungsstücken der gallorömischen Epoche (Münzen, Architekturfragmente, Schmuck u. ä.) beeindruckt die zweihundert Exemplare umfassende Kollektion antiker Grabstelen.

Die *Kirche St-Pierre-le-Guillard* wurde etwa gleichzeitig mit der Kathedrale errichtet. Sie ist im Gegensatz zu jener nur ein bescheidenes Dokument gotischer Baukunst im Berry. Ihre Kapellen entstammen dem 16. Jh. Das Verwaltungsgebäude der Präfektur des Departement Cher an der Place Marcel-Plaisant nennt sich großspurig *Palais der Herzöge*. In Wahrheit handelt es sich um einen Neubau des 19. Jh., der nur noch im Kern einen kläglichen Rest des tatsächlichen ehemaligen Herzogspalastes birgt.

Bourges, das Palais Jacques Cœur
(nach Viollet le Duc)

Schlösser in der Umgebung von Bourges

Das Berry gliedert sich in eine nördliche und eine südliche Hälfte, das Haut- und das Bas-Berry, auf deren Schnittlinie als Mittelpunkt die Metropole Bourges liegt. Einige der hier verstreuten Schlösser laden zu Abstechern von der Hauptroute ein. Im Haut-Berry (vgl. die Karte) sind das in erster Linie die Châteaux Menetou-Salon, Maupas, Boucard, de la Verrerie und Blancafort.

Château Menetou-Salon Das Château Menetou-Salon, 19 km nördlich von Bourges, gehörte ursprünglich zum Besitz Jacques Cœurs. Nachdem dieser in Ungnade gefallen war, ging es in den Besitz der Familie Pot de Rhodes über. Danach wechselte es mehrfach den Eigentümer, um schließlich in der Familie von Arenberg seine vorläufig letzten Herren zu finden, die das Schloß im 19. Jh. erweiterten und als Museum herrichteten. In den kostbar ausgestatteten Räumen ist eine große Anzahl wertvollster Möbel und flämischer Wandteppiche zu bewundern.

Château Maupas Das im späten 15. Jh. erbaute Château Maupas, 25 km nördlich von Bourges, war der Sitz des Jean Dumesnil-Simon, Statthalter des Berry. Nach dessen Tod ging es wie das nahe Menetou-Salon durch viele Hände und ist heute zur Besichtigung freigegeben. Auch hier frappiert der Reichtum der erhaltenen Ausstattung. Sehenswert sind vor allem der Speisesaal und die Küche des Schlosses.

Château Boucard Um 1450 erbaute Lancelot de Boucard das nach ihm benannte Schloß, das 40 km nordöstlich von Bourges liegt. Es entstand über den Grundmauern eines aus dem 14. Jh. stammenden Vorgängerbaus und sicherte den Übergang über das Flüßchen Sauldre.

Château de la Verrerie Im ruhigen Wasser eines Sees spiegelt sich das wohl malerischste Schloß des Haut-Berry, das Château de la Verrerie (ca. 45 km nördlich von Bourges). Es war im Besitz der schottischen Familie der Stuarts. Die Errichtung geht ins späte 15. Jh. zurück, die elegante offene Loggia nach italienischem Muster wurde im 16. Jh. hinzugefügt. Im 19. Jh. kaufte der Marquis de Vogué das Schloß, das sich auch heute noch im Besitz seiner Nachfahren befindet. Obwohl es bewohnt ist, kann man einen Teil besichtigen: die gotische Kapelle, den Ehrenhof, das ehemalige Spiel- sowie das Eßzimmer mit wertvoller Möblierung.

Château Blancafort Das Château Blancafort schließlich rundet den Schlösserreigen im Haut-Berry ab (ca. 50 km nordöstlich von Bourges). Die imposante Anlage entstand während mehrerer Baukampagnen vom 15. bis zum 17. Jh. Es ist von gepflegten Parkanlagen und einem Wald umgeben.

Im Bas-Berry sind gleichfalls fünf Schlösser – Jussy-Champagne, Meillant, Châteauneuf-sur-Cher, Ainay-le-Vieil, Culan – und die Zisterzienserabtei Noirlac hervorzuheben.

Château Jussy-Champagne Das Château Jussy-Champagne (20 km südöstlich Bourges) ist ein eleganter dreiflügeliger Bau aus der Zeit Ludwigs XIII. (Abb. 117). Bauherren waren die Sires de Gamaches, die schon seit der Zeit Karls VIII. zu engen Vertrauten der Könige zählten. Während das Äußere mit dem selten verwendeten Ziegelmauerwerk noch dem Zustand des 17. Jh. weitgehend entspricht, wurde das Innere im 18. Jh. umgebaut und im Stil des Dixhuitième Siècle neu ausgestattet.

Château Meillant Das prächtigste aller Berry-Schlösser ist das Château Meillant (35 km südlich von Bourges; Abb. 118). Die mittelalterliche Burg des Jean de Sancerre, die hier vormals stand, ließ Karl I. von Amboise niederreißen und durch einen Neubau ersetzen, den sein Sohn, Karl II. von Amboise (gest. 1511), vollendete. Die Westseite trägt in ihrer völligen Schmucklosigkeit noch spätmittelalterliche Züge, die Ostseite dagegen entfaltet die üppige Pracht des anbrechenden 16. Jh. Aus einem Netz spätester Flamboyant-Ornamentik sticht der fast schon überladene Treppenturm hervor, der jenem des Palais Jacques Cœur in Bourges ebenbürtig ist.

Châteauneuf-sur-Cher Den Übergang über den Cher sicherte schon seit dem 11. Jh. eine Burganlage, die nach dem Neubau im 16. Jh. den bezeichnenden Namen Châteauneuf-sur-Cher erhielt (25 km südwestlich von Bourges). Drei annähernd gleich große Flügel umschließen den Ehrenhof. Die einstige Wehrhaftigkeit klingt noch in dem Rundturm an, dem einzigen des Schlosses. Im 19. Jh. wurde Châteauneuf Besitz der Grafen von Osmond, Vorfahren der heutigen Eigentümer, die als zusätzliche Attraktion für den Besucher einen sehenswerten ornithologischen Park angelegt haben.

Château Ainay-le-Vieil Ainay-le-Vieil (40 km südlich von Bourges) nennt man treffend das »Kleine Carcassonne«, weil die Burg, ähnlich wie die große Gevatterin in der Languedoc, über einem weitgezogenen Oval errichtet wurde und durch zahlreiche Türme geschützt ist. Eine zusätzliche Sicherheit bot der Wassergraben, der das Schloß ringsherum umschließt. Der freundliche Wohntrakt steht im Kontrast zum wehrhaften Äußeren der Anlage, die im 15. Jh. entstand. Prachtvollstes Stück der Ausstattung ist ein gewaltiger Kamin aus der Zeit Ludwigs XII. Daneben sind zahlreiche Erinnerungsstücke an Colbert, den Finanzminister Ludwigs XIV., und an Napoleon zusammengetragen.

Château Culan Eine weitere Wehrburg stellt das Château Culan (60 km südlich von Bourges) dar, das in seiner heutigen Gestalt im 14. Jh. entstand und einen Vorgängerbau des 12. Jh. ersetzte. Bauherr war Admiral Louis de Culan, ein Waffengefährte der Johanna von Orléans. Das Schloß sah nacheinander so prominente Gäste wie Jeanne d'Arc, Ludwig XI., den Herzog von Sully, Finanzminister Heinrichs IV., und den Grafen Condé. Das Schloß, das zur Besichtigung offensteht, ist möbliert und noch zum Teil bewohnt.

Die Abtei Noirlac

Zwischen 1137 und 1145 – das genaue Datum ist nicht eindeutig festzulegen – gründete der hl. Bernhard von Clairvaux auf dem linken Ufer des Cher eine Abtei, die in den Quellen Maison-Dieu-sur-Cher genannt wird. 1175 scheint eine Epidemie das Kloster nahezu entvölkert zu haben. 1180 erfolgte deshalb eine Neugründung auf dem jenseitigen Ufer des Cher, die fortan den Namen Noirlac trug (45 km südwestlich von Bourges). Sogleich wurde mit dem Bau der Kirche und der Konventsgebäude begonnen. Da die Geschehnisse des Hundertjährigen Krieges und später der Religionskriege, die den Stätten des Poitou so übel mitgespielt haben, nicht in das Berry getragen wurden, blieb das Kloster bis zur Revolution weitgehend unangetastet. Erst nach der Säkularisation war es Wind und Wetter preisgegeben. Eine Restaurierung des 19. Jh. trug dazu bei, den Bestand vor weiterem Verfall zu retten. So zählt Noirlac heute zu den besterhaltenen Zisterzienserklöstern Frankreichs.

Man betritt den Klosterbezirk durch eine Toranlage des 17. Jh. Die Kirche ist ein Musterbeispiel zisterziensischer Bauweise, deren deutlichstes Merkmal der Verzicht auf jede Form schmückenden Dekors und des Glockenturmes ist. Das dreischiffige basilikale Langhaus mündet in das einschiffige Querhaus, an das im Osten der platt geschlossene Chor sowie vier gleichfalls rechteckige Kapellen anschließen. Die Nüchternheit der Kirche ist ein beredter Spiegel der asketischen Lebensweise des Ordens. Der Kreuzgang wurde im 13. Jh. anstelle eines möglicherweise baufällig gewordenen romanischen Kreuzganges errichtet. Der früheren Bauperiode des ausgehenden 12. Jh. dagegen gehören wieder das Refektorium und der Kapitelsaal an. Das Dormitorium, ursprünglich ein großer Saal, wurde im 18. Jh. in kleine Mönchszellen unterteilt.

Routenvorschläge

Obwohl es nicht Aufgabe dieses Reiseführers ist, einen Inventarband zu ersetzen, und daher aus der Fülle der in Westfrankreich zwischen Loire und Gironde erhaltenen Denkmäler eine Auswahl für vorliegenden Band getroffen wurde, hat sich dennoch eine Summe an Sehenswürdigkeiten addiert, die kaum ein Reisender im Rahmen eines einzigen Urlaubs bewältigen kann. Es wird sich also jeder nach seinem Interesse seine eigene Route zusammenstellen und unter dem hier beschriebenen Sehenswerten selektieren. Wer einen Badeurlaub plant, kann sich beim Ansteuern seines Ferienziels an der Atlantikküste ein paar Tage Zeit nehmen, um wesentliche Eindrücke zu sammeln, und desgleichen die Rückreise, auf einige Tage verteilt, mit inhaltsreichen Erlebnissen füllen. Darüber hinaus findet der Badeurlauber zahlreiche Gelegenheiten zu Ausflügen in das an Kunstschätzen reiche Hinterland der Küste. Um einige Anregungen zu geben, ist nachstehend eine auf 15 Tage bemessene Rundreise zusammengestellt, die im Herzen Frankreichs, in der Stadt Bourges beginnt und bei Limoges endet. Zeiten für An- und Rückreise zu bzw. von diesen Orten sind nicht berücksichtigt.

1. Tag: Von Bourges auf der N 151 über Issoudun und Châteauroux zur Abtei Fontgombault an der Creuse. Am Nachmittag Weiterfahrt nach St-Savin-sur-Gartempe und Chauvigny. Gegen Abend Weiterfahrt nach Poitiers. Übernachtung dort. Insgesamt ca. 220 km.

2. Tag: Den ganzen Tag Besichtigungen in Poitiers. Übernachtung wiederum dort.
3. Tag: Weiterfahrt von Poitiers nach Parthenay. Von dort Richtung Norden nach St-Jouin-de-Marnes, anschließend eventuell noch zum Château d'Oiron oder nach St-Généroux. Übernachtung in Airvault. Ca. 100 km.
4. Tag: Von Airvault durch das Hügelland der Vendée zum Château du Puy-du-Fou. Danach auf den Mont des Alouettes. Am Nachmittag zur Abtei de la Grainetière. Da es in dieser Gegend nur wenige Hotels gibt, fährt man zur Übernachtung besser weiter bis La Roche-sur-Yon. Ca. 130 km.

Wer ein Feriendomizil an der Atlantikküste im Bereich zwischen der Loiremündung und Les Sables-d'Olonne gebucht hat, könnte die Programme des 5. bis 8. Tages ausflugsweise vornehmen. Wer einen Aufenthalt weiter südlich geplant hat, fährt von La Roche-sur-Yon wie folgt fort:
5. Tag: In die südliche Vendée zum Dolmen von La Frebouchère und zum Château Court-d'Aron. Über Luçon weiter nach Fontenay-le-Comte mit einem Abstecher zum Château Terre-Neuve. Falls die Zeit reicht, am Nachmittag in den Wald von Mervent-Vouvant zu den romanischen Kirchen in Vouvant und Foussais. Übernachtung in Fontenay-le-Comte oder in Niort. Ca. 115 bzw. 150 km.
6. Tag: Vormittags Rundgang durch Niort. Am Nachmittag Ausflug in das Marais Poitevin mit Besichtigung der Abtei Maillezais und Bootsfahrt auf den Kanälen ab Coulon

oder ab Arçais. Rückkehr nach Fontenay-le-Comte oder Niort, Übernachtung also wie am Vorabend. Ca. 50 bis 60 km.

7. Tag: Fahrt von Fontenay-le-Comte bzw. Niort nach La Rochelle. Ganzer Tag Besichtigung in La Rochelle. Übernachtung dort. Ca. 50 bzw. 65 km.

8. Tag: Ausflug mit dem Schiff zu den Inseln Ré, Aix und Oléron von La Rochelle aus. Gegen Abend Rückkehr. Übernachtung wiederum in La Rochelle.

9. Tag: Fahrt von La Rochelle nach Saintes. Auf dem Wege dorthin Abstecher zum Château de la Roche-Courbon und zu den romanischen Kirchen von Pont-l'Abbé-d'Arnoult, Corme-Royal und Nieul-lès-Saintes. Übernachtung in Saintes. Ca. 90 km.

10. Tag: Ganzer Tag Besichtigungen in Saintes. Übernachtung dort.

11. Tag: Ausflug in den Norden von Saintes zu den romanischen Kirchen von Fenioux und Aulnay. Am Nachmittag Halt in St-Jean-d'Angély. Rückkehr nach Saintes und Übernachtung wiederum dort.

12. Tag: Ausflug in den Süden von Saintes. Vormittags die romanischen Kirchen von Pérignac, Echebrune, eventuell auch noch Biron und Bougneau. Zur Mittagszeit nach Pons. Am Nachmittag Rückfahrt nach Saintes über Rioux und Rétaud (weitere romanische Kirchen). Letzte Übernachtung in Saintes. Ca. 80 km.

13. Tag: Von Saintes nach Angoulême. Am Vormittag in Cognac Besichtigung einer Cognac-Kellerei. Am Nachmittag Fahrt im Tal der Charente mit Abstechern zu den romanischen Kirchen von Châtres, Gensac-la-Pallue und Châteauneuf-sur-Charente. Übernachtung in Angoulême. Ca. 90 km.

14. Tag: Am Vormittag Besichtigung der Kathedrale in Angoulême. Nachmittags Ausflug ins Angoumois zu den romanischen Kirchen von St-Michel-d'Entraygues, Mouthiers-sur-Boëme und Plassac, vielleicht auch noch Puypéroux. Rückkehr nach Angoulême und Übernachtung dort. Ca. 55 km.

15. Tag: Von Angoulême Fahrt Richtung Norden zur romanischen Kirche von St-Amant-de-Boixe. Anschließend Civray mit seiner romanischen Kirche. Ca. 65 km.

Reisende aus dem nördlichen und mittleren Deutschland wenden sich zur Heimreise nun nach Poitiers, wo sie die Autobahn erreichen, Reisende aus Süddeutschland, Österreich und der Schweiz wählen von Angoulême den Weg über La Rochefoucauld nach Limoges, wo sie auf die N 20 stoßen. Ab La Croisière (50 km nördlich von Limoges) geht es auf der gut ausgebauten N 145 über Montluçon und Moulins gen Osten.

Die vorgeschlagene Reiseroute läßt sich ebenso in umgekehrter Reihenfolge nachvollziehen. Die Übernachtungsorte sind – mit Ausnahme der Übernachtung vom vierten auf den fünften Tag – so gewählt, daß man jeweils nach Belieben auch länger dort verweilen kann, um weitere Ausflüge in die Umgebung zu machen. Anregungen dafür gibt der Haupttext.

Bildungsfreudige, denen das Poitou allein nicht ausreicht, haben die Möglichkeit, eine Reise nach Westfrankreich mit Fahrten im Tal der Loire oder durch das Périgord beliebig auszudehnen. (Für beide Gegenden gibt es eigene DuMont Kunst-Reiseführer.)

Erholung und Sport

Wandern

In den letzten Jahren ist das Netz an Wanderwegen im Poitou vorzüglich ausgebaut und beschildert worden. Neben großen Touren, die von Ort zu Ort führen, gibt es eine große Anzahl kleinerer Wanderwege, die in Form eines Rundganges zum Ausgangspunkt zurückführen. Man kann also entweder reine Wanderferien im Poitou verbringen oder als Automobilist die Fahrt durch gelegentliche Wanderungen unterbrechen und auflockern. Informationen mit Broschüren und Wanderkarten erhält man bei den örtlichen Syndicats d'Initiative, jedoch nur zum Teil bei den oben aufgeführten Verkehrsbüros der einzelnen Departements. Wer sich vor Antritt der Reise genauer informieren möchte, um sich vielleicht eine bestimmte Route auszuarbeiten, wendet sich am besten an eine der nachstehend aufgeführten Institutionen, die sorgfältig zusammengestelltes Material gegen Gebühren zwischen 15,– und 50,– DM zuschicken:

Centre d'Information Jeunesse Poitou-Charentes (C.I.J.)
64, rue Gambetta, 86004 Poitiers
✆ 49/88 64 37 u. 88 78 78

Le Club Alpin Français
16, rue Lafayette, 85000 La Roche-sur-Yon
✆ 51/37 02 04

Comité National de Sentiers de Grande Randonné
92, rue de Clinancourt, 75883 Paris
Cédex 18

Ferien mit dem Fahrrad

Durch seine weiten Ebenen ist das Poitou ein ideales Gebiet für Radl-Reisende. Wer nicht von zuhause den eigenen Drahtesel mitschleppen will, hat an vielen Orten – vorwiegend an der Küste – die Möglichkeit, Fahrräder zu mieten. Die Mindestmietdauer beträgt in der Regel einen halben Tag. In den Departements Charente und Charente-Maritime werden auch organisierte Fahrradtouren mit Besichtigungen angeboten, die wahlweise zwischen drei Tagen und zwei Wochen dauern. In dem dafür zu entrichtenden Preis ist auch die Unterbringung – je nach Wunsch auf dem Bauernhof, in einer Pension oder im Hotel – enthalten. Informationen erteilen nicht nur die Verkehrsbüros der betreffenden Departements, sondern auch der Bicy-Club de France, der in Paris zwei Büros unterhält:

Bicy-Club de France
7, rue Ambroise-Thomas, 75009 Paris
✆ 1/5 23 36 62

Bicy-Club de France
8, place de la Porte Champerret, 75017 Paris
✆ 1/7 66 55 92 (nur 9.30–13.30 Uhr)

Von Deutschland aus werden derzeit noch keine organisierten Fahrradreisen in das Poitou angeboten.

Reitferien

In verschiedenen Orten besteht die Gelegenheit, Pferde zu mieten. Besonders zahlreich sind die Möglichkeiten im Departement Vendée. In der Charente werden sogar organisierte Reitferien angeboten, Dauer eine Woche. Die Anschriften der wichtigsten Pferdeverleiher sind in speziellen Broschüren aufgeführt, die wiederum über die oben genannten Offices Dep. du Tourisme zu beziehen sind.

Seit wenigen Jahren wird auch das Angebot der Ferien mit dem Pferdewagen ausgebaut. Hier ist das Departement Vienne tonangebend. Die Pferdewagen werden wochenweise angemietet. Grundkenntnisse im Kutschieren sind nicht Voraussetzung, da man bei Übernahme des Gespanns gründlich eingewiesen wird. Für Familien mit kleinen Kindern (unter sechs Jahren) kommt diese Ferienform kaum in Betracht.

Kreative und alternative Ferien

In zahlreichen Orten werden Kurse abgehalten, wo man Techniken des Kunsthandwerks erlernen kann. Es werden praktisch alle denkbaren Sparten angeboten: Kunsttischlerei, Weberei, Malerei, Holzschnitzerei, Töpferei, Korbflechterei, Kunstschmieden, Bildhauerei, Emailkunst. Auf diesem Sektor ist die Vendée führend. Allein in diesem Departement existieren mehr als 50 Ateliers, in denen man als zahlender Gast – egal ob Anfänger oder Fortgeschrittener – Kenntnisse erwerben oder vertiefen kann. Die wichtigsten Auskunftsstellen zu diesem Thema sind:

Für das Dep. Vendée:
Office du Tourisme
Palais des Congrès
85160 St-Jean-de-Monts
✆ 51/58 00 48

Für das Dep. Vienne:
Fédération des œuvres laiques (F.O.L.)
18, rue de la Brouette du Vinaigrier,
86005 Poitiers
✆ 45/82 62 00

Für das Dep. Deux-Sèvres:
F.O.L.
20, avenue Bujault, 79005 Niort
✆ 49/28 46 54

Für das Dep. Charente:
F.O.L.
14, rue de la Corderie, 16016 Angoulême
✆ 45/95 17 89

Für das Dep. Charente-Maritime:
F.O.L.
30–40, rue de la Pépinière
17003 La Rochelle
✆ 46/34 12 97

Eine besondere Art, ländliches Leben an der Quelle zu studieren, ist der Aufenthalt bei Ziegenzüchtern des Poitou. Man nimmt aktiv an dem Tagesablauf eines Ziegenzüchters teil und erlernt dabei neben der Technik des Melkens und der Pflege der Tiere die Herstellung von Ziegenkäse.

Bildungsurlaub

An verschiedenen Stellen haben Hobby-Archäologen oder Studenten der Archäologie bzw. der Kunstgeschichte Gelegenheit, an Ausgrabungen teilzunehmen. Die wichtigsten Kontaktadressen in diesem Zusammenhang:

Centre d'Information Jeunesse Poitou-Charentes
64, rue Gambetta, 86004 Poitiers
✆ 49/88 64 37 u. 88 78 78

M.J.P. Chabannes, Bérouges
86190 Vouillé
✆ 49/53 32 80

M.J.M. Degorge, Moulin de Smarves
86240 Ligugé

Club Archéologique Marpen
39, rue de Barbezieux, 16100 Cognac

Auch derjenige, der seine Ferien im Poitou dazu nutzen möchte, die französische Sprache zu erlernen oder bereits vorhandene Kenntnisse zu vertiefen, findet ein breites Angebot, das neben dem Studium genügend Zeit zur Erholung und für Besichtigungen läßt. Folgende Institute erteilen Auskünfte:

Institut Carel
48 bis, boulevard Frank-Lamy,
17025 Royan
✆ 46/05 31 08

S.I.L.C.
6, avenue Jules-Ferry, 16000 Angoulême
✆ 45/95 83 56

Institut d'Etudes Françaises de La Rochelle
12, rue Arcère, 17000 La Rochelle
✆ 46/41 17 13

Université de Poitiers
95, avenue du Rectuer Pineau,
86022 Poitiers Cédex

Während die bislang aufgeführten Formen der Urlaubsgestaltung wohl mehr den Geschmack jüngerer Jahrgänge treffen, werden sich Vertreter der älteren Generation im Rahmen eines Bildungsurlaubs eher der Bequemlichkeit einer organisierten Busreise anvertrauen. Mehrere namhafte Studienreiseveranstalter bieten Omnibusreisen mit wissenschaftlicher Reiseleitung in das Poitou an. Eine Liste dieser Veranstalter veröffentlicht jedes Jahr das Amtliche Französische Verkehrsbüro in Frankfurt.

Bootsfahrten

An fast allen Binnenseen sowie sämtlichen Badeorten entlang der Küste sind Tret-, Ruder- oder Segelboote zu mieten. Daneben kann man auch an organisierten Kanufahrten auf verschiedenen Flüssen teilnehmen. Die wichtigsten Informationsstellen zu diesem Thema sind:

Direction Départementale de la Jeunesse, des Sports et des Loisirs
192, boulevard Aristide-Briand,
85000 La Roche-sur-Yon
✆ 51/37 02 92

Union Nationale des Centres Sportifs de Plein-Air (U.C.P.A.)
62, rue de la Glacière, 75640 Paris Cédex 13
✆ 1/3 36 05 20

Neben normalen Linien- und Fährschiffverbindungen zwischen den Inseln und dem Festland oder zwischen zwei Flußufern (z. B. von Royan über die Gironde zum Médoc) gibt es in der Ferienzeit kleine Kreuzfahrten. Die reizvollsten dieser Art werden von La Rochelle aus durchgeführt.

Man kann entweder eine Inselrundfahrt unternehmen oder die Charente flußaufwärts bis Cognac fahren. Bei letztgenanntem Ausflug gehört in der Regel ein Besuch einer Cognac-Kellerei mit zum Programm.

Auf keinen Fall sollte man sich einen Bootsausflug im Marais Poitevin entgehen lassen. Dazu wurden bereits im entsprechenden Kapitel die nötigen Hinweise gegeben.

Angeln

Die zahlreichen Flüsse und Seen und natürlich besonders die fischreiche Atlantikküste bieten dem Angler ein weites Betätigungsfeld. Für das Angeln in den Binnengewässern ist grundsätzlich eine Lizenz erforderlich, die man jedoch meist ohne große Formalitäten gegen eine Gebühr bei den örtlichen Angelvereinen erwerben kann. Der Seefischfang am Atlantik ist dagegen gebührenfrei, egal, ob man als einfacher Sammler zu Fuß bei Ebbe Krebse, Krabben oder Muscheln sucht oder als »Profi« vom Boot aus angelt. Für das Fischen vom Boot aus gilt jedoch die Einschränkung, daß nur Inhaber von Jacht- bzw. Bootsverkehrsscheinen fangberechtigt sind. Über die von Ort zu Ort verschiedenen und manchmal etwas komplizierten Bestimmungen informiert man sich am besten direkt am Reiseziel selber. Die zuständigen Adressen erfährt man im lokalen Syndicat d'Initiative.

Sonstige Sportarten

Über die vielseitigen Möglichkeiten und Angebote, im Urlaub aktiv zu sein, die hier nicht gesondert aufgeführt sind, informieren die örtlichen Fremdenverkehrsämter. Neben den hier besprochenen Sportarten bietet sich vor allem Gelegenheit zum Tennisspielen, Surfen und Golfen.

Die Badeorte am Atlantik

Überall an der französischen Atlantikküste macht sich der Gezeitenwechsel auffallend stark bemerkbar. Da die Strände in der Regel sehr flach ins Wasser führen, zieht sich das Wasser bei Ebbe oft kilometerweit zurück, so daß das Baden nur bei Flut möglich ist. Dieser Nachteil hat auch manchen Vorteil. So kommen bei Niedrigwasser Muschel- und Krebssammler voll auf ihre Kosten, und man kann Wanderungen zu kleinen Inseln oder um Felsnasen herum machen, die bei Flut vom Wasser umspült sind. Die Qualität des Wassers ist sehr unterschiedlich. Abwässer aus Flußmündungen oder nahe Häfen sorgen manches Mal für spürbare Verschmutzung. Das Gesundheitsministerium führt deshalb regelmäßige Kontrollen durch. Die Strände, die dabei die schlechteste Bewertung »D« erhalten, werden für das Baden gesperrt (z. B. La Rochelle). Als besonders sauber gilt das Küstengewässer bei St-Jean-de-Monts, La Tranche und La Faute bzw. bei den Inseln Noirmoutier und Oléron. Fast überall findet man feinen Sandstrand mit wenig Steinen, dessen Farbe, von Ort zu Ort unterschiedlich, mal mehr weiß, mal mehr gelb oder rötlich gefärbt ist. An den Küstenabschnitten, die in diesem Buch behandelt werden, gibt es nur selten ausgesprochene Hotelstrände. Die meisten Strände sind offen, d. h., es wird keine Kurtaxe oder ähnliche Gebühr für den Aufenthalt erhoben. Statt der in Deutschland üblichen Sandburgen bevorzugen die Franzosen kleine Zelte, die man an vielen Orten mieten kann. Als bescheideneren Schutz gegen Sonne werden auch Sonnenschirme verliehen. Dort, wo keine Pinienwälder in Strandnähe Schatten spenden, sind sie ein fast unerläßliches Utensil während der oft heißen Sommermonate. An die sanitären Einrichtungen darf man keine hochgeschraubten Ansprüche stellen. Toiletten sind nicht immer eine Selbstverständlichkeit, und dort, wo sie vorhanden sind, ist die Benutzung zuweilen unzumutbar. Duschen sind leider eine Seltenheit. Ein Tip: An vielen Orten ist auch Nichtcampern die Benutzung sanitärer Einrichtungen auf den nahen Campingplätzen gestattet. Eine segensreiche Einrichtung sind die zahlreichen Kinderclubs, die den erholungsbedürftigen Eltern eine willkommene Gelegenheit bieten, den quirligen Nachwuchs für einige Stunden des Tages den organisierten Sport- und Spielveranstaltungen privater Unternehmer anzuvertrauen. Die Gebühren dafür sind sehr unterschiedlich.

Beim Baden an der Atlantikküste sind die Gefahren der zum Teil starken Brandung und besonders der Gezeitenwechsel nicht zu unterschätzen. Auch sicheren Schwimmern wird geraten, nach Möglichkeit nur in abgegrenzten Bezirken ins Wasser zu gehen, die zumeist von einer Badeaufsicht überwacht werden. Die Zeiten von Ebbe und Flut sowie Wasser- und Lufttemperatur sind in der Regel auf Tafeln an den Häuschen der Strandaufsicht angezeigt. Der jeweilige Gefährlichkeitsgrad beim Baden wird durch einen weithin sichtbaren Wimpel signalisiert. Im allgemeinen gelten folgende Signale: Grüner Wimpel = normal, Baden ungefährlich; Gelb = bewegte See, vorsichtig schwimmen und nicht zu weit vom Ufer entfernen; Rot = akute Gefahr, Baden verboten.

Damit sich der erholungssuchende Tourist den für seine Bedürfnisse geeigneten Badeplatz aussuchen kann, soll die folgende Liste der Küstenorte entsprechend ihrer Lage von Norden nach Süden einige Hilfen bieten. Grundlage dafür bilden Anschauung und Erfahrung des Verfassers, die ergänzt und überprüft wurden nach Informationen aus dem ADAC-Reiseführer: Die Badeplätze in Frankreich – Atlantik, München 1978.

Die Küste von der Loiremündung bis zur Ile de Noirmoutier

St-Brevin Der nördliche Teil von St-Brevin ist für einen Urlaub ungeeignet, er liegt zu sehr im störenden Bereich des Industriehafens von St-Nazaire. Erst von St-Brevin-l'Océan an gen Süden wird es reizvoller. Der Doppelort – St-Brevin-les-Pins und St-Brevin-l'Océan – wird normalerweise von 9000 Einheimischen bewohnt; in der Hochsaison drängen sich hier mehr als 100000 Menschen. Da der Strand jedoch mit 80 m bei Flut recht breit ist, verteilen sich die Massen. Vom Hallenschwimmbad über Supermärkte bis hin zu allen möglichen Sportschulen finden sich zahlreiche Einrichtungen für den Urlauber. Auch ein Casino mit Nachtclub ist vorhanden. Neben Campingplätzen – überwiegend Zwei-Sterne-Kategorie –, kleineren Hotels und Pensionen bildet das Angebot an Ferienwohnungen und -häuschen den Hauptteil der Unterkunftsmöglichkeiten.

St-Michel-Chef-Chef Ruhiger als in St-Brevin geht es in St-Michel-Chef-Chef zu. Das liegt zum Teil an den ungünstigeren Strandverhältnissen. Der Strand ist oft von Tang und Algen überzogen, bei Flut verschwindet er fast völlig unter Wasser. Sportfischer sind hier besser aufgehoben als Badeurlauber. Immerhin sind eine Reit- und eine Segelschule sowie ein Sportzentrum (Tennis und Judo) vorhanden.

Tharon-Plage und Port Giraud Hier ist der Strand gepflegter als in dem nördlichen Nachbarort St-Michel. Das seichte Wasser und drei Kinderclubs machen diesen Küstenteil zu einem beliebten Ferienziel für Familien mit Kindern. Man kommt in kleineren Hotels oder Ferienhäuschen unter. Hinweis für Tierfreunde: An den Stränden von Tharon-Plage und Port Giraud ist das Mitbringen von Hunden und auch Katzen untersagt.

Pornic Das städtische Flair und der Jachthafen mit seinen rund 1000 Liegeplätzen machen Pornic zu einem beliebten Urlaubsziel der mittleren und älteren Generation. Dementsprechend ist das Angebot an bürgerlichen Hotels und Pensionen breiter gefächert als anderswo. Am Ortsrand sind in den letzten Jahren zahlreiche Appartementhäuser entstanden. Für Unterhaltung und Abwechslung ist hinreichend gesorgt: Casino, Golfplatz, Tennisplätze, Minigolf etc. Auch an den Stränden ist man gut versorgt: Erste-Hilfe-Station, Toiletten, Sonnenschirm- und Surfbrettverleih, Snackbars, Restaurants etc. Pornic hat vier Strände: Plage de Ste-Marie-sur-Mer (2 km westlich vom Ortskern, Busverbindung), am Ortsrand selber die Plage de Noeveillard sowie die Strände Anse aux Lapins und La Source. Wegen der Mündung des Canal de Haute Perche bei Pornic sind sie nicht immer die saubersten.

Insgesamt ein freundlicher Ferienort, in dem allerdings Kinder nicht so ganz auf ihre Kosten kommen.

La Bernerie-en-Retz Der letzte Ort im bretonischen Teil der Vendéeküste läßt die Ausläufer des Armorikanischen Massivs endgültig vergessen; La Bernerie-en-Retz liegt bereits in der Ebene des Marais Breton. An dem etwa 300 m langen Strand des wenig lebhaften Badeortes finden sich die wichtigsten Einrichtungen: Erste-Hilfe-Station, Sonnenschirm-Verleih, Umkleidekabinen und Toiletten. Ansonsten bieten sich keine nennenswerten Attraktionen. Von La Bernerie nach Süden stößt man auf vereinzelte einsame Badebuchten. Ab Les Moutiers bis Fromentine ist Baden dann nicht mehr möglich, denn die seichte Bucht der Baie de Bourgneuf wird zur Austernzucht genutzt. Die nächsten Badeorte finden sich erst wieder auf der Insel Noirmoutier und von Fromentine an südwärts.

Die Ile de Noirmoutier

Es gibt zwei Möglichkeiten, die Insel Noirmoutier zu erreichen. Der eine Weg führt über eine kopfsteingepflasterte Straße – le Gois – mitten durch das Watt und ist nur bei Ebbe befahrbar. Die Zeiten, wann diese Route passierbar ist, werden auf dem Festland in dem letzten größeren Ort vor der Küste, Beauvoir-sur-Mer, bzw. direkt am Strand noch einmal auf großen Tafeln bekanntgegeben, den Rückreisenden informieren ebensolche Tafeln auf der Insel kurz vor Beginn der Wattstraße. Wer diese Zeiten nicht beachtet hat und von der Flut überrascht wird, kann auf einem der alle paar hundert Meter aufgestellten Türme Zuflucht suchen – das Auto allerdings verschwindet dann für eine Weile im Wasser! Bequemer und gefahrloser ist deshalb der neue Weg, der die Insel durch eine mautpflichtige Brücke mit dem Kontinent verbindet.

Die Ile de Noirmoutier besteht aus zwei Abschnitten. Den ersten Teil bildet eine schmale Zunge, die von der Schnellstraße in zwei Hälften geteilt wird. Den Kopf der Insel bildet ein etwa 6 × 6 km großes Quadrat. Der schmale Inselabschnitt hat nur an der Südküste Badestrände, der steinige Nordteil bietet dagegen dem Muschelsammler reiche Beute. Eine große Fläche des Kopfteils der Insel nehmen ausgedehnte Salinenfelder ein, die auf der Karte wie Binnenseen aussehen. Dieser Schein trügt natürlich, denn das Baden ist hier nicht möglich, dagegen bieten sich an der Küste selbst reizvolle Buchten mit feinen Sandstränden. Im einzelnen gibt es folgende Badeorte:

Barbatre Barbatre ist ein langgezogenes Dorf an der Südseite der Ile de Noirmoutier, das Unterkunftsmöglichkeiten in einigen bescheidenen Hotels und vor allem in zahlreichen Ferienhäuschen bietet. Der bei Flut etwa 25 m breite Strand wird durch Pinienwälder gegen Nordwinde geschützt. Das Sportangebot beschränkt sich auf Reiten, Tennis und Segeln. Barbatre ist deshalb in erster Linie reinen Strandfreunden zu empfehlen. Der Einstieg ins Wasser ist nicht besonders seicht. Familien mit kleinen Kindern und Nichtschwimmer sind in Barbatre deshalb nicht gut beraten.

La Guérinière An der schmalsten Stelle der Insel liegt La Guérinière, das weniger den Badelustigen als vielmehr den Segler lockt. Der Strand ist nämlich oftmals durch ungünstige Strömungen von Tang und Algen bedeckt, außerdem ist der Übergang vom Strand ins Wasser ziemlich abrupt. Hingegen wurde hier eine große Segelschule eingerichtet. Neben den Unterkünften in Ferienhäusern befindet sich etwas abseits ein modernes Hotel, das ein beheizbares Schwimmbad und eine Sauna hat.

L'Epine An der Westküste der Insel schmiegen sich die Häuser von L'Epine zwischen die Salzseen und den Dünengürtel, der sich von hier an die ganze Südküste der Insel entlangzieht. Der feine Sandstrand ist recht breit, selbst bei Flut noch gut 40 m. Unter Wasser jedoch liegen zahlreiche Riffe und Steine. Die Urlauber finden keine Hotels, nur Ferienhäuser als einzige Unterbringungsmöglichkeit.

Noirmoutier-en-l'Ile Der Hauptort der Insel liegt selber nicht direkt am Strand, sondern etwas ins Innere der Insel gerückt, umgrenzt von ausgedehnten Salzteichen. Der kleine Hafen, eine Fußgängerzone und zahlreiche Boutiquen, Geschäfte, Restaurants, Diskotheken etc. verleihen Noirmoutier-en-l'Ile das Flair eines typischen Badeortes. Die Strände liegen etwa 1 bis 2 km entfernt an der Nordküste. Hier reihen sich von Osten nach Westen mehrere kleine Buchten mit Sandstränden aneinander. Da es hier aber noch Ausläufer des Armorikanischen Massivs gibt, ist der Strand immer wieder von Klippen und Felsen unterbrochen. Der Übergang ins Wasser ist meist seichter als an den Stränden der Südküste. Die Buchten von Bois-de-la-Chaise, Plage-des-Souzeaux, Grand-Viel und La Madeleine sind deshalb besonders kindergeeignet.

Die Ile d'Yeu

Die etwa 10 × 4 km große Insel ist nur mit dem Schiff erreichbar, und das auch nur bei Hochwasser. Man schifft sich in Fromentine ein. Die Überfahrt dauert etwas mehr als eine Stunde. In der Hauptsaison sind die Fährschiffe hoffnungslos überfüllt. Es ist deshalb ratsam, die Passage mindestens drei Monate im voraus zu buchen (Bureau de la Régie Départementale de Ile d'Yeu, 85350 Port-Joinville, ∅ 51/583237). Als Ausweichmöglichkeiten bieten sich weitere Fährverbindungen von St-Gilles-Croix-de-Vie (nur einmal täglich) oder St-Jean-de-Monts (nur einmal wöchentlich). So wird der Autoverkehr auf der Insel in Grenzen gehalten und das Fahrrad als wichtigstes Fortbewegungsmittel gefördert (Verleih an der Place de la Norvège in Port-Joinville).

Hauptort der Insel ist Port-Joinville, der in den vergangenen Jahren zugunsten des Tourismus stark ausgebaut wurde. Hier stehen zahlreiche Ferienwohnungen und etliche Hotels zur Verfügung. Die Badestrände ziehen sich östlich (Ker Chalon) und westlich von Port-Joinville und seinen Vororten entlang. Ein zweiter kleiner Hafen liegt an der Südküste, der »Côte Sauvage« (= wilde Küste). Die Strände in den Buchten dieser Felsenküste sind sehr romantisch, aber nur zu Fuß zu erreichen, einige auch nur mit Booten. Fahrwege führen nur zu den Stränden von Sabias und La Tranche. So reizvoll das Baden an diesem landschaftlich bizarren Küstenabschnitt auch sein mag, es ist nicht ganz ungefährlich. Zwischen dem Westende des Strandes von Sabias und den Ruinen des Vieux Château sollte man auf keinen Fall baden. Dem Sportler stehen auf der Ile d'Yeu zwei Segelschulen und eine Tauchschule zur Verfügung.

Die Küste von Fromentine bis Les Sables-d'Olonne

Fromentine Fromentine ist in erster Linie ein Durchgangsort für den Urlauberverkehr zu den Inseln Noirmoutier und Yeu und deshalb meist von Autos überfüllt und sehr betriebsam. Nahe der Hochbrücke, die die Ile de Noirmoutier mit dem Festland verbindet, befindet sich ein 600 m langer und bei Flut 30 m breiter Strand. Man sollte hier nicht weiter hinausschwimmen, weil die starken Strömungen in der Enge zwischen der Insel und dem Kontinent (sog. Fosse de Fromentine) unberechenbar sind. Als Ferienort lassen sich an der langen Atlantikküste reizvollere Urlaubsziele ausmachen.

Notre-Dame-de-Monts Inmitten eines Waldgürtels, der bei Fromentine beginnt und bis an den Ortsrand von St-Gilles-Croix-de-Vie reicht, liegt der aus der Retorte geborene Badeort Notre-Dame-de-Monts. Die Siedlung besteht in erster Linie aus modernen Hotels und neuen Appartementhäusern. Am Strand selber, der bei Flut ca. 30 m breit ist, bestehen neben dem obligaten Sonnenschirmverleih, Toiletten, Erste-Hilfe-Station und Snackbars zwei Kinderclubs, weshalb dieser ruhige Flecken gerne von Familien aufgesucht wird.

St-Jean-de-Monts Lebhafter geht es in St-Jean-de-Monts zu, das in der Hochsaison von normalerweise 6000 auf 100 000 Menschen anschwillt. Die modernen Betonbauten – zumeist Appartementhäuser – ziehen sich fast 4 km am Strand entlang und haben ältere Bausubstanz restlos überwuchert. Die Atmosphäre wird dadurch etwas unpersönlich. Wer aber leichten Herzens auf den liebenswerten Plüsch alter Badeorte verzichten kann zugunsten modernen Komforts und vielfältiger Betätigungsmöglichkeiten, kommt voll auf seine Kosten. Diskotheken, Konzertveranstaltungen, diverse Wettbewerbe, Kinos, ein Casino und verschiedene Sportplätze bieten genug Abwechslung. Daneben verlockt der saubere und gepflegte Strand, der sich kilometerweit hinzieht. Diese weite Sandfläche bietet Gelegenheit für eine besondere Sportart, das Sandsegeln. 1977 wurden in St-Jean-de-Monts die Europameisterschaften in dieser Disziplin ausgetragen. Der Strand geht ganz seicht in die lange Brandung über und ist deshalb auch für Nichtschwimmer und Kinder ein Dorado.

Erwähnenswert neben dem breiten Sportangebot ist die Möglichkeit zur Teilnahme an kunsthandwerklichen Kursen. Man kann weben, töpfern und bildhauern.

Südlich an St-Jean-de-Monts schließt sich der Flecken Les Desmoiselles an, wo die Betonlawine vorerst zum Stehen gekommen ist. Hier bestimmen wieder die kleineren ländlichen Häuschen das Bild.

Am Strand zwischen St-Jean-de-Monts und St-Gilles-Croix-de-Vie sind in den letzten Jahren mehrere kleine Feriensiedlungen entstanden, dazwischen findet man verstreut Campingplätze jeder Kategorie. Der weite Strand bietet viel Auslauf, und wer die Abgeschiedenheit vorzieht, findet garantiert ein einsames Plätzchen in den Dünen.

St-Gilles-Croix-de-Vie Bei dem Vorort Sion-sur-l'Océan beginnt die Corniche Vendéenne, eine Ausbuchtung ins Meer in Form eines Buckels mit einem kurzen Abschnitt felsiger Küste, dem einzigen auf viele Kilometer. In die Steilküste schmiegen sich ein paar Buchten mit Sandbänken. Bei St-Gilles-Croix-de-Vie endet die Corniche Vendéenne. Der Ort liegt beidseits der Mündung des Flüßchens Vie. Als wichtiger Sardinen- und Thunfischhafen ist der Ort auch außerhalb der Saison belebt. Der Jachthafen mit rund 500 Liegeplätzen sorgt im Sommer für zusätzlichen Betrieb. Unterkunftsmöglichkeiten bieten zahlreiche meist einfache Hotels sowie Appartements und Ferienhäuschen. Daneben bestehen mehrere Campingplätze. An zwei Stränden – Plage de Boisvinet und Grande Plage – tummeln sich die Urlauber meist dicht gedrängt. Autofahrer haben Schwierigkeiten, ihr Vehikel abzustellen. An den Stränden wird der Komfort geboten, den man allgemein von einem größeren Badeort erwarten darf: Erste-Hilfe-Station, Sonnenschirm- und Zeltverleih, Kabinen, Toiletten, Duschen und Kinderclubs.

Bretignolles-sur-Mer Das Publikum von Bretignolles ist bunter gemischt als anderswo. Die junge Generation überwiegt auffallend. Entsprechend gibt es nur ein schmales Hotelangebot, im Vordergrund stehen Campingplätze und Jugendheime. Die Verpflegung spielt sich zumeist in Crêperien, Imbißstuben und Bars ab. Das Strandbild ist ebenso abwechslungsreich, mal steinig, mal sandig, zum Teil schmutzig und dann wieder sauber.

Les-Sables-d'Olonne Les Sables-d'Olonne ist einer der ältesten Badeorte der französischen Atlantikküste. Seine feinen Sandstrände, die dem Ort den Namen gaben, waren schon im 19. Jh. berühmt und lockten bereits damals die Badelustigen an. Dementsprechend findet man neben den neuzeitlichen Betonbauten auch genügend anheimelnde Quartiere mit der Patina früherer Zeiten. Rege Betriebsamkeit herrscht am Hafen und an der sanft geschwungenen Bucht mit der breiten Strandpromenade. Unterkünfte werden für jeden Geschmack und Geldbeutel geboten: vom Vier-Sterne-Hotel zur einfachen Pension, zahlreiche Campingplätze in der näheren Umgebung, eine Jugendherberge und 4000 Appartements. Tagsüber tummelt man sich am Strand oder betätigt sich sportlich: Neben Surfen, Segeln und Reiten kann man auch so ausgefallenen Disziplinen wie Bogenschießen, Fallschirmspringen und Rugby nachgehen. Nächtens sorgen Kinos, Diskotheken, Bars und zwei Casinos für Unterhaltung. Ferner bieten Kunstausstellungen, organisierte Ausflüge mit Omnibussen, das Aquarium, verschiedene Wettbewerbe und Konzerte Abwechslung.

Der Strand selber ist ca. 3 km lang, jedoch sind bei Flut weite Strecken unter Wasser, so daß der Platz in der Hochsaison schon recht knapp wird.

Die Küstenorte von Les Sables-d'Olonne bis La Rochelle

Plage-du-Veillon Wer Les Sables-d'Olonne mit seinem quirligen Treiben gerne als Ausflugsziel in der Nähe wissen möchte, im übrigen aber für sein Feriendomizil die Zurückgezogenheit vorzieht, findet in Plage-du-Veillon das Richtige. Die Siedlung liegt etwas abseits des Strandes, umgeben von Pinienhainen und Teichen. Allerdings wird der Ort kontinuierlich ausgebaut, so daß die Tage der Ruhe wohl bald gezählt sein werden. Der etwa 300 m lange Strand ist auch bei Flut noch stattliche 100 m breit und angenehm sauber. Die Erste-Hilfe-Station ist lediglich in den Monaten Juli und August besetzt. Unterkünfte gibt es hauptsächlich als Ferienwohnungen, nur ein Hotel ist am Platze. Hier kommen vor allem Kinder voll auf ihre Kosten.

Jard-sur-Mer Das ehemalige kleine Fischerdorf Jard-sur-Mer besitzt noch seinen alten Hafen, der in der Saison von den Urlaubern mit ihren Booten frequentiert wird. Der Strand ist wiederholt von steinigen Abschnitten unterbrochen, was dem Badefreund weniger, dem Muschel- und Krebsesammler um so mehr Anlaß zur Freude ist. Die Möglichkeiten, ein Feriendomizil mit festem Dach über dem Kopf zu bekommen, sind begrenzt. Eine Handvoll kleiner Hotels bietet Obdach, daneben sind etliche neue Bungalows zu mieten. Die meisten Feriengäste kommen auf drei Campingplätzen unter.

Longeville/Les Rochers Der Küstenflecken Les Rochers ist ein Ableger des weiter im Landesinneren gelegenen Ortes Longeville, dessen Hafen er einstmals war. Diese alte Gewachsenheit vermittelt etwas von jener beschaulichen Atmosphäre, die man bei zahlreichen anderen Orten, die erst in jüngerer Zeit entstanden sind, vermißt. Kleine Hotels oder Ferienhäuschen sorgen für Unterbringung, Bars und Läden für die Verpflegung. Insgesamt ein Ort, den man Familien mit Kindern empfehlen kann.

Les Conches Eine Stichstraße führt von der D 105 zu dem kleinen Feriendorf Les Conches, das ringsum von Pinienhainen umstanden ist. Die Urlauber verteilen sich in der Hauptsache auf drei Campingplätze und im übrigen auf eine Anzahl Bungalows, die lose verstreut im Walde liegen. Der Strand mit Erste-Hilfe-Station, Toiletten und Kinderclubs ist sauber und frei von Algen. Strömungen vor der Küste verbieten ein Hinausschwimmen weiter als 70 m.

La Tranche-sur-Mer Das begrenzte Angebot an Sport- und Unterhaltungsmöglichkeiten macht La Tranche-sur-Mer zu einem Anziehungspunkt für denjenigen, der sich im Urlaub am liebsten überwiegend am Strand aufhält. Da aber ist La Tranche unübertroffen! Schon am Ortsschild wird stolz darauf aufmerksam gemacht, daß die Strände 1973 vom Gesundheitsministerium mit dem begehrten »Blauen Band« ausgezeichnet wurden. Es gibt insgesamt vier große Strände, die ausschließlich über feinkörnigen, sauberen Sand verfügen: Plage de la Terrière, Plage des Génerelles, Grande Plage und Plage Clemenceau. Sie sind alle mit Erste-

Hilfe-Stationen, Kinderclubs und Toiletten ausgestattet. Der Ort selber ist sehr langgezogen. Das eigentliche Zentrum ist sehr klein, was La Tranche etwas unpersönlich erscheinen läßt. Für Unterbringung ist durch ein Dutzend Hotels, mehrere vorwiegend schlichte Campingplätze sowie zahllose Ferienwohnungen bzw. -häuschen hinlänglich gesorgt. Die schönen Strände machen La Tranche zu einem Paradies für Kinder.

La Faute-sur-Mer   La Faute-sur-Mer liegt auf einer schmalen Landzunge mit herrlichen Sandstränden. Der überwiegende Teil der Urlauber etabliert sich auf den zahlreichen Campingplätzen. Die Sport- und Unterhaltungsmöglichkeiten sind wie in La Tranche begrenzt, weshalb La Faute gleichfalls in erster Linie ein Tummelplatz für ausgesprochene Strandfans ist. Kinder können hier ungestört buddeln und Sandburgen bauen – Platz ist genug vorhanden. Reizvolle Ausflüge bietet das Marais Poitevin, das sich im Hinterland ausbreitet.

Die weitgehend versumpfte Bucht von Aiguillon, die sich südwärts anschließt, hat keine Strände. Der nächste Ferienort von La Faute ist erst wieder La Rochelle.

La Rochelle   Die Badestrände von La Rochelle wurden schon vor Jahren wegen übermäßiger Verschmutzung gesperrt. So faszinierend La Rochelle auch als Stadt ist, als Aufenthaltsort für Badegäste kommt es kaum in Frage. Dennoch verbringen manche ihre Ferien in La Rochelle und setzen zum Baden auf die nahe Ile de Ré über. Diese Organisation bietet sich vor allem demjenigen, der einen Badeurlaub mit Besichtigungsfahrten gleichgewichtig kombinieren möchte.

Die Ile de Ré

Die Überfahrt von La Rochelle – Einschiffung im neuen Hafen, Ortsteil La Pallice – zur Insel Ré nimmt 20 Minuten in Anspruch. Während der Saison verkehren die Fährschiffe tagsüber (von 7 bis 19 Uhr) alle 15 Minuten, nachts etwa alle Stunde. Wer im Juli oder August mit dem Auto übersetzt, sollte möglichst früh zur Stelle sein, d. h. spätestens gegen 7 Uhr, um die Wartezeit in einem erträglichen Rahmen zu halten. Die Insel verfügt über eine ganze Anzahl schöner Strände und anziehender Ferienorte.

La Flotte   Der Strand von La Flotte ist bescheiden. Bei Flut fast gänzlich unter Wasser, gibt die Ebbe auch nur wenig Sand und mehr Steine preis. Diesen Nachteil wiegt der malerische kleine Ort voll wieder auf, um dessen alten Hafen sich ein lebendiges Treiben abspielt.

St-Martin-de-Ré   Der Hauptort der Insel ist zugleich auch der anziehendste. Man genießt das Ambiente einer alten Hafenstadt mit ihren winkligen alten Gassen und Häusern. Ein Strand allerdings mußte erst künstlich angelegt werden, er ist ca. 200 × 50 m groß. Das Unterbringungsangebot reicht vom einfachen Hotel zum Campingplatz. Großer Luxus ist nicht anzutreffen.

Ste-Marie-de-Ré Die Hauptorte der Ile de Ré liegen entlang der Nordküste der Insel. So liegt Ste-Marie-de-Ré an der Südküste in landschaftlicher Abgeschiedenheit. Besonders der einsame Küstenstreifen westlich des Ortes bietet Rückzugsmöglichkeiten vom großen Touristenrummel, genau das Richtige für publikumsscheue Individualisten.

Le Bois-Plage-en-Ré Als reiner Badeort ist Le Bois-Plage der größte der Insel. Dies zeigt sich nicht nur in dem breitgefächerten Unterkunftsangebot – zahlreiche Campingplätze, Hotels, Ferienwohnungen –, sondern auch in dem bunten Bogen an Sport- und Unterhaltungsmöglichkeiten: Segeln, Surfen, Reiten, Wasserski, Kinos, Diskotheken etc. Der Strand ist meist bis an die Grenzen seiner Belastbarkeit belegt, was sich oftmals recht unvorteilhaft in dem zurückgelassenen Müll niederschlägt. Das Betreten der Dünen ist leider verboten!

Ars-en-Ré und Les Baleines An der schmalsten Stelle der Insel liegt der einstige Salzhafen Ars-en-Ré, dessen Strand heute in erster Linie von Campingurlaubern aufgesucht wird. Im Umkreis von Ars befinden sich die meisten Campingplätze auf der Insel, leider zumeist ohne Bäume, die Schatten spenden könnten.

Da die kleinen Ortschaften im Westteil der Insel, die sich um den Leuchtturm von Les Baleines gruppieren, keine Hotels und nur wenige Ferienhäuser besitzen, sind es in erster Linie ebenfalls Camper, die hier ihre Ferien verbringen. Das Angebot an Sport- und Unterhaltungsmöglichkeiten ist spärlich, so daß sich das Tagesgeschehen weitgehend am Strand abspielt.

Ile d'Aix und Ile Madame

Die beiden kleinen Inseln in der Charentemündung sind reizvolle Ausflugsziele, namentlich für Urlauber mit festem Quartier in Fouras. Als Feriendomizil kommen sie jedoch kaum in Frage, weil die Unterbringungsmöglichkeiten minimal sind. Auf der Ile Madame sind Ferien überhaupt nicht möglich. Die wenigen Mietshäuschen sind ausnahmslos auf Jahre hinaus durch feste Gäste im voraus abonniert. Der Inselbesucher kann das Eiland nur bei Ebbe, und auch dann nur zu Fuß, über den etwa 1 km langen »Passe aux Bœufs« erreichen. Auf der Ile d'Aix gibt es dagegen immerhin zwei Hotels und einen Campingplatz. Wer das echte Inselleben schätzt, kommt auf seine Kosten, wer aber im Urlaub auch Unterhaltung und Abwechslung sucht, ist hier fehlt am Platze. Das Auto muß man in Fouras auf einem bewachten Parkplatz stehenlassen. Die Überfahrt mit dem Schiff dauert etwa 20 Minuten.

Ile d'Oléron

Die Ile d'Oléron ist Frankreichs größte Atlantikinsel und nach Korsika die zweitgrößte Insel des Landes überhaupt. Sie erstreckt sich 30 km lang und mißt an ihrer breitesten Stelle 6 km.

Vor wenigen Jahren wurde eine 3 km lange Brücke erbaut (mautpflichtig), die die Insel jetzt nahtlos mit dem Kontinent verbindet. Der Urlauber hat die Auswahl unter einem guten Dutzend Ortschaften für sein Feriendomizil:

Le Château-d'Oléron Der zweite Hauptort der Insel neben St-Pierre-d'Oléron ist mehr ein Zentrum der Austernfischerei als ein ausgesprochener Badeort. Dennoch ist die stimmungsvolle Kulisse der alten Burg und des Hafens Anlaß für manchen, Le Château-d'Oléron zum Standquartier zu wählen. Ein kleiner Strand mit Segelschule ist vorhanden, und für das abendliche Amüsement sorgen das Casino und der Nightclub.

Boyardville Einer der schönsten Strände der Insel findet sich an der Ostküste in Boyardville. Er ist selbst bei Flut noch 200 m breit und bietet den zahlreichen Urlaubern ausreichend Platz. Segelschule, Tretboot- und Surfbrettverleih sowie Erste-Hilfe-Station sind vorhanden. Die Häuser des Ortes gruppieren sich um den kleinen Hafen, in dem zahlreiche Austernfischer ihre Boote liegen haben.

An der Nordküste zwischen Boyardville und La Brée finden sich noch weitere schöne Badeplätze in La Gautrelle und Port-du-Douhet. Hier hat man sich ganz auf den Urlauberbetrieb eingestellt. Man kann segeln, surfen, reiten etc. Neben Imbißstuben und Bars findet man in Port-du-Douhet auch eine Diskothek. Wer sich nicht auf einem der Campingplätze niederläßt, findet als Alternative nur Ferienhäuschen.

La Brée La Brée dagegen kann immerhin mit drei Hotels aufwarten, ansonsten stehen wieder Campingplätze und Ferienhäuser zur Verfügung. Der Strand ist feinsandig und gepflegt. Es sind Toiletten, Umkleidekabinen, ein Kinderclub und Erste-Hilfe-Station vorhanden.

St-Denis-d'Oléron, Chassiron, Domino, Sables Vigniers Die Strände dieser vier Flecken sind fast ausschließlich von Feriengästen bevölkert, die auf einem der Campingplätze oder in einem Ferienhäuschen untergekommen sind. Hotels und Pensionen gibt es an der Nordspitze der Insel nur recht spärlich. Die vielen Kilometer feinsten Sandstrandes laden zu Wanderungen ein. Einrichtungen wie Kinderclubs, Toiletten, Erste-Hilfe-Stationen etc. sind weit gestreut und konzentrieren sich zumeist in der Nähe größerer Campingplätze. Wenig organisierte Sportmöglichkeiten.

La Cotinière, La Remigeasse, Vert-Bois Die kleine Hafenstadt La Cotinière ist der wichtigste Ort der Westküste. Der Fischfang ist auf Garnelen und Hummer spezialisiert. Ein halbes Dutzend Hotels, darunter ein Motel mit beheizbarem Schwimmbad, bieten dem besser Betuchten Obdach. Der feine Sandstrand, bei Flut 30 bis 40 m breit, wird rückwärtig durch wilde Dünen begrenzt. Bei Vert-Bois beginnt ein Pinienwald, Forêt de St-Trojan, der sich bis an die Südspitze der Insel erstreckt.

St-Trojan-les-Bains An der Südküste der Ile d'Oléron, um St-Trojan, konzentrieren sich die meisten Hotels der Insel, mit Ausnahme des Kurhotels (Thalassotherapie) vorwiegend kleinere Familienhotels. Das Meer ist in diesem Bereich still und hat keine Brandung. St-Trojan ist deshalb ideal geeignet für Familien mit kleinen Kindern.

St-Pierre und St-Georges-d'Oléron Diese beiden Orte liegen im Innern der Insel und verfügen über keine eigenen Strände. Als Einkaufszentren und Ausflugsziele spielen jedoch beide Orte eine wichtige Rolle im Urlaub der Inselbesucher.

Die Küste von La Rochelle bis zur Girondemündung

Châtelaillon-Plage Wenige Kilometer südlich von La Rochelle liegt Châtelaillon-Plage, das ebenso wie die Ile de Ré einen von in La Rochelle einquartierten Urlaubern gern besuchten Strand besitzt. Châtelaillon selber ist als Ort ziemlich farblos. Vielleicht unternimmt die Kurverwaltung gerade deshalb so bemerkenswerte Anstrengungen, den Feriengästen durch eine Vielfalt an Veranstaltungen Kurzweil zu bieten: Miss-Wahlen, Hundeschauen, Platzkonzerte, Sportwettbewerbe etc. Für Unterkunft ist reichlich gesorgt: ein Dutzend Hotels, Ferienappartements bzw. -häuser, mehrere Campingplätze. Der Strand, so schön er auch ist, verschwindet bei Flut bis auf einen schmalen Streifen von nur wenigen Metern.

Fouras An der Charentemündung liegt auf einer schmalen Landzunge Fouras. Die klotzige Burg beherrscht die Grande Plage, den Hauptstrand des Ortes. Daneben gibt es noch zwei weitere Strände: den Nord- und den Südstrand, alle angenehm sauber und feinsandig. Die Sauberkeit des Wassers leidet jedoch spürbar unter der nahen Charentemündung. Bei Ebbe ist das Wasser so schlickig, daß man hoffnungslos im morastigen Untergrund versinkt. Diesen Nachteil macht der Charme des Ortes wieder wett. Sehenswert ist der Fischmarkt mit seinem üppigen Angebot aller nur denkbarer Fische, Muscheln und Meeresfrüchte. Unterkunft bieten vier Hotels und einige Pensionen. Ferner besteht ein breites Angebot an Privatzimmern und Ferienwohnungen. Für Unterhaltung sorgt das kleine Casino mit Kino und Diskothek.

Ronce-les-Bains Am Rande des berühmten Austerngebietes von Marennes liegt, dem Südende der Ile d'Oléron gegenüber, der Ort Ronce-les-Bains, der in den letzten Jahren zu einem großen Ferienzentrum ausgebaut worden ist. Hier herrscht ein reges Treiben; die meisten Urlauber wohnen in Hotels oder Ferienwohnungen bzw. -häusern, nur ein kleiner Teil läßt sich auf den wenigen Campingplätzen nieder. Der zum Teil wilde Strand mit steilen Sandabbrüchen und Kletterbäumen ist ein wahres Kinderparadies. Reiter kommen ebenso auf ihre Kosten, denn in dem angrenzenden Waldgebiet ist ein ganzes Netz von Reitwegen angelegt worden.

Nach Süden erstreckt sich der Wald von La Coubre, dessen Bäume bis dicht ans Wasser stehen. Dieser Küstenabschnitt, die »Côte Sauvage«, steht unter Naturschutz. Deshalb darf, so schade das auch ist, in diesem Bereich nicht gebadet werden. Campen ist desgleichen untersagt.

Der nächste Badeort liegt erst wieder südlich des Leuchtturms von La Coubre.

La Palmyre Südlich des Leuchtturmes von La Coubre haben Wanderdünen eine Nehrung gebildet, die sich wie ein dünner Finger 4 km weit ins Meer erstreckt. So ist eine geschützte Bucht entstanden, die von dem Strand des Badeortes La Palmyre die Brandung des Atlantiks fernhält. Der Ort, dessen Ferienhäuser im Wald hinter den Dünen verstreut liegen, befindet sich noch in der Aufbauphase. Eine Attraktion ist der Spielplatz, dessen Geräte groß und solide genug sind, daß auch Erwachsene ihrem Spieltrieb nachgehen können. Ferner sorgen ein kleiner Zoo und eine Western-Town für Abwechslung bei den jüngeren Gästen. La Palmyre ist der ideale Urlaubsort für Familien mit bewegungsfreudigen Kindern.

La Grande-Côte Von La Palmyre bis zum nächsten Ort, St-Palais, zieht sich ein 6 km langer wilder Dünenstrand entlang, den man von der Straße aus nur zu Fuß erreichen kann. Die Gehzeit beträgt etwa 5 bis 10 Minuten. Trotz der Abgelegenheit befinden sich auch hier verschiedene Strandeinrichtungen: Erste-Hilfe-Station, Toiletten, Kinderclubs, ferner Snackbars, Restaurants und sogar vier Hotels. Ein Linienbus verbindet den Strand mit dem nahen St-Palais.

St-Palais St-Palais ist ein gelungenes Gemisch aus Omas Strandbad und einem Neubaukomplex des Betonzeitalters. Wo außerhalb der Saison lediglich rund 2500 Einheimische leben, tummeln sich im Hochsommer mehr als 60000 Menschen. Entsprechend groß ist das Angebot an Unterkünften: acht überwiegend einfache Hotels, zahlreiche Appartements, Ferienwohnungen und Mietshäuser, mehrere Campingplätze verschiedener Kategorien. Nicht minder breit ist das Spektrum der Gastronomie; es reicht von der Imbißstube bis zum Luxusrestaurant. Der Sportbegeisterte findet Gelegenheit zum Golfen, Tennisspielen und Reiten. Nightclub und ein kleines Theater sorgen für abendliche Zerstreuung.

St-Palais verfügt über drei Strände: Plage de St-Palais direkt beim Orte selbst, Plage du Platin unterhalb des Villenviertels und Plage de Nauzan südlich der Ortschaft (Busverbindung). Alle drei Strände haben feinen Sand und die gewohnten Einrichtungen von Erste-Hilfe-Station, Toiletten, Kinderclubs etc.

Royan Die Wunden des Krieges sind zwar geheilt, aber der Wiederaufbau von Royan hat doch ein etwas nüchternes Stadtbild entstehen lassen. Dennoch zählt Royan weiterhin zu den beliebtesten Ferienorten an der französischen Atlantikküste. In der Hochsaison verzehnfacht sich die Bevölkerung von normalerweise 20000 Einwohnern. Der Badestrand liegt inmitten der Stadt, die sich hufeisenförmig darumlegt. Ebenso weit wie das Hotellerieangebot (50 Hotels, viele kleine Pensionen, daneben unzählige Ferienwohnungen bzw.

-häuser, Campingplätze in den Vororten Pontaillac und Vaux-sur-Mer) spannt sich der Bogen an Sport- und Unterhaltungsmöglichkeiten: zwei Spielcasinos, mehrere Kinos, ein Kabarett, Nightclubs, Diskotheken, Klassische und Pop-Konzerte, Theater- und Ballettvorführungen; Segel-, Surf-, Tauch-, Wasserski- und Reitschulen, Golf, Tennis, Minigolf, Fahrradverleih, Hallenbad etc. In Royan kommen alle Altersgruppen auf ihre Kosten – und natürlich auch zu ihren Kosten, denn das üppige Angebot verleitet leicht dazu, mehr Geld auszugeben als an anderen Orten, deren Hauptattraktion eben nur der Strand ist.

St-Georges-de-Didonne Südlich grenzt an Royan St-Georges-de-Didonne. Beide Orte sind fast zu einer untrennbaren Einheit verschmolzen. St-Georges besitzt den letzten Strand mit einem direkten Blick auf das offene Meer. Gegenüber schiebt sich bereits die Nordspitze des Médoc mit der Pointe de Grave ins Blickfeld. Entsprechend sind Wasser und Strand von den Verunreinigungen der Gironde beeinträchtigt.

Meschers Eine gezähmte Brandung läßt in Meschers den Atlantik nur noch ahnen. Hier befindet man sich bereits ganz in der Gironde. Der flache Sandstrand ist mit etwa 150 × 50 m nicht sonderlich groß. Die Urlauber wohnen fast ausschließlich in kleineren Ferienhäusern, die in großer Auswahl angeboten werden. Für Toiletten, Erste-Hilfe-Station, Zeltverleih etc. ist am Strand gesorgt. Die Qualität des Wassers hat gegenüber der offenen Küste spürbar abgenommen.

Die vereinzelten nach Süden anschließenden Bademöglichkeiten kann man guten Gewissens nicht mehr empfehlen. Hier macht sich die Verschmutzung der Gironde doch zu unangenehm bemerkbar.

Veranstaltungskalender

Januar	23.–25.: Zeichentrickfilm-Festival in **Angoulême**.
Februar	3.: Maultiermarkt in **Sauzé-Vaussais**; 15.: Weinfest in **Loudun**.
Febr./März	Treibjagden im **Wald von Chizé** bei Niort.
März	Frühlings-Musikfestival in **Poitiers**; Landwirtschaftsausstellung in **Chantonnay**; Weinmarkt in **Thouars**.
April	Ausstellungen zeitgenössischer Kunst und Photographie in **Royan**; Festival folkloristischer Gesänge und Tänze in **Angoulême**; Blumenumzüge in **La Tranche-sur-Mer**, Anfang des Monats Antiquitätenmarkt in **Thouars**; Jahrmarkt in **Bressuire**; 23.: Landwirtschaftsmesse in **Chef-Boutonne**; Ende des Monats Ziegenmarkt in **Lezay**.
Mai	Kultureller Monat in **Bressuire** (Ausstellungen, Konzerte, Theater); erste Woche im Monat Jahrmarkt in **Niort**; Festspielwoche für die Kunst der Pantomime in **La Rochelle**; Internationale Segelwoche in **La Rochelle**; letzte Maiwoche Jazzfestival in **Angoulême**.
Mai/Juni	Zu Pfingsten Jahrmarkt in **Parthenay** mit großem Reiterkorso.
Juni	Erste Woche im Monat Musikfestival in der Kirche St-Savinien in **Melle**; Reiterumzug in **Airvault**; Junggänsemarkt in Javarzay bei **Chef-Boutonne**; dritte Woche im Monat Landwirtschaftsmesse und Jahrmarkt in **Thouars**; 24.: Keltisches Johannisfeuer in **Niort**; in der letzten Juniwoche Folklorefestival in **Mauzé-sur-le-Mignon**; Ende des Monats das Fest der Faugery-Mühle in **Frontenay-Rohan-Rohan**; letzter Sonntag im Monat Seefest in **Argenton-Château**.
Juli	Anfang des Monats traditionelles Dorffest in **Cherves**; während des ganzen Monats »Sommerabende« in **Coulon** im Marais Poitevin (Folklore, Theater etc.); erste Monatshälfte Festival klassischer Musik in **Saintes**; Sommerfestival mit unterschiedlichen Darbietungen in **St-Savinien**; den ganzen Monat Festival in **Jarnac** im Charentetal;

Flußfeste in **St-Maxire**;
Blumenfest in **Les Sables-d'Olonne**;
Opernfestival in **Poitiers**;
14. Juli Nationalfeiertag mit Jahrmärkten und abendlichen Feuerwerken an zahlreichen Orten; berühmt ist das große Fest von **Niort,** das in den letzten Jahren jedoch aus finanziellen Gründen nur noch unregelmäßig stattfindet; in der zweiten Monatshälfte Internationales Folklorefestival in **Saintes** mit Vorführungen in der Ruine des römischen Amphitheaters.

Juli/Aug.   Internationale Regatten in **La Rochelle**,
sog. Meeres-Feste in **Royan**;
zahlreiche kulturelle Veranstaltungen (Konzerte, Ausstellungen etc.) in den wichtigsten Ferienorten der Atlantikküste.

August   Erster Donnerstag im Monat Trödelmarkt in **La Mothe-St-Héray**;
erstes Wochenende im Monat Ziegenkäse-Markt in **St-Maixent-l'Ecole,** dort auch im weiteren August Markt für biologische Produkte;
ländliches Volksfest in **Gençay**;
Segelregatta **Plymouth – La Rochelle** (nur alle zwei Jahre, jeweils in Jahren mit ungeraden Zahlen: 1985, 1987 usw.);
Weinfest in **Ste-Croix-du-Mont**;
Ende des Monats »Saboureau-Fest« in **Bressuire** mit großem Aalmarkt;
sog. Mühlenfest in **Beauvoir-sous-Niort**;
während des ganzen Monats Internationales Folklorefestival in **Confolens**.

September   Anfang des Monats Erntefest in **Argenton-Château**;
erster Samstag im Monat sog. Rosenmädchen-Fest in **La Mothe-St-Héray** bei St-Maixent-l'Ecole;
Reliquienausstellung in **St-Jouin-de-Marnes**;
Große Bootsausstellung in **La Rochelle**;
Töpfereifest in **Bressuire**;
Schneckenmarkt in **Brioux-sur-Boutonne**.

Oktober   Anfang des Monats sog. Königsfest in **Niort**;
Treibjagden im **Wald von Chizé** und um das **Château Touffou** an der Vienne;
Musikfestspiele in **Poitiers**.

November   Weinlesefest in **Bouillé-Loretz**;
in der zweiten Monatshälfte Kastanienmarkt in **Sauzé-Vaussais**;
Ende des Monats Hubertusfest im **Wald von Chizé**.

Dezember   Mitternachtsmesse am Heiligen Abend in der **Abtei Ligugé** mit gregorianischer Liturgie.

Unterkünfte

Hotels

Die fünf in diesem Band behandelten Departements verfügen über annähernd 600 klassifizierte Hotels. Die Bewertung mit Sternen – von eins bis vier – wird jährlich von der Tourismusbehörde kontrolliert und eventuell neu festgelegt. Hotels mit einem Stern sind schlichte Unterkünfte, deren Zimmer fließend Kalt- und Warmwasser haben. WC und Duschmöglichkeit befinden sich meist im Gang. Mit zwei Sternen sind Hotels gekennzeichnet, deren Zimmer überwiegend mit eigenem WC bzw. Dusche oder Bad ausgestattet sind. In Drei-Sterne-Hotels ist diese Einrichtung in jedem Zimmer vorhanden, und außerdem wird ein überdurchschnittlicher Komfort oder Service geboten. Mit vier Sternen ist die Luxusklasse ausgewiesen. Die Auszeichnung mit Sternen ist eine behördliche Klassifikation und nicht mit den privaten Sternen des Michelin-Führers zu verwechseln. Sie beinhaltet keine Aussage über ein etwaiges dem Hotel zugehöriges Restaurant. Für die Zimmerpreise ist ein amtliches Maximum festgelegt, dessen Einhaltung überprüft wird. Diese behördliche Reglementierung der Einkünfte der Hoteliers hat in den letzten Jahren zu einer verbreiteten Unart geführt. Viele Hotelbetriebe versuchen ihren Umsatz durch überhöhte Preise bei Serviceleistungen und Getränken aufzubessern. Telefongespräche ins Ausland z. B. sind von der Telefonzelle aus bedeutend billiger als vom Hotel aus. Drinks an der Bar bestellt man besser erst nach einem Blick auf die Preisliste, denn wenn man für ein kleines Gläschen Cognac unter Umständen 40,– FF oder gar noch mehr berappen muß, wird der Genuß unangenehm getrübt. Dasselbe gilt für die Weinkarte. Offene Weine sind häufig auf der Karte nicht aufgeführt, obwohl sie erhältlich sind. Diese betrübliche Praxis wird vorwiegend in den Häusern großer Hotelketten gepflegt. Bei alteingesessenen Familienbetrieben, die sehr auf ihren Ruf achten, kommt das seltener vor. 1982 wurde von der Regierung eine Kommission eingesetzt, die anonyme Prüfer in die Hotels entsendet. Dabei festgestellte Fälle von ungerechtfertigtem Nepp kommen zur Anzeige.

In der Hochsaison sind die Hotels praktisch ausgebucht. Es empfiehlt sich deshalb eine vorherige Reservierung, die man selbst von daheim oder auch über ein Reisebüro vornehmen kann. Oft reicht noch ein Anruf am selben Tag. Bevor man morgens aufbricht, sollte man in jenem Hotel anrufen, das man für die nächste Übernachtung ins Auge gefaßt hat. Bei mangelnden Kenntnissen der französischen Sprache erledigt dies auch der Portier oder Rezeptionist (gegen ein Trinkgeld) des zuletzt in Anspruch genommenen Hotels. Vollständige Hotelverzeichnisse sind bei den oben genannten Fremdenverkehrsämtern erhältlich. Die beste Information bietet der jährlich neu erscheinende rote Michelin-Führer.

Appartements und Ferienhäuser

Die Vermietung von Appartements und Ferienhäusern von privater Seite konzentriert sich entlang der Küste. Die Mietdauer beträgt in der Regel einen ganzen Monat, seltener ist die wochenweise Vermietung.

Die Preise sind in der Hochsaison recht happig, aber eine vielköpfige Familie kommt allemal günstiger davon, als wenn sie für einen vergleichbaren Zeitraum in einem Hotel wohnt. Die Buchung solcher Mietobjekte ist in den meisten Reisebüros möglich. Es lohnt sich aber auch, immer wieder den Anzeigenteil lokaler Zeitungen daheim zu studieren.

Gîtes Ruraux

Eine originelle Möglichkeit, die Ferien zu verbringen, ist die Anmietung einer »Gîte Rurale« (= ländliche Unterkunft). Viele Bauern haben der Organisation »Relais des Gîtes Ruraux de France« ein kleines Haus zur Verfügung gestellt, das sie an private Mieter weitervermittelt. Diese Häuser verfügen immer über eine vorgeschriebene Anzahl von Einrichtungen: Dusche, Küche mit Kühlschrank und Kochgelegenheit, leicht zugängliches WC u.a.m. Die Miete muß niedriger als der ortsübliche Preis eines Hotels der untersten Kategorie sein. Dadurch entsteht automatisch ein Preisgefälle von Westen nach Osten, denn an der Küste wird natürlich mehr verlangt als in dem weniger gefragten Hinterland. Wer keinen ausschließlichen Badeurlaub plant, findet in einer Gîte Rurale im Landesinnern ein ideales Feriendomizil. Von einem der Dörfer der Umgebung von Niort z.B., wo man recht preisgünstig hübsche Häuschen in ländlicher Umgebung mieten kann, fährt man mit dem Wagen nur etwa eine Dreiviertelstunde zum Strand zwischen La Rochelle und Fouras, und in derselben Zeit gelangt man in das Marais Poitevin oder zu so bedeutenden Sehenswürdigkeiten wie Melle, Aulnay, Niort u.a.m.

Anmietungen der Gîtes Ruraux über Reisebüros sind nicht möglich. Wer sich für ein kleines Bauernhaus interessiert, wendet sich direkt an die für die jeweiligen Departements zuständigen Vertretungen. Man erhält einen ausführlichen Prospekt mit genauen Angaben über Größe, Anzahl der Zimmer, Personenkapazität, Lage, Ausstattung, Einkaufs-, Sport- und Unterhaltungsmöglichkeiten in der näheren Umgebung und natürlich die Preise. Die Vermietung erfolgt unterschiedlich monats- oder wochenweise. Unterlagen sind anzufordern bei:

Für das Dep. Vendée:
Relais Dép. des Gîtes Ruraux de France
124, boulevard Aristide-Briand,
85001 La Roche-sur-Yon
✆ 51/62 33 10

Für das Dep. Vienne:
Relais Dép. des Gîtes Ruraux
et du Tourisme Vert
c/o Office Dép. du Tourisme
11, rue Victor-Hugo, 86000 Poitiers
✆ 49/41 58 22

Für das Dep. Deux-Sèvres:
Relais Dep. des Gîtes Ruraux
8, rue Alsace-Lorraine, 79000 Niort
✆ 49/24 00 42

Für das Dep. Charente:
Relais des Gîtes Ruraux de France
c/o Office Dép. du Tourisme
Chambre de Commerce – Place Bouillaud
16021 Angoulême
✆ 45/92 24 43

Für das Dep. Charente-Maritime:
Relais Dép. du Tourisme Rural
Maison de l'Agriculture
2, avenue de Fétilly B.P.540
17023 La Rochelle
✆ 46/67 34 74

Neben der Anmietung eines ganzen Häuschens besteht auch die Gelegenheit, nur ein oder zwei Zimmer auf einem Bauernhof zu mieten. Neuerdings haben auch Eltern, die vielleicht innerhalb ihres Urlaubs eine Besichtigungstour ohne ihre Sprößlinge vorhaben, die Möglichkeit, ihre Kinder auf einem Bauernhof einzuquartieren. Die Ferieneltern sind sorgfältig nach pädagogischen Gesichtspunkten ausgewählt. Auch darüber informieren die Broschüren der Relais Départemental des Gîtes Ruraux.

Feriendörfer

In den fünf hier beschriebenen Departements gibt es rund 30 Feriendörfer. Das sind unterschiedlich große Kolonien von 10 bis 150 kleinen Neubauhäuschen, die an private Gäste vermietet werden. Sofern sie nicht in Nähe der Küste oder eines Sees liegen, verfügen sie über ein eigenes Schwimmbad und oftmals über eigene Sportplätze. Der Mietpreis liegt über dem der meisten Gîtes Ruraux. Informationen erhält man bei den bereits zitierten Fremdenverkehrsämtern.

Ferien in einer Gîte Rurale oder in einem Feriendorf bieten von allen hier genannten Unterkunftsmöglichkeiten die besten Chancen, über alle Sprachbarrieren hinweg in freundschaftlichen Kontakt mit Franzosen zu treten.

Jugendherbergen

Die Jugendherbergen sind, anders als in Deutschland, nicht nur reine Wohnstätten für umherreisende Jugendliche, sie bieten oft auch die Möglichkeit zur Teilnahme an handwerklichen Kursen, Sportunterricht, organisierten Wanderungen und gemeinsamem Musizieren. Die wichtigsten Jugendherbergen mit derartigen Angeboten befinden sich in Angoulême, Châtellerault, Confolens, Niort, Poitiers, La Rochelle, Royan/ St-Georges-de-Didonne, Ruffec und St-Pierre-de-Maillé.

Camping

Freies Campen ist in Frankreich grundsätzlich erlaubt, das Einverständnis des jeweiligen Grundbesitzers vorausgesetzt. Offizielle Campingplätze stehen in großer Auswahl namentlich entlang der Küste zur Verfügung. Über Anzahl, Umfang und Ausstattung informieren einschlägige Campingführer, unter denen der grüne Michelin-Führer wegen seiner Übersichtlichkeit hervorzuheben ist. Kostenlose Verzeichnisse von Campingplätzen sind bei den örtlichen Fremdenverkehrsämtern erhältlich.

Caravanbesitzer werden ihre helle Freude an Ferien im Poitou haben, da sowohl die Anreise als auch die Fahrt im Poitou selber wegen der geringen Steigungen und wenigen Kurven fahrtechnisch leicht zu bewältigen ist.

Gastronomie

Die Küche im Poitou

Wie eigentlich jede große Landschaft Frankreichs hat auch das Poitou seine eigenständige Küche. Der Atlantik und die vielen Flüsse sind reich an Fischen, die daher eine führende Rolle auf der Speisekarte einnehmen. Berühmt sind die Austern von Marennes (s. o.), die man in der Charentegegend gerne mit gebratenen Würstchen ißt. Beliebt ist auch die »Chaudrée«, die Charentaiser Version der provenzalischen Bouillabaisse. Miesmuscheln werden entweder als »mouclade« in frischer Sahne zubereitet oder – eine ausgesprochene Spezialität der Gegend – über einem Feuer aus Kiefernadeln gebraten (»l'Eclade«). Krebse, Hummer, Langusten und Garnelen runden das Angebot an frischen Meeresfrüchten ab. Die Flüsse liefern Forellen, Hechte, Plötzen und Aale. Im Marais Poitevin sollte man nicht versäumen, die »bouillature d'anguilles« (grüne Aalsuppe) zu kosten. Auf jeder besseren Speisekarte sind auch Froschschenkel zu finden. Schnecken werden neben der herkömmlichen Zubereitungsweise entweder in Rotwein zu einer schmackhaften Sauce gekocht (»la sauce aux Lumas«) oder als Schneckensuppe genossen (»la potée aux cagoilles«).

Den zweiten Hauptakzent auf dem poitevinischen Speisezettel geben Fleischgerichte von Rind, Schwein und Schaf. »La daube des Charentes« ist ein in Rotwein gekochtes Rinderragout, für das die in der Vendée gezüchteten Charollais-Rinder das zarte Fleisch liefern. Eine Spezialität ist »le farci«, eine Art Krautwickel. Er wird aus Salat, grünen Knoblauchspitzen, Sauerampfer, Eiern und Schweinebrust zubereitet. Die Zutaten werden klein gehackt in Krautblätter eingewickelt, die dann stundenlang bei kleiner Hitze schmoren.

Die Lammkoteletts, Hammelkeulen etc. zählen zu den besten, die man in Frankreich bekommen kann. Eine Delikatesse, die man merkwürdigerweise fast nie auf Speisekarten findet, ist die frische Lammleber.

Die Rinder-, Schaf- und Ziegenherden des Poitou liefern ferner mit ihrer Milch den Grundstoff für zahlreiche schmackhafte Käsesorten.

Geflügel spielt nicht die große Rolle wie im benachbarten Aquitanien. Nur im Angoumois, dem Bindeglied zwischen Poitou und Périgord, werden viele Enten und Gänse gezogen, aus deren Leber die berühmte Pastete hergestellt wird. Das Fleisch des Federviehs wird zu »Confit« verarbeitet, einzelne Portionen, die, im eigenen Fett eingemacht über mehrere Wochen in der Speisekammer gelagert, ebenso warm wie kalt – etwa als Vorspeise – genossen werden.

Überreich ist das Angebot der Konditoreien. In ganz Frankreich schätzt man süße Sachen, aber die Poiteviner scheinen besonders vernascht zu sein. Als Besonderheiten gelten: »le tourteau fromagé«, ein Käsekuchen, der aus frischem Ziegenkäse zubereitet wird, Nougat- und Makronenplätzchen, Kastanienreis und – als naheliegende Variante unseres Rumtopfes – in Cognac eingelegte Früchte.

Dem breiten Angebot an gutbürgerlichen Restaurants, in denen man zum Teil überraschend gut ißt, steht nur ein kleines Kontingent ausgesprochener Luxusrestaurants gegenüber. Im ganzen Poitou gibt es kein einziges Etablissement, das die kritischen Prüfer der roten Michelin-Gourmetfibel zweier, geschweige denn dreier Sterne für würdig befinden. Lediglich zwölf Restaurants erhielten zuletzt – d. h. 1983 – zumindest einen der heißbegehrten Sterne (Montmorillon, *Hotel de France;* Chaunay, *Hotel Central;* La Rochelle: *Le Pacha, Serge, La Marmite* und *Le Richelieu;* Châtelaillon-Plage, *Hotel l'Océan;* in La Flotte auf der Ile de Ré, *Hotel Richelieu;* in La Remigeasse auf der Ile d'Oléron, *Restaurant Grand Large;* in Bourcefranc-le-Chapus bei Marennes das Restaurant *Les Claires;* Nieuil, *Hotel de Nieuil* und in Angoulême die *Hostellerie du Moulin du Maine Brun*).

Wissenswertes über den Cognac

Das berühmteste Landwirtschaftsprodukt des Poitou ist zweifellos der Cognac. Der Wein, aus dem er destilliert wird, ist alles andere als ein großer Wein. Die Weinbauern des Charentegebietes gehörten bis ins 18. Jh. zu den ärmsten des Landes. Erst im 18. Jh. kamen Einwanderer – zumeist seßhaft gewordene Seeleute, die nun ihren Lebensunterhalt mit dem Salzhandel verdienten – auf die geniale Idee, den Wein zu brennen. Vor allem Iren und Engländer waren an der Erfindung des Cognac maßgeblich beteiligt, allen voran die Herren Martel und Hennessy.

Die Qualität des Cognac hängt entscheidend mit der Beschaffenheit des Bodens zusammen, auf dem der Wein gereift ist. Der beste Cognac stammt von Weinen, die auf reinen Kreideböden wachsen. Rund um den Ort Cognac ziehen sich konzentrische Kreise mit abnehmendem Kreidegehalt des Bodens, je weiter man von Cognac, dem Zentrum, in die Peripherie kommt. Das ganze Gebiet ist in sechs Zonen unterteilt. Der edelste Cognac stammt aus der Grande Champagne, der mit der geringsten Finesse aus den Bois Ordinaires (siehe Karte auf der rückwärtigen Umschlaginnenklappe).

Der Cognac wird in den Wintermonaten gebrannt, sobald der Gärungsprozeß des Weines abgeschlossen ist. Der Wein selber hat nur etwa 7,5 % Alkoholgehalt und kaum 10 g Säure pro Liter. Er wird nun zwei Brennvorgängen unterworfen, bis man die Fraktion mit dem richtigen Gehalt an Alkohol (70 %) und Extraktstoffen erhält. Entsprechend hoch ist der Verlust: zehn Fässer Wein ergeben nur ein Faß Cognac. Ebenso wichtig wie der Wachstumsboden und die Destillation ist die Lagerung bzw. Reifung in den Eichenholzfässern. Die Wälder der Nachbarlandschaft Limousin liefern da das richtige Holz. Es ist porös und hat einen geringen Tanningehalt. Gesetzlich ist eine Mindestdauer von zwei Jahren Lagerzeit vorgeschrieben. Bessere Sorten lagern aber auch drei Jahre oder länger. Mit dem Prädikat »V.S.O.P.« (= Very Special Old Pale) sind Flaschen gekennzeichnet, deren Inhalt fünf Jahre oder länger gelagert wurde. Fünf Jahre beträgt aber zugleich auch das Höchstalter, das auf einem Etikett angegeben werden darf, denn die hohe Verdunstungsquote läßt bei Cognac-Lagen von höherem Alter als fünf Jahre keine objektive Altersbestimmung mehr zu. Der Verlust ist in der Tat horrend. Es wurde errechnet, daß sich jährlich ebensoviel Cognac in der Luft verflüchtigt, wie in ganz Frankreich im selben Zeitraum getrunken wird. Der dadurch in den Fässern entstehende Leerraum wird immer wieder neu aufgefüllt.

Die Verdunstung hat denn auch das Bild des Ortes Cognac unvorteilhaft geprägt – wir schrieben bereits darüber. Viele Häuserwände und vor allem die Dächer sind von einer Pilzart schwarz überzogen, die von dem Dunst lebt – ein für einen Pilz doch recht vergnügliches Dasein!

Der handelsübliche Cognac wird mit destilliertem Wasser auf 40 % Alkoholgehalt verdünnt; Süße und Farbe dürfen mit amtlich festgelegten Höchstmaßen an Zucker und Caramel reguliert werden. Nur etwa ein Viertel der Gesamtproduktion wird in Frankreich selbst konsumiert. Der überwiegende Anteil ist für den Export bestimmt. Die Hauptabnehmerländer sind England (17 %), Deutschland und die USA mit je 8 %.

Großer Beliebtheit erfreut sich auch ein Cognac-Verschnitt, der sog. Pineau. Bei diesem Getränk handelt es sich um Cognac, der mit reinem Traubensaft vermischt zwei Jahre in Fässern lagern muß, bevor er die richtige Reife zum Genuß erlangt hat. Gut gekühlt ist der Pineau ein köstlicher Apéritif.

Öffnungszeiten

Die nachstehenden Öffnungszeiten der wichtigsten Schlösser, Museen, Krypten und anderer Sehenswürdigkeiten in alphabetischer Reihenfolge sind eingehend überprüft. Dennoch sind in Einzelfällen nicht vorhersehbare Schwankungen oder Änderungen möglich. Verlag und Autor können daher keine Gewähr übernehmen.

Airvault *Musée des Art et Traditions poitevines:* 1. Juli bis 15. September täglich 14.30 bis 18 Uhr. Im restlichen Jahr nur an Sonn- und Feiertagen 14 bis 17 Uhr.

Angoulême *Musée des Beaux-Arts:* Täglich außer dienstags 10 bis 12 und 14 bis 17 Uhr. Geschlossen am 1. Januar, 1. Mai, Christi Himmelfahrt, 14. Juli, 15. August, 1. und 11. November.

Bourges *Krypta und Turmbesteigung der Kathedrale St-Etienne:* Täglich außer dienstags und an Sonntagvormittagen 9 bis 12 und 14 bis 18 bzw. außerhalb der Saison 10 bis 12 und 14 bis 17 Uhr.

Hôtel Lallemant: Täglich außer mittwochs 10 bis 12 und 14 bis 18 bzw. vom 16. Oktober bis 31. März nur bis 16 Uhr.

Musée du Berry im Hôtel Cujas: Täglich außer dienstags 10 bis 12 und 14 bis 18 Uhr.

Palais Jacques-Cœur: Täglich außer dienstags 9 bis 12 und 14 bis 18 bzw. außerhalb der Saison 10 bis 12 und 14 bis 17 Uhr. 1982 und 1983 war wegen Personalmangel auch am Mittwoch geschlossen.

Celles-sur-Belle *Abteigebäude:* Keine festen Öffnungszeiten. Auskunft im Syndicat d'Initiative (im Rathaus gegenüber der Kirche, ✆ 09 80 17).

Charroux *Ehemaliges Abteigebäude:* Juni bis September täglich außer dienstags 9 bis 11.30 und 14 (sonntags 15) bis 18.30 Uhr. Im Oktober geschlossen. Im restlichen Jahr täglich außer dienstags 10 bis 12 und 14 bis 17 Uhr. Achtung: in Charroux werden die Öffnungszeiten oft willkürlich geändert!

Château Ainay-le-Vieil 1. Februar bis 1. Dezember 9 bis 12 und 14 bis 18 Uhr. Im Dezember und Januar geschlossen.

Château Blancafort 14. April bis 1. November 9 bis 12 und 14 bis 18 Uhr. Im übrigen Jahr geschlossen.

Château la Chabotterie Täglich außer dienstags 10 bis 12 und 14 bis 18 bzw. von November bis März bis 17 Uhr.

Château Châteauneuf-sur-Cher Besichtigung während des ganzen Jahres möglich, keine festen Öffnungszeiten. Man läutet bei der Concierge.

Château Coudray-Salbart 15. März bis 1. November 9 bis 12 und 14 bis 19 Uhr, in den übrigen Monaten 10 bis 12 und 14 bis 17 Uhr. Dienstags geschlossen. Führung nachmittags an Sonn- und Feiertagen.

Château Court-d'Aron 1. Juni bis 30. September 9 bis 12 und 14 bis 18.30 Uhr. Im übrigen Jahr geschlossen.

Château Culan 9 bis 11.45 und 14 bis 18.30 bzw. 1. November bis 30. April bis 16.30 Uhr. Im Februar und mittwochs außerhalb der Saison geschlossen.

Château Dampierre-sur-Boutonne Täglich 10 bis 12 und 14 bis 17.30 Uhr.

November bis März donnerstags geschlossen.

Château Dissay Täglich 15 bis 18 Uhr bzw. in den Wintermonaten bis zum Einbruch der Dämmerung.

Château Jussy-Champagne Pfingsten bis Allerheiligen täglich 9 bis 12 und 14 bis 19 Uhr. Im übrigen Jahr geschlossen.

Château Maupas 14. April bis 1. November täglich 9 bis 12 und 14 bis 18 Uhr. Im übrigen Jahr geschlossen. Nach Einbruch der Dunkelheit wird das Schloß samstags, sonn- und feiertags sowie vom 1. Juli bis 1. September täglich angestrahlt.

Château Meillant Täglich 9 bis 11.45 und 14 bis 18.30 bzw. 1. November bis 28. Februar bis 17 Uhr.

Château Menetou-Salon 20. März bis 1. November täglich außer dienstags 10 bis 12 und 14 bis 18 Uhr.

Château Morthemer In Morthemer kann nicht das Schloß, sondern nur die angrenzende Kirche besichtigt werden.

Château Oiron 1. Mai bis 15. Oktober 9 bis 12 und 13.30 bis 19, im übrigen Jahr 10 bis 11.30 und 14 bis 16 Uhr. Dienstags geschlossen.

Château Olbreuse 1. Juli bis 8. September 14.30 bis 18.30 Uhr. Dienstags und donnerstags geschlossen. Außerhalb dieser Zeiten Besichtigung nach Voranmeldung, ✆ 26 55 74.

Château Puy-du-Fou Täglich 9 bis 18 Uhr. 15. Juni bis 15. August jeden Freitag und Samstag um 22.30 Uhr »Son et lumière« zum Thema »ce soir la Vendée«. Kartenvorbestellung im Rathaus von Les Epesses (2 km östlich vom Schloß), ✆ 51/57 35 78.

Château Rochechouart *Musée municipal* (im Schloß): 1. Juli bis 15. September täglich 10 bis 11.30 und 15 bis 17 Uhr; 1. April bis 30. Juni und 15. September bis 11. November nur samstags und sonntags 10 bis 11.30 und 15 bis 18 Uhr; 12. November bis 31. März nur sonntags 15 bis 17 Uhr.

Château Roche-Courbon Täglich 9.30 bis 12 und 14.30 bis 18.30, außerhalb der Saison nur bis 17.30 Uhr. 15. September bis 15. Juni mittwochs geschlossen. Der Park ist ganzjährig von 9.30 bis 18.30 Uhr geöffnet. An den Sommerabenden »Son et lumière«.

Château Rochefoucauld Wegen der zur Zeit noch andauernden Baumaßnahmen ist nur ein Teil des Schlosses zur Besichtigung freigegeben (die Schloßkapelle und das Treppenhaus). Mai bis September 9 bis 12 und 14 bis 18 Uhr. Diese Zeiten können sich schon bald wieder ändern. Auskunft erteilt das Syndicat d'Initiative im Rathaus, ∅ 45/620261.

Château Roche-Magne In den Sommermonaten täglich 9 bis 12 und 14.30 bis 18 Uhr. Im übrigen Jahr nur an Samstagen sowie Sonn- und Feiertagen 14 bis 17.30 Uhr.

Château Talmont (Nicht zu verwechseln mit der romanischen Kirche Ste-Radegonde in Talmont an der Gironde.) Täglich 9 bis 12 und 14 bis 19 Uhr, außerhalb der Saison nachmittags bis zum Einbruch der Dunkelheit.

Château Terre-Neuve 1. Juni bis 30. September 9 bis 12 und 14 bis 19 Uhr. Im übrigen Jahr geschlossen.

Château Touffou Wegen der unregelmäßigen Öffnungszeiten empfiehlt sich Anmeldung unter ∅ 49/424502. Im allgemeinen gilt folgende Regelung: Juli und August außer montags ganztägig (12 bis 14 Uhr geschlossen); April bis Juni sowie September und Oktober nur dienstags, donnerstags, samstags und sonntags jeweils 14 bis 18 Uhr.

Château d'Usson Eine Innenbesichtigung ist nicht möglich. Der Ehrenhof steht Besuchern offen: 1. Juli bis 15. September 10 bis 19 Uhr.

Château Vayres Juli bis September täglich außer dienstags 15 bis 18 Uhr. Im übrigen Jahr geschlossen.

Château Verteuil-sur-Charente Das Schloß befindet sich in Privatbesitz und kann nur von außen besichtigt werden.

Châtellerault *Maison de Descartes:* Täglich 10 bis 12 und 14 bis 18 Uhr. Geschlossen dienstags, ferner an jedem dritten Sonntag im Monat und an allen Feiertagen.

Musée Chéron de la Martinière im ehemaligen Schloß (Eingang in der Rue Gaudeau-Lerpinière): Täglich außer sonn- und feiertags 10 bis 18 Uhr.

Musée archéologique (in einem der beiden Türme des Pont Henri IV.): Nur an Freitagabenden ab 20.30 Uhr sowie an den Nachmittagen jedes dritten Sonntags im Monat.

Chauvigny *Musée Panorama:* 1. Juni bis 15. September täglich 9 bis 12 und 14 bis 18 Uhr, außerhalb dieser Monate nur an Sonntagnachmittagen.

Chizé, Wald von *Zoorama Européen:* Täglich außer dienstags 10 bis 19, während der Sommermonate abends auch bis 20 Uhr. In den Wintermonaten wird bei Anbruch der Dämmerung geschlossen. Das Mitbringen eigener Tiere ist nicht gestattet.

Cholet *Musée historique de Vendée:* Täglich außer dienstags und freitags 14 bis 18 Uhr.

Cognac *Musée municipal:* 15. Juni bis 15. September täglich außer dienstags 10 bis 12 und 14.30 bis 18 Uhr. Im übrigen Jahr nur 14.30 bis 17.30 Uhr außer dienstags und freitags.
Über die Möglichkeiten des Besuchs einer *Cognac-Kellerei* informiert das Syndicat d'Initiative im Pavillon du Tourisme, Ecke Place de la Corderie/Place François I., ✆ 45/821071.

Fontenay-le-Comte *Musée Vendéen:* Juli und August täglich außer montags 10 bis 12 und 14 bis 18.30 Uhr. Im übrigen Jahr nur mittwochs und sonntags 14 bis 17 Uhr.

Fouras *Musée de l'Histoire régionale im Château de Fouras:* Juli und August 15 bis 18 Uhr. Im übrigen Jahr nur sonn- und feiertags 15 bis 18 Uhr.

Grottes du Quéroy Täglich 9 bis 12 und 14 bis 20 Uhr. Im Januar außer an Sonntagen geschlossen.

Ile d'Aix *Maison de l'Empereur:* 1. April bis 31. Oktober täglich außer dienstags 10 bis 12 und 14 bis 18 Uhr. Im übrigen Jahr nur an Sonn- und Feiertagen zu denselben Zeiten geöffnet.
Musée africain: Dieselben Öffnungszeiten wie die Maison de l'Empereur, jedoch mittwochs geschlossen.

Ile de Noirmoutier *Musée d'Histoire locale:* 1. Mai bis 15. Oktober täglich außer dienstags 10 bis 12 und 14.30 bis 17.30 Uhr. Im übrigen Jahr nur sonntags zu denselben Uhrzeiten.

Ile d'Oléron *Besteigung des Glockenturmes in St-Pierre-d'Oléron:* In den Sommermonaten täglich außer an Sonn- und Feiertagen 10 bis 12 und 14.30 bis 18 Uhr.
Musée Alienor d'Aquitaine: 15. Juni bis 15. September täglich außer an Sonntagvormittagen 10 bis 12 und 14 bis 18.30 Uhr. Im übrigen Jahr geschlossen.
Besteigung des Leuchtturmes von Chassiron: 1. April bis 30. September 10 bis 12 und 14 bis 18, außerhalb dieser Monate nur 14 bis 16 Uhr.

Ile de Ré *Hôtel de Clerjotte mit dem Musée Ernest-Cognacq in St-Martin-de-Ré:* 15. Juni bis 15. September täglich 10 bis 12 und 15 bis 19 Uhr. Außerhalb dieser Monate montags und dienstags geschlossen.
Besteigung des Leuchtturmes von Les Baleines: Keine geregelten Öffnungszeiten. Man meldet sich beim Leuchtturmwärter.

Ile d'Yeu *Besteigung des Leuchtturmes Grand Phare:* Täglich 9 bis 12 und 14 bis 18 Uhr. Bei Sturm und Regen geschlossen.

Jouhet *Grabkapelle mit Renaissancefresken.* Immer geschlossen, aber man erhält den Schlüssel (gegen Eintrittsgeld) in dem nahe gelegenen Tabakladen.

Lieu-Dieu *Abteiruine:* Juli und August täglich 10 bis 12 und 14 bis 18 Uhr. Mai, Juni und September nur nach Anmeldung, ✆ 51/334006. Im übrigen Jahr geschlossen.

Luçon *Kathedralkreuzgang:* Täglich 9 bis 17, in den Sommermonaten bis 18 Uhr.

Maillezais *Abteiruine:* 1. Juli bis 10. September 9 bis 12 und 14 bis 18 Uhr. Ostern bis 30. Juni zu denselben Uhrzeiten, jedoch nur mittwochs, samstags und sonntags. Im übrigen Jahr geschlossen.

Mervent-Vouvant, Wald von *Parc zoologique du Gros-Roc:* Täglich 10 bis 17, in den Sommermonaten bis 18 Uhr.

Montmorillon *Krypta der Kirche Notre-Dame:* Grundsätzlich geschlossen. Der Besucher erhält jedoch den Schlüssel bei der Concierge des benachbarten Krankenhauses. Die Fresken sind durch Münzeinwurf zu beleuchten.

Mouilleron-en-Pareds *Musée des Deux-Victoires:* Täglich außer dienstags 10 bis 12 und 14 bis 18 Uhr. Am 1. November geschlossen.

Nieul-sur-l'Autise *Kreuzgang:* Täglich 9 bis 12 und 14 bis 19 Uhr. Im Juli und August Führungen.

Niort *Musée des Beaux-Arts:* Täglich außer dienstags 10 bis 12 und 14 bis 18 Uhr.

Musée d'Ethnographie régionale im Donjon: In der Hauptsaison 10 bis 18 Uhr, außerhalb der Saison Mittagspause zwischen 12 und 14 Uhr. Dienstags geschlossen.

Musée du Pilori: Täglich außer dienstags 9 bis 12 und 14 bis 18 bzw. in den Wintermonaten bis 17 Uhr.

Musée d'Histoire naturelle (derzeit provisorische Unterbringung): Besichtigung nur freitags 14 bis 17 Uhr.

Man kann in Niort ein Globalticket lösen, das zum Eintritt in alle vier Museen der Stadt berechtigt.

Noirlac *Ehemalige Zisterzienserabtei:* 1. April bis 15. September täglich außer dienstags 10 bis 12 und 14 bis 18 Uhr; 16. September und 31. März nur bis 17 Uhr.

Poitiers *Baptisterium St-Jean mit dem Musée d'Archéologie Merovingienne:* 1. April bis 30. September 10.30 bis 12.30 und 15 bis 18, 1. Oktober bis 31. März nur 15 bis 18 Uhr. Mittwochs sowie im Februar geschlossen.

Hypogäum Martyrium: Täglich außer donnerstags 9.30 bis 12 und 14 bis 18 bzw. in den Wintermonaten nur bis 17 Uhr. Falls während der hier genannten offiziellen Öffnungszeiten geschlossen sein sollte, wende man sich an den Pförtner, der gleich gegenüber dem Sanktuarium wohnt.

Musée Ste-Croix: Täglich außer an Dienstagen und Feiertagen 10 bis 12 und 14 bis 18 Uhr. Einlaß immer nur bis spätestens eine halbe Stunde vor Schließung.

Palais de Justice: 1. Mai bis 30. September 9 bis 12.30 und 14 bis 19 Uhr; 1. Oktober bis 30. April 9 bis 12 und 14 bis 18 Uhr. An den Nachmittagen von Sonn- und Feiertagen geschlossen.

Pons *Donjon:* 15. Juni bis 15. September täglich von 10 bis 12 und 15 bis 18 Uhr. Im übrigen Jahr geschlossen.

La Réau *Abteiruine:* Nur in den Sommermonaten geöffnet. Die Zeiten schwanken immer wieder; zuletzt galt: Juli, August, September 10 bis 12 und 14.30 bis 17.45 Uhr. Dienstags geschlossen. Photographieren läßt der derzeitige Besitzer nicht zu.

La Rochelle *Hôtel de Ville:* 1. April bis 30. September 9 bis 11.30 und 14.30 bis 17.30 Uhr; 1. Oktober bis 31. März nur 14.30 bis 16 Uhr. An allen Samstagen außer im Juli und August geschlossen. Gelegentlich auch zu besonderen feierlichen Anlässen für den öffentlichen Besuch gesperrt.

Musée des Beaux-Arts: Täglich 10 bis 12 und 14 bis 16 bzw. vom 15. Juni bis

15. September bis 18 Uhr. Dienstags sowie an Sonntagvormittagen geschlossen. Sollte während der offiziellen Öffnungszeiten zugesperrt sein, läutet man an der im Hof befindlichen Glocke.

Musée Lafaille d'Histoire naturelle und Musée Fleuriau: Täglich 10 bis 12 und 14 bis 18 bzw. vom 15. September bis 15. Juni nur bis 17 Uhr. Montags und an Sonntagvormittagen geschlossen.

Musée d'Orbigny: Dieselben Zeiten wie das Musée Lafaille, jedoch dienstags geschlossen.

Tour de la Chaine: Ostern bis 1. Juli nur sonntags 14 bis 19 Uhr; 1. Juli bis 30. September täglich außer dienstags 10 bis 12 und 14 bis 19 Uhr, sonntags nur nachmittags. Oktober bis Ostern geschlossen.

Tour de la Lanterne: 15. April bis 30. September täglich 9 bis 12 und 14 bis 18.30 Uhr. Im übrigen Jahr nur 14 bis 17 Uhr. Dienstags geschlossen.

Tour St-Nicolas: Mai bis September täglich 9 bis 12 und 14 bis 18.30 Uhr, Oktober bis April nur 14 bis 17 Uhr. Dienstags geschlossen.

Temple protestant: Nur im Juli und August von 14.30 bis 18 Uhr geöffnet. Zumeist muß man die Concierge erst um Einlaß bitten.

Rochefort *Musée municipal des Beaux-Arts:* 13.30 bis 17.30, außerhalb der Saison bis 16.30 Uhr. Montags geschlossen.

Musée naval: Täglich außer dienstags 10 bis 12 und 14 bis 18, außerhalb der Saison bis 17 Uhr.

Musée Pierre-Loti: 1. April bis 30. September 10 bis 12 und 14 bis 17 Uhr. Sonntagvormittags und montags ge-

schlossen, Öffnung sonntags erst ab 14.30 Uhr. 1. Oktober bis 31. März gelten dieselben Zeiten, jedoch ist dann Montag und Dienstag geschlossen.

Das Arsenal, speziell die alte Corderie: Ganzjährig täglich 10 bis 20 bzw. außerhalb der Saison nur bis 18 Uhr.

La Roche-sur-Yon *Musée municipal* (Museum zur lokalen Geschichte – im Haupttext nicht eigens besprochen): 15. Juni bis 15. September täglich außer sonntags und montags 10 bis 12 und 14 bis 18 Uhr. Außerhalb dieser Monate nur nachmittags.

Le Haras (Vollblut-Gestüt): 15. Juli bis 15. Februar täglich 15 bis 16.30 Uhr, an Sonn- und Feiertagen auch vormittags 9 bis 12 Uhr.

Les Sables-d'Olonne *Musée municipal:* April bis September 10 bis 12 und 14.30 bis 17.30 Uhr; November bis März nur 14.30 bis 17.30 Uhr. Montags sowie im Oktober geschlossen.

Saintes *Musée archéologique:* Täglich außer dienstags 10 bis 12 und 14 bis 18 Uhr.

Musée des Beaux-Arts: Täglich außer dienstags 10 bis 12 und 14 bis 18 bzw. außerhalb der Saison nur bis 17 Uhr.

Musée Dupuy-Mestreau: 15. April bis 15. Oktober Führungen um 15 und 17, im Juli und August von 14.30 bis 17 Uhr alle halbe Stunde eine Besichtigung. Montags geschlossen. Besichtigungen außerhalb dieser Monate oder vormittags nur für Gruppen nach vorheriger Anmeldung, ∅ 46/93 36 71.

Sallertaine *Profanierte romanische Kirche mit kleinem Museum zur lokalen Geschichte des Marais Breton-Vendéen:* Keine festen Öffnungszeiten. In der

Regel in den Sommermonaten 9 bis 12 und 14 bis 18 Uhr.

Sanxay *gallorömische Ausgrabungen:* 15. März bis 31. Oktober Führungen zwischen 9 und 12 sowie zwischen 15 und 19 Uhr. Über gelegentliche abendliche Veranstaltungen in der Ruine des römischen Amphitheaters während der Sommermonate (Organisator ist die Vereinigung der »Amis de Sanxay«) informiert das Syndicat d'Initiative in Lusignan, ✆ 49/43 31 48.

St-Généroux *Karolingische Kirche:* Die Kirche ist fast immer geschlossen. Man erhält den Schlüssel in dem kleinen Tabakgeschäft gleich gegenüber. Dort auch Postkartenverkauf.

St-Savin-sur-Gartempe *Romanische Kirche:* Führungen in den Sommermonaten zwischen 9 und 12.30 sowie zwischen 14.30 und 18 Uhr. Zum Besuch der Krypta meldet man sich im Presbyterium, ✆ 48 03 63. Auskünfte erteilt auch die kleine Buchhandlung »Bonne Presse« links neben der Kirche, die eine Art Stellvertretung des Syndicats d'Initiative ist. Die Fresken von St-Savin sind an den Abenden der Monate Juli bis September beleuchtet.

St-Vincent-sur-Jard *Musée Georges Clemenceau.* Täglich 9 bis 12 und 14 bis 18 Uhr. Außerhalb der Saison dienstags geschlossen.

Thouars *Musée d'Histoire locale:* Täglich außer dienstags 14 bis 16 Uhr.

Vendeuvre-du-Poitou *Musée d'Archéologie et de Préhistoire:* Keine festen Öffnungszeiten. Zur Besichtigung meldet man sich bei M. Bacquet, place de l'Eglise. Montags geschlossen.

Kunstgeschichtliches Glossar

Akanthus Distelähnliche Pflanze. Die Form ihrer gezackten oder gelappten Blätter findet sich zuerst an korinthischen Kapitellen. Seit der Antike vielfach verwendetes und abgewandeltes Motiv.

Apsis Griechisch = Bogenrundung. Die das Ende des Chores, gelegentlich auch der Seitenschiffe bildende Altarnische über fast immer halbrundem – selten auch polygonalem Grundriß.

Architrav Der waagerechte Steinbalken über Säulen, Pfeilern oder Pilastern.

Archivolte Rahmenleiste an der Stirnseite eines Bogens oder die (meist plastische) Innengliederung einer Bogenlaibung. Das reine Archivoltenportal ohne Tympanon ist der in der Romanik des Poitou vorherrschende Typus. Bei Vorhandensein mehrerer Archivolten zählt man von innen (d. h. unten) nach außen (d. h. oben). Die oberste wird Stirnarchivolte genannt.

Arkade Lateinisch = Bogen. Bogenstellung, d. h. ein Bogen über Säulen oder Pfeilern. Das Wort Arkade kann auch die fortlaufende Reihe von Bögen bezeichnen.

Baptisterium Taufkirche, als Zentralbau stets einer Bischofskirche (= Kathedrale) zugeordnet; kommt aus dem Frühchristentum.

Basilika Griechisch = Königshalle. Die römische Basilika, ursprünglich Markt- oder Gerichtshalle, ist eine flachgedeckte Säulenhalle mit drei oder mehr Schiffen und einer apsidialen Rundung im Osten. Längsrichtung und Höhenstufung der Schiffe, wobei das Mittelschiff sein Licht von der über den Seitenschiffen aufsteigenden Fensterzone, dem sog. Licht- oder Obergaden, empfängt, sind die Wesensmerkmale der Basilika, die in ihren zahlreichen Abwandlungen zum wichtigsten Typ des christlichen Kultbaus wurde. Seit dem mittleren 11. Jh. in der Regel eingewölbt.

Basis Griechisch = Fuß. Der ausladende, meist profilierte Fuß einer Säule oder eines Pfeilers, der den Druck der Stütze (Pfeiler bzw. Säule) auf eine größere Grundfläche verteilt.

Bauhütte Die mittelalterliche Werkstattgemeinschaft, in der vom Lehrjungen bis zum obersten Bauplaner alle an einem Kirchenbau beschäftigten Maurer, Steinmetze, Bildhauer, Zimmerleute etc. zusammengefaßt sind.

Blende Das einem Baukörper vorgelegte, der Dekoration oder Gliederung dienende »blinde« architektonische Motiv, das nicht räumlich in Erscheinung tritt, z. B. Blendfenster, Blendarkade etc.

Chor Griechisch = Tanz, Tanzplatz. Ursprünglich Raum für den Chorgesang der Geistlichen, seit dem 15. Jh. übliche Bezeichnung für den Altarraum und seine Annexe (Chorumgang, Kapellenkranz).

Dachreiter Dem Dachfirst meist über der Vierung aufsitzendes Türmchen zur Aufnahme einer Uhr oder Glocke. Besonders von den Reformorden des hohen Mittelalters (Zisterzienser, Karthäuser) anstelle eines aufwendigen Turmes verwendet.

Dienst Der Wand oder Pfeilern vorgelegter Rundstab zur Aufnahme der Rippen, Gurte und Schildbögen des in der Gotik üblichen Kreuzrippengewölbes. Die stärkeren Dienste bezeichnet man als die »alten«, die dünneren als die »jungen«.

Donjon Hauptturm der mittelalterlichen Burgen Frankreichs. Im 9. Jh. aufkommend, begann mit ihm die reiche Entfaltung der vielgestaltigen Schloßarchitektur in den folgenden Jahrhunderten.

Dormitorium Schlafraum der Mönche in einem Kloster.

Email Im Feuer auf einen Metallträger aufgeschmolzene, durch Metalloxyde gefärbte, meist durchscheinende Glasmasse. Beim Grubenschmelz wird die Glasmasse in den vertieften Grund einer Metallplatte eingesenkt, beim Zellenschmelz werden auf den Grund kleine Stege als Umrißzeichnung angebracht, z. B. durch Kleben oder Löten (= Limoges-Email).

Flamboyant Stilbegriff für die französische Spätgotik mit ihrem züngelnden Maßwerkornament.

Fresko Italienisch = frisch (im Gegensatz zu secco = trocken). Auf feuchten Verputz aufgetragenes Wandgemälde, das durch gleichzeitiges Abtrocknen von Putz und Farbe besonders haltbar ist.

Gewände Die durch schrägen Einschnitt eines Fensters oder Portals in der Mauer entstehende Schnittfläche, während die sich

bei rechtwinkligem Einschnitt ergebende Fläche Laibung genannt wird.

Gewölbe Die grundlegende Wölbeform ist das Tonnengewölbe. Sein Querschnitt hat einen Halbkreis, einen Segmentbogen, kann aber auch einen Korbbogen oder Spitzbogen bilden. Wird über einem quadratischen Grundriß ein Tonnengewölbe mit zwei Diagonalstücken in vier Teile zerlegt, so entstehen zwei Wangenstücke und zwei Kappenstücke. Durch Zusammensetzen von vier Kappenstücken entsteht das Kreuzgratgewölbe, das im Poitou meistens in den Seitenschiffen zur Anwendung kommt. In der Gotik treten an die Stelle der Grate Rippen (= Kreuzrippengewölbe). Im Poitou trifft man auch gelegentlich die aus der Nachbarlandschaft Périgord übernommene Wölbung mit Kuppeln.

Gurt Gurtartiger Verstärkungs- oder Markierungsbogen verschiedener Gewölbesysteme, der die einzelnen Raumabschnitte – die Joche – bezeichnet.

Hallenkirche Langhauskirche, deren Schiffe gegenüber denen der Basilika durch gleiche Scheitelhöhe vereinheitlicht sind. Die drei Schiffe sind meistens unter einem Satteldach vereinigt. Vorform für diesen in der Romanik des Poitou vorherrschenden Typus ist die Hallenkrypta.

Joch Gewölbeeinheit innerhalb einer Folge derartiger Einheiten sowie der dadurch bestimmte Raumabschnitt. Als Joch wird auch der von Pfeiler zu Pfeiler (bzw. von Säule zu Säule) begrenzte Abschnitt einer Brücke bezeichnet.

Kalotte Französisch = Käppchen. Kuppelform, die mittels eines horizontal geführten Schnittes durch eine Kugel oberhalb ihres Großkreises (= Äquator) entsteht. Auch Bezeichnung für eine geviertelte Kugel als Wölbung über einer Apsis auf Halbrundgrundriß.

Kämpfer Die oberste Platte eines Pfeilers oder einer Säule, die als Auflager für Bögen oder Gewölbe dient.

Kannelure Die senkrechte Kehle in Säulenschäften oder Pilastern.

Kapitell Oberer Säulen- oder Pfeilerabschluß unterhalb der Kämpferplatte. Die wichtigsten antiken Grundformen sind das dorische, ionische und korinthische Kapitell. In der romanischen Architektur meist ornamental oder figural ausgeschmückt.

Kapitelsaal Wichtigster profaner Saal eines Klosters, in der Regel hallenartig und an der Ostseite des Kreuzganges gelegen. Im Kapitelsaal finden außer Beratungen und Lesungen (von daher der Name) jene außerliturgischen Feste statt, die nicht an die Kirche selbst gebunden sind.

Kappe Das durch Grate oder Rippen ausgesonderte Teilstück eines Gewölbes (vgl. Gewölbe).

Karner Beinhaus.

Kassettendecke Eine flache oder gewölbte Decke mit gleichmäßig verteilten, zugleich vertieften Feldern, die quadratisch, polygonal oder rund sein können.

Kathedrale Bischofskirche.

Konsole Ein aus der Mauer hervortretender Stein (Kragstein, Kragsturz, Sturzstein etc.) zum Tragen bzw. als Widerlager für Bögen, Architrave, Gesimse etc.

Kragsturzfigur Plastisch ausgestalteter Kragstein, oft als Träger des Architravs romanischer Portale.

Kreuzgrat- bzw. Kreuzrippengewölbe Vgl. Gewölbe.

Kuppel Gewölbe in Form einer Halbkugel über quadratischem Grundriß. Die Überleitung vom Quadrat zum Rund er-

folgt über sog. Pendentifs (Hängezwickel) oder Trompen (kleine Nischen in den Ecken des Quadrats). Verbreitete Wölbungsart über der Vierung. Als vorwiegende Wölbeform eines ganzen Kirchenraumes im byzantinischen Kunstkreis beheimatet. Von dort hat es über Venedig (San Marco) und das Périgord auch Eingang ins Poitou gefunden.

Laibung Siehe Gewände.

Lisene Senkrechter, flacher Mauerstreifen ohne Basis und Kapitell.

Lukarne Giebelfenster, Dachfenster.

Mandorla Italienisch = Mandel. Heiligenschein in Mandelform, nur bei Christus- und Mariendarstellungen üblich, der – anders als der nur das Haupt umgebende Nimbus – die ganze Figur umstrahlt.

Maßwerk Das geometrisch »gemessene« Bauornament der Gotik. Tritt zum ersten Mal an der Kathedrale von Reims auf.

Narthex Schmale Vorhalle der antiken und später christlichen Basiliken.

Obergaden Lichtgaden, siehe Basilika.

Pendentif Hängezwickel, siehe Kuppel.

Pilaster Flacher Wandpfeiler mit Basis und Kapitell (im Unterschied zur Lisene) antiker Herkunft.

Polygon Vieleck.

Refektorium Speisesaal der Mönche, meist an der Südseite eines Kreuzganges gelegen.

Reliquiar Von lateinisch relinquere = zurücklassen; Behälter zur Aufbewahrung der sterblichen Überreste (Reliquien) eines Heiligen oder für die seinem Andenken geweihten Gegenstände, um diese den Gläubigen zur Verehrung zu zeigen oder auf dem Altar auszustellen.

Rundbogenfries Fries aus glatten oder ornamentierten kleinen Halbrundbögen. Der

Rundbogenfries begleitet die teilenden oder abschließenden Gesimse romanischer Wände.

Saalkirche Einschiffige Kirche.

Scheidbogen Der ein Joch des Mittelschiffs vom entsprechenden Joch des Seitenschiffes trennende Bogen.

Spolie Von lateinisch spolia = Beute, Werkstück eines Baues (z. B. Säule), das für einen älteren (antiken) Bau geschaffen wurde. In der Romanik Frankreichs wurden Spolien häufig aus römischen Bauwerken verwendet.

Strebewerk In der gotischen Architektur das System von Strebepfeilern und -bögen zur Abstützung von Wänden und Gewölben und Aufnahme ihrer statischen Kräfte.

Sturz Der waagerechte Abschluß einer Tür- oder Fensteröffnung. Ähnliche, aber eingegrenzte Bedeutung wie Architrav.

Stützenwechsel Der rhythmische Wechsel von Säule (rund) und Pfeiler (quadratisch).

Substruktion Unterbau zum Ausgleich von Terrainunterschieden.

Tonnengewölbe Siehe Gewölbe.

Triforium Laufgang in der Hochschiffwand romanischer und gotischer Kirchen. Kann räumlich oder auch nur aufgeblendet sein (siehe Blende). Das Triforium bildet im dreigeschossigen Aufriß einer Basilika das Zwischengeschoß zwischen Arkadenzone (unten) und Obergaden (oben). Durch die an der Hochschiffwand außen anliegenden Pultdächer der Seitenschiffe ist das Triforium eine von der Lichtführung her gesehen blinde Zone.

Trompe Französisch = Jagdhorn. Bogen mit nischenartiger Wölbung zwischen zwei im rechten Winkel aufeinanderstoßenden Mauern. Die Trompe dient in der Regel bei Türmen und Kuppeln zur Überleitung vom quadratischen zum oktogonalen und kreisrunden Grundriß.

Tympanon Griechisch = Handpauke. Die das Bogenfeld eines Portals füllende Steinplatte, häufig mit ornamentalem oder figürlichem Relief geschmückt. Vorwiegendes Thema romanischer Tympana in Frankreich ist die Darstellung des Jüngsten Gerichts (Autun, Moissac u. a.). Im Poitou sehr selten, da hier die Archivolten die hauptsächlichen Bildträger sind.

Verkröpfung Eine Verkröpfung entsteht, wenn Gebälke oder Gesimse um Mauervorsprünge, Säulen, Pfeiler oder Lisenen etc. herumgeführt werden.

Vierung Mittelraum, der bei der Durchdringung von Langhaus und Querhaus entsteht.

Register

Geographische Begriffe
(Orte, Länder, Flüsse etc.)

Personen und Völker

Die Bretagne

Im Land der Dolmen, Menhire und Calvaires

Von Almut und Frank Rother. 312 Seiten mit 45 farbigen und 137 einfarbigen Abbildungen, 73 Zeichnungen und Plänen, 34 Seiten praktischen Reisehinweisen, Register

»Anspruchsvolle Reisende werden zu den großen und auch kleineren Kunstdenkmälern dieser Region geführt und bekommen in zahlreichen Fotos, Grundrißzeichnungen und Zeittafeln zusätzliche Informationen. Besonders detailliert werden die mittelalterlichen Städte geschildert. In Verbindung mit den auf gelbem Papier gedruckten ›Praktischen Reisehinweisen‹ wird dieses Buch zu einem nützlichen Reisebegleiter.«   *Stuttgarter Zeitung*

Das Tal der Loire

Schlösser, Kirchen und Städte im ›Garten Frankreichs‹

Von Wilfried Hansmann. 297 Seiten mit 35 farbigen und 181 einfarbigen Abbildungen, 46 Zeichnungen, Karten und Plänen, 12 Seiten praktischen Reisehinweisen, Literaturverzeichnis, Register

»Keine Frage, daß es sich um die Kirchen und Städte im ›Garten Frankreichs‹ handelt. Das Buch führt durch diesen Abschnitt der 1012 Kilometer langen Loire und macht nicht nur mit den Schönheiten der Architektur, sondern auch mit den einzelnen Landschaften bekannt. Die Illustrationen in Farbe und Schwarzweiß sorgen schon beim Durchblättern dafür, daß man auf den Geschmack einer Loire-Reise kommt. Da der Band viel Geschichte enthält, auch über ein Register und praktische Reisetips verfügt, eignet er sich als Reisebegleiter und als Nachschlagewerk für den Bücherschrank.« *Münchner Merkur*

Burgund

Kunst, Geschichte, Landschaft

Burgen, Klöster und Kathedralen im Herzen Frankreichs: Das Land um Dijon, Auxerre, Nevers, Autun und Tournus

Von Klaus Bußmann. 312 Seiten mit 32 farbigen und 182 einfarbigen Abbildungen, 66 Zeichnungen, Karten und Plänen, 15 Seiten praktischen Reisehinweisen, Literaturverzeichnis, Orts- und Namenregister

»Ein anschauliches Reisebuch, das mit einem sorgfältig bearbeiteten Text, mit vielen guten Abbildungen, Plänen und Grundrissen Kirchen, Schlösser und Burgen Burgund behandelt, dabei nicht nur die bedeutendsten Bauwerke berücksichtigt, sondern auch auf weniger Bekanntes von überraschender Schönheit hinweist. Neben der Kunst gibt es nützliche Hinweise auf landschaftliche Höhepunkte und kulturelle Besonderheiten.«   *Die Kunst*

Périgord und Atlantikküste

Kunst und Natur im Tal der Dordogne und an der Coté d'Argent von Bordeaux bis Biarritz

Von Thorsten Droste. 341 Seiten mit 46 farbigen und 107 einfarbigen Abbildungen, 130 Zeichnungen und Plänen, 29 Seiten praktischen Reisehinweisen, Register

»Droste führt kenntnisreich durch die vielgestaltigen Landschaften, deren natürliche und kulturelle Eigenart er vor Augen hält. Zahlreiche Hinweise und Anregungen machen den Band zu einem nützlichen Nachschlagewerk für den Reisenden.«   *Wiesbadener Tagblatt*

DuMont Kunst-Reiseführer

»Kunst- und kulturgeschichtlich Interessierten sind die DuMont Kunst-Reiseführer unentbehrliche Reisebegleiter geworden. Denn sie vermitteln, Text und Bild meist trefflich kombiniert, fundierte Einführungen in Geschichte und Kultur der jeweiligen Länder oder Städte, und sie erweisen sich gleichzeitig als praktische Führer.«

Süddeutsche Zeitung

Alle Titel in dieser Reihe:

- Ägypten und Sinai
- Entdeckungsreisen in Ägypten 1815–1819
- Algerien
- Reisen in Arabia Deserta
- Entdeckungsreisen in Südarabien
- Belgien
- Bulgarien (April '84)
- Bundesrepublik Deutschland
- Das Bergische Land
- Bodensee und Oberschwaben
- Die Eifel (März '84)
- Franken
- Hessen
- Köln
- München
- Münster und das Münsterland
- Zwischen Neckar und Donau
- Der Niederrhein
- Oberbayern
- Oberpfalz, Bayerischer Wald, Niederbayern
- Ostfriesland
- Die Pfalz
- Der Rhein von Mainz bis Köln
- Schleswig-Holstein
- Der Schwarzwald und das Oberrheinland
- Sylt, Helgoland, Amrum, Föhr
- Der Westerwald
- Östliches Westfalen
- DDR

- Dänemark
- Frankreich
- Auvergne und Zentralmassiv
- Die Bretagne
- Burgund
- Côte d'Azur
- Das Elsaß
- Frankreich für Pferdefreunde
- Frankreichs gotische Kathedralen
- Languedoc-Roussillon
- Das Tal der Loire
- Die Normandie
- Paris und die Ile de France
- Périgord und Atlantikküste
- Das Poitou
- Die Provence
- Licht der Provence
- Savoyen
- Südwest-Frankreich
- Griechenland
- Hellas
- Athen
- Die griechischen Inseln
- Alte Kirchen und Klöster Griechenlands
- Tempel und Stätten der Götter Griechenlands
- Kreta
- Rhodos (März '84)
- Großbritannien
- Englische Kathedralen
- Die Kanalinseln und die Insel Wight

- Schottland
- Süd-England
- Guatemala
- Das Heilige Land (März '84)
- Holland
- Indien
- Ladakh und Zanskar
- Indonesien
- Bali
- Iran
- Irland
- Italien
- Apulien
- Elba
- Das etruskische Italien
- Florenz
- Ober-Italien
- Von Pavia nach Rom
- Rom
- Das antike Rom
- Sardinien
- Sizilien
- Südtirol
- Toscana
- Venedig
- Japan
- Nippon
- Der Jemen
- Jugoslawien
- Kenya
- Luxemburg
- Malta und Gozo
- Marokko
- Mexiko
- In den Städten der Maya
- Nepal

- Österreich
- Kärnten und Steiermark
- Salzburg, Salzkammergut, Oberösterreich
- Tirol
- Wien und Umgebung
- Pakistan
- Portugal
- Rumänien
- Sahel: Senegal, Mauretanien, Mali, Niger
- Die Schweiz
- Skandinavien
- Sowjetunion
- Kunst in Rußland
- Sowjetischer Orient
- Spanien
- Die Kanarischen Inseln
- Katalonien
- Mallorca – Menorca
- Südspanien für Pferdefreunde (April '84)
- Zentral-Spanien
- Sudan
- Südamerika
- Syrien
- Thailand und Burma
- Tunesien
- Türkei
- USA – Der Südwesten

»Diese Einführungen in Kunst, Kultur, Geschichte und Landschaft eines Landes gehören zum Besten, was man heute zur Vorbereitung einer Reise in die Hand nehmen kann. Der Informationswert liegt sehr hoch, die vielen Abbildungen geben Anregung und Erinnerung. Selbst auf einen Teil mit mehr praktischen Hinweisen wurde nicht verzichtet.«

Literaturreport

Alle Bände mit vielen, zum Teil farbigen Abbildungen; dazu Zeichnungen, Karten, Grundrisse, praktische Reisehinweise.

»Richtig reisen«